对话

中西哲学与马克思哲学

赵敦华 著

江苏人民出版社

图书在版编目（CIP）数据

中西哲学与马克思哲学对话 / 赵敦华著. -- 南京：
江苏人民出版社，2023.9
 ISBN 978 - 7 - 214 - 28114 - 2

Ⅰ. ①中… Ⅱ. ①赵… Ⅲ. ①哲学—研究—世界②马
克思主义哲学—研究 Ⅳ. ①B1②B0 - 0

中国国家版本馆 CIP 数据核字（2023）第 087328 号

书　　　名	中西哲学与马克思哲学对话
著　　　者	赵敦华
责 任 编 辑	汪意云　曾　偲
装 帧 设 计	刘葶葶
责 任 监 制	王　娟
出 版 发 行	江苏人民出版社
地　　　址	南京市湖南路 1 号 A 楼,邮编:210009
照　　　排	江苏凤凰制版有限公司
印　　　刷	苏州市越洋印刷有限公司
开　　　本	718 毫米×1 000 毫米　1/16
印　　　张	28.25　插页 4
字　　　数	420 千字
版　　　次	2023 年 9 月第 1 版
印　　　次	2023 年 9 月第 1 次印刷
标 准 书 号	ISBN 978 - 7 - 214 - 28114 - 2
定　　　价	98.00 元（精装）

（江苏人民出版社图书凡印装错误可向承印厂调换）

总　序

我是学哲学的,只能写一点哲学方面的东西。在人们眼里,我属于西方哲学专业,如果写西方哲学方面的书,可能有一些阅读的价值。但我也写其他方面的书,谈马克思,谈中国哲学,谈宗教学、谈进化论,等等,那些都不是我专攻的领域。我为什么要冒着"外行"评说"内行"的风险,涉足西方哲学以外的那些领域呢? 我曾经沿着自己所从事的专业方向,鸟瞰二千多年的西方哲学的历史,并对其中的几个胜境做了透视。但是,写得越多,我越感到自己的无知。庄子说:"吾生也有涯,而知也无涯。以有涯随无涯,殆已!"孔子也说:"学而不思则罔,思而不学则殆。"我今年已有七十四岁,却既不殆也不罔,因为我相信,人的有限生命是融入无限的过程,人类知识由世世代代的人的思想积累而成。每个人在有限生命中能吸吮到思想海洋中的一滴,那是何等甘美! 人们所写的文字能为知识的"通天塔"增添一砖一瓦,那是何等幸福!

这套文集的每一本书,即使有些篇章涉及哲学以外领域,都缘于我对哲学的研究。一种哲学言谈不管多么纯粹,不管看起来与现实多么遥远,都有它的"文化母体"(cultural matrix)。在广阔的历史视野里,不同历史时期的哲学有不同的文化母体。比如,古希腊哲学所依附的文化母体是希腊人的世界观,它最早表现于希腊神话和宗教,但那仅仅是一幅拟人化的世界图画,当人们进一步用思想去理解它,找出构成它的要素,分析这些要素的关系,又从这些要素构造世界的等级结构和统摄它的最高原则,这时哲学就诞生了。希腊哲学的文化母体不但是神话世界观,还包括与它同时生成的戏剧、艺术、几何学、经验性的科学、医学和历史学体现出来的观察世界的"视域"(horizon)和"焦点"(focus)。这样的文化母体中孕育出来的哲学是理性化的世界观,它当然也关心人。至少从苏格拉底开始,"人"成为哲学的中心,但希腊哲学家并不认为人是世界的中心,他们把"人"定位在世界的一个合适位置,人的本质(不管是灵魂还是理智)和目的(不管是德性还是幸福)都是由人在世界中的地位所规定的。世界观对于希腊哲学的重要性一直保留在以后的哲学里,以至于现在人们常把"哲学"定义为世界观(Weltanschauung)。当我们听到这样的定义时,要注意它的定义域。希腊哲学以后的哲学虽然与世界观有密切关系,但不能像希腊哲学那样被简单地等同为理性化的世界观,因为它们的文化母体不是世界观。比如,继希腊哲学之后出现的中世纪的各种哲学就不是世界观。在中世纪,哲学的文化母体是基督教,中世纪哲学是基督教哲学。基督教义的中心是人和上帝的关系,世界观出现在人神关系的视域,而不是相反。据基督教义,上帝是世界的创造者,他超越世界;上帝把世界交托给人管理,人因对上帝负有义务而与世界打交道。基督教这一文化母体孕育出的哲学、神学、文学和科学有很大程度的相似性,中世纪文化是神学的一统天下。基督教哲学是神学的婢女,作为自然哲学的科学也属于神学,文学艺术则是神学观念的感性形式。

现代哲学摆脱了基督教和神学,但没有因此回归希腊的世界观哲学,因为它的文化母体不是希腊人的世界观,而是近代自然科学。但是从自然科学这一文化母体中产生出来的近代哲学并不囿于对自然界的研究,从培根、霍布斯、洛克到休谟,从笛卡尔、斯宾诺莎到莱布尼茨,从卢梭到康德等德国唯心论者,人的内心世界比外部世界更加重要,内在的自我意识和天上的星辰同样奥秘和神圣。但是从他们的著作中我们可以理解,他们对人的意识和社会行为的观点离不开自然科学设定的"参照系",这就是自然科学的理性标准和方法论。

哲学家也做实验,他们的大脑是实验室,思想实验是哲学的重要方法。所谓思想实验,就是利用自然科学技术提供的材料,想象出另一个自然。比如,对于人的理解,向来有"天性还是教养"(nature or nurture)的争论。早期基督教教父阿诺毕乌斯设计了一个"隔离的人"的实验,设想把一个刚出生的婴儿放在与世隔绝的房间里,由一个沉默的、无感情的人抚养成人,那么这个人将没有思维和语言,以及作为一个人所具备的一切;结论:人是后天教养的结果。中世纪阿拉伯哲学家伊本·西纳设计了一个"空中人"的实验,设想一个突然被创造出来的人悬浮在空中,眼睛被蒙蔽,身体被分离,此时他将没有任何知识,甚至连感觉也没有,但他不可能对他的存在没有意识;结论:人的存在是先天的自然本性。科幻小说和后现代的艺术也是这类思想实验或自由的游戏。

我的梦想是把哲学和现代知识、道德和艺术尽可能广泛与完满地结合在一起,不管这个学术梦会产生什么影响,对于我来说,它是在一个思想世界的漂泊。法国知名科学家联合写作的《最动人的人类史》一书中有一段令人印象深刻的描写:

> 我们直立的祖先带上他的小行囊,出发去征服世界了……
>
> 他们开始了征服地球的漫长历程,最早的移民为数不多,但却大无畏,踏上了冒险的旅程……
>
> 虽然有地理上的障碍,但他们毫不犹豫,越过沙漠,通过地峡,渡过海峡……
>
> 大约公元前五十万年前,在非洲、中国、印度尼西亚、欧洲,都有了直立人,旧大陆被征服了。[1]

最后,请允许我借用"小行囊"这个比喻:我所具有的知识储备与人类知识发展水平相比,好像是直立人的"小行囊"之于现代知识;即便如此,我仍愿意带上我的小行囊,出发到思想世界去漂泊。这本书记载的是我的漂泊经历。

赵敦华 Zhao Dunhua

二〇〇三年八月十八日 于北京大学外国哲学研究所

---

1 安德烈·朗加内 等:《最动人的人类史》,蒋梓骅、王岩译,太白文艺出版社 1998 年版,第 27—29 页。

目 录

中篇

西方哲学：推本溯源 | 081

下篇

中国哲学：返本开新 | 257

前　言

从历史上看,中国哲学包括社会生活的方方面面,举凡政治、道德、宗教,乃至科学、医学、道术、民俗,无不有丰富的哲学思想。但长期以来,我们按西方纯哲学的标准选择和整理中国哲学的资料,后来又按"两军对阵"的模式诠释中国哲学的精神,中国哲学的范围被弄得越来越窄。现在人们把中国哲学与传统文化相联系,这可以从更深厚的文化资源中吸取更多、更广阔的哲学思想,是有益的。在此方面,借鉴西方哲学中"大哲学"的观念也是有益的。比如,福柯的知识考古学的模式和方法,对于我们从哲学的角度理解中国古代社会各个文化领域的联系和变化,很有些启发意义。从冯友兰、胡适开始,中国哲学史这门学科的发展始终受到西方哲学的方法和理论的影响。我认为这种影响属于中西哲学的良性互动,不能算作全盘西化,因为中国哲学史作为一门世界性的学科,其建立和发展又反过来为西方哲学提供了一个新的参照系。有没有这个参照系,对西方哲学的理解和体悟大不一样,对中国人研究西方哲学意义更大。因此,我曾提出,要以中国人的眼光解读西方哲学,这与借鉴西方哲学研究中国哲学是一个问题的两个方面,都需要进行比较哲学的工作。

对于比较的一方的中国哲学,我们应有全面的理解。牟宗三曾在"道德底形而上学"和"道德的形而上学"之间作出一个区分,套用这一区分,我们也可把"中国哲学"区别为"中国底哲学"(Chinese Philosophy)和"中国的哲学"(China's Philosophy)。前者指以中国传统为底子或本位的哲学,后者指在中国发生的一切哲学形态。在西方文明和马克思主义已经全面而又深刻地改变了中国社会的客观条件下,当代已不可能有完全彻底的"中国底哲学",有的只是"中国的哲学",即使刻意成为"中国底哲学"的新儒家,不是也要以西方哲学为参照和比较的对象吗?当代中国的哲学包括传统的中国哲学、马克思主义哲学和西方哲学;但是,我国哲学界马、中、西三足鼎立,以邻为壑的状况是不正常的。哲学史和哲学一般的界限应该被打破。比较哲学的对象不应只限于哲学史,而应该成为哲学一般的方法。广义地说,哲学的方法就是比较的方法,大到反映民族精神的国别哲学,反映时代精神的断代哲学,中到各个哲学流派,各个哲学家,小到一个个哲学观点和概念,都需要并可以加以比较。按黑格尔的说法,哲学史是思想巨人的较量,高尚心灵的更迭;较量就是比较,有比较才有鉴别,有鉴别才有更迭。如果我们能够把比较哲学作为研究马、中、西各类哲学的普遍要求和方法,那么它们之间的藩篱自然也就拆除了。

比如,在马哲界,开展对经典作家原文原著的研究,对西方和苏东马克思主义哲学的研究,在各分支哲学,尤其是政治哲学、经济哲学和应用伦理学领域,进行当代中国的马克思主义与西方哲学的比较研究;在中哲史界,除了进行一般意义上的中西哲学史比较研究外,更多地吸收国外汉学家和海外华人学者的研究成果,在概念、命题和范式三个层次比较中西哲学的异同,探讨中国哲学关键术语的翻译,把国内学者的最新研究成果翻译出来,推向国际;在西哲界,也要探讨西方哲学概念的中译问题,重新评价中国哲学和文化在世界文明史和观念史上的地位问题。如此等等,都是中西比较哲学的重要课题。

未来的世界哲学既不是"西方底哲学",也不是"中国底哲学",而是比较哲学。因为"大哲学"不仅是西方哲学的出路,也是中国哲学的出路;"大哲学"之大,不仅是跨学科的,而且是跨文化的,消除了按照纯哲学的标准所设置的种种藩篱障碍。我斗胆地说,达到"大哲学"的方法只能是哲学比较法,"大哲学"的理论只能以比较哲学的理论为范式。我们应该看到,中国人在比较哲学领域有特殊的优势。比较哲学是一门相对年轻的学科,在西方并不十分发达,因为大多数西方人对中国哲学不熟悉,中国哲学对他们而言只是哲学的特例,不具有普遍意义,因此很难参与平等的对话。印度学者在东西哲学比较领域写了不少书,他们有梵英双语的优势,但这种优势同时也是一种限制,印欧语系的共同性掩盖了东西方思维方式的一些根本分歧,而这种分歧是由语言表达出来的。"东方哲学"只是一个地域性的概念,没有共同的文化的或观念的传统作基础。东方哲学内部的分歧可能比东方哲学和西方哲学的分歧还要大,比如,印度哲学在语言上更接近于西方哲学,阿拉伯哲学则在内容上接近西方哲学。只有以中国哲学为典范与西方哲学相比较,才能明显地突出东西哲学的异同。经过一个多世纪的翻译和评介,西方哲学已在中国普及,可以说,中国人熟悉西方哲学的程度远远超过了西方人熟悉中国哲学的程度,这是中国学者的优势所在。从大环境来看,中国经济和政治的发展为提高中国文化和哲学的国际地位创造了条件。当然,能否实现哲学强国的目标,还有待于我们的努力。如果说,"三十年河东,三十年河西"这句话有什么实际意义的话,那就是表达了这样一种期待:19 世纪和 20 世纪西方哲学在世界哲学的舞台上扮演了主要的角色,21 世纪是中国人登上世界哲学舞台的时候了!这就是恩格斯所说的,经济上相对落后的国家也能在哲学舞台上扮演"第一小提琴手"。我热烈地期待着中国哲学走向世界。"大哲学"观念的确立,在比较哲学领域的突破,将会促进这一转变的到来。

上　篇

马克思哲学：正本清源

研究马克思哲学与西方哲学的"正本清源"方案

1

现实中的马克思主义哲学与西方哲学的关系

关于马克思主义哲学与西方哲学的关系,有两种完全相反的理解。一种观点认为,马克思主义哲学属于西方哲学,即使认为马克思主义哲学是哲学上的革命性的变革,也不能由此把它与西方哲学隔离开来。其理由是,现代分析哲学和现象学也都自诩为哲学上的革命,但从来没有人因此否认现代分析哲学和现象学属于西方哲学;同样,不能因为马克思主义哲学自称或者实际上是西方哲学史上的革命性变革,而否认它属于西方哲学。西方世界的哲学家大都持这样的观点。不管他们是否承认马克思的哲学是哲学上的根本变革,他们都把马克思的哲学当作西方哲学的一个部分。尽管对马克思主义哲学的态度有褒有贬,篇幅有多有少,但比较完整的西方哲学史著作都有专门介绍马克思的章节。

另一种相反观点则认为,马克思主义哲学的根本变革使得它摆脱了西方哲学的传统和发展道路,使得它与现代西方哲学背道而驰。其理由是,马克思主义是放之四海而皆准的普遍真理,而西方哲学在马克思主义诞生之前只有部分真理,而后的现代西方哲学甚至连部分真理也失去了。持这种观点的人担心,马克思主义哲学如果不与西方哲学彻底划清界限,不但会把西方哲学史上的部分真理等同于普遍真理,还会混淆马克思主义哲学的真理与现代西方哲学的谬误。这一种观点曾长期被视为马克思主义的"正统",却不是马克思本人的观点,其来源是苏共中央主管意识形态的书记日丹诺夫。

1947年,日丹诺夫提出了一个哲学史的定义:"科学的哲学史,是科学的唯物主义世界观及其规律底胚胎、发生与发展的历史。唯物主义既然是从与唯心主义派别斗争中生长和发展起来的,那么哲学史也就是唯物主义与唯心主义斗争的历史。"[1]根据这一定义,"所有的哲学派别分成了两大阵营——唯物主义和唯心主义阵营。唯物主义和唯心主义之间的斗争,进步的唯物主义路线在这一斗争中的形成和发展,是哲学在许多世纪以来全部发展的规律。在唯物主义反对唯心主义的斗争中,表现出社会的进步阶级反对反动阶级的斗争"[2]。日丹诺夫的定义在我国影响极大。改革开放之前写的哲学史著作,几乎无一例外遵从"两军对阵"的模式。在这种形势下,西方哲学史变成了马克思主义哲学的附庸,是为了理解马克思主义经典著作中提到的西方哲学家而写的注脚;至于现代西方哲学,更是马克思主义哲学的反面教材,是供批判的靶子。

改革开放以来,中国的哲学界取得了两个令人瞩目的新成果。第一,马克思主义哲学界突破了苏联教科书体系,提出了"实践唯物主义"等新的解释,并以积极的态度与现代西方哲学展开对话,吸收西方马克思主义的合理成分。第二,哲学史界突破了日丹诺夫关于"哲学史是唯物论和唯心论两军对阵的历史"的模式,从具体的史料出发总结哲学史发展的线索,实事求是地理解和评价历史上的哲学家。这两方面的新成果为我们重新审视马克思主义哲学和西方哲学的关系,提供了有利的条件。另一方面,我们也应该看到,在马克思主义哲学与西方哲学之间,还存在着阻碍相互对话和沟通的障碍。按照中国特有的学科分类,"马克思主义哲学"和"外国哲学"是两门独立的哲学"二级学科";"西方哲学"从属于"外国哲学","西方哲学"又被分割成"西方哲学史"和"现代西方哲学"两个部分。在这样的学术环境中,哲学思想被层层分割的"学科"限制在狭隘的专业之内,哲学研究者以某一专业的某一方向为职业,画地为牢,以邻为壑,互不来往。研究西方哲学的人专攻西方哲学的某一派别,某一哲学家,甚至某一哲学家的某一著作或理论,

---

1 《日丹诺夫同志关于西方哲学史的发言》,哈尔滨,东北书店1948年版,第4页。
2 〔苏〕罗森塔尔、尤金主编:《简明哲学辞典》,北京,生活·读书·新知三联书店1975年版,第373—374页。

本是无可厚非的;但如果因此而视马克思主义哲学为陌路,那就未免太狭隘了。现在,马克思主义哲学的研究者关注西方研究马克思主义的新成果,这是一个可喜的现象。但如果只是把目光盯在西方那些研究马克思主义的人的身上,那也不能在广阔的视野中全面地理解马克思主义哲学与西方哲学的关系。

中国的哲学界把马克思主义哲学和西方哲学当作两个独立的学科的做法,可能有政治上的考虑,但从学理上说,两者的分离是没有道理的。面对这样的现实,我们应该重新审视马克思哲学与西方哲学的关系,消除外部力量在两者之间设置的隔阂。这两个思想领域的贯通,可以澄清西方哲学与马克思哲学的渊源关系,也可以说明马克思哲学对西方哲学乃至对人类思想的独特贡献和深远影响。

2———

"列宁方案"和"斯坦普方案"

从原则上说,马克思主义哲学既有继承西方哲学的历史连续性,又是突破传统的历史变革。但问题是,如何把连续性和历史变革统一起来? 在此问题上,有两种不同的解决方案:一是按照从西方哲学到马克思主义哲学的发展的历史顺序,用两者相同之处说明马克思主义哲学的历史连续性,用两者的差异说明马克思主义哲学的历史变革;另一种方案是根据马克思主义哲学的需要,确定它在哪些方面与西方哲学有历史连续性,在哪些方面实现了变革。

不难看出,这两种解决方案与前面谈到的对马克思主义哲学与西方哲学关系的两种理解有着对应关系。一般说来,主张马克思主义哲学属于西方哲学的人,倾向于按照连续性的观点看待马克思主义哲学的独创性或历史变革;而主张马克思主义哲学超越了西方哲学的人,倾向于按照他们所理解的革命性的特征解释马克思主义哲学的历史来源。我们可以通过两个案例的分析,评价这两个方案。

萨缪尔·斯坦普的《从苏格拉底到萨特的哲学史》一书,是在美国颇有影响的教科书,这本书可以说是上述第一种方案的一个范例。该书按照历史的顺序,在第21章叙述了马克思的哲学,标题是"卡尔·马克思:辩证唯物主义"。作者说:

"马克思所说的并不完全是独创的。他的很多经济学思想可以在李嘉图著作中找到,他的一些哲学观点和构想可以在黑格尔和费尔巴哈著作中找到,关于阶级斗争的历史观可以在圣西门的著作中找到,关于劳动的价值论可以在洛克的著作中找到。马克思的独创在于他从这些思想来源中,提出了一个统一的思想结构,用作社会分析和社会革命的有力的工具。"[1]关于这个"统一的思想结构",作者谈了四点:(1)五种历史形态的理论;(2)生产方式和经济基础的理论;(3)劳动异化的理论;(4)上层建筑的理论。按照作者的解释,第一点是马克思的辩证法,第二、第三点和第四点是马克思的唯物主义。作者完全在社会领域中谈论辩证唯物主义,这也是他把马克思哲学当作"社会分析和社会革命的有力的工具"的理由所在。

列宁的《马克思主义的三个来源和三个组成部分》一文,对马克思主义哲学的来源和性质有不同的说法。列宁用"辩证唯物主义"和"历史唯物主义"表示马克思主义哲学。关于辩证唯物主义,列宁写道:马克思"用德国古典哲学的成果,特别是黑格尔的系统(它导致了费尔巴哈的唯物主义)的成果丰富了哲学"。至于历史唯物主义的来源是什么,列宁没有说,只是说:"马克思加深和发展了哲学唯物主义,而且把它贯彻到底,把它对自然界的认识推广到对人类社会的认识。"[2]在《卡尔·马克思》一文中,列宁更加明确地说明,辩证唯物主义的唯物主义来自费尔巴哈(马克思"首先是路德维希·费尔巴哈的信奉者");辩证法来自黑格尔("马克思和恩格斯认为,黑格尔辩证法……是德国古典哲学的最高成果")。[3] 列宁对马克思主义的解释代表了上面所说的第二个方案,即,根据马克思主义哲学的需要来决定其历史来源的方案。这一方案在苏联和我国占主导地位。现在,在已经突破了苏联的教科书体系的理论条件下,我们可以反思这样一个问题:如果马克思主义哲学并不等同于辩证唯物主义和历史唯物主义的体系,马克思主义哲学的历史来源是否只是或主要是黑格尔的辩证法和费尔巴哈的唯物论呢?

1 S. N. Stempf, *Socrates to Sartre*, *A History of Philosophy*,5th. ed. ,New York, McGraw - Hill, 1996, pp. 401 - 402.
2 《列宁选集》,3版,第2卷,北京,人民出版社1995年版,第310、311页。
3 同上书,第2卷,第418、421页。

我们可以通过斯坦普和列宁对辩证唯物主义的不同解释，说明上述两个方案的得失。斯坦普的看法的优点是把较多的西方思想的资源都吸收在马克思哲学之中，除了黑格尔和费尔巴哈之外，李嘉图、圣西门和洛克的思想也被当作马克思哲学思想的来源。列宁虽然没有提到洛克，但也把李嘉图和圣西门的思想作为马克思主义的来源。不过，按照列宁的区分，马克思主义哲学与政治经济学和科学社会主义是三个部分，李嘉图和圣西门的思想分别是马克思主义政治经济学和科学社会主义的历史来源，却不是马克思主义哲学的来源。这样的区分的主要根据是列宁对恩格斯的《反杜林论》的三个部分的理解，但在马克思的著作中，并不存在这三个部分的区分。斯坦普虽然扩大了马克思哲学的历史来源，却缩小了它的变革意义。在他看来，马克思哲学只是"社会分析和社会革命"的工具。在这一问题上，列宁有更为正确的看法。列宁认为，辩证唯物主义是原则和基础，而历史唯物主义则是应用和推广。虽然列宁对马克思主义哲学所作的区分以及对这两部分关系的论述并不是无可非议的，但他认为，马克思的哲学是"哲学唯物论"，而不只限于一定的社会理论，这无疑是正确的。

总之，斯坦普代表的方案有利于理解马克思哲学的历史来源，却不利于理解马克思哲学的变革意义。列宁的方案从马克思主义哲学的革命性意义出发，说明它的历史来源，具有理论上的优势，但这一方案不利于对马克思主义哲学的历史来源的全面理解。对这两个方案，我们应该取长补短，相得益彰。

3

"正本清源"的方案

在"列宁方案"和"斯坦普方案"的基础上，我们提出"正本清源"的新方案。这一方案把马克思哲学与西方哲学的关系概括为"本"和"源"的关系。"本"即马克思哲学的根本，"源"指它的来源。我们把对马克思哲学的历史变革和连续性的正确理解概括为"正本清源"的方案。"正本"就是要正确理解马克思哲学的独创性和所实现的历史变革，"清源"就是要全面地梳理和总结马克思哲学的历史来源，说明它与西方哲学的连续性。"正本"和"清源"的关系就是马克思哲学的变革和它的历史连续性的关系。这一关系有如下两个方面：

一方面，"正本"才能"清源"。就是说，只有首先对马克思哲学的独创性有正确的理解，才能准确地发现它的历史来源。否则，只是凭借对马克思主义经典著作的只言片语的理解，到西方哲学的史料中去寻章摘句，难免把西方哲学史变成马克思主义哲学的注释。列宁的方案从马克思主义哲学的整体特征出发理解它的历史来源，这是"依本求源"的做法，本来是可以避免对马克思哲学和西方哲学关系的注释式和任意性的理解。但多年来，我们对马克思哲学之本的理解有偏差，才造成了对它的历史来源和连续性作简单化的狭隘理解。现在的任务首先是"正本"，先把关注的焦点调整到正确的方向，才能有进一步的新发现。"正本"而"清源"，就是为了吸取列宁方案的优点，并从根本上克服对马克思哲学的片面的、僵化的理解。

另一方面，"源"不清，则"本"不正。就是说，没有对马克思哲学的历史来源的全面理解和清晰的梳理，也不可能理解它的变革。从理解的逻辑顺序上说，先要"正本"，才能"清源"；但从历史发展的时间顺序上说，西方哲学是来源，马克思哲学是从源远流长的传统中产生出的根本变革。如果看不到西方哲学的丰富源泉是如何汇入马克思哲学之中的，那么，马克思哲学只是几条干瘪的教条。斯坦普代表的方案从各方面的西方思想资源理解马克思哲学的独创性，这是"由源溯本"的做法。但是，他看待马克思哲学的视野太狭隘，因此也没有把马克思哲学的丰富来源梳理清楚。我们提出"正本清源"的方案，结合了列宁的"依本求源"方案和斯坦普代表的"由源溯本"方案的优点。我们的目标不但是全面地解释马克思哲学与它以前的西方哲学的关系，而且是说明马克思哲学诞生之后与现代西方哲学的关系。我们要说明的是，马克思哲学实现的根本变革并没有使它脱离与西方哲学的关系。这是因为，影响马克思哲学的那些传统的哲学思想，也影响着现代西方哲学的流派，从古希腊的原子论、亚里士多德，到培根、洛克、卢梭，更不用说黑格尔了。只有理解马克思哲学与现代西方哲学的共同的历史背景和来源，我们才能更加深刻地解释出两者交流对话的必然性和合理性。

4 ——————————————————————————————

"正本清源"是否适用于一般意义的"马克思主义哲学"

至此,我们只是用"正本清源"的方案说明马克思哲学与西方哲学之间的关系,还没有讨论马克思主义哲学与西方哲学的关系问题。应该看到,"马克思主义哲学"是一个比"马克思哲学"更为宽泛的概念。"马克思哲学"指马克思和恩格斯的哲学思想,马克思之后的"马克思主义"是表示不同思想的集合概念。这个集合包括的要素有:第二国际及其后的社会民主党人的马克思主义,共产党之外的西方马克思主义,苏俄的列宁主义和斯大林主义,第三国际其他理论家的马克思主义,中国化马克思主义,等等。不管哪一种马克思主义,都有自己的哲学思想。我们把所有这些马克思主义的哲学基础,称为"马克思主义哲学"。

在经历了国际共产主义运动的风风雨雨之后,马克思主义者应该总结经验教训,响应马克思的"全世界无产者,联合起来"的号召,用开放的态度理解和运用马克思主义哲学,不要把某一种马克思主义哲学定为一尊,奉之为正统,也不要把某一种马克思主义哲学斥为异端,视之如仇敌。为此,更有必要对各种不同的"马克思主义哲学"进行"正本清源"的分析。

马克思哲学是一切号称马克思主义的学说的哲学之本,但不同的马克思主义又有不同的哲学,这应如何解释呢?我们说,"马克思哲学"是马克思和恩格斯的哲学思想,这两位马克思主义创始人的思想可以说是"和而不同";两者的合作并不意味着没有差异,但差异也不意味着矛盾和对立;既不能否认马克思与恩格斯思想上的差异性,也不能把两者对立起来。马克思哲学中的不同思想和表达也是马克思主义哲学的多样性和差异性的部分原因。不同的马克思主义或者以马克思和恩格斯的共同哲学思想,或者以马克思的哲学思想,或者以恩格斯所独有的哲学思想为本,由此造成了它们的哲学之本的部分差异。

不同的马克思主义之间另一部分的差异,来自不同的文化传统和社会背景。例如,列宁主义、斯大林主义与第二国际的马克思主义的对立,一方面出自他们对马克思哲学的不同理解,另一方面,哲学思想上的差异在现实中被各种社会的、政治的、经济的、文化的因素所放大,变得势不两立了。现在,我们要从理论上分析这些矛盾和对立的原因。一方面要看不同的马克思主义与马克思哲学之间的联系,另一方面要看这些马克思主义含有哪些马克思哲学所没有的新内容。这些新内容往往是在"修正"或"发展"的名义下,被增加在后来的马克思主义之中的。通过这两方面的分析,我们可以理解,不同的马克思主义在哲学上的相同之处,它们都有马克思哲学的根据;它们的不同之处,既来自它们对马克思哲学中的不同因素的运用,也来自它们各自增加的新内容。

我们把"正本清源"的方案应用于一般意义上的马克思主义哲学,一方面要看到不同的马克思主义都有马克思哲学的根据,由于这一共同的来源,它们有相同的哲学之本;但另一方面,由于马克思哲学包含着不同因素,不同的马克思主义吸收了这些不同的哲学因素,而且还有不同社会、民族和文化传统的特殊来源。在这些特殊来源中,有一些属于西方世界,与西方哲学有着直接或间接的联系,如第二国际的马克思主义就是这样,西方马克思主义更是如此。我们现在当然可以在西方哲学的范围内,研究这些学说的哲学基础。但是,另一些马克思主义,如列宁主义、斯大林主义,其独特性来自苏俄的政治和经济的现实与文化传统。毛泽东思想也是如此。我们常说,毛泽东思想是把马克思列宁主义的普遍真理与中国革命的具体实践相结合的产物。"中国革命的具体实践"包含着毛泽东思想所特有的中国来源。因此,苏俄和中国社会中产生的马克思主义,其哲学基础不能被归于西方哲学,而分别与俄国、中国或其他东方国家的哲学文化传统有着密切的联系。正是由于不同的马克思主义有来源不同的哲学基础,我们不能笼统地说它们属于或不属于西方哲学。

5 ————————————————————————————————

什么是马克思哲学之本

我们肯定马克思哲学是一切马克思主义的哲学之本,但马克思哲学也有自身的根本原则。马克思哲学之本是什么?这是一个涉及什么是马克思哲学、什么是马克思主义的根本问题。我以为,把新唯物主义、人本主义和自由解放学说作为马克思哲学之本是合适的。

关于马克思哲学，列宁说："马克思主义哲学就是唯物主义。"[1]说马克思哲学之本是唯物主义，大概没有人会提出异议。但问题是，这是什么样的唯物主义？马克思之所以选择唯物主义作为他的哲学基础，并不是唯物主义具有某种内在的真理。相反，他认为历史上的唯物主义和唯心主义作为解释世界的理论，各有各的长处和短处。他的博士论文虽然以公认的唯物主义者德谟克利特和伊壁鸠鲁为题，却丝毫没有提及他们的唯物主义思想。相反，在论文的题词中，他赞扬"令人坚信不疑的、光明灿烂的唯心主义"，认为"唯有唯心主义才知道那能唤起世界上一切英才的真理"，"唯心主义不是幻想，而是真理"[2]。直到在《1844 年经济学哲学手稿》中，他把自己的学说称为"彻底的自然主义或人道主义"，并说，这一学说"既不同于唯心主义，也不同于唯物主义，同时又是把这两者结合起来的真理"[3]。有人可能会说，这些提法只是表达了他早期思想没有摆脱唯心主义的"错误影响"，不能作为马克思主义哲学的根本。对此，我们要问：在被恩格斯称为包含着新世界观的天才萌芽的《关于费尔巴哈的提纲》中，马克思对旧唯物主义所作的彻底批判，又应该如何理解呢？在那里以及以后的著作中，马克思对旧唯物主义的批判一点也不比对唯心主义的批判更温和、更留情。相反，他指出，唯物主义所不知道的人的"能动的方面却被唯心主义抽象地发展了"[4]。这仍然是在肯定旧唯物主义和唯心主义各有各的长处和短处。

按照日丹诺夫的公式，唯物主义等于进步的、革命的阶级的思想，于是，站到历史上最先进的无产阶级立场上的马克思必然要选择唯物主义。但是，马克思从来没有像日丹诺夫那样理解唯物主义的社会意义。相反，在《黑格尔法哲学批判》中，马克思批判说，普鲁士式的"官僚政治的普遍精神"是"粗陋的唯物主义"，"消极服从的唯物主义"，"信仰权威的唯物主义"和"某种例行公事、成规、成见和传统

---

1 《列宁选集》，3 版，第 2 卷，310 页。

2 《马克思恩格斯全集》，2 版，第 1 卷，北京，人民出版社 1995 年版，第 9 页。

3 同上书，2 版，第 3 卷，北京，人民出版社 2002 年版，第 324 页。

4 《马克思恩格斯选集》，2 版，第 1 卷，北京，人民出版社 1995 年版，第 54 页。

的机械论的唯物主义"[1]。在以后的著作中,马克思也没有否认旧唯物主义与保守的、落后的社会力量之间有一定的联系。

马克思把他的唯物主义称为"新唯物主义"("新唯物主义的立足点则是人类社会或社会的人类"[2])以及"实践的唯物主义"("实践的唯物主义者即共产主义者"[3]),要理解马克思哲学的唯物主义,必须同时理解他的人本主义和自由理论。在我看来,马克思的唯物主义是一种能够彻底地解释人的学说。他在《〈黑格尔法哲学批判〉导言》中写道:"理论只要彻底,就能说服人。所谓彻底,就是抓住事物的根本。但是,人的根本就是人本身。"[4]那么,能够抓住"人本身"这一根本的理论是什么呢?马克思在对青年黑格尔派的批判过程中逐渐认识到,真正的唯物主义同时也是人本主义。

在《神圣家族》一书中,马克思把18世纪的唯物主义观点概括为"关于人性本善和人们智力平等,关于经验、习惯、教育的万能,关于外部环境对人的影响,关于工业的重大意义,关于享乐的合理性等等"。他说,这些"唯物主义学说,同共产主义和社会主义之间有着必然的联系。既然人是从感性世界和感性世界中的经验汲取自己的一切知识、感觉等等,那就必须这样安排周围的世界,使人在其中能认识和领会真正合乎人性的东西,使他能认识到自己是人。既然正确理解的利益是整个道德的基础,那就必须使个别人的私人利益符合全人类的利益。既然从唯物主义意义上来说人是不自由的,就是说,既然人不是由于有逃避某种事物的消极力量,而是由于有表现本身的真正个性的积极力量才得到自由……应当消灭犯罪行为的反社会的根源,并使每个人都有必要的社会活动场所来显露他的重要的生命力。既然人的性格是由环境造成的,那就必须使环境成为合乎人性的环境。既然人天生就是社会的生物,那他就只有在社会中才能发展自己的真正的天性……诸如此类的说法,甚至在最古老的法国唯物主义者的著作也可以几乎一字不差地

1《马克思恩格斯全集》,2版,第3卷,第60页。
2《马克思恩格斯选集》,2版,第1卷,第57页。
3 同上书,第75页。
4 同上书,第9页。

找到"[1]。不难看出,马克思在这里所肯定的同唯物主义有着"必然联系"的"共产主义和社会主义",是符合人性的、摆脱了罪恶的社会环境的、获得个性自由的"以人为本"的学说,即人本主义(humanism,亦译为人道主义)的学说。

当然,马克思既不满足于法国的 18 世纪唯物主义,也不满足于 19 世纪的社会主义。他认为,以往的唯物主义和人本主义充其量只是追求特定的阶级或社会组织的政治上的解放,而要实现人类的彻底解放,必须从根本上消除人的异化,即消除劳动的异化。为此,他转向了政治经济学批判。马克思在《资本论》中关于劳动和价值关系的论述,对资本主义生产、分配、交换和消费的全过程的分析,都是以他的新唯物主义为前提和基础的。他的政治经济学与唯物主义和人本主义的关系,可被概括为以下一个逻辑推论的系列:

(1)劳动是人的本质力量。

(2)劳动在人的历史中被异化。

(3)劳动异化最后造成了商品生产。

(4)商品具有使用价值和交换价值两重性。

(5a)创造使用价值的劳动以自然物的独立存在为前提;

(5b)创造交换价值的劳动是人的基本的社会存在。

(6a)5a 必须承认唯物主义的一般原则;

(6b)5b 必须以实践的、历史的观点看待人与自然,以及人与人的关系。

(7)商品的使用价值和交换价值是统一的,6a 和 6b 因而也是统一的。

(8)因此,关于自然和社会的唯物主义同时也是关于实践和历史的人本主义。

马克思哲学同无产阶级革命有着密不可分的关系:"哲学把无产阶级当作自己的物质武器,同样,无产阶级也把哲学当作自己的精神武器。"无产阶级是哲学的物质武器,因为无产阶级革命是"达到人的高度的革命";哲学是无产阶级的精神武器,因为哲学的批判"提高到真正的人的问题"。马克思改造了康德的绝对命令。他说,德国哲学的批判"最后归结为人是人的最高本质这样一个学说,从而也

---

1 马克思、恩格斯:《神圣家族》,北京,人民出版社 1958 年版,第 166—167 页。

归结为这样的绝对命令：必须推翻那些使人成为被侮辱、被奴役、被遗弃和被蔑视的东西的一切关系”[1]。

我们经常说，马克思主义的理想是解放全人类。但是，这一理想，如果没有一种能够说服人的关于人的自由解放的学说，只能是空想。注意，“解放”（liberalization）就是“自由”（liberty）的普遍化，正如“现代化”（modernization）是“现代性”（modernity）的普遍化一样。解放就是自由化，自由化就是解放，这个道理是如此明显，以至不需要超出字面意义的解释。但现在，一些人一听到“自由化”就紧张，就如临大敌，他们把“自由化”等同于“资产阶级自由化”，这不啻于把“自由”“解放”当作资产阶级的专利。须知：资产阶级自由化作为资产阶级的解放，已经在世界历史的进程中完成，人类现在面临的任务是全人类的解放，即人的自由化。只要这一任务还没有完成，马克思的自由解放学说就不会过时。

概括地说，马克思的自由解放学说认为，为了免除压迫和奴役，必须从根本上消除产生压迫和奴役的原因。马克思通过政治经济学的批判，揭示了产生压迫的根本原因在于劳动的异化所产生的生产资料的私有制；政治上的不平等，经济上的匮乏，心理上的恐惧，归根到底产生于这一经济上的原因。马克思以争取现实的自由权为出发点，通过消灭劳动异化的途径，最后达到解放全人类的目标。1884年，意大利一个名叫卡内帕的社会主义者要恩格斯用一句话来概括社会主义社会的本质。他说，但丁曾用“一些人统治，一些人受难”来概括旧社会，但还没有人用一句话概括新社会。恩格斯回答说：“除了用《共产党宣言》中的下面这句话，我再也找不出合适的了。”[2]恩格斯所引用的那句话，就是《共产党宣言》中所说的“每个人的自由发展是一切人的自由发展的条件”[3]。从恩格斯的概括来看，个人的自由对于马克思主义的创始人来说是何等的重要！

我们说，经过根本变革的唯物主义、人本主义和自由解放学说是马克思哲学之本，但这不是说，马克思哲学以三个学说为根本。唯物主义、人本主义和自由学说在历史上有不同的思想来源，属于不同的哲学派别。但在马克思哲学中，这三

---

1 《马克思恩格斯选集》，2版，第1卷，第15、6、9—10页。

2 《马克思恩格斯选集》，2版，第4卷，北京，人民出版社1995年版，第731页。

3 《马克思恩格斯选集》，2版，第1卷，第294页。

个学说是相通的,它们的差异只是理论层次的不同。唯物主义是关于人和世界关系的学说,马克思的人本主义的价值观使他得以用劳动的、实践的观点,分析"环境的改变和人的活动的一致"[1],论述自然界的物质形态与社会生产方式的统一。他的哲学没有西方哲学上的"以物为本"与"以人为本"的对立,是唯物主义和人本主义的统一学说。这一学说以人的自由为价值尺度,衡量各种社会形态的进步尺度;并以全人类的解放为目标,批判一切不合理、不公正的社会现象。在实践的层面上,唯物主义、人本主义和自由解放学说的统一,意味着以经济活动为基础,关注人的实际利益,争取社会公正和政治民主,最终通过消灭私有制,使人类彻底摆脱劳动的异化和外在力量的奴役。马克思哲学就是这种理论和实践相结合的、以唯物主义为基础、以人本主义的价值观为标准、以自由解放为目标和方向的统一的学说。

说到这里,我想已经不需要就马克思哲学与西方哲学的对话的可能性说太多的话了。有一些西方哲学史知识的人知道,唯物主义、唯心主义、人本主义和自由学说都有源远流长的历史。即使我们承认马克思哲学是西方哲学史上的根本变革,那么,这一根本变革的对象是"变得敌视人了"的旧唯物主义[2],是那种把人的异化只是当作精神和意识的异化的唯心主义,而并不像过去所理解的那样,只是继承了唯物主义以反对唯心主义,继承了辩证法以反对"形而上学"。相反,这一哲学上的变革一方面超越了历史上的唯物主义和唯心主义的对立,继承了西方哲学的人本主义和争取自由解放的传统,另一方面超出了以往哲学的历史局限性和阶级局限性,为哲学规定了更高的任务和实现的途径,即人类的自由和解放。马克思的新唯物主义与西方哲学在根本旨趣上是相通的,在发展方向上是一致的。在此意义上,马克思哲学不但可以与传统的西方哲学的各种学说对话,而且可以与现代西方哲学的各个流派对话。

---

1 《马克思恩格斯选集》,2 版,第 1 卷,第 59 页。
2 马克思、恩格斯:《神圣家族》,第 164 页。

6

什么是马克思哲学之源

我们现在追溯马克思哲学的西方哲学来源,有两种方法:第一种是显性的、直接的方法;第二种是隐性的、间接的方法。为了全面理解马克思哲学的来源,这两种方法缺一不可。

第一种方法是迄今为止通常使用的方法,即,说明哪些西方哲学直接影响了马克思的思想,阐述它们如何影响马克思的历史过程。正如马克思和恩格斯所承认的那样,对他们的哲学直接产生了重要影响的哲学家是黑格尔和费尔巴哈。马克思本人的著作也包含着从青年黑格尔派到共产主义、从费尔巴哈的唯物主义到新唯物主义的明显的发展线索。作为一个历史事实,黑格尔和费尔巴哈的哲学确实与马克思哲学的联系最直接、最密切。但是,列宁认为,马克思哲学的主要来源是黑格尔的辩证法和费尔巴哈的唯物主义,这却不是在陈述一个历史事实,而是对马克思哲学与黑格尔和费尔巴哈哲学有密切联系这一历史事实作出了自己的解释。在我看来,这种解释一方面缩小了黑格尔对马克思的影响,另一方面又扩大了费尔巴哈的影响。

列宁的解释之所以缩小了黑格尔对马克思的影响,是因为他没有看到,黑格尔哲学不仅是马克思的辩证法的来源,而且也是马克思哲学的很多观点的来源。黑格尔的辩证法是与他的体系密切联系的方法,使用他的方法虽然不一定要全盘接受他的体系,但接受他的体系的部分观点是不可缺少的。马克思对黑格尔辩证法的继承,不是简单地"抛弃体系,接受方法",也不像"把头脚颠倒的体系颠倒过来"。马克思哲学不但批判地继承了黑格尔的辩证法,而且批判地吸收了黑格尔哲学体系中的一些观点,如"存在""定在""扬弃""异化""劳动""自由""市民社会""国家""法",等等。黑格尔在阐述这些观点的意义时,把西方哲学的各个环节贯穿起来。可以说,不理解西方哲学的全部历史,就不能理解黑格尔哲学,也不能理解马克思对黑格尔哲学的继承和发展。

费尔巴哈对马克思从青年黑格尔派向无神论和唯物主义的转变起到重要作用,但因此就说费尔巴哈思想是马克思的唯物主义的主要来源,那是扩大了费尔巴哈的影响。费尔巴哈使马克思认识到黑格尔的唯心论和宗教的虚幻,却没有决定马克思的唯物主义的性质和内容。马克思的唯物主义主要是他对政治经济学和社会主义学说的研究中概括出来的哲学思想。他的"新唯物主义"或"实践的唯物主义"对包括费尔巴哈的唯物主义的批判多于继承。马克思之前的政治经济学和社会主义学说,更多地影响了马克思的唯物主义。由于列宁把政治经济学和社会主义与哲学并列为马克思主义的三个组成部分,各个部分分别有自身的来源,因此未能把英国古典经济学和空想社会主义作为马克思哲学的历史来源。

追溯马克思哲学历史来源的第二种方法,即隐性的、间接的方法,还没有被马克思主义者所运用,却被反马克思主义者所运用。波普尔的《开放社会及其敌人》是运用这一方法的一个范例。这部书的上卷的副标题是"柏拉图的魅力",下卷的副标题是"预言的高潮:黑格尔、马克思及其后果"。从这些标题就看出,波普尔攻击的重点是柏拉图、黑格尔和马克思的理论。他把整个西方哲学的传统解释为历史主义,历史主义开始于赫拉克利特,在马克思的哲学中发展到顶峰。波普尔勾勒的历史主义发展线索是一种隐性的、间接的解释,他把从柏拉图到黑格尔的西方哲学传统当作马克思哲学的历史来源,构成了对马克思主义的一个最严重的挑战。以赛亚·伯林评价说,波普尔的这本书对马克思主义哲学作出了"迄今为止的任何作者所能作的最彻底(most scrupulous)、最难对付(most formidable)的批判"[1]。但是,马克思主义者至今还没有对这一批判作出有力的回应。一个重要原因是,他们囿于"马克思主义三个组成部分和三个来源"的框架,缺乏波普尔那样的宏大宽阔的历史视野,他们对这类反马克思主义的攻击作出的反批判,不是在同样领域中和同等水平上的论战。这一事实从反面告诉我们,揭示马克思哲学的隐性的、间接的历史来源,是必要和重要的。

众所周知,马克思是一个"希腊迷",他的著作多次提到希腊文学和艺术的永恒的魅力。如果认为希腊哲学对马克思的思想没有影响,那是不可想象的。当然,希腊哲学的影响是隐性的、间接的,通常是通过德国古典哲学影响到马克思的。比如,马克思在博士论文中说:"这篇论文仅仅看作是一部更大著作的先导,

---

1 I. Beilin, *Marx*, *His Life and Environment*, 3rd. ed., Oxford University Press, 1963, p. 287.

在那部著作中我将联系整个希腊思辨详细地阐述伊壁鸠鲁主义、斯多亚主义和怀疑主义这一组哲学。"[1]那部"更大的著作"没有写出来，但我们可以追问：马克思的写作意图是什么？他为什么要把伊壁鸠鲁主义、斯多亚主义和怀疑主义归为同一组哲学？如果联系到黑格尔的《精神现象学》中的分类，就可以理解，斯多亚主义和怀疑主义代表了"自我意识的自由"。在这一点上，黑格尔与康德不同，康德认为，人在对自然的认识中没有自由的意识。在康德与黑格尔的不同的自由观中，马克思支持黑格尔的观点，他的博士论文说明，伊壁鸠鲁的自然哲学达到了自我意识的自由。不能想象，他打算进一步论证黑格尔的观点：自我意识的自由也表现在斯多亚主义和怀疑主义之中。[2] 虽然马克思没有实现他的这一写作计划，但我们可以看到，马克思关于人对自然的认识和实践与人的自由相联系的思想，与他对希腊自然哲学的理解，对康德和黑格尔的自由观的理解，有着某种隐性的、间接的联系。

阿伦特说，马克思的共产主义理想"不是乌托邦，而是一定的政治社会条件的产物，柏拉图和亚里士多德在雅典城邦的模式中经历了这些同样的条件，这也是我们传统所依赖的基础"[3]。这段话已经成为西方很多马克思思想的研究者的共识。他们把希腊哲学，特别是亚里士多德的影响，当作西方思想传统对马克思的潜移默化的影响。在《马克思和亚里士多德》论文集中，12位学者撰文，他们一致指出，亚里士多德哲学是马克思哲学的间接的、却是一个不容忽视的历史来源。[4]20世纪70年代以来，学者们使用隐性的、间接的方法的研究成果越来越多。比如，哥尔德说明了亚里士多德的"四因说"与马克思关于劳动的学说之间的联系[5]，卡因说明了亚里士多德代表的希腊政治观和实践观对马克思的"类存在"的观点的影响[6]，罗克摩尔说明了亚里士多德的《形而上学》和《尼各马可伦理学》中

1 《马克思恩格斯全集》，2版，第1卷，第10—11页。
2 H. F. Mins, "Marx's doctoral dissertation", in *Science and Society*, vol. 12 (1948), pp. 157–169.
3 H. Arendt, *Between Past and Future*, New York, Viking, 1968, p. 19.
4 *Marx and Aristotle*, ed. by G. E. McCarthy, Maryland, ,U. S. A, Rowman and Littlefield, 1992.
5 C. Gould, *Marx's Social Ontology*, The MIT Press, 1980.
6 P. Kain, *Schiller*, *Hegel*, *and Marx*: *State*, *Society*, *and the Aesthetic Ideal of Ancient Greece*, McGill-Queen's University Press, 1982.

的"活动"概念对马克思的"类存在"概念的影响[1]，施瓦茨说明了亚里士多德的
"政治动物"的思想对马克思的"类存在"的影响[2]，伯伦克特比较了亚里士多德的
德性伦理与马克思的社会伦理[3]，缪斯说明了古典的政治自由和公共领域的思想
和马克思关于人类解放的思想之间的联系[4]，麦察罗斯谈到了亚里士多德主义的
自然法传统对马克思的社会存在理论的影响[5]，如此等等。这些研究运用隐性
的、间接的比较方法，在西方哲学的大传统中，研究马克思哲学的思想来源和资
源。我们应该在借鉴和吸收这些成果的基础上，对马克思哲学的历史来源作出全
面、系统的解释。

1 T. Rockmore, *Fichte, Marx, and the German Philosophical Tradition*, Southern Illinois University Press, 1980.

2 N. Schwartz, "Distinction between public and private life", in *Political Theory*, May, 1979.

3 A. Brenkert, *Marx's Ethics of Freedom*, Routlege, 1983.

4 H. Mewes, "On the concept of politics in the early work of Karl Marx", in *Social Research*, Summer, 1976.

5 I. Meszaros, *Marx's Theory of Alienation*, New York, Harper and Row, 1970.

"物质"观念及其在马克思主义哲学中的嬗变

众所周知,"物质"这一范畴是马克思主义唯物主义的基石。这一范畴并不是马克思和恩格斯、列宁独创的,在马克思主义诞生很久之前,"物质"就已经是西方哲学的一个重要概念。但是,如果把马克思主义哲学的"物质"范畴仅视为对西方哲学史中"物质"概念的批判性吸收,也未免过于简单。这是因为:"物质"在西方哲学史上并不是中心范畴,西方哲学的中心范畴有"实是"(being)、"存在"(existence)、"本体"(substance)、"实在"(reality)等。马克思的唯物主义哲学以"物质"范畴为中心,马克思哲学的根本变革表现为用"物质"消解了西方哲学的中心范畴。马克思哲学之所以能够用"物质"来消解西方哲学的那些中心范畴,不但是因为那些中心范畴之间互有联系,而且是因为,在西方哲学史上,它们与"物质"概念也有密切的联系。由于逻辑思维的缘故,西方哲学的基本范畴都与"是"相关。西语的逻辑判断的基本形式是"主语+是+谓语"。比如,"树是绿的"。我们可以看到树和绿色,但"是"一定也表示一个实在,而"不是"表示非实在,否则的话"树是绿的"和"树不是绿的"就没有差别了,真理和错误就没有区别了。并且,"是"表示的实在是普遍的、统一的、无所不在的;主词和谓词表示的实在是变化的、多种多样的,但所有判断都有一个不变的"是",它表示的普遍的实在就叫"实是"。"实是"是哲学研究的首要对象,而具体科学研究主词和谓词表示的那些具体的、变化的实在,因此哲学比具体科学更普遍,更基本。至于"实是"究竟是什么,不同的哲学家有不同的回答:存在、本质、本体等是几个最常见的答案。只是在进一步解释"实是、本质、存在和本体是不是有形的""是不是在时空之中"等问题时,一些哲学家才使用了"物质"的范畴。绝大多数哲学家只是把"物质"当作一个次要的范畴,或是存在的附属物,或是第二位的本质,或是本体派生出来的东西。

马克思的哲学变革是西方哲学传统的产物,马克思主义的哲学范畴来自传统的哲学理论,与本体论的中心范畴"实是"的意义有着尤其复杂和深刻的联系,正是通过对"实是"的意义的深入分析,马克思哲学把"物质"置于中心地位,并说明了"物质"与西方哲学的那些中心范畴之间的联系。我愿以"物质"的观念为例,展开和重建马克思著作中的逻辑论证的成分,使得马克思主义哲学成为真正的"说理"的哲学,而不只是一些论断和结论的简单凑合。

1

西方哲学史上的"物质"观念

希腊哲学中并无现在所谓的"物质"概念,当然也就不会有以"物质"概念为中心的唯物主义。我之所以要指出这一事实,是因为过去按照日丹诺夫关于哲学史的定义,把唯物主义与唯心主义的"两军对阵"作为哲学史的唯一线索和内容。希腊哲学中没有"物质"概念这一事实却说明,"两军对阵"在一开始并不存在。

希腊哲学包含着以后一切哲学概念的萌芽。预示着后来的"物质"概念的希腊哲学概念是"质料"(hyle)。hyle在希腊文中的原意是"木材",哲学家借用这个生活用语表示世界万物构成的原材料。亚里士多德说,最早的哲学家都主张质料是世界的本原,但这只是他从自己"四因说"的观点对过去的哲学史的一种概括而已。最早的哲学家并没有使用"质料"这一概念,这是亚里士多德创造的一个物理学和形而上学的概念。hyle在中世纪被翻译为materia,但其基本意义仍然是"质料"。直到近代哲学中,西文中的matter才表示"物质"的意义。但因为"质料"与"物质"在现代西文中是同一个词,一些人便按照亚里士多德的解释,把最早一批主张世界本原是"质料"的哲学家说成是"唯物主义者",这是一种望文生义的解释。

姑且不论最早哲学家的观点是否能够归诸亚里士多德所谓的"质料因",即使按照亚里士多德的说法,他们的观点也不是唯物主义。正如亚里士多德注意到的,这些哲学家需要"动力因"来说明"质料"是如何结合和分解的;于是阿那克萨戈拉设定了"心灵",恩培多克勒设定了"爱"和"恨"作为推动"质料"运动变化的原因。按照"两军对阵"的标准,这意味着精神是推动物质的力量,这当然不属于唯物主义。最早一批哲学家中的另外一些人,如主张"水是万物本原"的泰勒斯和主张"火是万物本原"的赫拉克利特,根本没有区分物质和精神,作为世界本原的"水"或"火"并不是我们现在理解的物质形态,而是有着活力的灵魂。因此,"泰勒斯说万物都有灵魂,并进而把水的能动力量奉为神圣的力量,也说万物都充满了神"[1]。赫拉克利特所说的"火"是"永恒的活火",等于logos(相当于后来所说的"理性"),又说:"logos为灵魂所固有。"这些哪里是什么"唯物主义"呢?后来的斯多亚派把赫拉克利特所说的"火"等同于"精神"和"神",并不是没有道理的。在希腊哲学中,唯有原子论可被算作唯物主义。原子论只用物理属性解释原子和原子的运动,并把灵魂解释为"精细的原子"。但这一孤证不能支持"两军对阵"的说法,因为原子论力量太弱,根本无法与希腊哲学的其他学派"对阵";柏拉图和亚里士多德以及后来的斯多亚派等主流派别,也不把原子论当作主要论敌而与之"对阵"。

不过,亚里士多德所说的"质料"虽然不是"物质",却包含着近代哲学的"物质"概念的萌芽。这表现在以下几个方面:

首先,亚里士多德虽然认为质料既不可以直接感知,也不可以用概念加以描述的现实,但他承认,可以用"类比"方法来把握它。[2] 这就是把"质料"类比为有形的材料。比如,他在举例说明"四因"的意义时,说"铜"是"铜像"的"质料因"。也是在把"质料"类比为"有形物"的意义上,他把早期自然哲学家所说的"水""火""气"等概括为"质料"。他甚至在《大伦理学》第5章中把"质料"说成是有形状、大小的东西。"质料"的这一类比意义即后世所说的"广延"。

其次,在《物理学》中,亚里士多德把"质料"当作事物运动变化的载体。他认为,运动变化是在不变的载体的基础之上,既有形式朝向它所缺乏的形式的过渡、转化。变化的只是形式,例如,水变成气时,构成水或气的质料不变,变化的只是水的"湿性"变成了气的"热性"。同样,在位移运动中,变化的只是事物的位置,构

---

1 亚里士多德:《论灵魂》,411a7。
2 亚里士多德:《物理学》,191a8。

成事物的质料并不变化。亚里士多德的物理学把质料视为运动载体的观点,与近代力学把物质视为运动的载体的观点是一致的。

更重要的是,亚里士多德在《形而上学》中,把"质料"与"实是""本体""本质"等关键概念联系在一起。亚里士多德说,形而上学的研究对象是"实是自身"(being qua being),"实是"的中心意义是"本体"。但是,"本体"的基本意义是什么呢?亚里士多德在《形而上学》第 6 卷中,首先说明"质料"非常接近于"本体"的意义,因为本体是一切属性所依附的"基体"或"支撑"(hypokeimenon)。他做了一个思想实验:如果把依附在本体上的所有属性都剥离之后,那么最后剩余的必定是本体。他说:"把其他一切都剥离之后,剩下的只有质料。"如此看来,质料应该是本体。但亚里士多德笔锋一转说:"这是不可能的,因为可分离性和'这一个'是本体的主要特征。"他的意思是说,没有任何属性的质料只是一团混沌,不能彼此区分开来,不是独立的个别存在;我们甚至不能说质料"是"一个什么样的东西,它当然不能成为"实是"的中心意义,即不可能是"本体"。

在以后的论述中,亚里士多德虽然说,形式或本质是主要的、基本的本体,但这只是从可用定义来认知的角度来论述的。他承认,在现实中,可感的本体都是质料和形式的复合物;没有质料的形式与没有形式的质料一样,不可能是具体存在的本体。总之,亚里士多德的质料观建立在"载体"或"基体""实是""本体"等一些根本概念的基础之上。这些也是后来的"物质"观念的基础。

在中世纪,"质料"的意义逐渐向近代哲学意义上的"物质"的范畴过渡。中世纪的神学家把质料解释为上帝创世时最初创造的原材料。奥古斯丁解释《创世记》中"上帝创造了天和地"这句话时说,"地"就是质料;质料"近乎虚空",但不完全是虚空,因为最初的质料已经具有形状。[1] 托马斯·阿奎那进一步区分了"共同质料"或"原初质料"与"能指质料"。原初质料是不可区分的一团混沌,"能指质料"(materia signata)却是可以区分出形状、大小的东西。托马斯·阿奎那明确地说:"所谓能指质料,我指的是按照一定的形状来规定的质料。"[2]亚里士多德虽然

---

1 奥古斯丁:《忏悔录》第 12 卷,第 8 章第 8 节。
2 托马斯·阿奎那:《存在与本质》,第 6 章。

以"形状"来类比"质料"的意义,但托马斯·阿奎那首次明确地把"形状"作为"能指质料"的属性。这是向近代哲学的"物质"概念迈进的重要一步。

托马斯·阿奎那的另一个贡献是在"实是"的意义中区分了"存在"和"本质"。中世纪哲学家用拉丁文 esse 表示希腊文 to on(实是),兼有"存在"(existence)和"本质"(essence)的意思。托马斯·阿奎那用 esse 表示本质,用 ens 表示存在。他说,"存在"(ens)的意义来自动词"是"(est),"'是'的纯粹意义是'在行动',因而才表现出动词形态"[1]。上帝的存在是创造活动本身,它赋予一切事物现实性。任何事物的本质在未获得存在之前都只是一种潜在,一种可能性;上帝的存在活动是使潜在转变为现实。因此,存在高于、优于和先于本质。本质依赖存在,没有存在,就没有实在的本质。托马斯·阿奎那所说的"存在"(ens)仍是拉丁文"是"动词的名词形式,直到 16 世纪,经院哲学家才创造出拉丁文 ex-istens 代替 ens 的意思。从构词法上就能看出,existens(存在)与 sub-stens(本体)有不同的前缀。"本体"中的 sub-表示属性"之下"的支撑点或基体,"存在"中的 ex 表示"走出"这一基体,即走出本体的范围,"存在"的意义就是在不断超出自身的活动过程中创造自身。

自从区分了"存在"与"本质"之后,哲学家遇到的问题是:"本体"的首要意义究竟是存在还是本质?这一问题成为近代哲学的主要问题之一。被称为近代哲学之父的笛卡儿首先回答了这一问题。他对"本体"的定义是:"一个不依赖其他任何东西而自身存在的东西。"[2] 他承认,严格地说,只有上帝才是不依赖于任何东西的存在,上帝是唯一的本体。但他又说,"本体"是多义词,它可以在相近的意义上运用于不同的对象。在与"本体"的定义相近的意义上,心灵和物质也是本体,因为除了上帝之外,它们不需要依赖其他任何东西而存在。

笛卡儿还认为,我们只能通过属性认识本体,"上帝"这一本体的属性是"无限完满","心灵"的属性是"思想",而"物质"的属性是"广延"。"思想"和"广延"是清晰、明白、最为广泛的属性,因此,从认识论的意义上说,只有心灵和物质才是

---

1 Thomas Aquinas, *On Spiritual Creatures*, trans. by M. G. Fitzpatrick, Milwaukee, 1949, pp. 52 – 53.

2 *The Meditations and Selections from the Principles of Rene Descartes*, trans. by J. Veitch, Open Court, La Salle, 1948, p. 156.

本体。

笛卡儿开启了"心灵"与"物质"的二元论，同时也引发了关于心灵与物质关系这一重要的哲学问题。斯宾诺莎按照笛卡儿的逻辑推理说，如果只有"上帝"才是严格意义上的本体，为什么不始终如一地坚持上帝是唯一本体的一元论呢？既然"物质"和"心灵"只是通过其属性才能被认识，为什么不把"广延"和"思想"看作唯一本体的属性，而把物质的事物和心灵的观念分别看作"广延"和"思想"的"样式"呢？莱布尼茨则认为，"广延"是一个无限可分的属性，具有此属性的"物质"不可能是真正的本体，只有绝对不可分的"单子"才是本体，而只有"精神"才是绝对不可分的；因此，单子必然是精神本体。

除了以上的唯理论者以外，经验论者也就"物质"是不是本体的问题展开了讨论。洛克为物质本体辩护。他的理由主要有两点：第一，物质的存在是所有属性的"基体"或"支撑点"；第二，物质的"广延"及其相关的"运动""不可入性"等属性是不依赖于人的主观能力的"第一性的质"，与依赖人的主观能力的"第二性的质"相区别。贝克莱通过推翻这两点理由，否定了"物质本体"的概念。贝克莱说，作为"支撑"可感属性的"基体"是不可感的，既无理由，也无必要承认物质本体的存在。另外，"广延"及其相关属性与其他可感属性一样，也依赖于人的主观能力，具有"心灵"的属性。

以上各种观点，不管是肯定还是否认"物质本体"的观点，都有一个共同的预设，即物质的属性是广延。肯定者争辩说，因为物质具有广延的属性，所以物质是本体；否定者说，因为广延不能成为理智或感觉所把握的属性，所以物质不是本体。他们的物质观都是把物质归于广延的本质主义。

2

费尔巴哈的自然本体论

18世纪的唯物主义者并没有摆脱本质主义的物质观，只是更明确地把"广延"等同于可感的性质。如拉美特利说："我睁开眼睛就看到我的周围只是物质，只是具有广袤的东西，可见广袤这种属性是属于一切物质……这种特性的前提是形体的本体有三度，即长、宽、高。"[1] 18 世纪的唯物主义者同时肯定了物质有活动的能力。他们把否认物质本体的贝克莱的观点视为"发疯的钢琴"（狄德罗语），但似乎没有过多地考虑他们以前的哲学家在"本体"的各种意义上赞成或反对"物质本体"的种种理由。只是在费尔巴哈那里，才摆脱了把"物质"等同于可感形体的简单化观点，而建立了一个系统的自然本体论。

"本体"（Substanz）来自"实是"（Sein）。费尔巴哈的本体论从分析"实是"的意义开始。他说："哲学是关于存在物的知识。事物和本质是怎样的，就必须怎样来思想、来认识它们。"[2] 那么，事物和本质究竟是什么样子的呢？费尔巴哈的回答是："任何一个本质，都只是被规定为它所是的……任何一个本质，只要达到了生存，就算是达到了它的规定。生存、存在，就是完善，就是完成了的规定。"[3] 这两段引文中的"所是的""本质""存在""生存"都是西方哲学的中心范畴。费尔巴哈对这些范畴的意义实际上作了一个递归式的解释："本质"（Wissen）被归结为"实是"（Sein），"实是"被归结为"存在"（Sein），而"存在"与"生存"（Existenz）是等同的。在哲学史上，特别是在康德和黑格尔的哲学中，这些范畴已经被仔细地区分开来。费尔巴哈并没有详细说明他为什么要忽视这些区分，而径直把它们的意义都归结为"存在"或"生存"。公平地说，费尔巴哈并非完全不了解这些区分，只是从他认为是理所当然的前提出发，他用几句话就简略地把这些区分打发过去了。对于费尔巴哈哲学的研究者来说，揭示并审视他所依赖的前提，是至关重要的。

首先，费尔巴哈认为，"本质"是一种规定性，而任何规定性都必须用"是"来表达，比如，"动物被规定为动物，植物被规定为植物，人被规定为人"。就是说，事物的本质规定性是在陈述：一个事物就是它所是的东西。但是，这岂不是什么也没有说的同义反复吗？为了回答这一逻辑上的诘难，费尔巴哈可以解释说，"实是"不只是一个逻辑连词，它表示生命的过程。当他说一个事物的本质就是它所是的东西时，他是在说这样的意思："生命，就是自我行动着的存在。所以，植物性的本

---

1 北京大学外国哲学史教研室编：《十八世纪法国哲学》，北京，商务印书馆 1979 年版，第 199 页。
2《费尔巴哈哲学著作选集》上，北京，生活·读书·新知三联书店 1959 年版，第 108 页。
3 同上书，第 312—313 页。

质,当它作为植物性的本质而行动着的时候,就算是达到了它的规定;有知觉的本质和有意识的本质,情形也是如此。"[1]就是说,一个有机体的生命是实现它自身本质、达到它的规定性的过程,因此,可以把"本质"规定为"实是"。这一论辩还包含着第二层意思:既然"实是"(事物"所是的东西")是有机体的生命,或者推而广之,是一切事物的行动过程,那么,事物的活动或生命过程也能被说成是"生存"。正是在此意义上,费尔巴哈说:"任何一个本质,只要达到了生存,就算是达到了它的规定。"这是他在把"本质"的意义归结为"实是"("规定")和"生存"的结论。

其次,当费尔巴哈把"实是"归结为"存在"时,他深知,由于这两个词都来自"是"动词 sein,他似乎没有在字面上区别这两个概念的意义。费尔巴哈于是作了这样一个辩护:"把存在的东西说成它所是的那样,是真实地宣说了真实的东西,看起来却好像是肤浅的;把存在的东西说成是它所不是的那样,是不真实地、歪曲地宣说了真实的东西,看起来却好像是深刻的。"[2]费尔巴哈在这里似乎语焉不详:什么是"真实的东西"?为什么"把存在的东西说成它所是的那样"看起来好像是肤浅的,反之看起来却好像是深刻的?联系下文来看,费尔巴哈所说的"真实的东西"指空间和时间里的本体。他说:"空间和时间是一切实体的存在形式。只有在空间和时间内的存在才是存在。"[3]这也是他把"存在"等同为"生存"的理由所在。如果说,"生存"这个词表示事物的活动或生命的过程,那么,"存在"则表示事物活动或生命过程的空间和时间形式;或者说,存在物是在空间和时间中运动的本体。这只是在说,自然界的感性存在,或个别的自然物,都是本体。费尔巴哈认为,这个道理是简单的,依靠感性直观就可以认识到,却是真实的。反过来,黑格尔的唯心论把不存在于空间和时间的"绝对精神"说成是存在着的本体,这完全是抽象的思辨对真实的事物所作的歪曲,却被看作是深刻的哲学。

费尔巴哈把"实是"的意义归结为"存在",并把"存在"归结为"自然界"这一"本体"。他说:"自然是与存在没有区别的实体,人是与存在有区别的实体。没有

1《费尔巴哈哲学著作选集》上,第313页。
2 同上书,第108页。
3 同上书,第109页。

区别的实体是有区别的实体的根据——所以自然是人的根据。"[1]这段话集中地表达了我们称之为"自然本体论"的基本观点和证明,值得我们逐句加以分析。第一句"自然是与存在没有区别的实体",这里的"存在",指时空中的存在,一切自然物都是时空中的存在,反之亦然;因此,存在就是自然界,本体就是自然界的个别事物。第二句"人是与存在有区别的实体",人与存在的区别在于人有意识。费尔巴哈把人的"意识"看作是与"存在"相对立的两个范畴,他如此区别的一个隐性理由是:一切存在都是时空之中的存在,而意识不在时空之中。但是,意识是人的大脑的功能,而人的大脑是自然的产物,是属于人这一自然实体的。因此,"自然是人的根据"。

费尔巴哈的"自然本体论"的证明是从自然到人、从一般自然物到人和大脑(意识)的自然界自身的发展顺序。他把这一顺序称为"发生学观点",并按照这一观点,作出了"第一性"和"第二性"的区分。[2] 自然或存在是第一性的,意味着自然界首先存在,独自存在,不依赖其他东西而永恒存在。他说:

> 只有当我们认识到了自然界以外没有任何存在,形体的、自然的、感性的存在以外没有其他的存在时,当我们将自然界放在它自己上面时,因之当我们认识到关于自然界基础问题其实就是关于存在基础问题时,世界、自然界才是可以解释的。[3]

与自然界相比,人及其意识是第二性的,这意味着人是自然界的产物,意识是从存在派生出来的。费尔巴哈说:"思维与存在的真正关系只是这样的:存在是主体,思维是宾词。思维是从存在而来的,然而存在并不来自思维。存在是从自身、通过自身而来的——存在只能为存在所产生。"[4]他反复阐述这个道理,作为他反驳黑格尔的绝对唯心论的前提和基础。黑格尔哲学的开端也是"实是"。按照费尔巴哈的分析,黑格尔所说的实是只是离开了具体存在的、思想抽象出来的本质,没

---

1 《费尔巴哈哲学著作选集》上,第116页。

2 同上书,第76、77页。

3 《费尔巴哈哲学著作选集》下,北京,生活·读书·新知三联书店1959年版,第644—645页。

4 《费尔巴哈哲学著作选集》上,第115页。

有任何实在性,是一个空洞的概念。在黑格尔那里,实是的规定性不是来自自然物,而是在思辨的概念活动中赋予的。正是在此意义上,费尔巴哈批判黑格尔完全颠倒了第一性和第二性的关系,"把第二性的东西当作第一性的东西,而对真正第一性的东西或者不予理会,或者当作从属的东西抛在一边"[1]。

"自然本体论"不是费尔巴哈哲学的全部。他宣称,他的新哲学将人连同作为人的基础的自然当作哲学唯一的、普遍的、最高的对象——因而也将人本学连同自然学当作普遍的科学。[2] 人与自然的统一、人本学与自然学的统一的理论根据是思维与存在的统一。费尔巴哈说:"自然界这个无意识的本体,是非发生的永恒的本体,是第一性的本体,不过是时间上的第一性,而不是地位上的第一性,是物理上的第一性,而不是道德上的第一性;有意识的、属人的实体则在其发生的时间上是第二性的,但在地位上说来则是第一性的。"[3]他说得很清楚:发生学上的"第一性"与"第二性"的区分不等于"第一重要"和"第二重要"。发生学上的第二性的意识在人本学上是第一重要的。意识的重要性在于它能够规定本质。我们看到,费尔巴哈把本质理解为判断和定义所表达的"实是"。但既然只有人的意识才能作出判断和定义,那么,本质就只是人的意识赋予事物的。自然界的时空存在只是外表,需要人的意识赋予自然物以本质。费尔巴哈认为,宗教中的"上帝"是人把自己的本质赋予自然界而产生的,人本学要恢复对人自身的本质的认识。他总结了唯心论、神学和泛神论的教训,认为既不能仅仅在意识之中认识本质,也不能在上帝或作为上帝的化身的自然界中认识本质。唯一可行的道路是在思维与存在的统一性中认识本质。他说:"思维与存在的统一,只有在将人理解为这个统一的基础和主体的时候,才有意义,才有真理。"[4]这里的"意义""真理"都是指本质。在费尔巴哈的人本学中,人是靠思维和直观认识本质的。思维认识的本质是人的类意识,而直观所感受的本质是爱。他更强调爱,爱在费尔巴哈看来有两方面的重要性,第一是道德上的重要性。他说:"爱吧! 但是要真正地爱! ——这样,一

1《费尔巴哈哲学著作选集》上,第77页。
2 同上书,第184页。
3《费尔巴哈哲学著作选集》下,第523页。
4《费尔巴哈哲学著作选集》上,第181页。

切其他的德行也就会自然而然地归于你了。"第二个重要性在于爱是思维和存在相统一的具体体现。他说:"什么叫爱? 思维和存在的统一。存在是女人,思维是男人。"[1]

我们之所以详细地引用费尔巴哈的观点,是因为我们将看到,这些观点是如何影响恩格斯的。恩格斯嘲笑费尔巴哈的"爱的宗教",认为他在社会历史领域背离了唯物主义,但这些并不妨碍恩格斯完全接受费尔巴哈的自然本体论思想。但在谈恩格斯之前,我们首先要谈谈马克思对费尔巴哈的看法。

3

马克思哲学的"物质"范畴

马克思在《关于费尔巴哈的提纲》中批评说:"以前一切唯物主义——包括费尔巴哈的唯物主义——的主要缺点是:对对象、现实、感性,只是从客体的或者直观的形式去理解,而不是把它们当作人的感性活动,当作实践去理解,不是从主体方面理解。"[2] 马克思的批评主要是针对以前的唯物主义把"物质"理解为自然本体,把物质的本质属性等同于广延、运动等感性直观的对象的基本倾向。马克思看到,在人类社会中,没有纯粹的自然物,自然界都与人的实践有关,或是人的生产资料,或是生产劳动的产品。他在《1844 年经济学哲学手稿》中提出了"人化的自然"概念。他说:

> 自然界的人的本质只有对社会的人才是存在的;因为只有在社会中,自然界对人来说才是人与人联系的纽带,才是他为别人的存在和别人为他的存在,只有在社会中,自然界才是人自己的人的存在的基础,才是人的现实的生活要素。只有在社会中,人的自然的存在对他来说才是自己的人的存在,并且自然界对他来说才成为人。因此,社会是人同自然界的完成了的本质的统

---

1 《费尔巴哈哲学著作选集》上,第 233 页。
2 《马克思恩格斯选集》,2 版,第 1 卷,第 58 页。

一,是自然界的真正复活,是人的实现了的自然主义和自然界实现了的人道主义。[1]

这些话表明,马克思从一开始就反对离开人的社会性来谈论自然界;这是他批判传统的"物质"观的要点。

马克思以前的唯物主义把物质的本质归结为广延等自然属性,不能抵御唯心论和怀疑论的挑战。如前所述,17 世纪的一些唯理论和经验论者正是从这一点上否定"物质本体"的。18 世纪的唯物主义实际上忽视了这些批评,简单地把"物质"等同于自然界的形体。费尔巴哈从发生的顺序来理解自然界第一性和人的第二性的区分。马克思指出,即使从发生学的观点来看,自然界发生的一切受到人的劳动,特别是现代工业生产的影响。他说:"在人类历史中即在人类社会的形成过程中生成的自然界,是人的现实的自然界;因此通过工业——尽管以异化的形式——形成的自然界,是真正的、人本学的自然界。"费尔巴哈强调人是自然的产物,马克思则说,甚至人的感觉也是在社会中形成的。"人的感觉、感觉的人性,都是由于它的对象的存在,由于人化的自然界,才产生出来的。五官感觉的形成是迄今为止全部世界历史的产物。"[2]费尔巴哈从存在(或"实是")与思维的关系入手论证物质本体的第一性,但他把存在理解为自然物,把思维理解为自然的产物,仍未能摆脱对物质作感性直观的缺陷。

马克思的唯物主义强调的不是物质的自然性,而是物质的社会性。这是他与旧唯物主义者的显著区别。在马克思的著作中,"物质"在绝大多数场合都是表示人的社会实践的行为和结果的外在特征的形容词,如"物质生产""物质力量""人的物质关系""物质生活条件"等,他没有把"物质"当作本体。马克思在《哲学的贫困》中指出:"一切存在物,一切生活在地上和水中的东西,只是由于某种运动才得以存在、生活。例如,历史的运动创造了社会关系,工业的运动给我们提供了工业产品,等等。"[3]

---

1 《马克思恩格斯全集》,2 版,第 3 卷,第 301 页。
2 同上书,第 307、305 页。
3 《马克思恩格斯选集》,2 版,第 1 卷,第 139 页。

另一方面,为了反对把人的社会性理解为精神或意识的唯心主义,马克思同样强调自然界和物质的独立存在。在《1844 年经济学哲学手稿》中,他说:"没有自然界,没有感性的外部世界,工人就什么也不能创造。"[1] 这是强调自然界是生产劳动的物质条件。在《神圣家族》中,他说:"人并没有创造物质本身。甚至人创造物质的这种或那种生产能力,也只是在物质本身预先存在的条件下才能进行。"[2] "物质本身"接近于"物质本体"的意义,"预先存在"的"物质本身"则是先于人类的自然界了。坚持自然界是先于人类、不独立于人类的物质世界,这是一般唯物主义的基本立场。

在马克思的著作中,虽然既有对物质存在的社会性的强调,又有唯物主义的一般论述,但只有前者才表现了马克思哲学的独创性和变革意义。马克思的唯物主义的重心是以物质生产为基础的社会实践,社会实践的理论后果不是存在与思维的对立,而是"环境的改变和人的活动的一致性"[3]。马克思没有也无意要建立一个物质本体论。如果把马克思关于物质本身的零星论述加以发挥,使之成为系统的物质本体论,那就可能会淡化马克思的唯物主义独创性,既不能与以前的唯物主义有本质上的不同,也不能在学理上有效地抵御历史上对"物质本体"的种种质疑。

4

"哲学基本问题"的来源

马克思主义哲学的物质本体论最早出现在恩格斯的著作之中。恩格斯并没有关于物质本体论的著作,他的这方面的思想散见于《反杜林论》和《费尔巴哈和德国古典哲学的终结》等著作中。恩格斯的物质本体论基本上沿袭费尔巴哈的思路:第一,把"实是"的意义归结为"存在";第二,把"存在"的意义归结为自然界的

---

1 《马克思恩格斯全集》,2 版,第 3 卷,第 269 页。
2 马克思、恩格斯:《神圣家族》,第 58 页。
3 《马克思恩格斯选集》,2 版,第 1 卷,第 59 页。

存在;第三,把自然界的存在与人的思维相对照,提出"存在与思维关系"的问题,包括何者是第一性和两者有无同一性这两个方面。

上述第一、二个步骤见诸《反杜林论》。杜林按照西方哲学的传统,把世界的统一性称为 Sein。恩格斯与杜林的分歧首先表现为如何理解 Sein。恩格斯批评杜林把 Sein 理解为"包罗万象的实是"。恩格斯接着说了他对 Sein 的理解。这段话的德文原文是:"Wenn wir vom Sein sprechen, und bloss vom Sein, so kann die Einheit nur darin bestehn, das alle die Gegenstande, um die es sich handelt-sind, existieren."[1] 在中文版里,这段话被翻译为:"当我们说到存在,并且仅仅说到存在的时候,统一性只能在于:我们所说的一切对象是存在的,实有的。"[2] 这里把 Sein 译为"存在",结果这句话的意义成了"存在的统一性是存在的"这样一句完全没有实际意义的同义反复。实际上,Sein 在这里应被翻译为"实是"。恩格斯的意思是,当我们说到实是,并且仅仅说到实是的时候,统一性只能在于:一切对象都是存在。注意:这一段把"实是"的意义归结为"存在",却没有把这两个词当作同义词来使用。如果把"实是"等同为"存在",那么下一段的话就有问题了。

在接下来的那一段话中,恩格斯说:"Die Einheit der Welt besteht nicht in ihrem Sein, obwohl ihr Sein eine Voraussertzung ihrer Einheit ist, da sie doch zuerst sein muss, ehe sie eins sein kann."[3] 这句话应被译为:"世界的统一性不在于它的实是,尽管世界的实是是它的统一性的前提,因为世界必须先是一个东西(Sein),然后才能够是统一的。"但是,中文版的翻译却是:"世界的统一性并不在于它的存在,尽管世界的存在是它的统一性的前提,因为世界必须先存在,然后才能是统一的。"[4] 由于 Sein 在中文版中都被等同为"存在",这一句中的"世界的统一性并不在于它的存在",与前一句"统一性只能在于:我们所说的一切对象是存在的,实有的"一句,是相互矛盾的。

如果把 Sein 译为"实是",把"Existenz"译为"存在",那么,这两句就好理解

1 *Marx Engels Werke*, vol. 20, Dietz Verlag, Berlin, s. 40.
2 《马克思恩格斯选集》,2 版,第 3 卷,北京,人民出版社 1995 年版,第 383 页。
3 *Marx Engels Werke*, vol. 20, s. 41.
4 《马克思恩格斯选集》,2 版,第 3 卷,第 383 页。

了,没有矛盾了。恩格斯的意思是说,从逻辑的顺序上说,先要把世界看作"是"一个东西(Sein),然后才会有世界统一于什么东西的问题。因此,恩格斯肯定:"世界的实是是它的统一性的前提。"但恩格斯接着说,逻辑上的前提不能决定世界统一性的实际意义["在我们的视野范围(即逻辑的范围)之外,Sein 甚至完全是一个悬而未决的问题"],世界的统一性的实际意义"是由哲学和自然科学的长期的和持久的发展所证明的"。在恩格斯看来,被科学证明了的结论只能是:"世界的真正统一性是在于它的物质性。"

从《反杜林论》上下文来理解,恩格斯区别了"实是"(Sein)与"存在"(Existenz),却没有区分"存在的"(Existieren)与"物质性"(Materialitat)。他认为,杜林世界的统一性理解为"实是"是错误的。正确的理解应该是,世界的实是在于它的存在,而一切存在都是物质存在。结论因此是:世界的统一性在于它的物质性。

在把 Sein 的意义归结为存在、再把存在等同为物质的存在之后,恩格斯在《费尔巴哈和德国古典哲学的终结》中,才得以把"全部哲学的最高问题"归结为"思维和存在,精神和自然界的关系问题"[1]("Die Frage nach dem Verhaltnis des Dekens zum Sein, des Geistes zur Natur")[2]。恩格斯解释说,这一问题涉及关于世界本原的看法,"存在"和"自然界"是同义词,"思维"和"精神"是同义词,这些都是关于"世界本原"的概念,凡是认为精神对自然界来说是本原的,属于唯心主义阵营;凡是认为自然界是本原的,属于唯物主义阵营。恩格斯说,在何者是本原这一问题之外,"唯心主义和唯物主义这两个术语本来没有任何别的意思",如果在别的意思上使用,就会造成思想混乱。[3] "本原"(Ursprungliche)即起源。对起源的探讨属于费尔巴哈所说的"发生学"。(费尔巴哈说:"发生学观点······对于一个由表象提供的对象······研究其起源。"[4])恩格斯把"自然界"和"存在"当作同义词,把"精神"和"思维"当作同义词,按照"本原"和"派生"的发生学标准,作出了"存在第一性,思维第二性"的区分。另一方面,恩格斯也承认两者的同一性,这意

---

1 《马克思恩格斯选集》,2 版,第 4 卷,第 224 页。
2 *Marx Engels Werke*, vol. 21, s. 275.
3 《马克思恩格斯选集》,2 版,第 4 卷,第 224—225 页。
4 《费尔巴哈哲学著作选集》上,第 76 页。

味着思维是否能够认识外部世界,这是一个认识论问题。在认识论领域,唯物主义并不必然地与唯心主义对立,而与怀疑论或不可知论相对立。

恩格斯把"实是"的意义归结为"存在",把"存在"等同于自然界,提出了自然界与人的思维何者第一性的问题和两者是否有同一性的问题,认为人的思想可以把握自然的本质。这些都是来自费尔巴哈的"自然本体论"的思想,甚至很多表达方式都是费尔巴哈的。恩格斯在谈到费尔巴哈的影响时说,费尔巴哈的《基督教的本质》一书的解放作用,"只有亲身体验过的人才能想象得到。那时大家都很兴奋:我们一时都成为费尔巴哈派了。马克思曾经怎样地欢迎这种新观点,而这种新观点又是如何强烈地影响了他,这可以从《神圣家族》中看出来。"[1] 但我们在《神圣家族》中却没有看出费尔巴哈有多大的影响。在那里,我们看到马克思的一段话:"实物是为人的存在,是人的实物存在,同时也就是人为他人的定在,是他对他人的人的关系,是人对人的社会关系。"[2] 这里的"实物"(Ding)、"定在"(Dasein),相当于物质存在,但马克思没有把它当作不依赖于人的自然界的存在,而是看作人与人的社会关系。倒是在恩格斯的著作中,我们看到了费尔巴哈的"自然本体论"的强烈影响。恩格斯在总结费尔巴哈的唯物主义时说:"我们自己所属的物质的、可以感知的世界,是唯一现实的;而我们的意识和思维,不论它看起来是多么超感觉的,总是物质的、肉体的器官即人脑的产物。物质不是精神的产物,而精神本身只是物质的最高产物。"[3] 恩格斯评价说:"这自然是纯粹的唯物主义。"恩格斯本人的唯物主义也是这种"纯粹的唯物主义"。

在马克思主义发展的下一个阶段,普列汉诺夫和列宁进一步发挥了恩格斯的"自然本体论",使之成为"辩证唯物主义"的主要内容。我们着重来看一看列宁的《唯物主义和经验批判主义》。这是一部论战性著作,其论敌依据物理学的新发现,宣扬"物质消灭了"。其实,物理学中所谓的"物质"指"原子",或原子构成的运动载体,这种物质观是近代本质主义的实体观的产物。只是在把"物质"的属性等同于"广延"、把"物质"等同于自然形体的情况下,当原子转化为无形体的能量时,

---

1《费尔巴哈哲学著作选集》上,第222页。
2 马克思、恩格斯:《神圣家族》,第52页。
3《马克思恩格斯选集》,2版,第4卷,第227页。

"物质消灭"论才能够成立。但是,马克思从来没有把"物质"当作自然界的实体,更谈不上把物质的属性等同于广延。原子与能量的转换与马克思关于社会存在的哲学是不相关的,利用"物理学危机"向马克思的唯物主义的挑战是不切题的做法。但是,这对恩格斯的"自然本体论"却构成了一个挑战。从费尔巴哈开始的"自然本体论"把"存在"解释为自然界,以感性直观的方式提出了"思维与存在的关系",蕴含或强烈地暗示着无形的内在(思维)与有形的外在(存在)的对立。当自然物的存在失去了形体,这种"自然本体论"需要辩护和进一步的理论解释。

列宁把恩格斯的"存在与思维"的关系更加明确地转化为"物质与意识"的关系。他承认:"物质和意识的对立,也只是在非常有限的范围内才有绝对的意义,在这里,仅仅在承认什么是第一性的和什么是第二性的这个认识论的基本问题的范围内才有绝对的意义。超出这个范围,物质和意识的对立无疑是相对的。"[1]列宁的不同之处在于把费尔巴哈的"发生学"或恩格斯的"本原问题"转变为认识论的问题。从认识论的角度来讨论物质与意识的关系问题,早在近代唯物主义那里就开始了。在经历了几百年的漫长争论之后,列宁所能进行创新的空间不是很大。

列宁关于物质的定义基本上重申了感觉反映论的基本原则。他强调:"物质是标志客观实在的哲学范畴。""客观实在"相当于传统本体论中的"本体"概念。这一定义又强调,物质"为我们的感觉所复写、摄影、反映"。感觉的"复写、摄影、反映"都是感性直观,而感性直观的对象不可能没有形状、大小;即使是能量,在仪器的观察中也有运动的轨迹,因此能够被我们的感觉所直观。列宁的定义并没有否认物质的广延属性,它只是否认物质的广延可以被感官直接把握,并否认物质的广延等于形体大小,承认物质可以是无形体的能量的有形运动;因此可以解释原子转化为能量为什么不是物质的消灭的道理。但是,这一定义仍以感性直观的方式把握物质,因此不能摆脱虽然把物质的属性作为感觉对象的后果,也不能解决现代物理学中的争论。比如,海森堡提出的测不准定律表明,人们不能同时精确地测定微观粒子的质量和速度。玻尔提出的互补原理表明,量子粒子性(它的时空坐标)和波动性(它的动量)只有在互相排斥的实验条件下才能表现出来。海

---

1 《列宁选集》,3 版,第 2 卷,第 147 页。

森堡和玻尔都强调基本粒子的性质和人们使用的测量仪器等观察条件有着不可分割的关系。哥本哈根学派由此得出结论：在微观世界里，观察的对象和主体不可区分，用以描述"客观实在"连续性的因果规律的概念不再适用于量子力学。我们不赞成他们的观点，但只是使用列宁的"物质"定义与他们辩论，却于事无补。因为他们的证据恰恰是针对"客观实在能够被感觉所复写、摄影、反映"这一反映论原则的，为了说明他们的证据与唯物主义并不相矛盾，我们还须另辟蹊径。

以上我们谈到的马克思对费尔巴哈的批判与恩格斯、列宁对费尔巴哈的"自然本体论"的继承，分别代表了马克思主义哲学的物质观的两个发展方向。在卢卡奇所理解的马克思的历史辩证法与苏联的理论家们所理解的恩格斯的自然辩证法之间，我们同样可以感到两种不同的物质观的张力。1971年，阿尔弗莱德·施米特（Alfred Schmidt）出版了《马克思的自然概念》一书，指出了马克思与恩格斯的不同的自然观：马克思始终从人的观点看自然，他认为，随着人类的劳动、技术和工业在越来越大的范围内干预自然，自然越来越变成为人的存在；而在恩格斯看来，自然始终是先于人、独立于客观存在的。[1] 在20世纪80年代之后中国理论界的"辩证唯物主义"与"实践唯物主义"之间，我们再次看到马克思主义哲学中两种物质观和自然观之间的差异。

在历史和现实中，对马克思和恩格斯的"物质"概念的不同解释而形成的两种观点，都有经典文本的依据，我们现在无须把两者的差异夸大为"党派之争"或"政治思想路线之争"。事实上，马克思从来没有离开唯物主义的一般前提，从来也没有否认，只有在一定的物质条件下，人才能从事改造自然和社会的实践活动。恩格斯也一直坚持唯物主义的实践观点，承认意识和历史中的人的革命的能动作用。他们两人的分歧只是强调了他们共同创立的新唯物主义的不同侧重点。如果只是抽象地分析文本的意义，马克思和恩格斯对物质的不同论述并不是十分明显和重要的分歧，但如果我们联系社会历史观、价值论和自由解放理论的具体问题，这一分歧在理论和实践上都有可能引起明显不同的后果。

---

1 A. Schmidt, *The Concept of Nature in Marx*, London, New Left Books, 1971.

西方人本主义的传统与马克思的
"以人为本"的思想

马克思的人本思想是对过去的西方人本主义传统的批判性继承,并随着现代西方人本主义的发展而不断地被聚焦突出、重新诠释、丰富发展。在中国当代马克思主义的语境中,重提"以人为本",不是向西方人本主义的回复,而是以对马克思的人本思想的现代阐释为基础。我们首先需要理解西方人本主义的历史发展,以及马克思对它的扬弃和变革,才能理解马克思"以人为本"思想的现代意义。

1

西方哲学中"以人为本"思想的三个层面

"人本主义"与"人道主义"(humanism)、"人类中心主义"(anthropocentrism)有共同的含义,那就是"以人为本",这是顾名思义的理解,也是最直接、最简明的理解。但是,思想的简明性不能掩盖理论的复杂性。历史上形形色色的人本主义思想可被分析为以下三个层面:

首先是认识论层面的人本主义。希腊智者普罗塔哥拉说:"人是万物的尺度。"这句话是"以人为本"思想的最早表达。柏拉图的《泰阿泰德篇》完整地记载了普罗塔哥拉的这一观点。重要的不仅是他说了这句话,而且是他自己对这句话的解释。据苏格拉底的转述,"你还记得,他(普罗塔哥拉)说,人是万物的尺度,是所是的东西是什么的尺度,是不是的东西不是什么的尺度。"麦克多维尔(John

McDowell)的英译本译作:"Man is the measure of all things：of those which are，that they are，and of those which are not，that they are not."他在注释中说,在后一部分"'是'动词的不完全形式出现了四次"。其意义是:"我知道 x 是(或不是)f","x 是(或不是)f,全靠我来衡量"[1]。

希腊文的"是"动词(einai/to be)以及动名词复数(ta onta/those which are)过去都被译为"存在"。于是,上面那句话被翻译为:"人是万物的尺度,是存在者存在的尺度,也是不存在者不存在的尺度。"这一翻译造成了一个误解,使人觉得普罗塔哥拉在这里宣扬一个赤裸裸的唯心主义命题:人决定着万物的存在或不存在。在中国学者对西文的 Being 的意义展开了深入的讨论之后,应该把 einai 和 to onta 翻译为"是"或"实是"。原文的意义是:"人是一事物是什么的尺度,也是一事物不是什么的尺度。"

按照以上的翻译和解释,普罗塔哥拉的观点是,人是认识的主体,只有人才能知道事物为什么是这样而不是那样的道理。从以后苏格拉底的反驳来看,苏格拉底并不反对"人是尺度"之说,他只是否认普罗塔哥拉的感觉主义,因为后者所说的"尺度",只是感觉而已。每个人都有不同的感觉,不同的人都有不同的尺度,相对主义的知识标准必然会取消人类知识。苏格拉底的潜台词是:只有理智才能成为人类衡量一切事物的尺度。

后来的西方哲学家大抵是沿着人本主义的传统提出认识论的。康德的认识论达到了这一传统的一个高峰。当康德说"人为自然界立法"时,他并不是说人创造了自然界或自然规律,而只是说人的知性是一切现象的尺度。这也是认识论中的"以人为本"的思想。

西方人本主义的第二个层面表现为本体论。西方哲学的"本体"是最高的存在、本质和统摄的原则、力量。在很长时间内,西方哲学都没有把人作为本体。相反,神才是真正的本体,本体论是神本主义的代名词。比如,首先把第一哲学规定为本体论的人是亚里士多德,他通过曲折、复杂的论证,最后的结论是:神是最高

---

1 Plato, *Theaetetus*, trans. with notes by John McDowell, Oxford, Clarendon Press. 1978, p. 16, pp. 118-119.

本体,第一哲学是神学。亚里士多德所谓的神是没有人格的。基督教以《圣经》中上帝所说的"我是我所是"(I am who am,《出埃及记》)这句话为依据,把上帝当作最高本体。这句话被译为"我是永有自有的",或"我是自有者"(亦可译作"我是永存者"或"我是使万物生存者")。这些翻译的根据是把"to be"理解为"有"或"存在",而掩盖了其中的"本体"的意义。关于上帝的"三位一体"(three persons and one substance)的神学教义是从希腊哲学本体论的关键术语 hypostasis(person)和 ousia(sub-stance)的意义演变而来的。如果不知道基督教教义与希腊哲学之间的联系,就不能看出中世纪神本主义的本体论根据。

文艺复兴时期的人本主义并不与神本主义相对立,而只是与神学研究相对立的人文研究。这还只是学术风气和文化氛围的转变,而不是哲学上的根本转变。近代哲学并不是"认识论的转向",更没有抛弃古代哲学重视本体论的传统。近代哲学首先是从神本主义到人本主义的本体论的转向。这一转向是从笛卡儿的第一原则"我思故我是"(I think,therefore I am)开始的。这句话被不恰当地翻译为"我思故我在"。实际上,笛卡儿的问题不是:我有什么样的存在;而是:我有什么样的本质。"我思"不是人的存在,而是人的本质。按照笛卡儿主义,人的存在是灵魂和身体的结合,人的身体和其他事物一样,都以"广延"为本质,只有"我思"才是人区别于其他一切事物的本质。

"我思"也把人与上帝区别开来。"我思故我是"之所以有那么大的威力,就是因为这个命题和中世纪形而上学的基本信条"我是我所是"根本对立。后者的意思是,上帝不需要任何根据,但这同时也意味着不能从人自身来认识上帝;而前者的意思是,人的本体则以"我思"为根据,"我思"不但使人认识自己的本质,并且能为上帝的存在提供依据。

正是由于完成了从神本主义到人本主义的本体论转向,近代认识论才具备了不同于过去哲学传统的特质。近代认识论的特质并不是如一些人所想象的那样在强调人的认识主体作用。认识论中"以人为本"的思想早就被哲学家所认可,即使是在中世纪,人也被要求发挥认识上帝和自然的主观能动性。近代以降的本体论的人本主义的确切含义是"人类中心主义",它用"人"取代"上帝"的中心地位和统摄作用。只是在人成为统治世界的主体之后,他才不是消极地或按照某种外在的原则接受知识,而是按照自己的本质或本性来积极地、主动地获取知识。近代认识论的基本立场是:认识自然是为了改造自然,认识是实现人的统治地位的途径,是对自然的自主安排、改造和宰制。

西方人本主义传统发展的第三个阶段发生在价值论的层面。康德提出的"人是目的"的思想标志着价值论的人本主义的开始。新康德主义者李凯尔特把哲学归结为价值论,真、善、美、圣是四大基本价值,价值是客观存在,同时也是人自身的价值。现代西方哲学家没有像新康德主义那样局限于价值论的范围,但他们的理论都离不开价值论的人本主义。比如,从克尔凯郭尔到萨特的存在主义把"存在"等同为个人的存在,但个人存在既不是人的身体,也不是人的心灵,而是与个人的生活过程须臾不可分离的价值。在此意义上,把欧陆现代哲学概括为人本主义是有道理的,但必须作下面两点限制。

首先,现代人本主义不是认识论或本体论的人本主义。现代西方哲学家一方面坚持价值论的人本主义,另一方面也反对传统的、认识论和本体论意义上的人本主义。如果不区分人本主义的三个不同层面,往往会造成很多误解。比如,弗洛伊德自称他继哥白尼和达尔文之后,打击了人类中心主义,这是在说他反对本体论和认识论的人本主义,而他的学说不乏"以人为本"的价值论,弗洛伊德主义者大都是人本主义者。再如,海德格尔在《关于人道主义的信》中反对把自己的学说当作人道主义(或人本主义),但这只是表明他不赞成传统的人本主义,即,认识论和本体论意义上的人本主义,而不能证明他的存在哲学不是价值论意义上的现代人本主义。

其次,价值论上的人本主义与英美分析哲学的精神是一致的,不能用"人本主义"与"科学主义"的对立来概括欧陆哲学与英美哲学的差别。英美分析哲学家之所以致力于语言分析,是因为他们认为语言意义直接或间接地反映、表达了人所发现的价值和人自身的生活价值。语言分析哲学和价值论的人本主义并行不悖。

正是因为现代西方哲学在价值论领域仍然坚持人本主义,后现代主义认为,现代哲学与以笛卡儿、康德为代表的近代哲学是一丘之貉。在他们看来,神本主义和人本主义,本体论的人本主义和价值论的人本主义,实际上没有根本区别。如果说"上帝死了"标志着神本主义的本体论和价值观的颠覆,那么,"人死了"标志着人本主义的本体论和价值观的消亡。正如福柯的"知识考古学"的结论所说："人是近期的发明，并且正接近其终点"，"人将被抹去，如同大海边沙地上的一张脸"[1]。

后现代主义所要抹去的，是"以人为本"的观念和价值，这不但"超越"了现代西方哲学，而且与马克思主义背道而驰。但是，一些西方学者却以马克思的名义否认完全人本主义。比如，阿尔都塞把马克思解读为"反人本主义者"。他说，马克思"激烈地与任何以人的本质为基础的历史和政治理论相决裂"，马克思的成熟理论是"理论上的反人本主义"[2]。罗蒂虽然不属于西方马克思主义者，但他赞赏马克思的"历史主义"。按照他的理解："自从黑格尔以来，历史主义的学者否认有任何'人性'的东西，一切要以社会化为基础，在社会化之下，在刻画人类的历史发生之前，没有任何东西。"[3] 马克思果真是"反人本主义者"吗？果真是只承认"社会化"而否认人性的"历史主义者"吗？让我们还是回到文本，看一看马克思本人是怎样说的。

2

马克思的"以人为本"的思想

马克思在 1843 年致卢格的信中说："君主政体的原则总的说来就是轻视人，蔑视人，使人不成其为人"，世界于是成为"庸人的世界"，"政治动物的世界"。马克思在这里区分了"人的世界"和"非人（政治动物）的世界"。他说：在那个非人的世界，"那些不感到自己是人的人，就像繁殖出来的奴隶或马匹一样，完全成了他们主人的附庸品。世袭的主人就是这个社会的一切。这个世界属于他们的。"非人的世界不只是存在于人的意识之中，不只是"自我意识的异化"，而是一个"status quo[现状，现存的秩序]。这种秩序是在许多野蛮的世纪中产生的和形成

---

1 ［法］福柯：《词与物》，上海三联书店 2001 年版，第 506 页。
2 L. Althusser, *For Marx*, London, Allen Lane, pp. 227, 229.
3 R. Rorty, *Contingency, Irony and Solidarity*, Cambridge University Press, 1989, p. xiii.

的,它现在已成为最终的制度出现在我们面前,这种制度的原则就是使世界不成其为人的世界"[1]。

马克思一生都在鼓动革命,理论对他来说只是指导革命、改变社会的工具。他为什么那么热衷于革命?答案只有一个,革命的目的就是要推翻非人的世界,使世界成为真正人的世界。他把这一目的称为革命的"绝对命令":

> 必须推翻那些使人成为被侮辱、被奴役、被遗弃和被蔑视的东西的一切关系,一个法国人对草拟中的养犬税发出的呼声,再恰当不过地刻画了这种关系,他说:"可怜的狗啊!人家要把你们当人看哪!"[2]

注意:革命的"绝对命令"不是"要把人当人看",而是"要建立人的世界"。前者只是少数人对多数人的施舍,后者才是自己解放自己的全人类的解放。在马克思看来,只是依靠少数人来改变社会,"必然会把社会分成两部分,其中一部分凌驾于社会之上"[3]。马克思依靠无产阶级革命来实现他的目的或"绝对命令",主要出于两方面的考虑。第一,无产阶级代表了资本主义社会生产的发展方向,在资本主义的生产关系中,随着无产阶级与资产阶级的两极分化,无产阶级革命将成为大多数人的革命。第二,无产阶级处在社会的最底层,无产阶级只有解放全人类,才能解放自己。关于第二点,马克思有这样的论述:"把具有世界历史的作用归之于无产阶级",并不是由于"把无产者看作神的缘故"。他说:

> 倒是相反。由于在已经形成的无产阶级身上实际上已完全丧失了一切合乎人性的东西,甚至完全丧失了合乎人性的外观,由于在无产阶级的生活条件中现代社会的一切生活条件达到了违反人性的顶点,由于在无产阶级身上人失去了自己,同时他不仅在理论上意识到了这种损失,而且还直接由于不可避免的、无法掩饰的、绝对不可抗拒的贫困——必然性的这种实际表现——的逼迫,不得不愤怒地反对这种违反人性的现象,由于这一切,所以无产阶级能够而且必须自己解放自己。但是,如果它不消灭它本身的生活条

1《马克思恩格斯全集》,1版,第1卷,北京,人民出版社1956年版,第411、410、409页。
2《马克思恩格斯选集》,2版,第1卷,第10页。
3 同上书,第59页。

件,它就不能解放自己。[1]

从以上这些论述中我们可以得出结论,马克思的革命理论是以肯定人性的普遍性为基础的。如果没有普遍的人性,就没有区别"人的世界"和"非人的世界"的标准。马克思所说的"庸人的世界""政治动物的世界"是没有人性、违反人性的世界,革命所要建立的"人的世界"是符合人性、自由发挥人性的世界。不仅如此,马克思关于无产阶级革命的理论也是以无产阶级身上所体现的人性为基础的。无产阶级所受到的非人的对待,他们反抗违反人性的社会制度的必然性,以及他们解放自身的可能性,都指向了对普遍人性的追求。

在马克思著作中,"以人为本"的思想比比皆是,不但在早期,在"德法年鉴"时期,在1844年手稿中,即使在《资本论》中,在后期的笔记中,都可以看到马克思对人的价值的热情推崇,以及对摧残人的价值的社会制度的无情批判。当然,马克思也谴责那些打着"普遍人性"旗号的资本主义的辩护士,也反对把人性当作抽象的精神或意识特征。一些人以此为依据证明马克思反对任何形式的人性论。但是,那些文本上的证据只能表明马克思是在批判传统和现实中的人性论的缺陷,而不能表明他不承认普遍人性。实际上,马克思多次使用的"社会化人性"(gestellschaftliche Menschheit)、"社会化人"(vergesllsshafteter Mensch)、"类存在"(Gattungswesen)等概念正是"普遍人性"的概念。同样,马克思反对抽象地谈论普遍人性,也不妨碍他以具体的、社会的、历史的方式论述人性。马克思分析生产方式的经济学理论的前提是关于人性和人的本质的观点。"劳动"是关于人的本质的概念,"劳动的异化"是人的本质的"物化"和"外化"。不仅如此,生产和消费的动力是人的需要,而马克思对人的需要的分析以人追求快乐和闲暇的本性为前提和出发点。马克思心目中的共产主义社会是按照人的需要的真正满足来设计的,他的设计以人的本性的实现和自由发展为归宿。

我们的结论是,马克思的人生目标从一开始就是"为人类的幸福和我们自身的完善"[2]。虽然马克思的思想有发展过程,观点有变化,但他的理论始终以阐

---

1 马克思、恩格斯:《神圣家族》,第45页。
2 《马克思恩格斯全集》,2版,第1卷,第458页。

发、解放和实现、发展人的崇高价值为目标。“以人为本”始终是他的理论的价值取向。在价值论的意义上，应该肯定马克思具有人本主义。

3 ─────────────────────────────

如何理解马克思的“以人为本”的思想

面对文本上的证据，人们必须承认，马克思具有“以人为本”的思想。问题的关键是：马克思这方面的思想能否用“人本主义”来概括？如果答案是肯定的，那么，马克思的人本主义与他的唯物主义和他的整个学说是什么关系？在这些问题上，有两种不同的解释。一种承认人本主义是马克思的主要思想，但以此否认马克思学说的科学性。比如，波普尔引用了马克思对非人道的资本主义的批判，他解释说，马克思的人道主义思想出于义愤和同情，对资本主义进行严厉的道德上的谴责，但这不是科学的、理性的批判。[1] 另一种解释认为，人本主义或人道主义只是马克思早期不成熟的思想，在思想成熟时期，马克思关于以人为本的提法没有重要的理论意义。阿尔都塞甚至说，“反人本主义”才是马克思的科学的理论。第一种解释把人本主义与科学精神对立起来，以此贬低马克思的人本主义；第二种解释把马克思的人本主义从他的主要思想中剥离出去。这两种解释都是站不住脚的。

现在大家都承认，马克思的成熟学说主要是唯物史观和经济学说。这两个相互关联的学说与人本主义有着密切联系。马克思的唯物史观是与一切旧唯物主义不同的新唯物主义。马克思对旧唯物主义的批判有两点可值得注意。

首先，他批评以霍布斯为代表的机械唯物主义说：“感性失去了它的鲜明的色彩而变成了几何学家的抽象的感性……唯物主义变得敌视人了。”[2]“感性变成了几何学家的抽象的感性”与“唯物主义变得敌视人”之间有何联系呢？不难理解，

───────────────

1 ［英］波普尔：《开放社会及其敌人》第 2 卷，北京，中国社会科学出版社 1999 年版，第 21 章。
2 同上书，第 2 卷，第 164 页。

马克思的理由应该是：机械唯物主义把人看作是世界这架大机器中的小机器，人失去了感性的鲜明色彩；而人的价值是可以感受幸福，失去感性的鲜明色彩也就失去了人的价值。正是在失去人的价值的意义上，马克思才称机械唯物主义是"敌视人"。

其次，马克思批判了费尔巴哈的"人本学"。马克思在《德意志意识形态》中说，费尔巴哈承认人是"感性的对象"，比"'纯粹的'唯物主义有很大的优越性"。但他接着批评说：费尔巴哈从来没有看到真实存在着的、活动的人，而是停留在抽象的"人"，并且仅仅限于在感情范围内承认现实的、单个的、肉体的人。在《关于费尔巴哈的提纲》中，马克思更明确地说，费尔巴哈"把感性不是看作实践的、人类感性的活动"[1]。显然，"感性"在这里有两种不同含义。其一，指人的价值的感性特征。费尔巴哈认为，人的本质以自然界赋予人类的感性能力为基础，并达到了"类意识"的高度。他的"人本学"用感性恢复了人在自然界中的价值，因此受到马克思的赞扬。其二，指人的实践活动的感性特征。人的感性不是对自然界的消极接受和适应，更重要的是对自然的改造。马克思批评费尔巴哈说：

> 他没有看到，他周围的感性世界决不是某种开天辟地以来就直接存在的、始终如一的东西，而是工业和社会状况的产物，是历史的产物，是世世代代活动的结果……甚至连最简单的"感性确定性"的对象也只是由于社会发展、由于工业和商业的交往才提供给他的。[2]

这就是说，在人类社会，没有不受人的环境影响的感觉对象。通过对旧唯物主义的批判，马克思的人本主义凸显了感性特征，不但人的价值是现实的社会利益和权利，而且实现人的价值途径是实践这样一种特殊的感性运动的形式。通过研究人的价值的这些感性特征，马克思的唯物主义逐步展开了崭新的、丰富的内涵。

但是，马克思的人本主义不是从康德关于"人是目的"的思想和新康德主义的价值论中发展出来的，而是通过对旧唯物主义的批判，对传统的人本主义的批判发展而来的。马克思看到，传统的人本主义，不管是在认识论领域，还是在本体论

---

1 《马克思恩格斯选集》，2 版，第 1 卷，第 77—78、56 页。
2 同上书，第 76 页。

领域,都否认或忽视人的感性的、现实的、具体的价值。他说:"思辨哲学家在其他一切场合谈到人的时候,指的都不是具体的东西,而是抽象的东西,即理念、精神等等。"[1]通过对唯心主义的批判,马克思完成了从"对天国的批判"到"对尘世的批判"、从"对宗教的批判"到"对法的批判"、从"对神学的批判"到"对政治的批判"的转变。[2] 马克思抛弃了对人的本质的种种抽象规定,关心的是现实社会中的人。他说:"人的本质并不是单个人所固有的抽象物。在其现实性上,它是一切社会关系的总和。"[3]

唯物史观从不抽象地谈论单个人的本质和价值,但绝非"见物不见人"。唯物史观与人本主义虽然是不同的话语系统,但这两种话语在马克思的学说中是可以互通的:唯物史观的出发点是现实社会中的人的价值,生产力水平是衡量人的价值的一个客观标准,生产关系和上层建筑是实现价值的社会结构,而社会发展理论是对不同形态的社会结构所作的价值判断。马克思的人本主义是唯物史观和整个思想的导向原则和价值标准。马克思的唯物史观的变革意义在于,它把"以物为本"的旧唯物主义改造成"以人为本"的、以实践为中心的新唯物论。正如马克思说:"人是全部人类活动和全部人类关系的本质、基础……历史不过是追求着自己目的的人的活动而已。"[4]"本质"即我们所说的"导向原则",而"基础"指人是自身判断的标准,按照这一标准,人不但创造了历史,也改变了人自身。在其他地方,马克思说:"人本身是他自己的物质生产的基础,也是他进行的其他各种生产的基础。"[5]这里的"基础"也是指人的一切活动都以人自身的价值判断为导向。

如果把视线投向马克思的经济学理论,我们同样可以看到人本主义的原则和精神。马克思的政治经济学批判的要旨是对劳动异化的揭示、批判和扬弃,而贯穿在其中的发展线索,需要从人本主义的角度加以理解。异化的原因不是一部分人对另一部分人的剥削和压迫,相反,剥削和压迫的社会制度是异化所产生的结

---

1 马克思、恩格斯:《神圣家族》,第 49 页。
2 《马克思恩格斯选集》,2 版,第 1 卷,第 2 页。
3 同上书,第 56 页。
4 马克思、恩格斯:《神圣家族》,第 118 页。
5 《马克思恩格斯全集》,2 版,第 33 卷,北京,人民出版社 2004 年版,第 350 页。

果。正如马克思所说:"有产阶级和无产阶级同是人的自我异化。"[1] 人的异化有着人所意识不到的机制,是在生产劳动中自发产生的异化。马克思并没有停留在哲学的层面上谈论劳动异化。为了揭示"劳动异化"的机制,马克思在《资本论》中研究了资本主义生产和消费的全过程。这是政治经济学的理论,但其中贯穿的却是人本主义的精神:揭示造成人的异化的原因和规律,寻求消除异化的解放途径。

由于马克思的人本主义属于他的思想主流,现代西方哲学的主流是价值论上的人本主义,共同关心的焦点和研究对象使得两者的对话、交流成为可能。但在对话交流中,有一个"以何者为主"的问题。

被笼统地称为西方马克思主义的学说有两种倾向:一是从马克思的人本主义思想出发,积极地与西方哲学展开对话;一是用现代西方哲学中的人本主义阐释马克思的思想。应该承认,后一种倾向比较盛行。造成这一状况的主要原因有两个。第一,马克思的人本主义不是一个独立的话语体系,而是渗透在他的唯物史观和政治经济学理论中的思想观点。相比而言,一些西方哲学的派别形成了自成体系的人本主义的价值观,把马克思的人本主义思想纳入这些现成的理论体系,比用马克思的思想拆散这些体系、吸收其中的一些观点更为容易。第二,一些马克思主义的"正统"理论家把马克思的人本主义与唯物主义的理论整体对立起来,或者从根本上否定马克思具有人本主义思想,或者把马克思关于以人为本的论述边缘化,用辩证唯物主义和历史唯物主义的"体系"包容一切、解释一切。这样的理论宣传削弱了马克思主义中固有的人本主义思想,使人本主义的理论研究成为西方哲学的"专利"。

现在,我们一方面要注意吸收西方马克思主义的积极成果,在与西方哲学的对话中阐明和发展马克思的人本主义;另一方面要注意马克思的人本主义的变革意义,在马克思主义的理论整体中阐发其人本主义的精神,在与西方现代哲学的对话中坚持马克思的人本主义的独创性和主导作用。

---

[1] 马克思、恩格斯:《神圣家族》,第 44 页。

马克思哲学的中间原理

虽然马克思本人没有建立一个哲学体系，但我们这些研究者为了正当的理论和实际上的需要，可以而且应该把马克思的哲学思想体系化。哲学史上的哲学体系一般都有最高原理、中间原理和应用性理论的不同层次的区分，我们是否能够按照这些层次来建构马克思哲学？我的回答是肯定的。我把马克思的唯物主义和人本主义放置于最高的哲学层次，中间原理是马克思的自由解放理论，应用性理论是阶级斗争和全球化的学说。我们已经谈了马克思的唯物主义和人本主义，以下重点谈他的自由解放理论。为了论证我要达到的结论，将依次回答以下五个问题：

第一，什么是"中间原理"？

第二，马克思哲学有无中间原理？

第三，什么是马克思的自由解放理论？

第四，为什么说自由解放理论是马克思哲学的中间原理？

第五，把自由解放理论作为马克思哲学的中间理论有什么样的意义？

1

什么是"中间原理"

本文所说的中间原理（intermediate principle），源于经院哲学的术语"中间公理"（medius axiom）。近代之后，随着经院哲学的衰落，这一术语也被人们淡忘了。近代以来的哲学家很少使用这一术语。即使在详细的哲学词典和大型的哲学百科中，也没有收录这个词条。但是，我们应该记得，正是经院哲学的一个严厉的批判者——法朗西斯·培根首先发现了中间原理的科学价值。他指出，经院哲学家的过错并不在于使用中间原理，而在于他们发现中间原理的方法是错误的。他批评说，经院哲学的方法"是从感觉和特殊事物飞到最普遍的公理，把这些原理看成固定和不变的真理，然后从这些原理出发，来进行判断和发现中间的公理。这条道路是现在流行的"。他主张另外一条道路，即："根据一种正当的上升阶梯和连续不断的步骤，从特殊的事例上升到较低的公理，然后上升到一个比一个高的中间公理，最后上升到最普遍的公理。"人们通常把这段话看作是对归纳法的一个表述。这固然是正确的，但我们不要忽视，培根还表达了比归纳法更多的意思，那就是中间原理在科学中的重要性。他接着说道："最低的公理和赤裸裸的经验只有很少的区别，而最高的和最普遍的公理则是概念性的、抽象而不坚固的。但是中间的公理则是真正的、坚固的、活的公理，人的事情和幸福都以之为依据。"[1]培根在这里所说的中间原理主要指实验科学原理，他认为只有这些科学的原理才能帮助人们认识自然，为人类谋福利。

培根把实验科学原理等同为中间原理，但在三个世纪之后，穆勒把"中间原理"的概念引进了实验科学以外的领域。他在《逻辑体系》第 6 卷中专门讨论了"道德哲学的逻辑"。他所谓的道德哲学的原理是从"人性科学"（science of human nature）演绎而来的，但他承认，这不是严格意义上的逻辑演绎，而是犹如从天文学到潮汐学的推导过程。虽然天文学是精确的，但潮汐学却介于"完善的和非常不完善的科学之间"；用不甚精确的潮汐学的原理预测和解释事实，只有或然的真理。同样，道德哲学类似于潮汐学，属于中间层次的科学。穆勒说："就人性科学而言，它的一般命题下降到足够的细节，能够用作预测具体现象的基础，但在大多数情况下，只是大致为真。"[2]

但是，现代哲学家忘记了道德政治哲学是"大致为真"的中间原理，而是把它当作抽象的哲学原则。按照麦金太尔的说法，自由主义就是这样的抽象原则。他

1 北京大学外国哲学史教研室编：《西方哲学原著选读》上，北京，商务印书馆 1981 年版，第 258、260 页。
2 J. Mill, *System of Logic*, vol. 6, ch. 3, 2.

批评说:"这首先是一种抽象的道德主义,在任何具体问题上都诉诸一般原则。自由主义缺乏经院学者所说的'中间公理'(middle axiom),即,缺乏解释和思考运用第一原则的方法。"[1]

培根认为中间原理是从经验中归纳出来,而不是从最高原则中演绎而来,这是他比穆勒高明之处。另一方面,穆勒把中间原理从自然科学推广到道德哲学领域,则是他比培根高明之处。把培根和穆勒两人的观点结合起来,本文所说的中间原理,具有如下几个特征:

第一,在一个哲学体系中,中间原理主要是道德政治哲学的基本原理,它主要是从一定社会的文化和自然经验中概括出来的。

第二,中间原理不是从普遍的第一原则逻辑地推演出来的,相反,哲学的第一原则是从中间原理中归纳出来的,通过归纳得到哲学的第一原则与中间原理之间并无必然的对应关系。就是说,从一些中间原理可以概括出不同的第一原则;反之,一个第一原则可以与不同的中间原理相对应。

第三,中间原理借助哲学的第一原则,能够应用于人的精神和社会领域。但是,中间原理的应用受具体的社会历史条件的制约,因时而异、因地而异,在不同的历史和文化的背景中有不同的应用。

2

马克思主义哲学有无"中间原理"

根据"中间原理"的概念,哲学史上的哲学体系一般都有最高原则、中间原理和应用理论这样三个由上到下的层次。西方哲学史上的体系一般以本体论和认识论为最高原则,以伦理学或政治哲学为中间原理,以解释社会的历史、文化学说和解释自然的科学理论为应用理论。中国哲学中的"体和用"的范畴也涉及哲学解释的高低层次问题,这一问题在具有哲学体系的宋代理学中表现得尤为突出。

1 A. MacIntyre, *Against the Self-Image of the Ages*, Notre Dame, 1987, p. 283.

但是，长期以来，哲学史家忽视了哲学体系中的中间原理这一层次，人们往往把一个哲学家的道德、政治、宗教和历史学说视为他的本体论和认识论思想的直接应用。这就是为什么哲学史教科书往往以本体论和认识论以及伦理学（包括社会政治理论）的"三重模式"来概括哲学家思想的一个重要理由。如果我们具体地分析任何一个重要的西方哲学体系（如柏拉图、亚里士多德、笛卡儿、休谟和康德等人的哲学），都可以发现其中的中间原理起到关键的联结作用，高度抽象的哲学原则经过中间原理而得以解释具体的社会的或自然的现象。根据我的理解，关于正义的理论是柏拉图哲学的中间原理，灵魂学说则是亚里士多德主义的中间原理，关于身心关系的二元论是笛卡儿主义的中间原理，关于人类心理的联想律是休谟的"精神科学"的中间原理，而康德哲学的中间原理则是他的自由理论。中国传统哲学的成熟体系是理学，在其中，"体"和"用"的关系也是用一个中间原理来贯通的。程颐和朱熹以"仁"为中间原理，说明了"体用同源，显微无间"的道理。

我不想在此展开对中西哲学史上的体系的层次分析。本文关心的问题是，马克思主义哲学是否也具有"高中低"的层次？这不是一个需要从理论上加以论证的问题，而是一个实际存在的事实。事实是，在广泛流行的马克思主义哲学教科书体系中，辩证唯物主义可以看作最高的、普遍的原则，历史唯物主义的生产方式和上层建筑的理论属于中间原理，阶级斗争学说是普遍原则和中间原理的应用。应该承认，事实正在发生变化。近年以来，学界提出了一些不同于教科书体系的带有整体性的新的理论建构，从而在三个层次都造成了变化。

首先，在唯物论的最高的、普遍的层次，引入了社会实践观。其次，马克思哲学的应用随着时代的变化而变化，在当代有着新的、更广泛的范围。"高"和"低"两个层次的变化不可避免地造成了中间层次的变化。唯物史观的基本原理一部分随着社会实践观上升为哲学的普遍原则，一部分下降为社会历史的、文化的、政治经济的理论。

在教科书体系已经发生变化的情况下，需要重新思考马克思哲学的中间原理的问题。从这一角度看，马克思主义哲学内的一些争论实际上（虽然没有明确提出）涉及如何理解和建构中间原理的问题。贺来提出，"批判性的自由思想"是"马克思哲学观的灵魂和核心"[1]。我同意这一观点,但想补充说明一点:批判性的自由思想之所以是马克思哲学的"灵魂和核心",正是因为它是对马克思哲学的整体起关键作用的中间原理。

3 ——

什么是马克思的自由解放理论

有人可能会问,马克思是否提出过任何关于自由解放的理论?对这个问题持否认或怀疑态度的人,最好先读一读马克思在《莱茵报》期间所写的论文。他在那里说了一句精彩的话:自由是全部精神存在的类本质。这些人可能会继续质疑道,马克思早期对自由的关心和追求只是早期的不成熟的思想,只是反映了"资产阶级自由思想"的影响;在他的思想成熟阶段,他只是要利用"资产阶级的民主和自由"来为无产阶级革命服务,而没有提出一般意义上的自由理论,如此等等。他们都忽视了一个方法论的问题,即,马克思是用批判的方法对待关于自由的概念和学说,在此意义上,我们肯定他的自由理论是批判性的。

马克思的批判方法是被他改造了的黑格尔的辩证法。他把黑格尔的"否定""扬弃""异化"等概念的思辨的抽象意义转变为具体的社会历史意义。"异化"是在一定的社会条件下造成的人的异化,特别是劳动异化;"否定"是通过改造社会来克服异化,表现为社会历史的发展过程;"扬弃"是辩证的批判,它既保留了前一阶段社会改造中具有普遍意义的成果,又克服了其中的局限性。社会历史的发展和辩证法的扬弃是同一个过程。

马克思继承了启蒙时代的批判精神,生活在康德以降的德国的思想批判时代。从1843的《黑格尔法哲学批判》开始,马克思始终自觉地以辩证的、社会历史的批判阐述自由的理论。这一批判方法使他超越了以往的思想家:辩证的扬弃使他克服了启蒙学者关于自由和奴役的简单化的二元区分;社会历史的批判使他克

1 贺来:《哲学:一种批判性的"自由思想"——马克思哲学观的灵魂和核心》,载《哲学动态》2003(1)。

服了德国哲学家只是在精神领域寻求自由的局限性(这在他看来是出于德国资产阶级的软弱性)。

用历史发展的眼光看问题,马克思把一般意义的"个人""自由""人权"看作是历史的范畴,它们的意义只是在资本主义条件下才得到实现。在《资本论》中,马克思把商品交换的领域称作"天赋人权的真正伊甸园"。他解释说:

> 那里占统治地位的只是自由、平等、所有权和边沁。自由! 因为商品例如劳动力的买者和卖者,只取决于自己的自由意志。他们是作为自由的、在法律上平等的人缔结契约的。契约是他们的意志借以得到共同的法律表现的最后结果。平等! 因为他们彼此只是作为商品占有者发生关系,用等价物交换等价物。所有权! 因为每一个人都只支配自己的东西。边沁! 因为双方都只顾自己。使他们连在一起并发生关系的唯一力量,是他们的利己心,是他们的特殊利益,是他们的私人利益。[1]

随着资本主义的商品经济而产生的自由、平等和利己的人际关系是历史的进步。在商品经济不发达的前资本主义时期,个人依附于部落、家族,没有个人的自由和权利可言。在资本主义社会,"价值表现的秘密,即一切劳动由于而且都是一般人类劳动而具有的等同性和同等意义,只有在人类平等概念已经成为国民的牢固的成见的时候,才能显示出来"。就是说,商品在全社会范围的自由、平等交换造就了具有平等地位的个人,他们的平等地位表现为"法律关系上平等的人"[2]。在《资本论》的手稿中,马克思更明确地把人类自由发展的历程分为三个社会阶段。前资本主义是人身依附的社会形态。资本主义是人依赖于物(商品)的社会形态,虽然个人有自由权,但个人自由仍然是商品经济的异化的产物,资产者和无产者同样被异化。只有到了共产主义,才能有"建立在个人全面发展和他们共同的、社会的生产能力成为从属于他们的社会财富这一基础上的自由个性"[3]。

综上所述,马克思的自由理论包括历史的、现实的和理想的三种成分。历史

---

1 《马克思恩格斯全集》,2 版,第 44 卷,北京,人民出版社 2001 年版,第 204—205 页。

2 同上书,第 75、195 页。

3 《马克思恩格斯全集》,2 版,第 30 卷,北京,人民出版社 1995 年版,第 107—108 页。

的成分是通过对前资本主义的批判,说明个人自由和自由权的起源;现实的成分是通过对现实的政治专制和经济剥削制度的批判,说明资本主义社会中的个人自由和人权的内容和性质;理想的成分是通过政治经济学的批判,说明"每一个人和一切人自由发展"的共产主义理想。马克思在青年时期关注现实社会中人的自由解放,在《共产党宣言》以及其后的著作中宣扬共产主义能够达到的个性自由,在《资本论》等著作中考察了人类朝向自由发展的历史进程。

马克思毕生争取的现实中的自由,实际上是公民的自由权,包括言论和表达意见的自由,结社、集会的自由,普选的自由,平等的公民权,等等。这些都是现实存在的自由权,早已写在《人权宣言》和《独立宣言》之中。能否说现实中的自由权只是"资产阶级的自由"呢?当马克思指出个人的自由权是资本主义的产物,他的意思绝不是说,这些只是资产阶级才享有的自由和权利。如果人们在现实中不能享有这些自由和权利,这也不是因为它们是虚幻的欺骗,而是因为封建贵族专制(比如普鲁士国家)的干预和阻挠,包括资产阶级在内的民众不能在现实中充分享有这些自由权。按照马克思主义的主张,即使争取自由权的斗争带有资产阶级革命的性质,无产阶级也应该在其中占领导地位,因为这场革命所争取的自由权属于全体人民。

马克思争取现实的自由权的理论和实践最突出地表现在《评普鲁士最近的书报检查令》一文中。他指出:

> 自由报刊是人民精神的洞察一切的慧眼,是人民自我信任的体现,是把个人同国家和世界联结起来的有声的纽带,是使物质斗争升华为精神斗争,并且把斗争的粗糙的物质形式观念化的一种获得体现的文化。[1]

这篇战斗的檄文堪称是与洛克的《论宽容》、穆勒的《论自由》相媲美的论述言论和表达自由的经典文献。马克思与洛克和穆勒等自由主义代表人物的不同之处在于,他不但在积极争取现实中的政治自由权,而且有着让人"在最无愧于和最适合于他们的人类本性的条件下"自由生活的共产主义理想。在《论犹太人问题》一文

1《马克思恩格斯全集》,2 版,第 1 卷,第 179 页。

中，他区分了"droitsdu citoyen[公民权]"和"droits de l' homme[人权]"。公民权指政治上的自由权。公民权或自由权是每一个公民应该具有然而在现实中往往不具有的基本自由，因此需要以"不自由，毋宁死"的决心积极地争取和捍卫基本的自由权。而人权只是"可以做和可以从事任何不损害他人的事情的权利"，其实际应用"就是私人财产这一人权"[1]。马克思说，为了达到人类解放的目标，不能满足于资产阶级已经争取到的个人（"利己的人"）的人权，而是要通过争取公民权的社会革命，建立自由人的联合共同体。他说：

> 只有当现实的个人把抽象的公民复归于自身，并且作为个人，在自己的经验生活、自己的个体劳动、自己的个体关系中间，作为类存在物（species-being）的时候，只有当人认识到自身"固有的力量"是社会力量，并把这种力量组织起来因而不再把社会力量以政治力量的形式同自身相分离的时候，人的解放才能完成。[2]

在以后的著作中，马克思认为，政治自由是免除压迫的自由，为了免除压迫和奴役，必须从根本上消除产生压迫和奴役的原因。马克思通过政治经济学的批判，揭示了产生压迫的根本原因在于生产资料的私有制；政治上的不平等，经济上的匮乏，心理上的恐惧，归根到底产生于这一经济上的原因。马克思的自由解放理论以争取公民的政治自由为基础，以"消灭私有制"为途径，以"解放全人类"为归宿。这是一以贯之的辩证发展过程，即从政治批判到政治经济学批判的发展过程，其中没有什么"不成熟"和"成熟"、"青年马克思"和"老年马克思"的思想割裂，也不是从什么"资产阶级自由观"到"共产主义自由观"的根本转折。

---

1 《马克思恩格斯全集》，2 版，第 3 卷，第 183 页。
2 同上书，第 189 页。

4 ————————————————————————————————————

为什么说自由解放理论是马克思哲学的中间原理

前面提到,马克思提出的自由解放理论是他把黑格尔的辩证法改造为社会历史的批判方法的结果。我们知道,马克思对黑格尔的辩证法的改造伴随着一个崭新的唯物主义的诞生。如果把辩证唯物主义作为马克思主义哲学最高的、普遍的原理,那么,我们需要认识到它的三个特点,才能看出这些最高原理与自由解放理论之间的密切联系。

第一个特点涉及马克思的唯物主义的对象。正如恩格斯所说,马克思从1845 年的《神圣家族》开始的工作是建立"关于现实的人及其历史发展的科学"[1]。马克思在创立他的新唯物论时,并没有区分"辩证唯物主义"和"历史唯物主义"两大块,更不是先按照自然规律创立"辩证唯物主义",而后把它"推广和应用"到社会,创立"历史唯物主义"。马克思的唯物主义以"存在"(Sein/Being)为最高、最普遍的研究对象,但"存在"不是与人无关的自然界的"物质""本体",而是"社会存在"。马克思的唯物论的最高原理是"社会存在决定社会意识",它是从人与自然的关系(首先是生产劳动)和人与人的关系(首先是生产关系)中概括出来的,而不是单纯从自然规律概括出来的"物质决定意识"的一般性原理。关于这一点,我在《"物质"观念及其在马克思主义哲学中的嬗变》一文中有所论述,兹不赘述。

第二个特点是,马克思的唯物论没有本体论和价值论的隔阂。马克思之前的旧唯物论所强调的"物质"没有人的价值,是名副其实的"物本主义";而马克思所说的物是有价值的,首先是人类的劳动所创造的价值,包括商品的使用价值和交换价值。马克思从分析商品价值的两重性入手,揭示了资本主义生产方式的秘密。他的经济学理论把唯物主义置于生产实践的基础之上,论证了自然环境和社会环境相一致,环境的改变和人的改变相一致。关于这一点,近年来有很多关于实践唯物主义的论述,兹不赘述。

第三个特点是,马克思的新唯物论包含着人本主义的价值观。与马克思之前

———————————————

1《马克思恩格斯选集》,2 版,第 4 卷,第 241 页。

的本体论和认识论的人本主义不同,马克思的人本主义是价值论的人本主义。就是说,马克思以人为最高的价值,以人为哲学的前提和基础。关于这一点,近来有很多关于人道主义、人性论、"以人为本"的思想与马克思主义之间关系的论述,我在《西方人本主义的传统与马克思的"以人为本"的思想》一文中也有所论及,兹不赘述。

马克思用以表达唯物论最高原理的范畴和概念,如"存在""物质""社会""类存在""实践""劳动""异化"等等,都是理论的抽象,但这些是具体的抽象,是从社会历史事实中概括出来的。马克思的自由解放理论为从具体到抽象的理论概括提供了必不可少的中介。这一关于自由的理论为对经验事实进行价值判断提供了一个历史尺度。如果缺乏这样的价值尺度,那么,劳动的异化和消除劳动异化的途径,以及生产力与生产关系、经济基础与上层建筑的性质及其进化的方向等重要理论问题,将得不到解决。另一方面,如果没有存在、人性、实践和社会规律的最高原理,那么,马克思的自由解放理论也将缺乏历史的必然性,价值(自由)与事实(社会存在)将是分离的,自由有无客观基础、人类的解放有无客观规律等重要问题,也将得不到解决。

马克思的自由解放理论处于中间原理的层次,它向上与唯物主义的最高原理和人本主义的价值观相贯通,向下与阶级斗争的理论相衔接。马克思和恩格斯确实用阶级斗争的观点和阶级分析的方法阐述社会问题,以无产阶级革命和专政的学说为纲领。马克思所主张的革命是"人的高度的革命"[1],其理论依据是他的自由理论的实际应用。

马克思早在青年时期就认识到,真正的民主就是"人民的主权",争取政治民主是实现自由的最佳途径。德雷帕指出:"马克思是第一位把为不断扩大自下而上的民主控制权而进行的斗争视为实现社会主义理想的必由之路的社会主义者……他首次把以彻底的政治民主为目标的斗争和以实现社会主义为目标的斗争融为一体。"[2]马克思认为,无产阶级是唯一愿意并有能力实现真正民主的阶

---

1 《马克思恩格斯选集》,2 版,第 1 卷,第 9 页。
2 Hal Draper, *Karl Marx's Theory of Revolution*, vol. I, New York, Monthly Review Press, 1977, p. 59.

级。他的一个理由是"多数人统治"的民主原则。他设想,资本主义生产的基本矛盾必然把中产阶级抛进无产阶级的队伍,无产阶级在人数上将占社会大多数,贫困化将加剧,无产阶级和资产阶级的斗争在绝大多数人和极少数人之间进行,斗争的结果将是每一个人和全体人的自由。

关于无产阶级取得政权的途径,马克思有两方面的设想:一是普选的、和平的方式,一是暴力革命的方式。正如侯才所说:"马克思、恩格斯关于暴力革命的论述尔后成为列宁主义的重要理论来源,而他们的有关和平发展的假设,则成为民主社会主义的重要理论依据。"[1] 在 1871 年的巴黎,人数上并不占大多数的无产阶级用专政的手段打破资产阶级的国家机器,用强有力的领导来推行民主。巴黎公社的民主原则得到马克思的高度赞扬,他所盛赞的巴黎公社的无产阶级专政实际上是实践"真正的民主"的典范。

马克思主张无产阶级革命的另一个根据是他关于世界历史的学说。他说,按照"资本主义生产的自然规律"的"铁的必然性","工业较发达的国家向工业较不发达的国家所显示的,只是后者未来的景象"[2]。他敏锐地看到,资本主义的发展具有全球化的必然趋势,必将取代世界各地的前资本主义的生产方式,在那里重复在发达资本主义国家发生的同样的历史进程,其结果是无产阶级在全世界的兴起,全世界无产者联合起来,在世界范围取得无产阶级革命的全面胜利。

马克思关于无产阶级革命的预言并没有实现;在苏联等国家,他的预言一度被实现,但现在还是落空了。这是否意味着马克思主义被证伪了呢?如果认为马克思主义哲学能够直接被应用于革命的实践,那么,当今世界的现实情况确实可以被看作是对马克思主义的证伪。但是,如果我们把马克思的自由理论作为马克思主义的唯物论与阶级斗争理论之间的一个中间环节,那么,问题的答案将完全不同。

无产阶级革命和专政之所以没有按照马克思设想的方式发生,首先是因为应用马克思的自由理论的社会条件发生了变化。在资本主义社会,中产阶级并没有

---

1 侯才:《马克思、恩格斯的共产主义构想与当代社会主义实践》,参见《共产党宣言与全球化》,北京,北京大学出版社 2001 年版,第 171 页。
2 《马克思恩格斯选集》,2 版,第 2 卷,北京,人民出版社 1995 年版,第 100 页。

被抛进无产阶级的队伍,甚至工人阶级也不再是真正的无产者,无产阶级并没有成为社会的大多数,也没有被绝对贫困化。马克思没有想到,资本主义会推行严格的反垄断措施和广泛的社会福利事业,阻碍他所设想的无产阶级革命和专政的发生。但是,人们却公正地看到,这些挽救资本主义的措施得益于马克思和恩格斯对资本主义社会矛盾的揭露和批判,马克思的自由理论和人本主义的唯物论起到了推动社会进步的作用。

另一方面,社会主义国家没有那样幸运。在无产阶级革命取得胜利之后,马克思的自由理论被忘却,马克思的唯物论中的人本思想被抛弃,马克思主义成为僵硬的教条,无产阶级革命和专政成为与人的自由相分离的政治强力,马克思强烈反抗的普鲁士式的专制集权以"社会主义"的名义重演,而且有过之而无不及。在这样的社会条件下,被证伪的不是马克思的自由理论和人本主义的唯物论,而是假马克思主义的教条,那种连马克思本人也不愿成为"马克思主义者"的"马克思主义"。

5

自由解放理论有何现实意义

我们在马克思主义哲学中区分出"高"(人本主义的唯物论)、"中"(自由解放理论)和"低"(应用性社会理论)三个层次,并不是为了提出新的"辅助性假设"(ad hoc hypothesis)来为马克思主义哲学作理论上的辩护。马克思主义哲学不需要理论辩护,它所具有的改造社会的实践力量就是它的合理性和有效性的最有力的证明。但是,马克思主义哲学需要理论建构。由于马克思本人并没有提出任何哲学体系,不同的哲学家可以建构出不同的马克思主义哲学。但是,声称马克思主义的哲学家需要牢记马克思的名言:"哲学家们只是用不同的方式解释世界,而问题在改变世界。"[1]建构马克思主义哲学的目的是为了最大限度地发挥这种哲学在

---

1 《马克思恩格斯选集》,2 版,第 1 卷,第 61 页。

改造社会实践中的作用,马克思主义的建构是历史的事业,不同的时代可以而且应该有不同的建构,这就是"与时俱进"的建构原则。但不同时代的历史建构有一个共同的标准,那就是要看建构出的哲学理论是否能够解决时代提出的重要问题,使马克思主义哲学真正达到马克思本人提出的要求:"任何真正的哲学是自己时代精神上的精华","人民最美好、最珍贵和最隐蔽的精髓都集中在哲学思想里"[1]。

我们所处的时代遭遇到的问题有两大焦点:一是以经济建设为中心的国内条件下的社会发展与和谐的问题,一是全球化条件下的各国之间的和平与共同繁荣的问题。马克思的自由解放理论在对待和解决这两方面的问题上,有着不可低估的现实意义。

让我们首先来分析国内的现实。在发展经济的条件下,我们向西方学习先进的科学技术,以及经济和公共管理的经验、理论和方法,是完全必要的。但是,我们不能忘记马克思在批判资本主义时所体现的批判精神和自由理论。这是因为,我们不但面临着马克思所阐述的社会矛盾,而且还有长期的封建专制遗留的社会矛盾,包括以极左面目出现的假马克思主义所激发的社会矛盾。面对复杂的社会矛盾,中国的马克思主义者要发扬辩证法的革命的批判精神,要以人本主义的唯物论的实践观为检验真理的标准,以人的解放和自由为衡量社会进步的尺度,积极投身于社会公正和民主政治的伟大实践。只有这样,才能制定出正确的政策,才能把正确的政策落实在社会实践中,才能达到可持续发展与和谐社会的目标。

反之,如果马克思主义哲学的理论建构无视社会矛盾和社会公正的诉求,没有批判和改革社会的承诺,没有按照不断变化的政治需要重新解释或建构马克思主义,那么这样的理论建构不但从根本上违反了马克思的批判精神和自由理论,而且丧失了生命力和存在的理由。现在,我们的一些马克思主义者有危机感,原因盖出于此。试问:如果马克思主义恢复了批判精神和对人类自由的追求,成为鼓舞人民争取社会公正和进步的精神力量,那么哪里还有什么危机感和失落感呢?

1《马克思恩格斯全集》,中文 2 版,第 1 卷,第 220、219 页。

再看全球化的现实。正如马克思所说,全球化是世界范围的资本扩张。全球化进程中有两类不同性质的矛盾:一是民族和文明之间的冲突,一是资本主义和社会主义之间的意识形态冲突。我深信,马克思关于世界历史和全球化的理论对我们认识这两类世界性的矛盾具有指导意义。《共产党宣言》中说:

> 使反动派大为惋惜的是,资产阶级挖掉了工业脚下的民族基础。……过去那种地方的和民族的自给自足和闭关自守状态,被各民族的各方面的互相往来和各方面的互相依赖所代替了。物质的生产是如此,精神的生产也是如此。各民族的精神产品成了公共的财产。民族的片面性和局限性日益成为不可能,于是由许多民族的和地方的文学形成了一种世界的文学。[1]

马克思预言的经济全球化已经成为现实。他所预言的"精神的生产"的全球化或"世界的文学",即人们现在所说的文化的全球化和各民族的思想融合。但现实世界似乎不如马克思所预言的那样乐观,随着经济全球化进程的加快,不同文明和宗教的冲突似乎愈演愈烈。然而,正如马克思所指出的那样,前资本主义的民族的地方的思想文化对全球化的抵制只是逆世界历史潮流的反动,只是无可奈何的"反动派的惋惜"。马克思说得好,资产阶级"迫使一切民族——如果它们不想灭亡的话——采用资产阶级的生活方式;它迫使它们在自己那里推行所谓的文明,即变成资产者。一句话,它按照自己的面貌为自己创造出一个世界"。"正像它使农村从属于城市一样,它使未开化和半开化的国家从属于文明的国家,使农民的民族从属于资产阶级的民族,使东方从属于西方。"[2]

马克思这里是在阐述世界历史的必然性,以宗教的、道德的理由来反抗和谴责这一必然性是无济于事的。当然,马克思并不认为资本的全球化是世界历史的归宿,他指出全球化的必然趋势是为了指明无产阶级在全世界取得胜利的前途。但是,同样明显的是,在无产阶级尚未成为世界的统一力量之前,资本主义的全球化取代前资本主义的地域性和民族性具有历史进步的意义。马克思后来虽然认为落后民族可以跨越资本主义阶段而进入社会主义,但这也只是在无产阶级和资

---

1 《马克思恩格斯选集》,2 版,第 1 卷,第 276 页。
2 同上书,第 276、277 页。

产阶级都成为世界性的条件下才能发生。[1]

马克思的自由解放理论为我们观察和应对资本主义和社会主义之间的意识形态的冲突也具有意想不到的作用。当今资本主义意识形态的主流是自由主义。自由主义的代表人物以赛亚·伯林提出了消极自由和积极自由的著名区分。[2]消极自由是免除(freedom from)奴役的自由,其主要内容是美国总统富兰克林·罗斯福于1941年1月6日在国会发表的国情咨文中概括的四项"人类的基本自由",即,言论和表达意见的自由、信仰自由、免除匮乏的自由和免除恐惧的自由。在我看来,消极自由相当于马克思的自由理论中的现实成分,而其中的理想成分相当于"积极自由",即,为了(freedom for)每一个人和一切人的全面发展的自由。自由主义者把公民的自由权等同为消极自由,他们把积极自由视为个人的爱好,与政治和公共事务无关。哈耶克指责马克思主义对更大的积极自由的承诺,不是引导人民走上自由之路,而是通往"奴役之路"[3]。波普尔则说,马克思主义者"即使怀抱着建立人间天堂的最美好的愿望,但它只是成功地制造了人间地狱——人以其自身的力量为自己的同胞们准备的地狱"[4]。但是,麦金太尔却有不同的说法。他认为,只关注消极自由,而不关心积极自由,这恰恰是自由主义的缺陷。他评价说,自由主义的优点"是对宽容的价值和对言论自由的肯定……自由主义的缺点是,自由主义者拒绝承认自由主义的消极方面的不全面的特征。自由主义的规范给予政治活动以一定的限制,但它没有为政治活动赋予理想或远见。它从不告诉人民做些什么。因此,没有一种政治建制和活动是仅仅或主要靠自由主义就能发起的。当某一社会机制和活动自己声称是如此发起时,如像'自由'的大学或'自由'的国家那样,那总是一种欺骗。"[5]

如果把马克思的自由解放理论当作马克思哲学的中间原理,马克思主义与自由主义的对立可能并不如人们想象的那样是不可调和的。借用以赛亚·伯林关

1 参见赵家祥、丰子义《马克思东方社会理论的历史考察和当代意义》,北京,高等教育出版社2002年版,第205—208页。

2 I. Berlin,"*Two concepts of liberty*", in *Four Essays on Liberty*, Oxford University Press, 2002.

3 [英]哈耶克:《通往奴役之路》,北京,中国社会科学出版社1997年版,第31页。

4 [英]波普尔:《开放社会及其敌人》第1卷,北京,中国社会科学出版社1999年版,第315页。

5 A. MacIntyre, *Against the Self - Image of the Ages*, p. 283.

于"消极自由"和"积极自由"的区分，我们可以发现马克思主义与自由主义之间存在某种互补性。自由主义强调"消极自由"，却拒绝人类解放的理想和"积极自由"的远见卓识；在这一方面，马克思的自由理论的理想成分可以补充这一缺陷。另一方面，马克思的自由理论对如何争取和保证公民自由权等问题，没有提出可操作的政治纲领和实施方案，他相信的"人民的主权"如同卢梭的"公意"一样，在某些情况下不利于保护个人的自由；自由主义者注意维护"消极自由"的思想和措施，可以防止对马克思的自由理论的误用，以及对"大多数人统治"的民主原则的滥用。如此一来，我们在这里阐明的自由解放理论可以在马克思主义和自由主义这两种意识形态之间，架构相互对话、理解和学习的桥梁。当然，关于马克思主义和自由主义的对话是一个极为复杂的话题，这里只是提出一个初步的构想。我将在下文中，以波普尔与马克思为例，对这个问题作一个更详细的探讨。

波普尔对马克思：批判理性主义的
批评和反批评

马克思主义在 20 世纪遇到的一个严重的挑战来自波普尔。以赛亚·伯林在他的《马克思传》中说："卡尔·波普尔博士的《开放社会及其敌人》是一部具有罕见的创新性和力量的著作，它的第二卷对马克思主义的哲学和历史的学说，作出了迄今为止的任何作者所能作的、最彻底、最难对付的批评。"[1] 英国哲学家麦基甚至说："我不明白任何一个有理性的人在读了波普尔对马克思的批判之后，如何还能继续成为马克思主义者。"[2] 作为一个有理性的人，我在仔细读了波普尔的全部政治哲学著作之后，深信波普尔并没有驳倒马克思；我还相信，即使按照波普尔的理性标准来衡量，他对马克思主义的批评也不是无懈可击的，我们可以对他的批评提出理性的反批评。以下，我首先概述波普尔对马克思主义的批评，然后针对他的批评，通过澄清、质疑和反思，提出我的反批评。

1

波普尔的批评

波普尔的政治哲学的核心就是反历史主义。波普尔赋予"历史主义"（Historism）这一概念的特定含义是："它认为历史预言是它的主要目的，并认为通过揭

---

1 I. Beilin, *Marx*: *His Life and Environment*, 3rd. ed., p. 287.

2 B. Magee, *Karl Popper*, New York, Viking Press, p. 89.

示隐藏在历史演变之中的'节律'、'类型'、'规律'和'趋势',就可以达到这一目的。"[1]据说,历史主义者们是这样一些人,他们相信,人类的进程是一个谜,谁解开了这个谜,谁就掌握了控制未来的钥匙。历史主义的预言是人类发展规律之谜的解,按照历史规律设计的未来社会的蓝图就是打开理想世界大门的金钥匙。简而言之,历史主义就是这样的信念,它认为存在着一条决定人类社会过去、现在和将来的,不依人们的意志为转移的历史发展规律,并且以预言和发现这一规律为其基本目标。历史主义是一种源远流长的古老理论,它的最古形式是"上帝选民论",即认为上帝意志决定社会发展方向,这是"神学形式的历史主义"。此外,还有认为自然界的客观规律决定社会历史发展的"自然主义的历史主义",有认为思想规律决定社会发展的"心灵主义的历史主义"。马克思主义被说成是认为经济规律决定社会发展的"经济主义的历史主义"。

波普尔把马克思主义看作是"迄今理论中最纯粹、影响最广泛,因而也是最危险的历史主义"。这是因为,马克思主义已经摆脱了传统的历史主义所具有的幻想的、宗教的、思辨的和形而上学的色彩,它把对历史规律的研究作为一门科学,并且援引了科学中的事实来说明历史主义。使波普尔最感不安的正是马克思历史唯物主义的科学性。与对待历史上的其他历史主义者的态度不同,波普尔对马克思表示敬佩之情。他说,马克思生活的自由资本主义时代是资本主义最无耻、最残酷的时期。马克思具有实事求是的精神,对社会中的不正义现象充满着义愤,对被压迫和损害的人充满着火热的同情。他的性格真诚、开放、容不得虚伪和欺骗,尤其憎恶剥削制度的辩护士。波普尔还承认,马克思研究和著述的态度是科学的。现代社会政治理论的思想者,包括那些不同意马克思理论的思想者,都受惠于马克思。按照波普尔的说法,马克思的愿望是改进开放社会,他使用了理性的、科学的方法来批判资本主义,却没有成功。然而,马克思的尝试没有白费气力,他帮助人们睁开或擦亮了眼睛,看到了自由资本主义的弊端。现在,再想回到马克思以前的社会科学已经是不可能的了。既然如此,为什么还要攻击马克思呢? 波普尔回答说,这是因为马克思使得历史主义获得了科学的形态。他尽管有

---

1 [英]波普尔:《历史主义的贫困》,北京,社会科学文献出版社1987年版,第47页。

功绩，但仍然是一位错误的预言家。他诱导无数有识之士相信，研究社会科学的目的是作出历史的预言，并为用暴力手段全盘改造社会的"乌托邦工程"提供科学上的论证。

波普尔把 20 世纪共产主义运动的兴起归咎于马克思的错误预言，但是，他也把马克思本人的理论同后来的马克思主义相区别，认为后者才是不可证伪的伪科学的教条。波普尔的批评所针对的是可以证伪的因而是科学的马克思本人的理论。

马克思的社会科学的理论被说成是经济主义的历史主义，包括两个基本部分：经济主义和历史主义。经济主义说明社会的性质、结构和变化原因，历史主义在此基础上揭示历史规律，预示社会发展的前途。

马克思的唯物史观坚持社会存在决定社会意识，把人的社会存在归结为物质生产活动，人们的生产方式是一个社会的经济基础，它决定了政治、法律等上层建筑。波普尔所说的经济主义指的就是这些观点。他承认，把人的经济活动看作社会的基本因素，提醒人们在对社会历史的研究中不要忽视经济条件，这无疑是正确的。但是，如果过分认真地强调经济作用的基本性，以至于把经济条件夸大成为决定社会发展的唯一因素，那就错了。在一定的环境中，思想，特别是科学思想的作用超过并取代经济力量。为了证明这一点，他提出两个理由：第一，设想整个经济体系全被摧毁，但只要科学技术知识没有被摧毁，那么，经济体系在较短时间内便可被重建起来。可是，反过来却不是这样，假如知识完全消失了，而机器和物质产品仍然保存着，那么，结果只能是一个野蛮的种族占据着一堆工业化废墟的荒芜景象，文明的物质痕迹也会很快消失。第二，对社会经济条件的了解，离不开对科学、宗教等方面思想的理解。但是，反过来却不是这样。人们即使不知道经济背景，也能够研究某一时期的科学思想。

波普尔试图说明，思想、知识是进行经济活动的必要条件，而经济因素却不是进行思想活动的必要条件。恩格斯说，人们只有首先满足衣食住行的需要，才能从事科学、宗教和政治方面的活动。也就是说，经济、物质条件是思想活动的必要条件。波普尔却认为恩格斯只不过重复了一个众所周知的道理，这种"吃饭哲学"不足以成为社会科学理论的基础。

唯物史观对生产力和生产关系的分析导致了"一切历史都是阶级斗争历史"的结论。波普尔承认，阶级斗争是历史事实，但又说，在上述命题中，不必过分认真地强调"一切"这个词。因为很多历史事实不见得能用阶级斗争理论来解释。比如，中世纪教会与国王的斗争深刻地影响了历史的进程，但这一斗争的性质却不是两个阶级之间的斗争，而是统治阶级内部的斗争。同样，世界历史中绵延不断的民族斗争，也不都能被归结为阶级斗争。历史是各种力量和因素互相制约和作用的错综复杂过程。把它简化为两种力量的斗争，恰恰是历史主义的特征。神学形式的历史主义认为历史是上帝与撒旦、善与恶之间的较量；自然主义的历史主义认为历史是种族之间的斗争史；心灵主义的历史主义认为历史主义是理性与偏见、启蒙与蒙昧之间的矛盾。波普尔说，经济主义的历史主义把历史说成是阶级斗争史，并不比其他形式的历史主义更高明。

波普尔反对经济主义的目的，是为了充分肯定资本主义社会的民主政治对经济的决定性作用。经济主义的一个基本点是经济基础决定上层建筑的学说。波普尔针锋相对地提出，应该"把政治权力视为基本的。从这种观点看，政治权力能够控制经济权力"。"从这个观点看，政治权力是经济保护的关键，政治权力及其控制就是一切。""由于政治权力能够控制经济权力，政治民主也就成了被统治者控制经济权力的唯一手段。"[1]

波普尔之所以如此强调政治决定经济的作用，是为了用改良主义的方案来证伪马克思主义的暴力革命理论。波普尔承认自由资本主义的非正义性和反人道性。在资本主义初期，"对所有人平等和自由的竞争"仅仅是一个形式上的空洞口号。因为人们的家庭出身、文化背景、教育水准、实际收入乃至体力、智力上的差异，竞争的起点实际上不可能是平等的。对这些由历史社会条件和自然条件造成的不平等不加限制，任其自由发展，势必造成贫富两极分化的社会弊病。但是，资本主义自由竞争原则和自由市场经济本身并不是社会弊病的根源；根源在于没有对自由竞争中自发的、盲目的经济力量加以限制。然而，缺乏限制并非资本主义固有的缺陷，任何社会都有不加限制的权力，任何不加限制的权力都是危险的，经

---

1 ［英］波普尔：《开放社会及其敌人》第 2 卷，第 201、202 页。

济权力并不比其他权力更危险。另一方面，任何权力都是可以制约的，经济权力也不例外。在经济权力不受限制的情况之下，金钱可以贿赂，可以买枪、买选票，从而可以左右政局。但是，法律制度、政治手段和舆论界可以对经济权力进行限制。比如，制定和实施了选举法、劳工法、工会法、治安法等，金钱就不再是万能的了。

波普尔用经济干预主义的事实来反驳马克思关于上层建筑是统治阶级专政工具的说法。他认为，资本主义社会的民主制度也可以限制资产阶级的经济利益和政治权力。马克思的学说适用于民主制度尚不健全的自由资本主义，却不适用于采取了经济干预主义政策的资本主义。

波普尔把马克思主义的"资本主义必然灭亡，社会主义一定胜利"的预言称为历史主义的错误预言。它建立在对资本主义社会基本矛盾的分析的基础之上，分析的结论是，这些矛盾只有靠生产资料公有制解决。波普尔承认，马克思发现的自由资本主义的内部矛盾确实存在，但它们却不一定非得用变革经济制度的方式来解决。运用政治权力对资本主义经济制度进行改良或修补，也可以解决资本主义的基本矛盾。他针锋相对地反驳了马克思的"资本主义→社会革命→社会主义"公式，他的反驳分成下面三个环节。

第一，资本主义的内部矛盾并不必然导致社会主义。他认为，自由资本主义的弊端不过证明了经济干预主义的必然性。因此，继自由资本主义之后，经济干预主义成为时代主流。但是，经济干预主义不一定采取公有制的方式。苏联的社会主义、德国的法西斯主义和西方资本主义国家的经济措施，都是干预主义。马克思著作中提出的代表工人阶级利益的纲领，西方国家在没有实行社会主义公有制的情况下，依靠国家政权的干预，已经把这些纲领的大部分付诸实施。比如，征收累进收入税和继承税，实行交通、通讯国有化，提高企业国有化程度，实行教育机会平等，实行八小时工作制，等等。波普尔说："为保护经济上的弱者，我们可以推广一种合理的政治纲领。我们可以制定法律限制剥削。我们可以限制工作日……可以给工人提供伤残、失业和养老保险。"[1]事实上，现代资本主义制度正

---

[1] ［英］波普尔：《开放社会及其敌人》第2卷，第201页。

是像波普尔所说的那样去做的。波普尔以此说明,工人阶级的利益用社会改良和民主手段,而不用社会革命的暴力手段,就可得到改善。

第二,无产阶级革命并非不可避免。马克思根据自由资本主义的状况预言,资本主义生产具有垄断化倾向,将把大批小生产者和破产的资产者抛进无产阶级队伍,社会成员将被简化为资产阶级和无产阶级两大阵营,而无产阶级在人数上的绝对优势是无产阶级革命胜利的保障。但是,事实与这一预言相反,民主制度的发展和经济干预主义在富有阶级和贫困阶级中间造就了一个强大的中产阶级,以贫困阶级为主力军的无产阶级革命在发达资本主义国家很难发动。马克思主义者在暴力革命问题上态度不一致。温和派力争用合法斗争夺取政权,激进派要以暴力革命武装夺取政权。波普尔注意到,恩格斯向敌人提出了挑战:"放第一枪吧,资产阶级的绅士们!"[1]他的策略是迫使资产阶级打响第一枪,以激起人民更强烈的反抗,促使革命早日爆发。波普尔目睹了这一策略的失败,第三国际政党诉诸街头过激行为,把原来持中立立场的中产阶级推向右转,导致法西斯主义上台。法西斯主义摧毁了资本主义民主制,也同时摧毁了工人阶级的政党,却没有激起无产阶级的大规模抵抗。波普尔的结论是,无论是在民主制的资本主义国家,还是在法西斯统治下的资本主义国家,无产阶级革命并非不可避免。至于俄国革命的成功,那是在世界大战的特殊环境中取得的,并非资本主义社会内部矛盾的必然结果。

第三,资本主义社会的基本矛盾并非不可调和。马克思揭示的资本主义社会的基本矛盾有两大严重后果:首先,生产力的社会性和生产资料的私人占有性的矛盾造成周期性的经济危机;其次,财富的集中趋势造成无产阶级的绝对贫困化。这些矛盾最终破坏了社会生产力,激化了阶级矛盾,导致资本主义灭亡。波普尔说,这些矛盾只是在自由资本主义时期才造成如此严重后果,现在的国家干预主义已经或正在缓和这些矛盾。

马克思的经济危机理论可以从他的剩余价值理论中推导出来。生产过剩造成剩余价值下降,资本构成中可变资本相对于不变资本的增长引起利润率下降。

---

1 这并不是恩格斯的原话,转引自《开放社会及其敌人》第 2 卷,第 252 页。

为了最大限度地攫取利润，资本家用减少工资或裁减雇员的方法，把危机转嫁给工人。波普尔指出："价值理论证明是马克思的剥削理论的完全多余部分；这独自地提出了价值理论是否真实的问题。"[1] 即使退一万步说，价值理论是真实的，马克思的预言也无法实现。这是因为，在国家的干预下，制定了限制工时、保证最低工资额、保障失业工人和退休工人的法律，成立了保障工人福利的工会，剥削已经受到限制，童工、劳动折磨和工人生活无保障的现象逐渐得到克服。工人实际收入提高引起了社会购买力的提高，阻止或缓解了生产过剩危机。同时，科学技术的运用和新产品的开发，使得资本家即使在增加可变资本的情况下，仍可获得高利润额，无须用降低可变资本的方法来获利。

波普尔认为，无产阶级绝对贫困化的理论也已经过时，因为工人的生活水平从马克思时代以来已经普遍提高，他们的实际工资即使在大萧条时期也有增长趋势。马克思当时观察到的资本集中和财富积累趋势已为国家立法（如所得税法、遗产税法、反托拉斯法等）所阻止。马克思关于工业后备军的理论也因为国家采取了失业保险措施而失败。在波普尔看来，这些事实已经证伪了马克思对于自由资本主义所作的分析。唯其能被证伪，所以它曾经是科学的理论，只不过这一科学理论已经过时，不再适用于现代的资本主义。"作为一名预言家，马克思失败的原因，完全在于历史主义的贫乏。"[2]

波普尔说，历史主义者"希望他们能够使用历史主义的方法把社会科学转化为政治家手里的一种强大有力的工具"[3]。历史主义不仅是关于社会历史发展的学说，而且是安邦治国的一种方法；它绝不是无害的书生议论，而是统治者手中的锐器。历史主义者依据自己所理解的历史规律，提供了改造社会的通盘计划。波普尔把这种通盘计划之制定和实施称为乌托邦工程。马克思主义者和其他历史主义者一样，也是乌托邦工程师，他们按照马克思预言的历史发展规律，力图严格控制并积极实现对社会的全盘改造。

波普尔对"乌托邦工程"的批判主要是针对"二战"之后出现的社会主义阵营

---

1 这并不是恩格斯的原话，转引自《开放社会及其敌人》第 2 卷，第 276 页。
2 同上书，第 299 页。
3 ［英］波普尔：《历史主义的贫困》，第 91 页。

的。正如他所说："《历史主义的贫困》和《开放社会及其敌人》是我为战争而作的努力。我认为自由会成为一个中心问题，尤其是在马克思主义的影响重新复活和大规模'规划'（或'操纵主义'）的思想影响之下；因而这些书意味着反对极权主义和独裁主义的思想以保卫自由，以及对迷信历史主义的危险提出警告。"[1]波普尔确实达到了这样的目的，《开放社会及其敌人》于1945年出版之后，在东西方冷战期间，成为西方国家抵御苏联为首的社会主义阵营的思想武器。苏联模式的社会主义暴露出来的计划经济的弊病，以及肃反扩大化、镇压不同政见者和内部倾轧等政治上的迫害，都被归咎为马克思的错误预言和整体主义的设计。波普尔说，乌托邦工程以美好的目标和计划开始，最后必然以反理性和无计划的混乱状态告终。他说："乌托邦的理性主义是自拆台脚的理性主义。无论它的目的如何仁慈，它并不给人带来幸福，而只是那种生活在专制政府之下的可诅咒的常见的苦难。"[2]

波普尔政治哲学最有现实意义和影响，在很大程度上依赖于他对苏联式的社会主义的批判。苏联和东欧社会主义阵营在20世纪最后30年的衰落和灭亡，似乎验证了他在20世纪三四十年代所作的预言。但这不意味着，波普尔的政治哲学的主要内容是毋庸置疑的。

2

对波普尔的批评的两点评论

波普尔对马克思主义的批评猛烈而尖锐，因此常常遭到误解。一些马克思主义者认为他为了适应西方国家对社会主义阵营进行冷战的需要，用资产阶级的意识形态反对无产阶级革命的理论；一些反马克思主义者认为他完全彻底地否定了马克思主义，使之没有任何生存空间。这些都是对波普尔思想的误解，因为：第

---

1 ［英］波普尔：《无穷的探索》，福州，福建人民出版社1983年版，第120页。
2 ［英］波普尔：《猜想与反驳》，北京，中国美术学院出版社2003年版，第458页。

一，波普尔的批评的主要依据不是资产阶级的意识形态；第二，他也没有否定马克思主义继续存在的必要性。以下详细谈谈我对波普尔的批评所作的这两点评论。

首先应该承认，波普尔的批评在东西方冷战的形势下，在意识形态斗争的实际中，是旗帜鲜明地站在西方资本主义国家一边的。他毫不掩饰自己的立场，他不无自豪地宣称："我断言，我们的自由世界是至今人类历史进程中出现过的最好的世界。"[1]但应该看到，波普尔是以哲学家的身份参与意识形态斗争的，他所依赖的武器主要是理性的批判力量。正如马克思区别了"武器的批判"与"批判的武器"一样，波普尔把理性的争论视为批判的武器之间的较量。波普尔说，理性的争论有两种。第一种是"非批判的理性主义"或"全面理性主义"，它把理性看作是自身的标准。波普尔意识到，任何"理性的标准"都不是中立的，都有预设的前提，以"理性"为标准实际上是在铸造反对自己的武器。他说，如果有这样的理性标准的话，"它本身也不能为论证和经验支持，从而自己也应该被加以抛弃"[2]。第二种理性主义是波普尔信奉的"批判理性主义"，它预先不设定任何标准，而是通过对话、谅解、谈判和妥协的方式来解决不同政治主张之间的一种理性的态度："我认为我是正确的，但我可能是错的，而你可能是正确的，不管怎样，让我们进行讨论罢，因为这样比各自仅仅坚持自己正确可能更接近于正确的理解。"[3]抱着这种态度进行的争论的双方当然也有自己的立场、前提和方法，但双方都是"可错论"，都能够接受或部分地接受对方的立场、前提和方法。

我把批判理性主义所进行的批判称为"内部批评"，而"全面理性主义"的批判可视为"外部批评"。为了说明这两种批判的不同，我们可比较波普尔和哈耶克对马克思主义的批评。他俩既是维也纳的同乡，又是自由主义的同道，而且私交也很好。波普尔的第一部政治哲学著作《历史主义的贫困》就发表在哈耶克主编的1937年的《经济学》上。二战之后他应哈耶克的邀请到伦敦政治经济学院任教，并在哈耶克的帮助下获得了教授的席位。两人在政治立场上的共同点掩盖了他们在理论上的差别。在我看来，两人的思想不在同一理论层次上。哈耶克作为一

1 ［英］波普尔：《猜想与反驳》，第469—470页。
2 ［英］波普尔：《开放社会及其敌人》第2卷，第349页。
3 ［英］波普尔：《猜想与反驳》，第453页。

个经济学家,从市场经济的核心观念和基本前提出发,批判极权主义的计划体制和集体主义。他所依据的这些观念和前提,正是马克思批判的古典政治经济学,包括对私有制和市场的"自发的秩序"的崇拜。他与马克思主义自始至终没有共同的语言。用我的话来说,哈耶克的批判属于"外部批评"。波普尔的批判则属于"内部批评"。波普尔承认,自由竞争的资本主义有弊病,自由不是没有限度的,即使在市场经济条件下,国家也应当对包括所有制在内的经济体制实行干预政策。这些都是他与马克思主义的共同点。所不同的是,波普尔认为,消除资本主义弊病的途径是完善民主制度,而不是旨在消灭私有制的暴力革命;国家干预主义应当是逐步改良的"零星的社会工程",而不是全盘改造社会的"乌托邦工程"。波普尔和哈耶克都以捍卫自由为己任,但什么是自由的根基呢?哈耶克说:"私有制是自由的最重要的保障。"[1]波普尔的回答则是,只有民主制度能够保障自由。这不仅仅是提法上的差别,也是对马克思主义的不同批判方式。哈耶克以私有制的主张批判马克思主义,是一种"外部批评";而波普尔与马克思主义有着"民主"这一共同的出发点,由此讨论双方对民主制度及其实现途径的不同理解,这属于"内部批评"。

"外部批评"与"内部批评"究竟区别何在呢?"外部批评"是意识形态之争。一个意识形态,有点像库恩所说的"范式",它自成体系,有自身不可动摇的信念、论证的方法和判断真伪是非的标准。依据一个意识形态的信念、方法和标准从外部对另一个意识形态所进行的批判,固然可以巩固批判者自己的意识形态,却不大可能说服被批判者。被批判者根据自己的意识形态对批判者的还击可以产生同样的效力。正是在此意义上,人们通常说意识形态之间的争论是不可调和的,争论的双方没有共同的语言,他们之间进行的是宣传战,而不是相互理解和学习的对话。所谓内部批评,顾名思义,就是站在一个意识形态的内部,从该意识形态可以接受的前提出发,并使用它的语言,最后引申出和这一意识形态相违背或者它所不能解释的结论,以此揭露该意识形态体系内部所包含的矛盾和错误。波普尔对马克思主义的批判是内部批判。波普尔从历史唯物主义的前提出发,观察了这一理论所解释的社会现象,最后得出结论说,社会并没有像马克思的理论所预

1 [英]哈耶克:《通往奴役之路》,第101页。

言的那样发展，马克思主义被它所解释的事实证伪了。

我的第二点评论是，波普尔并没有否认马克思主义存在的必要性。波普尔的内部批评构成了对马克思主义严重的挑战，但他同时也对马克思的思想作了一些正面的评价。波普尔并不像某些人所想象的那样是马克思的凶恶的敌人，毋宁说，他对马克思的批判是在用科学的方法对一种社会科学的理论进行证伪，在证伪的同时也肯定了马克思理论的价值。首先，波普尔承认马克思的理论是科学；其次，这一科学在被证伪之后仍然具有现实作用。

马克思的理论之所以是科学，是因为他对社会发展的预测是可以证伪的。按照波普尔的科学哲学，一个理论的内容越丰富，证伪度越高，科学性也越高。马克思的历史唯物主义的学说符合这一科学的标准。这一学说对资本主义社会作出了具体的、精确的预测，比如，无产阶级的贫困化，资本垄断，经济危机，无产阶级革命在生产力发达的国家爆发，以及实行生产资料公有制的社会主义的出现。在波普尔的时代，马克思的预言中的一部分没有实现，如无产阶级并没有绝对贫困化，也没有在发达国家发动革命；另一部分似乎被实现，实际上违反了马克思的思想，比如，虽然出现了实行公有制的社会主义阵营，但这些落后国家的公有制不符合马克思的生产力决定生产关系的基本原理。波普尔据此认为马克思的学说已经被证伪。这一学说被证伪，并不是因为它不是科学；恰恰相反，能被证伪的学说才是科学的。那些论证无产阶级革命不能在发达国家发生而只能在落后国家发生的马克思主义，不过是对马克思的预言提出的"辅助性假设"，使得对马克思的理论的证伪成为不可能。波普尔所攻击的伪科学，包括这种不可证伪的马克思主义。与此形成鲜明对照的是，他对马克思的理论，始终保持着尊重科学的认真态度。当汤因比在《历史研究》中把马克思的理论说成宗教时，波普尔站出来为马克思辩护。他说，马克思主义的信仰不是宗教信仰，而是理性的主张；因为马克思"是一个通过纯粹理性的手段来说明社会主义将会到来及如何到来的科学家"[1]。

即使马克思的预言没有实现，这一被证伪的科学理论也不应该被放进历史博物馆。相反，波普尔说，马克思的理论仍然具有强大的生命力。首先，资本主义的

---

1 ［英］波普尔：《开放社会及其敌人》第2卷，第383页。

发展从马克思那里学到了不少有益的东西,正是马克思的批判,使人们正确地认识到资本主义的弊病,从而找到了诊治这些弊病的更好的方法。其次,马克思的理论中具有追求人道、自由和平等的社会伦理,这种社会伦理是开放的社会所必需的。波普尔说:

> 在马克思的实践伦理中,像自由、平等之类的范畴发挥了主要的作用。他毕竟是那些严肃地对待 1789 年的理想的人之一。他看到像"自由"这样的概念如何受到了无耻的歪曲。这就是他口头上不宣扬自由而在行动上宣扬自由的原因。他想要改进社会,而改进对他意味着更加自由、更加平等、更加公正、更加安全、更高的生活标准,尤其是缩短劳动日(这能立刻给工人某些自由)。[1]

马克思的社会伦理不仅是理想,而且是行动的纲领,是理性的批判精神;这种精神与波普尔提倡的批判理性主义是相一致的。因此,波普尔一方面批判马克思的理论,另一方面又维护它。他说:"'科学的'马克思主义死了。它的社会责任感和它对自由的热爱必然继续存在。"[2]

3

对波普尔批评的三点质疑

波普尔的反历史主义的政治哲学由两方面组成:一是哲学史的概括,二是对马克思主义的分析和批评。前一方面的内容遭到一些哲学史家的反批评。他们说,波普尔用现代的观点看待希腊社会政体,他笔下的柏拉图是一个现代柏拉图,一个作为现代民主社会的敌人的柏拉图,而不是生活在古希腊社会里的那一个柏拉图。比如赖文森(R. Levinson)在《保卫柏拉图》一书中,考因弗斯(M. Cornforth)在《开放的哲学和开放的社会》一书中,都详细地指出了波普尔对柏拉图所

---

1 〔英〕波普尔:《开放社会及其敌人》第 2 卷,第 323 页。
2 同上书,第 323 页。

处环境和他的思想的误解或歪曲。同样，黑格尔哲学的意义也不能简单地归结为普鲁士王国的工具。如果说黑格尔哲学是一种意识形态的话，那么这一意识形态是德国市民阶级对法国大革命思想的特殊反应，既可以为国家极权主义服务，但也包含着反对思想专制和精神压迫的利器。后来的法西斯主义对黑格尔哲学的肆意歪曲和利用，并不是黑格尔哲学的必然后果。

波普尔的政治哲学中最有现实意义和影响最大的部分无疑是对马克思主义的批判。虽然有些马克思主义者曾经对波普尔提出反批评，但都不那么有力和成功，并随着苏联和东欧社会主义阵营的消失而销声匿迹了。按照波普尔提倡的批判理性主义，任何有科学价值的理论都有较高的证伪度。这当然也要适用于波普尔自己的哲学。因此，研究波普尔的最好方式就是以理性的批判态度对待批判理性主义，既要全面、准确地评价波普尔对马克思主义的批评，也要让波普尔的批评接受反批评。为此，我在下面提出三点质疑：

第一，马克思的预言完全落空了吗？波普尔证伪马克思的理论的主要根据是，马克思关于无产阶级革命的预言落空了。但是，马克思的理论中包含着两方面的预言：一是无产阶级革命，一是资本的全球化。这两方面的预言是彼此相关的。马克思主张无产阶级革命的另一个根据是他关于世界历史的学说。他说，按照"资本主义生产的自然规律"的"铁的必然性"，"工业较发达的国家向工业较不发达的国家所显示的，只是后者未来的景象"[1]。他敏锐地看到，资本主义的发展具有全球化的必然趋势，必将取代世界各地的前资本主义的生产方式，在那里重复在发达资本主义国家发生的同样的历史进程，其结果是无产阶级在全世界的兴起，全世界无产者联合起来，在世界范围取得无产阶级革命的全面胜利。

虽然马克思关于世界无产阶级革命的预言没有实现，但他关于全球化的预言已经成为现实。马克思精确地预言到，全球化首先是世界范围的资本扩张，全球化进程中必然会引起民族和文明之间的冲突。如果读读《共产党宣言》中描写的全球化的文字，人们不禁会为马克思预言的准确而惊叹不已。马克思预言的资本的全球扩张即当今经济全球化的现实，同样如马克思所预言的那样，随着经济全

---

[1]《马克思恩格斯选集》，2版，第2卷，第100页。

球化的进程,前资本主义的民族的、地方的思想文化正在全力抵制全球化。当然,马克思并不认为资本的全球化是世界历史的归宿,他指出全球化的必然趋势是为了指明无产阶级在全世界取得胜利的前途。按照马克思的理论,在资本主义的全球化没有完成之前,在无产阶级没有成为世界的统一力量之前,世界无产阶级革命是不可能发生的。结论:不能因为马克思关于无产阶级革命的预言没有实现,就断言马克思的预言已经被彻底证伪。

第二,马克思主义者的革命理论是伪科学吗? 俄国的十月革命是在马克思主义的鼓舞下发动的。波普尔认为,这一革命的依据对马克思的理论作了一定的修改。确实,列宁修改了马克思关于无产阶级革命首先在发达资本主义国家胜利的预言,提出了关于当代资本主义的帝国主义论。列宁指出,资本主义国际化使得发达资本主义国家在殖民地和半殖民地获取超额利润,用其中一部分在本国豢养工人贵族,成功地瓦解了无产阶级革命。他指示把无产阶级革命推向殖民地和半殖民地国家,把在那里进行的民族斗争和阶级斗争转变为打击帝国主义的无产阶级革命的重要组成部分。波普尔把列宁等人的理论看作是辅助性假设,指责后来的马克思主义者把马克思的理论变成了不可证伪的假科学。他的政治批判与他的激进的证伪主义的立场有关。列宁的理论对马克思理论所作的修改的主要作用不是保护马克思主义,不是抵御证伪,而是指导现实,对当代资本主义的发展作出新的预言。并且,列宁的新预言并非没有事实的验证。二战以后殖民地和半殖民地国家民族解放斗争的高潮,在这一高潮中出现的一些社会主义国家以及第三世界的崛起,都不同程度地确认了列宁的理论。如果把列宁的理论称作辅助性假设,那么,它是拉卡托斯所说的能够增强理论预见力的积极的辅助性假设,而不是只能应付反常、不能预见新的事实的消极的辅助性假设。奥赫尔(A. O'Hear)在其评论波普尔哲学的书中说:"仅仅因为马克思主义者使用新的假说来化解对某些马克思预言的证伪,而把马克思主义说成是非科学,这是我们不能同意的。即使这些预言不很精确,但这些补救性的假说自身,难道不能说是对第三世界运动和工业社会里异化团体的愤懑,所作的新的、合理而又成功的预言吗?"[1]

---

1 A. O'Hear, *Karl Popper*, London, Routledge, 1982, p. 104.

至于列宁主义的革命理论现在不再具有指导和预测现实的作用，这并不奇怪，而且符合波普尔关于社会科学的短期或局部效用的思想。既然改良资本主义的"渐进社会工程"处在不断的修改、调整和证伪的过程中，为什么要苛求马克思主义，要求它一劳永逸地预见未来的发展，不允许它在社会主义的实践中不断地修改自身呢？波普尔的批判对那些把马克思主义看作是一成不变的教条的僵化思想是有效的，但未必适用于那些与时俱进的马克思主义者。

第三，政治哲学可以不讨论社会公正问题吗？根据波普尔的批判理性主义，开放社会的思想自由原则和民主制度可以使社会成员通过理性的、自由的辩论来发现可行的渐进社会工程，不断地改进社会。波普尔对开放社会的认识过于理想化、简单化。他似乎把现代社会看作是一个科学家团体，把报刊杂志看作是科学学刊，把议会看作是科学会议，把政府看作是从事证伪各种政治主张的科学实验机构。他对马克思主义阶级斗争学说的批判使他忘记了，不论在何种社会里，人们在政治争论中的立场不可能完全受纯粹的理性支配，而不受自身利益的影响。人们依据不同的利益被划分为不同的阶级、阶层或其他社会集团。即使在民主制度下，政治争论也不完全是靠理性来解决的，各派社会力量的平衡，往往是通过不合理的仲裁达到的。

波普尔的政治哲学过分关注人类理性的发展，热衷于为渐进社会工程的决策理论提供依据，却没有回答"社会组织的基础是什么""政府合法性是从哪里来的"等重大问题。对这些问题的传统答案，如柏拉图的正义说，亚里士多德的政治学，中世纪的"君权神授说"，近代的"社会契约论"，马克思的历史唯物论，都被波普尔归结为对"谁应当统治"的错误问题的错误答案。其实，这些政治哲学的问题不能简单地归结为"谁应当统治"的问题。从柏拉图开始，哲学家对社会的性质、起源、基础和一般原则的探讨，都关心社会正义的问题。波普尔对柏拉图的批判使他忽视了正义问题在政治哲学中的重要地位。他关心如何制约统治者的权力，却不关心如何分配社会权益的正义问题。罗尔斯的《正义论》一开始就提出，没有正义的社会组织正如缺乏真理的思想体系一样：一种思想理论，不管它如何精巧和实用，只要它不是真理，就要被否定或修正；同样，一种社会组织，不管它是如何严密和有效，只要其缺乏正义，就要被抛弃或改革。因此，正义的原则是判断一个社会制度性质的首要标准。[1] 罗尔斯的这段话,点出了波普尔的政治哲学的一个致命的缺陷:正义的缺席。波普尔之后的政治哲学,正是由于填补了他留下的这一理论真空,而得到了进一步的发展。

---

1 罗尔斯:《正义论》,北京,中国社会科学出版社 1988 年版,第 1 页。

中　篇

西方哲学：推本溯源

西方哲学的危机和进化论转向

我有这样一个观点:古往今来的西方哲学经历了四次危机,前三次危机都迎来了下一阶段的哲学发展;但从 19 世纪末开始的第四次哲学危机至今还没有找到发展的出路,20 世纪西方哲学的发展可被视为摆脱危机而作出的这种努力,然而始终笼罩在哲学危机的阴影之中。我曾乐观地预言:"西方哲学将沿着跨学科、跨文化的大哲学的方向,最终将摆脱纯哲学带来的危机,这大概是没有什么问题的。"[1] 这一结论引起了更深入的问题:哲学可以与哪些学科交叉? 在哪些方面进行跨文化研究? 哲学在当代跨学科、跨文化的研究中能够发挥什么作用? 现在,我在此谈谈多年来对这些问题所作的思考,愿与同行们共同讨论哲学危机的出路问题。

1

西方哲学的"文化母体"概念

我提出的"哲学的文化母体"的概念,直接来自马克思的下面这段话:

> 哲学家并不是像蘑菇那样是从地里冒出来的,他们是自己的时代、自己的人民的产物,人民的最美好、最珍贵、最隐蔽的精髓都汇集在哲学思想里。正是那种用工人的双手建筑铁路的精神,在哲学家的头脑中建立哲学体系。哲学不是在世界之外,就如同人脑虽然不在胃里,但也不在人体之外一样。

---

1 赵敦华:《现代西方哲学新编》,北京,北京大学出版社 2001 年版,第 286 页。

当然，哲学在用双脚立地以前，先是用头脑立于世界的；而人类的其他许多领域在想到究竟是"头脑"也属于这个世界，还是这个世界是头脑的世界以前，早就用双脚扎根大地，并用双手采摘世界的果实了。[1]

马克思一方面肯定了哲学是"自己时代的精神上的精华"，"文化的活的灵魂"，另一方面又要求在头脑之外，在现实世界中，"用工人的双手建筑铁路的精神"，寻找哲学的源头活水。哲学所倚赖的"大地"和"果实"，就是我所称的哲学的"文化母体"（cultural matrix）。

正如马克思所说的那样，在哲学的头脑思考世界之前，人们"早就用双脚扎根大地，并用双手采摘世界的果实了"。一种哲学理论不管多么纯粹，不管看起来与现实多么遥远，都有它的文化母体。从历史的观点看，不同历史时期的哲学有不同的文化母体。古希腊哲学所依附的文化母体是希腊人的世界观，它最早表现于希腊神话和宗教；成熟的希腊哲学的文化母体不但是神话世界观，还包括与它同时生成的戏剧、艺术、几何学、经验科学、医学和历史学体现出来的观察世界的"视域"和"焦点"。这样的文化母体中孕育出来的哲学是理性化的世界观，它当然也关心人。至少从苏格拉底开始，"人"成为哲学的中心，但希腊哲学家并不认为人是世界的中心（"人类中心主义"是近现代哲学的副产品）。希腊哲学家把"人"定位在世界的一个合适位置，人的本质（不管是灵魂还是理智）和目的（不管是德性还是幸福）都是由人在世界中的地位所规定的。世界观对于希腊的重要性一直保留在以后的哲学里，以至于现在人们常把哲学定义为世界观。当我们听到这样的定义时，要注意它的定义域。希腊哲学以后的哲学虽然与世界观有密切关系，但不能像希腊哲学那样被简单地等同为理性化的世界观，因为它们的文化母体不是世界观，而是别的文化形态。

比如，继希腊哲学之后出现的中世纪哲学的文化母体就不是世界观，而是神学。基督教神学的中心是人和上帝的关系，中世纪的世界观出现在人看到的上帝的领域，但上帝超越了人所认识的世界。世界观从属于神学，而不是相反。当中世纪的神学家说，哲学是神学的婢女，他们不过是在用神学这个"主母"来比喻哲

1《马克思恩格斯全集》，2版，第1卷，第219—220页。

学的文化母体。

近代哲学摆脱了基督教和神学，但没有因此回归希腊的世界观哲学，因为它的文化母体不是希腊人的世界观，而是近代自然科学。近代哲学与自然科学的关系早已为人们所熟知，正如人们正确地指出的那样，近代哲学的两大派别——唯理论和经验论是分别以自然科学数学方法和实验方法为基础的认识论。但这一结论意味着近代哲学的文化母体是自然科学，而不是说哲学与自然科学有着同样的对象和方法。事实上，从自然科学这一文化母体中产生出来的近代哲学并不囿于对自然界的研究，从培根、霍布斯、洛克到休谟，从笛卡儿、斯宾诺莎到莱布尼茨，从法国启蒙学者到康德和其他德国唯心论者，人的内心世界比外部世界更加重要，内在的自我意识和天上的星辰同样奥秘和神圣。当然，他们对人的意识和社会行为的观点，离不开自然科学设定的"参照系"，这就是自然科学的理性标准和方法论。

2

从"文化母体"的观点看西方哲学的危机

上面所说的哲学与文化母体的关系，可能是在任何一本西方哲学教科书上都可以找到的老生常谈，但其中有一些大家熟视无睹的道理。我要用其中的道理为历次哲学危机和出路提供一个合理的解释。照我看来，哲学与它所依附的文化母体的关系有紧密的时期，也有松弛的时期：当两者紧密地结合在一起时，哲学处于发展繁荣阶段；当两者关系松弛到快要分离的时候，哲学危机就发生了。

那么，哲学与它的文化母体的关系为什么会松弛、动摇呢？我们的回答是：这是由于文化母体的变动所造成的。文化母体的变动可分强化和弱化两种情况：强化指文化母体因为增加了新的成分而发展壮大，附着在原来母体上的哲学因为不能适应母体的快速成长而面临危机；弱化指文化母体的衰落，母体的弱化相应地引起附着在其上的哲学的衰弱。文化母体犹如一张皮，哲学就是附在上面的毛；母体的强化好比皮质腺分泌太旺盛，影响了毛发的生长；母体的弱化好比皮肤的萎缩、退化，如果萎缩得太厉害，"皮之不存，毛将焉附"。哲学的危机也有母体的强化和弱化这样两种原因。我们来看一看，关于哲学与它的文化母体关系的这种分析是否能解释哲学史的事实。

西方哲学的最早形态是古希腊自然哲学。自然哲学的文化母体是从神话世界观里脱胎的自然观，它在公元前 5 世纪时遭到智者的相对主义、怀疑主义的诡辩与功利精神的挑战，这可以说是第一次哲学危机。柏拉图和亚里士多德用理性主义的原则和方法，在一个强化了的、以人与自然为主题的世界观的视域内，把希腊哲学发展到顶峰。希腊化哲学在罗马时期伦理化，罗马哲学的文化母体是道德化的宇宙观，它在罗马后期被贵族们反道德的行为所摧毁，由此产生了第二次哲学危机。这一次哲学危机为基督教哲学的诞生铺平了道路。基督教哲学以信仰的确定性和道德的实践性在特定历史条件下满足了人们的道德理想与追求，因而取代罗马官方哲学并成为中世纪的主要意识形态。15 和 16 世纪，经院哲学随着神学的衰落而衰落，这是第三次哲学危机时期。17 世纪之后，哲学与新兴的自然科学结盟，一个个新的哲学体系才在近代自然科学这一文化母体的基础之上被建立起来。到了 19 和 20 世纪之交，在自然科学内部发生了数学危机、物理学危机，哲学也相应地发生了第四次危机。现代西方哲学至今仍未摆脱第四次危机。

总结：第一次哲学危机由于文化母体（理性世界观）的强化而引起，哲学由于适应了母体的强化而繁荣；第二次哲学危机的原因是希腊人的道德理性宇宙观的衰落，由此引起希腊哲学的衰亡和基督教哲学在新的文化母体的基础上的兴起；第三次哲学危机的原因是基督教神学这一文化母体的弱化，由此引起了经院哲学的衰落和近代哲学在自然科学的文化母体基础上的兴起。我们现在还没有弄清楚的是这样一个问题：第四次哲学危机的原因是文化母体的强化，还是弱化？

在谈到近现代哲学与文化母体的关系时，我们要注意近现代文化的多元化特点，注意到自然科学只是近现代多元文化中的一种；但同时要承认，自然科学是最强势的文化，以自然科学为母体的哲学是强势哲学。这并不否认近现代哲学是多元的，近现代哲学史上充满着争论。谈到强势哲学所遭受的批判，需要区分两种情况：一种是它遭到弱势哲学的批判，一种是强势哲学内部不同派别的争论。在自然科学的文化母体的成长期，强势哲学内部的争论，如经验论与唯理论之争，符合自然科学的发展需要,对哲学的发展不但没有障碍,反而起促进作用。这一时期的弱势哲学难以动摇强势哲学的根底,它们对强势哲学的批判罕有成效。但是,19世纪后期,自然科学的发展趋势不是单一的方向。从发生学的观点看,单一方向对于自然科学的发育成熟是有利的,但成熟之后的科学下一步的成长是分化,向着多个方向的分化。对于哲学而言,19世纪后期以来,它的文化母体的变化是强化,而不是弱化。近代以来的哲学由于不能适应它一直依赖的科学这一母体的强化而产生了第四次哲学危机。这次危机的表现不是弱势哲学对强势哲学的挑战,也不是原来的强势哲学失去了它的文化母体的危机,而是科学母体的强化在强势哲学内部造成分化。

自然科学的强化表现为范式的转换。近代自然科学的主体是物理学,物理学的重要理论是其他门类科学的"范式",如伽利略范式、牛顿范式以及爱因斯坦范式,这些都是影响自然科学整体的范式。1859年,达尔文发表的《物种起源》具有划时代的意义,它不但使得进化论成为现代意义上的科学,而且使生命科学在自然科学中的地位和作用越来越重要,使自然科学这一文化母体发生了重大的变化。

文化母体的变化迅速反映在哲学之中。恩格斯把细胞学说、能量转化规律和达尔文的进化论列为对哲学影响最大的三大发明。[1] 19世纪以来的现代哲学虽然流派繁多,但无不以生命和人为对象。生命哲学(包括意志主义)和存在主义自不必说,其他主要派别,如现象学对人的意识的考察,分析哲学对人类语言现象的分析,结构主义对社会和文化现象的分析,都是以人的生命运动的形式和特点为模式和参照,而不是以主体观察、反思客体那种认识论为模式和参照。我们能否说,现代哲学的对象和模式的转变标志着哲学已经或正在适应科学母体的变化?遗憾的是,答案是否定的。即使把研究对象转向生命和人的研究,现代哲学仍然没有摆脱危机,原因何在呢?

现代哲学的转向虽然与生命科学的重要性相适应,却没有采用来自生命科学的范式;相反,他们仍然按照近代形成的标准,把机械论作为整个自然科学的范

---

[1]《马克思恩格斯选集》,2版,第4卷,第245—246页。

式,把机械论的范式理解为科学主义。他们对那些以机械论范式为母体的哲学的批判被理解为"人本主义"或其他的什么主义,与科学主义相对立。这是对作为哲学的文化母体的自然科学的极大的误解。如前所述,自然科学这一母体的变化是内容上的强化,在机械论之外又增添了新的范式,新的范式限制了机械论范式的范围和作用,而不是限制了自然科学的范围和作用。以机械论为范式的哲学危机的出路在于摆脱或限制这一范式,而不是脱离或限制自然科学及其范式。相反,现代哲学不可能也不需要脱离自然科学这一母体,它对机械论范式的批判和扬弃应该以自然科学的新范式为基础。哲学的转向归根到底是从机械论范式向来自生命科学的新范式的转化,哲学的出路在于对科学母体变化的自觉适应,而不是反科学主义。

由于缺乏对自然科学中范式变化的自觉,现代哲学出现了强烈的非理性主义思潮。非理性主义所要抵制的理性是适合于物理学研究的观察的、量化分析的理性,它同时也是以控制对象为目标的工具理性。非理性主义往往以人的意志和情感、欲望来与这种理性相抗衡。在生命科学的新范式中,生命活动服从相同的规则,研究者不需要在动物活动中区分理性、情感或意志,在人的生命活动中的理性与非理性也不是两个绝对分明的领域。这一区分本身就是按照机械论的定性分析作出的,用非理性主义来批判理性主义的做法反映了对机械论范式的抵制,却不能摆脱工具理性给哲学带来的危机。下面,我们对非达尔文范式的现代西方哲学派别作一个更详细的类型分析。

3 ——

现代西方哲学批判：从达尔文主义的观点看

根据西方现代各派哲学忽视达尔文范式的不同情况,我把它们分成以下四种类型：

第一,以"生机论"这一前科学思维方式为范式,谈论生命的本质和现象。意志主义、生命哲学和以弗洛伊德的精神分析学说为基础的各种哲学,都可归于此类。

第二，脱离进化的心理机制，谈论语言的本质和现象。英语国家的语言分析哲学属于此类。

第三，脱离"自然选择"原理和行为模式，谈论意识的本质和现象。现象学思潮（包括存在主义）可归于此类。

第四，用"文化决定论"解释社会的本质和现象。结构主义和后结构主义属于此类。

先说生机论。生机论是这样一种学说，它认为世界充满着生命的活力，每一事物的内部都有推动它运动变化的生命力。古代人类普遍相信的"万物有灵"论是生机论的古老形式，在西方哲学上，从古希腊的自然哲学（特别是恩培多克勒和亚里士多德的生命观），到文艺复兴时期的"奇异科学"，生机论的世界观和本体论，比比皆是。随着近代自然科学的兴起，机械论的世界观开始流行。但对于很多哲学家来说，宇宙既是完善的机器，也是自主运动的生物，机械论和生机论是彼此相容的世界观。达尔文的进化论与生机论是不相容的，但由于达尔文没有建立生物变异和遗传的内部机制，未能说明进化的内部机制，这又为生机论留下了地盘。

不论叔本华所说的"生命意志"，尼采所说的"强力意志"，还是柏格森所说的"生命之流"，奥伊肯（R. Eucken）所说的"精神"，都是世界万事万物变化或进化的生命内驱力。但这些"内驱力"并不是关于物种进化的生物学概念，而是关于世界观和本体论的生机论概念。生机论的世界观和本体论不过是对人的生命的一种类比。这些哲学家想要告诉人们，世界（广义上的生命）什么样，人的生活（狭义的生命）也应该是这样；但他们的理由却是，因为人的生命是如此这般，所以世界也是如此这般。更重要的是，他们对"人的生命是如此这般"的判断是一种价值判断，如说生命是自由的、创造的、强健的，等等。由此不难理解，人们为什么通常把生命哲学（包括意志主义）理解为价值哲学，而不是世界观和本体论。

从逻辑的角度看，用人的生命来断定世界的价值或本质是一种无效的循环推理。但是，一些人还不明白，用一种价值观来断定生命的特征也是一种无效的哲学论证，他们只不过是在肯定生命哲学在人生和价值领域的合理合法性。生机论与达尔文的进化论虽然都在谈论生命，但两者的差别犹如古代原子论与现代物理学的原子论。离开达尔文的进化论来判断生命的特征，如同离开现代物理学来判断原子的特征。在人生和价值领域,古代的原子论和生机论曾经具有历史的合理合法性。但是,我们现在不能肯定生机论在人生和价值领域的合理合法性,正如现在不能肯定古代原子论是一种合理的和合法的人生观和价值观。

弗洛伊德的精神分析学说以经验证据为基础,对人的生命现象加以解释。弗洛伊德晚期把他的学说推广到历史文化领域,一些哲学家、社会学家和心理学家也依靠弗洛伊德学说,建立价值观、人生观和社会观。弗洛伊德把性欲(以及"死欲")作为心理活动的"原欲"。"原欲"也是一种内驱力,它是人类的本性,推动着人类心理结构、行为模式和社会存在的发生。

弗洛伊德的学说是非科学的,不但是因为它的"证据"只是三个半病例,而且是因为证明它的方法(如催眠法、解梦法、精神治疗的语言方法,等等)是非实验的,还是因为它不符合达尔文的进化论。被现代科学所证明的达尔文进化论的原理,一是自然选择,一是获得性性状不能遗传。弗洛伊德不能解释追求毁灭的"死欲"有着何种适应优势,如何能够通过自然选择,并被固定为人类的本能,他的学说不符合自然选择的原理。他也不能解释,一个人童年的性心理经验("俄狄浦斯情结")或他在《摩西和一神教》中设想的早期人类群体的行为,何以能够遗传给后代,成为人类特有的心理结构;他的学说不符合获得性性状不能遗传的原理。达莱(M. Daly)说:"如果弗洛伊德理解并赞成达尔文,世界上就会没有像俄狄浦斯欲望和死欲这样一些幻想的、说不通的观念了。"[1]

也许,弗洛伊德学说在一定的范围内有某些价值,但超出这一范围,把它扩展为关于人性和社会的哲学则是不合法的。这个道理如同生机论不能成为合法的现代人生观和价值观一样,这就是:任何关于生命和人性的现代理论不能忽视达尔文的进化论。

其次,我们再来分析英美分析哲学的非达尔文主义倾向。英美分析哲学家以语言为哲学分析的对象,所进行的分析工作十分精细,技术性很强,常常使人不知其主旨所在。其实,他们要想说明的道理,无非是洪堡所说的"每种语言都是一种

---

1 *Introduction to Characterising Human Psychological Adaptations*, ed. by G. R. Bock, Chichester, Wiley, 1997, p. 2.

特殊的世界观",以及海德格尔所说的"语言是存在之家"。但他们没有解释人类语言的这一功能从何而来,他们没有注意到达尔文关于语言起源的论述。达尔文赞成动物学家的这一说法:即使一条狗对一些猫或羊,也有一般的"猫"的概念或"羊"的概念,"其懂得的程度并不下于一个哲学家"。他还说,追溯人类语言的起源,"既可以发现由于共同的来源或祖系的原因而产生的同源的东西,也可以找到由于相同的形成过程而产生的可以类比的地方"[1]。

探讨人类语言的共同起源和分化的重要意义在于弄清楚人类理解和使用语言的心理机制。在人类进化的几百万年时间里,"自然选择"的力量在人类大脑中形成了特有的心理机制。这一心理机制与早期人类的采集、狩猎生活环境相适应,不一定总是适应以后的环境变化。在距今几万年前,现代人类迁徙到世界各地,由于地域分隔,出现了不同的群体和语言。距今1万年前,人类文明产生。从此之后,世界各地的人群的语言、生活方式和环境的差异越来越明显。但从进化论的观点看,人类文化和语言的分化发生在相对短的时间里,文化和语言的差异不可能改变几百万年形成的人类普遍的心理机制。过去人们认为,人的心灵是一块"白板",语言完全是后天学习的结果,是社会和文化的产物。现在看来,这种观点不对了。乔姆斯基的语言学理论证明,人类不但有着先天的语言能力,而且具有先天的生成转换语法结构。当然,这里所说的先天,指先于个人成长的经验,而不是先于人类进化的经验。事实上,人类在长期进化过程中形成的心理机制,在个人学习和使用语言的历史中,表现为先天的语言能力和结构。

语言分析哲学大致经历了逻辑分析和日常语言分析这两个阶段,但这两个阶段的努力都未能成功。分析哲学的失误,在很大程度上是对人类心理机制的忽视或误解而造成的。在逻辑分析阶段,分析哲学家寻找语言的普遍结构,以此揭示人类认识的本质。他们看到人类语言和认识的普遍结构是先天的,但他们却没有想到,"先天"的普遍结构也有发生史,更没有认识到,这一结构是在史前时期的生活环境中形成的。他们以为,这一结构只是蕴含在现代科学语言和数理逻辑公式之中,通过对科学命题的逻辑分析,就能够澄清语言意义,揭示知识和世界的共同

1 [英]达尔文:《人类的由来》上,北京,商务印书馆1983年版,第131—132、133页。

结构。但事与愿违,逻辑分析越是精确,它的运用范围也就越是狭窄,非但不能揭示科学语言的结构,甚至连对现代社会中日常语言的意义都不能给予合理的解释,更不用谈人类语言的普遍结构了。维特根斯坦认识到逻辑分析的理想与日常语言用法之间的矛盾,他要求"回到粗糙的地面上来"[1]。但他要回归的地面,还不够"粗糙"。他把语言的规则归结为"生活形式",而人类社会的"生活形式"多种多样;因此他的结论是:语言的规则不可规约,即使遵守同一种规则的语言用法也没有统一性。这样,维特根斯坦从他早期把语言意义归结为先天的逻辑结构的一个极端,走到了否认人类(甚至一个社会群体)语言具有任何统一或普遍结构的另一个极端。

语言最"粗糙"的基础应该是早期人类的"生活形式",这种原初的生活方式在"自然选择"的压力下,产生了特定的心理结构。即使在人类群体和语言分化之后,这一结构仍然在潜移默化地起作用。因此,人类语言的意义和结构有着普遍性和统一性。比如,不同族群的人们都使用"直指定义"(ostensive definition)的方法为事物命名,当一个人指着一个东西,说出一个语词,另一个人,不管他是刚学习语言的儿童,还是不懂这种语言的外族人,都会理解这一语词代表这一事物的名称。维特根斯坦由于否认了人类语言的统一性,于是怀疑"直指定义"这一最原始的语言用法的有效性。他问道:"当我想给一些花生一个名称时,他也许会理解成一个数目。……也就是说,直指定义在每一个情况下都可以指称不同的东西。"[2]如果早期人类真的像维特根斯坦想象的那样理解的话,他们既不能学习那些与他们生死攸关的事物的名称,也不能在群体之间进行语言交流,他们早就该灭绝了。正是自然选择所保留的普遍的心理机制,保证了"直指定义"的有效性,不同语言的群体因此能够在相互接触的第一时间中相互理解和交流。

同样是因为不理解心理和语言的进化途径,维特根斯坦虽然正确地看到了语言意义的"家族相似"的特点,却不能解释这一特点,只能满足于对各种用法的描述。最近,卡瓦利-斯福扎等人证明,现代智人有着共同的起源,现存的5000多种

---

1 维特根斯坦:《哲学研究》,第107节。
2 同上书,第28节。

语言也有共同的原始母语;现代智人分化为不同族群,与世界各主要语系的分化,以及各个族群和语系之内的进一步分化,是同一个进化过程。[1] 换而言之,族群之间和族群成员之间的"家族相似",与语系之间和同一语言中用法之间的"家族相似",是两种相互对应的特征。现在,群体遗传学规律已经可以解释人群的家族相似。语言哲学应该力图揭示能够对语言中的"家族相似"现象作出合理的解释的普遍规律,应该解释语言、心理和社会现象的统一性。如果回避这样的解释,只是罗列和描述表面现象,那就放弃了对语言意义的"为什么"问题的探讨,这不啻是放弃了哲学解释已知世界和探索未知世界的历史使命,沦为茶余饭后的闲谈。

再次,让我们看看与分析哲学同时兴起的现象学。现象学以人的意识为研究对象。人最难以认识的对象莫过于人自身的意识,研究意识的科学还处在十分幼稚的阶段,这使得哲学家们在意识问题上仍然可以像过去那样,无所顾忌地发表他们大胆的猜测和自由的想象(他们在其他科学领域已经没有这种权利了)。现象学运动中关于意识现象的种种学说(包括知觉、直觉、思维、自我意识,还有情绪、感情和心态、意愿,等等),把最大胆的哲学思辨与最富有想象力的主观体验结合在一起。

人们固然不能要求现象学只能跟在思维科学的后面,不能超出经验科学的范围谈论意识现象,但是,可以要求有价值的哲学探索或者能够推动科学的进步,或者能够补充科学的不足,如果做不到这些,至少不能与科学发展的前沿理论相矛盾。在现代进化论的指导下,心理学、脑科学和认知科学对意识现象已经有了初步的知识。人类进化论的知识告诉我们,在"自然选择"的压力下,人类大脑的容量逐渐增大,结构越来越复杂,到进化后期,出现了多层次的归纳分类能力、抽象思维能力和相应的语言能力。虽然现在还不能知道大脑活动的细节,但科学家对大脑结构的进化、意识产生的原因、意识活动与大脑区域以及身体行为的对应关系,已经掌握了经得起检验的知识。

胡塞尔在创立现象学之时,还不具备这些知识,不能用现在的科学水平来苛求他的"严格科学"。但必须指出,他的现象学非但不符合实证的科学知识,而且

---

1 参见[美]卡瓦利-斯福扎《人类的大迁徙》,北京,科学出版社 1998 年版。

连哲学思辨所需要的充足合理性和推理严格性也不具备。他把意识现象还原为纯粹的意向结构,其"纯粹性"在于,不但与外部可感事物无关,而且与人的心理的和生理的构造无关。胡塞尔在批判"人类主义"时说,即使没有人类,也存在着"纯逻辑"(即意向活动的先验结构)。姑且不论这一学说是如何违反科学知识的,它也不能经受哲学理性的检验。胡塞尔所设想的不依赖人类任何经验的"纯粹意识"的必要性和可能性何在?他所说的意向结构是如何发生的?为什么意向结构和活动是他所说的如此这般,而不是其他人所说的另外模样?对于这些基本的哲学问题,胡塞尔都没有提出充足的理由和严格的论证,何以能够代替关于意识进化和发生的科学知识呢?

胡塞尔晚年提出了"生活世界"的概念,使得现象学方法能够应用于意识与环境的关系的视域。海德格尔提出人的存在是"在世之在","世界"是存在着的人与外物和他人"打交道"的环境,环境中的物首先是工具,是"应手之物"(Zuhandenheit)和"在手之物"(Vorhandenheit),理论、逻辑等认识活动是在制造和使用工具的基础上产生的。这些思想符合关于意识进化和行为模式的科学知识。海德格尔把初版的《存在与时间》献给胡塞尔,但胡塞尔却指责他的书是"人类学著作"。其实,海德格尔和胡塞尔一样,极力要摆脱与经验科学的干系。他在《存在与时间》第10和第11节提出并回答了"为什么人类学、心理学、生物学和人种学不能揭示人的本质"的问题。他所关心的问题并不是环境和人的关系,而是"世界"如何在个人意识中被"揭示"出来。他把情绪化的生存体验,如"畏""烦",以及面对抉择、面对死亡时的体验,作为最基本的、首要的意识现象加以分析和阐释。他和以后的存在主义者对恐惧、焦虑、孤独、荒谬、烦恼、彷徨、悔恨、无奈等情绪和心态所作的淋漓尽致的描述和分析,突破了传统的理智主义认识论的窠臼,大大拓宽和加深了人们对意识现象复杂性的认识。但是,关于存在的这些学说只是自由的漫谈,一切社会现象、人的行为及其后果都被归结为偶然境遇中的无根无由的心态,个人感受的自我存在变成了与公共领域的社会规范格格不入的私人领域,或是自怨自艾的"绝对自由",或是神秘的个人信仰,与自然科学的普遍话语和社会科学的公共话语之间的差距越来越大,以至于后期海德格尔只能用诗的语言来抒发他的内在体验了。

最后看看以法国的结构主义和后结构主义为代表的"文化哲学"。这种文化哲学和涂尔干以来的法国社会学传统有一个共同的预设,那就是,一切文化现象都只能用社会的原因来解释,而不能用自然的原因来解释。他们认为,人普遍的本性只是生物性,在人类文明出现之前形成,而人的本质在于社会性,人的社会性随着不同的社会文化条件的变化而变化,没有不变的、普遍的人类本质。这些观点被达尔文主义者称作"标准的社会科学模式"(Standard Social Science Model)[1]。"标准的社会科学模式"之所以是错误的,是因为史前环境形成的人类心理机制,至今仍在决定着,或与其他因素共同决定着人类的基本行为,如性行为模式和某些交往模式。一些为适应变化着的社会文化环境而出现的新的、特殊的行为模式,与原初的旧的行为模式也有这样的关联:新的模式或者修订,或者部分保留了旧的模式,新旧模式共同参与了社会的进化。在人类的行为模式中,很难分辨生物性和社会性。行为模式的产生、传递、保留或淘汰,符合进化论的遗传突变和自然选择的原理。在社会领域,遗传和突变的原理不限于基因型的变化,也适用于思想行为等表型的变化;自然选择不只是自然环境的选择作用,也包括社会环境和文化传统的选择作用。我们经常谈论"社会进化",如果我们不是把"进化"当作一个比喻,而是当作一种科学的机理,那么,"社会进化"的意义实际上是"社会—生物"的同步进化。

结构主义的哲学思辨,比"标准的社会科学模式"更加强调"文化/自然"的二元对立,结构主义者要用文化消解自然。他们所谓的文化是社会因素的结构,最后可归结为"下意识"的结构。比如,列维-斯特劳斯认为,乱伦禁忌的功能不是为了避免近亲繁殖的生物危害,而是为了实现部落通婚的社会交往规则;图腾、亲属称谓和神话都是表达二元对立的下意识结构的文化符号系统。福柯认为,精神病和现代医学的诞生原因是偶然的社会事件,他的"知识考古学"认为,研究自然和社会的科学知识因为社会心理的变化而变化。结构主义分析作为一种语言学方法,本来是严谨的科学方法,但这一方法被推广到所有社会文化领域,随便什么现象都可被说成是结构系统(如巴尔特所说的饮食和服饰),任何现实事物都被想象

---

1 *The Adopted Mind*, ed. by J. H. Barkow, etc., Oxford University Press, 1992.

赋予象征意义或隐喻,任何有意识的行为都被归结为谁也意识不到的"下意识"结构。结构主义的哲学既不是知识,也不是方法,充其量只是写作的风格和技巧,引导文化消费的随想漫谈。后结构主义并不隐瞒这一点,他们把人类知识和社会现实消解为文本的编织(德里达)、"身体权力"的塑造(福柯),或"欲望—机器"(德勒兹)。这一切努力都是为了混淆知识和随想、真理和虚幻之间的界限,为主观任意的漫谈争取"话语权"。

虽说哲学、科学和文化漫谈的成果都是写出来的话语,但写作的方式及其思想依据是不同的,写作成果的"话语权"的大小,不靠作者的争夺,也不取决于读者人数的多少,社会环境的选择是最后的裁判。如果一种写作成果既不能适应现在的环境,也不能适应未来环境的改变,那么,相信它的读者组成的群体最终不能逃脱衰落的命运,他们享有的"话语权"最终将会被剥夺。相反,那些通过了环境选择检验的写作成果,将会赢得最终的"话语权"。基于这样的理由,我不相信非达尔文范式的各种类型的现代西方哲学学说,而宁愿相信方兴未艾的研究人性、社会和文化的达尔文范式。

4 ————————————————————————————————

达尔文范式

哲学所需要的生命科学的范式是达尔文范式。有人认为,达尔文的进化论仅仅是一个没有被证实的假说。这是不正确的。应该承认,任何科学理论的创立都经历了从假说到理论的过程。达尔文的进化论在早期被不少人当作假说来对待。但是,随着遗传学和分子生物学的新进展,达尔文的进化论成为生物学的综合理论。如著名的进化生物学家迈尔所说,达尔文的进化论有五个要点:生物进化、共同由来、物种增殖、渐变理论和自然选择,它们都被大量的证据所证实;与它们相反的理论却未能通过经验的检验。[1] 面对这些事实,仍然说达尔文的进化论仅仅

—————————————

1 〔美〕恩斯特·迈尔:《进化是什么》,上海,上海科学技术出版社 2003 年版,第 13—37 页。

是假说,就好像是坐飞机却说万有引力规律仅仅是假说,每天使用塑料用品却说分子化学仅仅是假说,在制造出原子弹之后还说原子学说仅仅是假说!

现代达尔文主义综合理论的创始人之一杜赞布斯基于 1976 年发表了一篇题为《只是因为进化,生物学的一切才有意义》的文章。[1] 正如文章的标题所示,达尔文的进化论虽然不是生物学的全部,却是生命科学的基础和核心。比如,分子生物学研究生物体内有哪些基因、基因如何变化、起什么作用等问题,但如果没有进化论,生物体内为什么有这样的基因,基因为什么如此变化等问题是无从解释的。再如,古生物学分析地层,发现化石,从地层和化石中解读出已消失物种的信息,但如果没有进化论,这些物种为什么存在和演变等问题也是无从解释的;没有进化论,化石所能透露的信息将是支离破碎的,或被非科学的学说(如特创论、特异论)所利用。过去人们常常认为,科学家只能回答"是什么"(What)或"怎么样"(How)的问题,但不能回答"为什么"(Why)的问题,只有哲学家和神学家才能回答"为什么"的问题。现在看来,这种看法过时了,科学也能回答"为什么"的问题。特别是经过一百年的发展,进化论的科学理论能够回答生物学的具体学科不能解决的"为什么"问题,达尔文主义已经把研究地球上生命的各门学科综合为一个被各方面的大量经验材料所验证的、自洽的世界观。

按照科学哲学关于范式的理论,一个科学理论成为范式,必须具备两个条件:第一,它解决了旧范式所不能解决的问题,开拓了新的知识领域,扩大和深化了研究范围和背景条件,具有发散性思维的特点;第二,它留下了有待解决的问题和疑点。范式保证了问题有确定的答案,研究这些问题将会为科学家带来成果和回报。因此,范式又具有收敛性思维的特点。科学的张力存在于发散和收敛之间,这就是为什么范式能够引导科学发展的原因。

达尔文主义之所以是范式,也是因为它具有"收敛"和"发散"两种效应。达尔文提出的进化论留下了大量的问题,促进了遗传学和分子生物学的发展,使生命科学现在成为最有活力的、对人类生活最有影响的科学。现在,达尔文主义在生

---

1 Dobzhansky, "Nothing in biology makes sense except in the light of evolution", in *American Biology Teacher*, 35 (1973), pp. 125 – 129.

命科学内仍然引起一系列争论,但这些争论不断地提出新的问题,这些问题的解决把生命科学的研究不断引向深入,这正是达尔文范式的收敛性。

如果说现代生命科学的发展方向集中表现了达尔文范式的收敛性,那么,达尔文的进化论在其他领域越来越广泛的运用则表现了它的发散性。达尔文范式比科学史上其他范式有着更广泛的发散性,它不仅是生物学的范式,也是自然科学的其他学科,如地质科学和环境科学的范式;还是社会科学(包括人类学、考古学、心理学、社会学、政治学、经济学等)的范式;它可以并且正在成为传统上属于人文学科的研究领域,如哲学、历史学、语言学等学科的范式。统而言之,达尔文的进化论是一个涵盖自然科学、社会科学和人文学科的统一范式。

5───────────────────────────────

杜威的进化发生学方法

在哲学界,杜威首先敏锐地注意到达尔文的进化论的革命性意义。我们都知道,胡适首先把杜威的思想介绍到中国,也都知道胡适特别推崇杜威的思想方法,并用"五步说"推广了杜威的实验主义方法。但很少有人注意到,在介绍杜威的思想方法的《实验主义》中,胡适还提到了杜威的另一种方法 genetic method。不过胡适将之翻译为"历史的态度",使人误以为杜威的思想方法是"五步说",而 genetic method 只是一种"态度"而已。不过,胡适正确地指出,达尔文的进化论对实验主义影响巨大,把进化论的思想应用于哲学,讨论和研究哲学上的问题,就是 genetic method。他的结论也是正确的:"所以我们可以说,实验主义不过是科学方法在哲学上的应用。"[1]

genetic method 应被译为"发生学方法"。这一方法是杜威把达尔文的进化论应用于哲学的直接后果,在杜威的中后期思想中占有重要的地位。胡适显然低估了它的重要性,他所概括的"五步说"在詹姆士的实用主义中已有大量论述,并非

───────────────────

1《胡适文存》第 1 集,合肥,黄山书社 1996 年版,第 216 页。

杜威的独特发明,而胡适在"五步说"中特别强调"假设"和"证明"两个步骤(即用他自己的话所说的"大胆假设,小心求证"),又使人分不清实验主义与实证主义或操作主义之间的界线。其实,两者的分野十分明显:实证主义以现代物理学的发现为思想范式,而杜威的实验主义则以达尔文的进化论(以下简称进化论)为范式。杜威的哲学所依赖的主要材料,是可以用进化论解释的生物的、心理的和历史的经验;在此意义上,他坚持哲学的科学标准和科学方法,但另一方面又避免了以实证主义为代表的唯科学主义。

杜威的哲学起步于新黑格尔主义,接着他转向了心理学研究。在弗雷格、罗素等人用数理逻辑研究自然数的性质的同时,杜威也在研究同一问题。1895年,他与麦克莱伦(J. A. McLellan)合作出版了《数的心理学》。这本书虽然从心理学角度说明自然数的性质,却并没有陷入弗雷格、罗素或胡塞尔等人所批判的"心理主义"的窠臼。因为杜威不是像经验主义者那样研究数的"抽象性质",而是解释数的起源。如果说逻辑主义者的问题是:什么是数? 自然数的定义是什么? 那么,杜威提出的问题则是"心理学(和教育学)的问题:在什么环境中,对什么样的刺激和需要作出反应,在什么样的心理场景中,产生了这种意义?"[1]杜威的回答是:"数字来自计数,计数来自活动的调整。"杜威解释说,人类生活在资源有限的世界,人类的生存要求衡量获取的生活资料与为此所耗费精力之间的数量关系,"为了使用合适的手段,必须考虑到空间的距离,时间上的长短,某类东西的数量,这意味着准确的计量"[2]。人类根据计量调整行动,用不多不少的精力解决每一个生存问题。

虽然杜威关于数的起源的解释符合进化论,但他此时还没有意识到这一点。1896年,数学家H. B. Fine和杜威在《科学》期刊上对这本书进行了批评和反批评。杜威或许在争论中感到,他诉诸人类生存环境的解释需要进化论的理论基础,他在以后的著作中,越来越自觉地转向进化论。从1898年开始,杜威转向伦理学研究。1899年之后,杜威注意利用人类学中关于早期人类道德的材料,用进

---

1 *The Early Works of John Dewey*, vol. 3, p. 327.
2 同上书,第53、37页。

化论思想解释道德的起源和性质。在 1902 年发表的《进化论方法在道德中的应用》和 1903 年发表的《道德的科学考察的逻辑条件》等文中,杜威明确地提出了按照进化论的原则、用发生学方法对道德进行科学的研究的思路。

1909 年发表的《达尔文主义对哲学的影响》[1]一文可以说是杜威中后期哲学的一个纲领性文件。全文共四节。杜威在第一节中说,达尔文的《物种起源》开创了"一种新的思维方式,它最终必定要变革知识的逻辑,由此带来研究道德、政治和宗教的变革"。杜威还说,虽然进化论至今遭到神学的抵制和批判,但进化论与神学的对立不是科学与宗教的对立,而是新旧两种哲学的对立。

在第二节,杜威接着说明了进化论与传统哲学的一个根本分歧:进化论所说的"种"与传统哲学的"本质"的分歧。这两个词在希腊哲学中都是"形式"(eidos),它表示事物不变的、永恒的规定性,最圆满地体现为事物的运动变化所要达到的"目的"。进化论用物种的演化过程代替了本质论和目的论的哲学传统。杜威评论说,虽然从哥白尼、开普勒和伽利略以来的物理学描述了世界不断运动变化的图景,但在物理世界与人的心智和政治之间有一个植物和动物的王国;由于不了解生物界的变化,传统哲学仍然统治着关于人的知识。达尔文把物种看作是与伽利略所说的地球同样在自我运动,它"一举解放了发生的、实验的观念,使之成为提出问题和寻求解释的工具"[2]。

在第三节,杜威从因果关系的角度阐述了进化论的方法论的意义。他说,传统哲学在说明事物的第一原因或终结原因时,总是诉诸设计代替机遇、心灵代替物质的解释。达尔文用"自然选择"解释了生物进化的根本原因,克服了传统哲学的二元对立的解释。按照"自然选择"的原理,物种的变异是偶然的,但"自然选择"的作用却是必然的,只要发现物种的变异与自然环境之间的适应关系,就可以解释物种进化的原因,完全不需要预先的"设计"或"心灵"的作用等非科学的、不可验证的解释。

在第四节,杜威说明,进化论与传统哲学是两种根本不同的逻辑。传统哲学

---

1 "The influence of Darwinism on philosophy", in *The Middle Works of John Dewey*, vol. 4, pp. 3 - 14.
2 同上书,第 8 页。

企图一劳永逸地发现永恒不变的全部真理，包括"绝对本质""最高的善""第一原因""终极目的"等。进化论标志着一个根本的转折：从全部本质转向具体变化，从一劳永逸地规定事物的智慧转向具体地规定现实事物的智慧，从终极的善的目标转向公正和幸福的逐步改善。杜威说："哲学放弃了对绝对起源和绝对终极性的研究，才能对产生出它们的具体价值和具体条件进行探讨。"传统哲学的绝对主义不仅无用，而且这种无用的清谈不负任何责任。杜威把进化论的解释称为"发生学和实验的逻辑"，这是关于具体事件的发生和发展的逻辑，它能够通过实验，增进我们的知识，改善我们的生活，使心智活动对事实负责任，对社会负责。

我们说《达尔文主义对哲学的影响》在杜威哲学中具有纲领性的意义，这是因为这篇短文勾勒出杜威后来的主要著作的逻辑。杜威提倡的"发生学和实验的逻辑"是探讨具体经验的思想方法，他总是在具体的经验领域说明这一逻辑。比如，《逻辑：研究的逻辑》是对科学经验的逻辑所作的发生学考察，《哲学的改造》从希腊哲学开始对西方哲学的逻辑作了社会历史考察，《人的本性和行为》关于社会伦理的研究，《艺术经验》关于美学的研究，《共同的信仰》关于宗教的研究，《新旧个人主义》《民主和教育》《公共领域及其问题》等著作中的社会科学研究，也都是对具体领域的经验的逻辑考察。正是这些逻辑考察，决定了杜威的思想属于哲学，而与人文和社会科学的具体学科相区别。

在 1902 年发表的《进化论方法在道德中的应用》中，杜威应用进化论的发生学方法研究道德问题，正如他所说："只有使用进化论的方法，即历史的方法，道德才能进入科学的领域。"[1]杜威指出，科学的实验方法就其实质而言是发生学的方法。他说："实验方法可被称为发生学方法，它处理的是事物变成经验存在的方式或过程。"以水为例，只有在实验中观察到氧原子和氢原子化合成水的发生过程，我们才能科学地认识水的"经验存在"。

杜威还说，实验方法和历史方法一样，都是关于个别事物的起源的考察。"我试图说明，在我们的物理知识的实验方法与我们精神领域或自觉的价值领域中的

---

1 "The evolutionary method as applied to morality", in *The Middle Works of John Dewey*, vol. 2, p. 20.

狭义的历史方法之间，并不只是相似关系，而是完全相同的。"[1] 杜威并不否认两者的差别。实验方法为了控制和制造事物，把个别事物的发生过程概括为一般化的过程，但历史方法探讨个别事物起源是为了找到一个简单化的起点，为研究整个过程提供一个限制性的条件。但是，两者的不同只是在用途和目标上的差异，而不是方法论上的根本差异。

如果不注意实验方法和历史方法的差别，就会产生杜威所说的"唯物论的悖谬"（materialistic fallacy）。实验方法的研究对象是物质的生成，并把这物质的过程一般化。但历史方法不能把物质的生成过程当作历史的全过程，不能认为最早发生的物质是贯穿全过程的本质。在实验过程中，起源可以被一般化为本质，但在历史过程中却不能把起源概括为本质。杜威说："从某种观点来看，时间上较早的东西有较大的价值，但这只是方法上的价值，而不是存在的价值。序列上后来的东西以太复杂和混乱的形式掩盖了它们的面目，却能以相对简单和明白的样式表现在较早的东西中。"[2] 就是说，在历史变化的序列中，确定一个起点只是为了设定一个限制性的条件，而不能把以后发生的事件从这一起点中"推导"或"演绎"出来。从存在的形态和价值上看，后起的事件可能比起源更加高级和重要。

在历史演化的过程中，物质在先，精神在后。研究精神现象必须从物质的生成变化开始，但如果由此认为物质是精神的本质，关于精神的知识可以从关于物质的知识中推导出来，那就是"唯物论的悖谬"。不过，杜威同时指出，如果不顾最初的物质条件的制约，片面强调精神的重要性，那也会落入唯心论的窠臼。"正如唯物论者把较早的东西隔绝开来，加以神化，成为实在的典范，唯心论者用同样的方式对待后来的东西。"[3]

杜威认为唯物论和唯心论都犯了同样的错误："混淆了过程的连续性与内容的同一性。"就是说，进化过程是连续的，把这一过程出现的一个事物抽象出来，当作独立对象来研究，这是科学的需要，在方法论上也是允许的。但如果把这一对

---

1 "The evolutionary method as applied to morality", in *The Middle Works of John Dewey*, vol. 2, p. 5, pp. 8 – 9.
2 同上书，第 10 页。
3 同上书，第 14 页。

象看作是孤立的本质或本原,认为其他事物或对象都要与它相等同,那就是"混淆了过程的连续性与内容的同一性"。根据杜威关于经验的"连续性原理","进化论的方法在道德事实中的应用,没有给我们留下两个极端,一边完全是动物的本能,一边是精神的绝对命令。它向我们揭示了动物本能和责任感都有自己位置的单一的连续过程。它给予我们一个具体的全部。"[1]

在杜威的伦理学著作中,发生学方法有两方面的运用。首先,杜威用发生学的眼光看待道德的起源。他在 1927 年的《人类学和伦理学》中,对克鲁泡特金(Kropotkin)、韦斯特马克(Westermarck)、冯特(Wundt)和豪伯浩斯(Hobhouse)四人关于起源的观点作了批判性的评论。[2] 他的《伦理学》(1908)一书引用了人类学的材料和观点,从原始部落的习俗开始说明道德的起源,并用环境和社会的变化说明"群体道德"向"个人道德"的进化。[3] 另外,在《人性和人类行为》(1922)一书中,杜威从心理学的角度,说明从刺激、反应自然形成的习惯到自觉精神的发展过程。[4]

杜威大力提倡把进化论的原则和方法应用于道德以及其他精神活动的领域,并且身体力行,运用进化论的发生学或历史方法,考察人类道德习俗和道德意识的起源。他的方向是正确的。至于他关于道德起源和性质的探索是否符合现代达尔文主义,我们将在后文中继续讨论。

6————————

哲学的进化论转向的任务

现代学术的特点是高度的分化、专业化,自然科学、社会科学和人文学科分野明确,这三大领域内部学科林立,界线分明。达尔文范式如何能够跨越这么多的

1 "The evolutionary method as applied to morality", in *The Middle Works of John Dewey*, vol. 2, pp. 16,14.

2 "Anthropology and Ethics", in *The Late Works of John Dewey*, vol. 3, pp. 9 – 24.

3 *The Late Works of John Dewey*, vol. 7, pp. 39 – 81.

4 J. Dewey, "Human nature and conduct", in *The Middle Works of John Dewey*, vol. 14.

隔阂界线呢？那是因为它适应了对人进行综合研究的需要。把达尔文的进化论作为研究人的范式，已经成为当今最新研究的现实和科学研究的发展趋势。在达尔文的旗帜下，不同学科的科学家和文化研究者正在共同努力，解开"人是什么"这一千古之谜。人类的生存和发展面临着很多挑战，但正如一个格言所说，人的最大敌人是他自己。人只有理解自己，才能战胜自己。希腊神话里有一个"斯芬克斯之谜"，它的谜底是"人"，很多人因不知道人是什么而灭亡，英雄俄狄浦斯揭开了这一个谜而战胜了敌人，但俄狄浦斯却因为不知道自己的身世而酿成了"杀父娶母"的自我毁灭的悲剧。希腊神话的隐喻所含的深层意义是，人的命运寄托于人对自身的理解。现在，达尔文范式在人类知识各个领域的胜利进军，标志着人类掌握自己命运时代的到来。这是人类思想史上又一激动人心的时代，在这一时代，哲学能否有所作为？这是涉及哲学生存还是终结的问题。

哲学家并非不知道人的问题的重要性，即使像康德这样用高度抽象方式进行思辨的哲学家，也把自己哲学要解决的问题归结为"人是什么"。我们在上面看到，现代哲学家更是把研究对象转向人或与人有关的主题。看来，问题的关键不在于是否研究人，而是按照什么范式研究人。现代哲学对人所进行的专门的（specific）或主题的（thematical）研究，不是迷恋传统哲学的观点和范畴，而意识不到达尔文理论的范式作用，就是以反科学主义的名义，有意识地抵制达尔文主义。

哲学的传统范畴和理论是为适应历史上其他知识形态而建立的，对它们不能不加改造地用来综合关于人的现代知识。哲学只有以达尔文的进化论为范式，才能承担起时代赋予的新的综合任务。丹尼特在《达尔文的危险观念》一书中形象地把哲学所需要的转变比喻为从"吊车"（skyhooks）到"举重机"（cranes）。[1] 传统的哲学像是吊车，它从一个最高的统摄原则或上帝出发，由上到下地解释人的现象，如说人是神造的，君权是神授的，道德规范来自神圣的自然律，等等。与此相反，达尔文的进化论像举重机，它按照生物与环境之间的关系，自下到上地解释人的现象，从最基本的生物存在出发，一步步地上升到对人的社会存在和精神生活的解释。两者都可以做综合性工作（升高），但吊车需要打通很多隔阂关节，做起

---

1 D. C. Dennett, *Darwin's Dangerous Idea*, Penguin Books, p. 73.

来很不通畅,做不到彻上彻下的综合,而从低到高的上升路线,却能够进行无所不包的综合。丹尼特又把达尔文理论的综合作用比作一块能够融化一切的"万能酸",没有什么容器能够容纳"万能酸",它所接触到的一切东西,不管是什么庞然大物或高深莫测的神圣,都被一点点地溶解在这块"万能酸"中。[1] 作为生物学的达尔文理论本身并不具备神奇的综合作用,但达尔文范式借助于哲学,却可以综合人所具有的一切。

有人可能会质疑哲学是否能够提供比进化论更多的东西。确实,生物进化论依赖经验观察、实验和数学方法,它在社会文化领域的应用也依赖田野调查和数学统计方法。遵循达尔文范式的哲学比历史上任何时候都重视经验科学方法及其成果,但哲学现在所要做的综合也需要运用哲学史上行之有效的直观、解释和思想实验的方法。

科学的范式是简明的真理,比如,牛顿的万有引力规律可被直观为熟了的苹果掉在地上的现象,爱因斯坦的广义相对论可以被想象为空间被重力拉弯曲所产生的效应。同样,达尔文通过大量的观察和复杂的分析所达到的结论是任何知道如何培育家畜良种的人都可以想得出来的道理,以至于赫胥黎看了《物种起源》之后懊丧地说:"我为什么如此愚蠢,竟然没有想到这一点。"[2]哲学所依赖的直观不是感性直观,胡塞尔的现象学把"本质直观"作为"回到事物本身"的途径,现象学的方法要求把事物当作意向对象来对待,尽可能细致地分析对象,用合适的概念加以分类,从不同层次和角度详尽地描述对象。这种方法适合于把错综复杂关系中的进化机制明晰地显示出来,是以达尔文的进化论为范式的哲学可以借鉴的方法。

哲学的解释与科学的解释有着相同的路数,现代哲学的解释学对进化论的解释模式也大有用途。解释学关心的是对历史文本的解释,它使解释者和解释对象处于界域融合的历史之中。如果把进化看作漫长的历史过程,把生物化石和史前时代的遗物、遗迹看作历史性的文本,那么解释者与他所解释的进化现象都处于

---

1 D. C. Dennett, *Darwin's Dangerous Idea*, Penguin Books, p. 63.

2 F. Darwin, *Life and Letters of Charles Darwin*, vol. II, 1888, p. 197.

进化过程中,他们所处的进化阶段不同,但这些阶段的界域是融合的,解释学的方法可以深化我们对进化论证据和解释模式的历史性、相对性和合理性的认识。

进化论的历史性和科学性是一致的,解释学和科学哲学的解释理论是相互补充的。科学哲学的证实的和证伪的解释模式对新考古学的兴起和发展起过关键性的作用。与进化论相关的理论不但需要"硬科学"的检验方法,如考古学的碳14方法的应用,基因检测在生物学中的应用;同时也需要猜想、假设,或用一次性的证据直接地检验假说,或用推理的结果间接地检验假说。后者虽然不如前者那样"过硬",那样强势,但对于缺少可重复的、齐一的证据却充满着随机性和不可逆性的自然选择和进化现象,假设和弱的检验方法可能有着更大的应用范围。哲学能够为不同于"硬科学"的强检验的其他方法提供合法性;实际上,"范式"就是一个能够为各种可能的科学方法提供合法性的科学哲学的概念。达尔文范式的应用和发展离不开哲学的方法论。

哲学家也做实验,他们的大脑是实验室,思想实验是哲学的重要方法。所谓思想实验,指为相关论题设计一个合乎逻辑但不同于日常经验的实验环境,在排除与论题无关的条件之后,推想解决论题的必然结论。传统哲学中有些思想实验与进化论论题有关,比如,对于人性的理解,向来有"天性还是教养"(nature or nurture)的争论。早期基督教教父阿诺毕乌斯设计了一个"隔离的人"的实验,设想把一个刚出生的婴儿放在与世隔绝的房间里,由一个沉默的、无感情的人将其抚养成人,那么,这个人将没有思维和语言,以及作为一个人所具备的一切;结论:人是后天教养的结果。中世纪阿拉伯哲学家伊本·西纳设计了一个"空中人"的实验,设想一个突然被创造出来的人悬浮在空中,眼睛被蒙蔽,身体被分离,此时他将没有任何知识,甚至连感觉也没有,但他不可能不意识到他的存在;结论:人的存在是先天的自然本性。[1]

传统的哲学家通过思想实验不可能解决关于人性的争论,因为他们设计的实验环境不同,事先排除的因素不同,关于人性的结论自然也不相同。达尔文范式为思想实验设定了限制,进化机制决定了哪些因素可以排除,哪些不能排除,但进

---

1 参见赵敦华《中世纪哲学长编》,南京,江苏人民出版社2023年版,第258页。

化机制中有很多变数和不确定的因素，因此不能把思想实验全都转变成经验实验，却能使思想实验的结论更有说服力。

以上以西方学术进展为主要依据，这是因为西方哲学的危机最为明显，达尔文范式的形成和应用也主要表现于西方学术界。但这并不是说，哲学的进化论转向与中国的哲学发展无关。确实，中国的哲学和学术迄今为止还游离在达尔文范式的思想主流之外。达尔文的进化论虽然是最早被引进中国的西方思想，但20世纪下半叶形成的综合进化论以及达尔文范式在社会和文化领域的广泛应用，在中国还处于翻译介绍阶段；这些思想成果的价值或被忽视，或被贬低。中国学术发展的当务之急是认识到达尔文的进化论的范式作用，用这一范式把分散在各学科中的有关人的研究综合起来；为此，中国的哲学同样需要实现进化论的转向。我们的主张是，中国的学术发展要融入世界学术的主流，但这并不只是模仿或跟随西方的学术成果，起步时的学习阶段是不可缺少的，但在学习的基础上，中国的学术研究必将以自己的特有方式作出创造性的贡献。

与世界上其他民族相比，中华民族在形成和历史发展的过程中产生出适应环境的特有方式。从达尔文范式的观点看，这种特有的适应方式起码有两点值得研究：一是中国人的基因多样性，一是中国文化传统的连续性。早在距今3万年的时间，现代智人从南到北进入中国境内的土地。到距今六七千年的时间，形成了炎黄、东夷和南蛮三大部落集团，以及七个文化区域，他们通过通婚和战争等方式融合为统一的民族。中央集权国家形成之后的汉族经历了与周围民族的多次融合，最终形成的中华民族不但是世界上人数最多的族群，而且在人类基因库中的比例最大。中国人的形成同时也是创造中国文化的过程，中国文化的起源可追溯到远古传说，有文字的历史开始于殷商，文化经典出现于春秋战国，在此后的2000多年时间里，中国文化的传统一直持续地、稳固地、多方面地发展，直到现代仍然有很强的生命力。可以说，中国文化有着世界上连续时间最长的文明传统。

中国人的基因多样性与中国文化传统的连续性为达尔文范式的应用提供了丰富的材料。把达尔文范式应用到社会文化领域的关键问题是人的生物性与社会性、基因与文化的关系问题。社会生物学用动物学方面的材料，考古学用史前遗物的材料，人类学用世界上残存的原始部落的材料来研究这类问题，得出的结论是不全面、不一致的。从这些材料得出的理论只适用于文化形成之中或文明之前的人类状况；在这一时期，人类行为在较大程度上受基因控制的生物性状的限制，自然环境的变化是自然选择的主要力量。但在一个成熟的文化传统和高度分化的社会里，人的思想和社会政治对人的行为和环境的影响越来越大，文化与基因、行为与环境的关系越来越复杂。威尔逊等人承认基因与文化的相互作用，但他所说的基因和文化的"同步进化"（co-evolution）只是抽象的原则[1]，因为社会生物学不能提供这方面的充足证据。我相信，中国人的历史和中国文化传统的丰富性和长期稳固性可以通过基因、行为和环境相互作用的模式得到解释。这一解释将是丰富的历史性材料与达尔文范式的结合，这将对达尔文范式在社会文化领域的推广具有决定性的意义，这一推广的成功也将使中国文化传统获得新的意义。

---

1 C. J. Lumsden and E. O. Wilson, *Genes*, *Mind and Culture*：*The Coevolutioanary Process*，Harvard University Press，1981.

现代达尔文主义向社会领域的胜利进军

　　达尔文在《物种起源》中提出了一个问题,按照他的理论,"自然选择"所保留的生物个体,都应该具有"活下去并保留更多的后代"的优势。但是,某些社会性动物存在着为了其他个体的利益而牺牲自己的利益,比如,工蜂为了奉养蜂王及其后代而不繁殖自己的后代,这显然削弱了自身的适应度。"自然选择"为什么会保留这些适应度比较低的生物个体呢? 达尔文说,这是"自然选择"理论"遭遇到的最棘手的特殊难题"。他说:"这一难点,当初我认为是解释不通的,并且实际上对于我的全部学说是致命的。"但他预测,不育的工蜂使整个家族得以兴旺,通过家族可育成员的繁殖而把不育成员的特征遗传给后代。他说:"只要记住自然选择可以应用于个体也可以用于全族,而且可以由此得到所需要的结果,那么这个难度便会缩小,或者如我所相信的,便会消除。"[1]

　　由于达尔文不知道遗传的机制,他不可能对他的猜测作出理论上的解释。他的猜测留下了一系列需要解决的问题:(1)为了其他个体的利益而牺牲自己的利益是不是社会性动物的普遍行为倾向(或平常所说的"本能")? (2)"自然选择"施加作用的对象是物种的群体,还是物种的个体? (3)不育的个体如何能够通过家族其他成员的繁殖而把自身的行为特征遗传给家族后代? 从 20 世纪 30 年代到 80 年代的半个世纪的时间里,很多生物学家关心的焦点实际上都与达尔文留下的这些难题有关,最终导致了社会生物学的诞生,由此开始了达尔文主义向社会领域的进军。

---

1 [英]达尔文:《物种起源》,北京,商务印书馆 1995 年版,第 304、305 页。

1 ───

关于动物社会行为的进化论研究

从 20 世纪 30 年代起,动物行为学(后来也被称作行为生态学)兴起。动物行为学的出发点是达尔文的"自然选择"理论。动物行为学家认为,一个动物个体所受到的选择压力,来自其他动物的压力比来自气候、地理等外在环境的压力更多、更重要。如果一种动物不能适应其他种类的动物,或者它的内部的个体不能相互适应,那么,这种动物必将被"自然选择"所淘汰。相反,那些被保存下来的动物以特有的行为适应环境,动物行为不仅适应外在环境,更重要的是动物之间的相互适应,既适应其他种类的动物,又适应本种类的其他个体。因此,应该在动物之间的相互关系中考察它们适应环境的行为特征。

被"自然选择"所保留的、能够有效地适应环境的行为特征具有固定的行为模式。动物行为学的创始人劳伦兹解释了动物"固定行为模式"(fixed action patterns)的五个要素:

(1) 它们具有不变的形式,即相同的行为系列,使用相同的肌肉;

(2) 它们不需要学习;

(3) 它们是整个物种的特征;

(4) 它们并非不可学;

(5) 它们有内驱力及其先天释放机制。[1]

这五条都是平常所说的本能。其中第二点和第四点并不相矛盾。比如,儿童的直立行走需要训练,这是"并非不可学"的本能,但一个人在能够行走之前,已经具备了直立的身体构造,这是"不需要学习"的。

动物行为学家发现,很多社会性动物都有牺牲个体而有利于群体这样一种固定行为模式。除了人们熟悉的工蜂、工蚁的行为外,鸟类生物学家爱德华兹(V. C. Wynne-Edwards)发现,苏格兰雷鸟在冬天来临或食物减少时,群体的一些成员会自动减少产蛋和孵蛋的数量;在环境特别恶劣时,一些鸟在接到"请走"的信

───

1 J. Cartwright, *Evolution and Human Behavior*, Palgrave, 2000, p. 7.

号之后，还会自愿离开群体，飞到荒凉的地方默默死去。

爱德华兹用"群体选择"的学说解释这种鸟类的行为。他认为，"自然选择"作用的对象不是生物个体，而是群体。社会性动物群体中的一些个体为了群体的利益而牺牲自己，其结果是增加了群体的适应度（使群体能够繁殖更多的后代），因而能够被"自然选择"所保留。

威廉姆斯在《适应与自然选择》一书中反驳了"群体选择"说。他的依据是现代综合进化论的重要思想，即，进化是群体中基因频率的变动，适应表现为繁殖的相对优势。他在基因的层次确定"自然选择"作用的对象。他指出，"自然选择"作用的对象既不是群体，也不是个体，而是个体所携带的基因，只有个体才能把基因遗传给后代。个体的特征是基因表型的集合，个体的行为是表型的重要组成部分，必然接受"自然选择"的作用。在一个群体中，如果自我牺牲的"利他者"没有繁殖优势，它们的后代越来越少，意味着它们的基因越来越少，群体中将不再有"利他"基因的表型，群体的每一个成员都不顾群体的利益而无限制地繁殖后代。如此，原先设想的可被"群体选择"所保留的群体，不可避免地被"自然选择"所淘汰。这就是"群体选择"说的矛盾。[1]

继威廉姆斯从基因的层次解释"自然选择"的作用之后，汉密尔顿作出了一个划时代的发现，解决了达尔文关于工蜂行为的困惑。他指出，工蜂的自我牺牲行为的秘密在于，它们所属的膜翅目动物的遗传关系的单倍双倍体。膜翅目动物的雄虫是单倍体（与父本完全相同），而雌虫是双倍体（母本的染色体通过有丝分裂方式，复制其中的一半遗传给子女，子女的另一半来自父本）。如果第一代雌虫的基因来自父本基因的1/2和母本基因的1/2，那么，第二代雌虫之间有3/4相同的基因，而第二代中的雌虫与雄虫之间只有1/4相同的基因。如果第二代雌虫有后代，那么她们与后代只有1/2相同的基因；而如果让她们的母亲（第一代雌虫）专事繁殖，那么群体的雌性后代都有3/4相同的基因，高于自己繁殖的后代的亲缘系数（1/2）。为了最大可能地复制与自身相同的基因，膜翅目动物形成一个奇特的雌性社会：王虫利用受精囊里的精子繁殖，其后代中的雌虫没有繁殖功能，只有

---

1 参见［英］威廉姆斯《适应与自然选择》，上海，上海科学技术出版社 2001 年版。

侍奉王虫和抚养幼虫的职能。其中的秘密在于,这些雌虫抚养的幼虫之间有 3/4 的相同基因,她们与其说在为一个王虫服务,不如说在为自己的基因服务;她们之所以不繁殖后代,是因为王虫的后代(她们的姐妹)比她们自己繁殖的后代携带有更多的与自己相同的基因。[1]

以膜翅目动物群体的行为模式为根据,汉密尔顿提出了一个公式:

$$B : C \geqslant r$$

B 表示利他行为的收益,C 表示利他行为的支出,r 表示利他者和受益者所分享的共同基因的比率。这一公式说明,动物的利他行为与利他者和受益者所分享的共同基因的比率成正比,利他者和受益者所分享的共同基因的比例越大,利他行为的程度就越高。

根据“自然选择”的理论,个体所繁殖的能够生长到育龄的后代的数量越多,它的适合度越高。但仅仅衡量单独的个体的后代数量的适合度是狭义的。汉密尔顿公式中的 r 所表示的这一个体与自己亲属所分享的共同基因的比率被称作“广义适合度”(inclusive fitness)。“广义适合度”的概念说明,社会性动物的个体即使不亲身繁殖后代,也可以通过自己亲属所繁殖的后代获得足够的适合度,以满足“自然选择”的压力。“广义适合度”等于一个利他者与受益者的后代之间的亲缘系数(即汉密尔顿公式中的 r)。有一个说明“广义适合度”意义的通俗例子。有人问英国遗传学家沙尔丹(J. B. Shaldane):“你愿意为什么样的人牺牲自己?”经过简单的计算,他回答说:“至少为 2 个兄弟,或 4 个孪生兄弟,或 8 个表兄弟。”这只是一个笑话而已。“广义适合度”只是一个生物学的概念,汉密尔顿并没有把它运用于人类社会。

“自然选择”对动物社会形成所起的作用被称为“亲选择”(kin selection)。一个动物社会实际上是具有亲属遗传关系的群体,其中必然有一些“利他”的成员,它们会自动放弃繁殖而让其他成员最大限度地繁殖与自己相同的基因。如果没有“亲选择”,每一个动物都会无节制地繁殖自己的后代,其结果或者是过度地消

---

1 W. Hamilton,"The genetical evolution of social behaviour", in *Journal of Theoretical Biology*,7, pp. 1 - 16,17 - 52.

耗自然资源,或者是激化种内的"生存竞争",或者是两者兼而有之,最后必然导致物种的灭亡。

达尔文发现,"自然选择"和"性选择"是生物进化的两种力量。汉密尔顿的理论使人们发现了生物进化的第三种力量——"亲选择"。这三种力量有着不同的作用范围:"自然选择"是对所有物种起作用的力量,"性选择"只对有性繁殖的动植物发生作用,而"亲选择"的作用范围仅限于社会性动物。如果说,"自然选择"使它们获得了适应自然环境的能力,"性选择"使他们获得吸引异性以繁殖更多、更健康的后代的能力,那么,"亲选择"使它们获得了与自己的亲属组成社会的能力。动物社会是一个和谐的整体,动物社会的成员之间的和谐关系是它们成功地生存和繁殖的根本保障。

特里弗斯很快注意到汉密尔顿的贡献。他把"亲选择"所保留的利他行为称为"相互利他主义"。膜翅目动物的一些成员牺牲个体利益,帮助亲属繁殖后代,这实际上是让亲属更多更好地复制了它们共同的基因,双方互助互利,这是"相互利他主义"的典型。[1] 哺乳动物(包括人类)的遗传关系是二倍体,后代各从父母继承 1/2 的基因。父母与子女有 1/2 相同的基因,而与自己兄弟姐妹的后代或同父异母或同母异父的兄妹只有 1/4 的基因。"相互利己主义"的解释是否也适用于直接繁殖后代而不要由亲属来代替自己繁殖后代的哺乳动物呢? 特里弗斯的回答是肯定的。他认为,父母抚养子女,是为了复制自身基因,是一种投资行为(特里弗斯称之为"双亲投资");子女接着繁殖后代就是对父母的回报。[2] 父母和子女之间的"相互利他主义"可以解释为什么这种关系比其他任何人际关系更为密切。

父母与子女之间并非没有冲突。父母为了更多地复制自己的基因,总是要生育和抚养更多的子女,但对于子女而言,兄弟姐妹的子女与自己只有 1/4 相同的基因,他们关心的是如何能从父母那里得到更多的照顾和资源,以利于自己繁殖

---

1 R. L. Trivers, "The evolution of reciprocal altruism", in *Quarterly Review of Biology*, 46 (1971).

2 R. L. Trivers, "Parental investment and sexual selection", in *Sexual Selection and the Descent of Man*, Heinemann, 1972.

更多的后代,而不是有更多的兄弟姐妹。父母与子女之间的这种冲突被称作"亲子冲突",它必然以父母的胜利而告终,父母生育和养育后代的数量是由父母决定的,而不是由子女所能决定的。特里弗斯把哺乳动物的这一行为模式称为"父母操纵"。经过自然选择而保留下来的基因,执行的必然是"父母操纵"的行为模式。因为如果不制止子女的任性要求,父母就不能及时地、最大限度地繁殖后代,有这种遗传基因的后代就会越来越少,最终被"自然选择"所淘汰。

从威廉姆斯、汉密尔顿到特里弗斯的理论阐述中,可以逻辑地得到这样一些结论:(1) 在生物界,个体和物种的最大利益是繁殖后代,至于是由自己,还是由亲属来繁殖,并不重要;(2) 繁殖后代的生物学意义是复制与自己相同的基因;(3) 个体是基因的携带者,只是基因复制和遗传的媒介,个体的生命是有限的,而基因通过个体的世代繁殖而自我复制的能力几乎是无限的;(4) 从根本上说,个体和物种的利益是无限地延续自身的基因。

从以上这些结论,道金斯提出了"自私的基因"的概念。他说:"成功的基因的一个最突出的特点,是它的无情的自私性。这种基因的自私性常常会导致个体的自私性,然而,我们也会看到有些自私基因为了更有效地达到其自私的目的,在某些特殊的情况下,也会滋生出一种有限的利他主义。"[1] 他的理由是,基因的利益在于尽可能地复制自身,如果它不自私,把复制的机会让给它的等位基因,那么它将在进化的过程中消失。基因的利益也是生物个体的根本利益所在,生物个体不管采取什么行为(包括利他主义的行为),归根到底都是为了延续自己所携带的基因。巴拉什进一步指出,"相互利他主义"实际是基因利己主义。巴拉什说:"被错误地称作相互利他主义的根本不是什么利他主义,而是彻头彻尾的自私自利,因为它产生于这样的期待:个体得到的收益大于支出。"[2]

在这里,需要区分两个层次的概念:行为的层次和基因的层次。在行为层次上,人们通常把"利他主义"和"利己主义"对立起来,"相互利他主义"调和了两者的对立。然而,在基因的层次,只有尽可能地复制自身的"利己主义",不管利他主

1 [英]道金斯:《自私的基因》,长春,吉林人民出版社 1998 年版,第 3 页。

2 D. Barash, *Sociobiology：The Whisperings Within*, Fontana/Collins, 1979, p. 155.

义或利己主义的行为,还是"相互利他主义"的行为,都只不过是实现"基因利己主义"的手段。

2 ───

社会生物学的新综合

1975 年,威尔逊出版的《社会生物学:新的综合》一书把数十年来生物学家关于动物行为和社会的研究推向了高潮。他在自传中承认,社会生物学这门"可观的研究事业建构在汉密尔顿的论文的基础之上"[1]。社会生物学既是对前人工作的综合,也是在综合中产生的前所未有的新思想。社会生物学之"新"有下面几个方面:

第一,社会生物学综合了动物行为学和微观进化的基因理论。威尔逊认为,"自然选择"不仅决定了动物的生理结构,而且是动物行为模式形成的必要条件。他说,动物行为和社会结构如同生物的器官一样,是"因为一定的适应价值而存在的基因的外延"[2],因而是可以遗传的。动物的固定行为模式和社会组织的功能是实现本社会群体的繁殖最大化。在基因的层次,这些行为模式可被解释为基因的表型,这些基因的表型通过基因的复制而世代传递。一个动物群体有着相对稳定的基因库,微观进化的过程是,基因库中具有这些表型的基因的频率增加,而没有这些表型的基因的频率相应减少,该群体的适合度的变化表现为这些基因频率的变动。

第二,社会生物学综合了生态学和群体遗传学。威尔逊认为,一个群体的特有行为方式是在它所依赖的生存环境中实现的适应的最大化。适应的最大化程度不是生存或淘汰的数值,而是"遗传适应",包括:个体可遗传的生存能力的增强,个体可遗传的生殖力的提高,以及源于共同祖先的近亲生存能力和生殖力的

---

1 [美]威尔逊:《大自然的猎人》,上海,上海科学技术出版社 2000 年版,第 347 页。
2 E. O. Wilson, *Sociobiology*, Harvard University Press, 1975, p. 22.

提高。遗传适应的优势表现为繁殖的最大化,群体中的某些个体通过繁殖的最大化,使它们的基因成为群体中的优势基因,从而决定整个群体的特征。

第三,社会生物学综合了各个领域的进化论成果。威尔逊认为,动物的社会特征是一种普遍的进化优势。群居动物的社会由动物的个体生存方式进化而来,随着生理组织越来越复杂和精细,在"自然选择"的压力下,一些动物的行为越来越依赖于其他动物的行为,最后形成了不同于其他生物的、可遗传的社会行为模式和社会结构。生物的社会进化是一种独特的进化过程,经历了四个进化阶段。这四个阶段的标志性成果分别是珊瑚、管水母类和其他无脊椎动物、社会性昆虫,以及社会性脊椎动物和人类。不同种类生物的社会组织结构意味着在不同的生态环境中,通过不同的行为模式所获得的遗传适应的方式。

第四,群体的社会特征由个体之间的行为以及群体与生态环境之间的相互作用所造成,需要建立生态系统和行为模式之间的因果关系模型,才能揭示生物社会的形成和特征。威尔逊从生态学和群体遗传学等学科选择了诸多参数,利用这些参数解释动物的聚集、性行为和领地等社会特征,建立了社会生物学的理论模型。如他所说:"把群体生物学、动物行为学以及进化理论摆在一起,可以形成社会生物学这门学科的内容。"[1]

最后,威尔逊企图用社会生物学来综合人文学科和社会科学。《社会生物学》的第 27 章是最后一章,其标题是"人类:从社会生物学到社会学"。威尔逊开宗明义地说:"从这一宏观的角度看,人文学科和社会科学将缩减为社会生物学的一个分支,历史、传记和小说只是人类行为的研究报告,而人类学和社会学在一起也不过是灵长类动物的一个分支的社会生物学而已。"[2] 这一章只有 29 页,只占全书篇幅的 6%,但它所引起的激烈争论却使它成为全书的焦点。威尔逊后来辩护说,如果不把智人这一社会性动物收入该书,势必会遗漏社会生物学的一个重要组成部分。他说:"人类这个物种经受社会生物学的分析恰如经受遗传学和内分泌分析一样;我的那部著作的最后一章,只不过是通过加上人类这一物种完成了

---

1 [美]威尔逊:《大自然的猎人》,第 327 页。
2 E. O. Wilson, *Sociobiology*, Belnap Press of Harvard University Press, 1980, p. 271.

社会性物种的一览表。"[1]现在看来，不管威尔逊对人类行为的认识是否正确，他把社会生物学的研究对象延伸到人类，本身就是一个开风气之先的历史性功绩。在他之前，关于动物社会行为的研究严格地限制在生物学领域，如果对人的行为研究有什么意义的话，也是间接的、隐晦的。威尔逊是打通了动物社会行为与人类行为之间界限的第一人，没有他的这一努力，达尔文的进化论不可能成为社会科学的一个研究范式。

威尔逊把社会生物学引入人类行为领域，有着更为宏大的计划。这就是，用生物学的理论彻底改造社会科学。他看到现有的社会科学的一些严重缺陷：没有一个从低到高的递进的知识层次，没有形成自然科学那样的统一性，各领域分崩离析，"社会科学家们分裂成一个个独立的小团体，他们将自己那个专业的词汇精雕细琢，却无法用专业语汇进行专业与专业之间的沟通"。他还批评说，现在社会科学的研究，"无异于十八岁以前获取知识的方式"，"在思想上比古希腊哲学家作出的贡献多不了多少"[2]。如何克服这些缺陷呢？在他看来，"前进的道路只有一条，那就是把人性研究成为自然科学的一部分，把自然科学和社会科学以及人文学科统一起来"[3]。

"人性"历来是哲学家、人文学者和社会科学家的话题，它如何能够成为自然科学的研究对象呢？这里的关键是理解威尔逊关于人性的生物学解释。他认为，人性的基础是按照基因蓝图装配的大脑神经元的结构，外部环境所引起的人的情绪反应以及一般的社会伦理规则都建立在这些物质基础之上，经过长期的"自然选择"的作用，人类的情绪反应和合规则的行为已被固定，这就是通常所说的人性。他说，人性的深层结构是生物学的研究对象，也是人文学科和社会科学的前提，"如果没有这个前提，人文学科和社会科学就会局限于现象的描述，就像天文学缺少了物理学，生物学缺少了化学，数学缺少了代数。有了这一前提，人性就能成为彻底的经验科学的对象"[4]。

---

1 ［美］威尔逊：《大自然的猎人》，第 32 页。
2 ［美］威尔逊：《论契合：知识的统合》，北京，生活·读书·新知三联书店 2002 年版，第 260、261 页。
3 ［美］威尔逊：《论人性》，杭州，浙江教育出版社 2001 年版，第 6 页。
4 同上书，第 1—2 页。

威尔逊在提出他的人性论以前,已经对人性的基本内容作了阐述。在引起极大争议的《社会生物学》的最后一章,他认为人性起源于史前时期狩猎者和采集者的小群体。这些小群体内部服从首领的统治,相信巫师的魔法,实行男女分工,对外则互不信任、相互排斥。史前时期部落的这些特点可以解释人类社会普遍存在的一些行为,如排外、侵略、社会统治、宗教信仰、性别歧视和家庭本位,等等。在此之后,他与拉姆登斯合作,又写了《论人性》和《基因、心智和文化》等书,进一步阐明了人性的基因基础以及"基因—文化同步进化"学说。威尔逊等人说,社会生物学承认文化中的精神因素,并不想把文化和心智活动还原为基因作用。他们所要坚持的立场是:(1)文化和心智有生物学基础,受基因作用的限制和推动;(2)基因的作用不是唯一的决定性作用,而是与人的后天活动一起,共同参与了文化的进化过程;(3)文化是人类生活环境的重要组成部分,对基因的存留也有选择作用,一定的文化习俗可以提高适应它的基因在群体基因库中的比例,降低不适应它的基因的比例。总之,文化和基因的进化相互交织:一方面,基因限制和引导着文化的产生和变化;另一方面,文化通过社会环境的变动影响着基因频率的变动。

3

社会生物学批判

威尔逊的人性论遭到反对者激烈的批判。在我看来,一些批评,特别是早期的很多批评,过于情绪化和政治化,把他的理论当作种族主义、大男子主义、为资本主义现行制度辩护的意识形态的靶子来批判,是不公正的,没有根据的。公正的批判只能是学术批评,而能够切中要害的学术批评无非有两条。

第一,没有足够的科学证据能够表明,人的基因与他们的社会行为或文化习俗之间存在着因果关系。分子生物学充其量只能证明,基因与人的生理结构和遗传性疾病有因果联系。如果证明基因与文化也有这种联系,那么就要进一步证明,人的生理结构的基因型与表型,表型与个体行为,以及与个体间的社会行为、社会行为的固定模式之间,都存在着因果关系。这是一个递进的证明过程,现在连第一步,即基因型与表型之间的因果关系,都还不清楚。在基因与文化之间的众多复杂环节之间的关系尚不清楚的情况下,现在不能对基因与文化有无因果联系作出科学的判断。

如果不能肯定基因与文化之间有无因果关系,能否肯定两者有着对应关系呢?回答似乎也是否定的。社会生物学的一个激烈批判者勒温庭指出,人口变化自从罗马共和国时代至今只有 100 代,人类的基因库在这一相对短的时间内不至于发生大的变化,但人类的文化却在这一历史时期发生了异乎寻常的重大变化。显然,文化上的变化与基因的变化不相称、不对应。

第二,没有科学上的证据表明人和动物的社会行为有共同的来源,人性是从动物性进化而来的。最接近于人的黑猩猩与人的行为充其量只有相似性。但是,这些相似性是为了证明所需要的论题而被选择出来的。反对者可以强调人类和动物行为之间存在着更多、更重要的差异性。而且,社会生物学往往用类比手法来决定人与动物的相似性,比如,先用人类的价值来判断动物行为,说它们是"利他"的,或"自私"的,然后再反过来,用动物行为的拟人属性判断人的行为的属性,说人也有与动物同样的利他主义或利己主义。

社会生物学以人与黑猩猩在基因上有 98% 以上的相同为理由,证明两者的社会行为具有进化连续性,这混淆了基因与社会行为的属性。这一混淆突出地表现为道金斯所说的"自私的基因"或"基因利己主义"。这些说法只是对基因自我复制活动的一个比喻,并不是一种文化理论或道德学说。如道金斯所说:"我们讨论的只是事物是如何进化的,而不是讲人类应该这样做才符合道德规范和准则。我之所以如此强调这一点,是因为我有被人误解的危险。"[1] 但道金斯本人应对这种误解负责。"自私"和"利他主义"是用以概括人类伦理行为的概念,基因的活动不是伦理活动,不能用伦理概念说明基因活动的性质。再说,基因没有意识,基因活动没有目的性,根本没有自我追求的"利益",基因的"自我复制"也不是什么"自私"行为。最后的结论是,"基因利己主义"和"自私的基因"等说法,只是对汉密尔

---

1 [英]道金斯:《自私的基因》,第 3 页。

顿的"亲选择"和"广义适合度"的通俗的、形象的说明。超出这一范围,这些说法就会混淆不同范围、不同层次的语言意义,产生不必要的误解和争论。

现在流行的"文化基因"的概念是威尔逊等人提出的,这一概念与他们制造出的"自私的基因"或"相互利他的基因"等含混不清的概念有关。基因只有生物学的性质,不可能具有任何道德的或文化的属性。当社会生物学家肯定基因与文化有联系时,也只是说基因在一定的环境中导致某种社会行为。但他们知道,如此产生的社会行为属于获得性性状,是不可能通过基因遗传的。因此,在威尔逊所说的基因和文化的"同步进化"中,文化环境对群体的基因频率有影响,但绝不会使基因具有特定的文化属性。道金斯杜撰了"谜米"(meme)这一术语,把它作为文化活动的基本单元。"谜米"可世代传递而形成文化习俗和传统,但"谜米"的传递方式与基因的遗传根本不同。如果认为"谜米"也是可遗传的物质,或认为基因在与文化的协同进化中可获得文化属性,那么,很容易产生诸如"文化基因"这样的违反达尔文主义的观念。

应该看到,社会生物学所说的"基因"只是低于染色体的遗传物质的笼统概念,而不是现在能够测定出的具体的等位基因。威尔逊可以辩解说,不管人的行为是否有相应的等位基因,也不管等位基因以何种方式、在何等程度上作用于人的行为,人的行为肯定有遗传物质的基础,通过人的行为,这种被称为"基因"的遗传物质肯定会与社会文化发生相互影响。

在我看来,即使人们接受威尔逊的这一辩解,他们也会进一步质疑:如此笼统的"基因"概念有多大的解释力呢?在生物学已经能够确切地测定出控制着某些生物(包括人)的某些性状的等位基因的情况下,人们需要知道的问题是:人的社会行为是否也受等位基因的控制?如何控制?在何等程度上控制?如果回避具体的答案,只用基因与文化相互作用的一般原则来回答问题,势必重复历史上关于"自然"与"教养"之间的争论。基因与文化的相互作用既可以被理解为基因("自然")起决定作用,也可以作相反理解,认为文化("教养")起决定作用。"某些基因"或基因的"某些方式""某种程度"等笼统的说法,是无法解决争论的。同样,如果不能在基因的层次上比较动物行为和人的行为的异同,也无法解决关于人性与动物性有无联系的争论。

4————————————————————————————

进化心理学的人性论

被媒体通俗地称为"社会生物学家"的人并不是一个统一的阵营,对于"基因能否解释人类行为"的问题,他们的看法很不一致。汉密尔顿、道金斯和梅纳德-史密斯等人致力于说明基因在生命进化中的意义,也试图解释人类行为的进化机制,但他们不赞成在基因的层次上解释人类行为。另一方面,威尔逊、特里弗斯、亚历山大和巴拉什等人,认为人类行为没有摆脱控制着所有生物社会行为的基因作用,社会生物学的原理完全适用于人类社会。1992 年,图比和克斯米黛丝等人合编了《适应的心智》,宣告一门名叫"进化心理学"的新学科的开始。进化心理学家与社会生物学的一个重要区别是,他们认为人性与人的基因没有直接联系,基因所决定的生理结构只有通过人的心理机制才能影响人的行为。因此,只有通过人的行为模式所表现出来的人的心理机制,才能研究人性问题。

进化心理学家把人的大脑比作高度复杂的计算机,在人类进化的几百万年时间里,"自然选择"的力量在这台"计算机"上设计了特定的编码程序,这就是人类的心理机制。因此,要了解人类的心理机制,就必须了解"自然选择"的设计。"自然选择"的设计表现为它的选择作用,被它所保留的能够适应环境的大脑功能就是它所设计的编码程序。

进化心理学家的解释所使用的一个重要概念是"进化适应的环境"(Environment of Evolutionary Adaptation,简称 EEA),它指在"自然选择"的压力下,大脑形成时所适应的环境。他们的基本思路是通过大脑所适应的环境来解释大脑的功能。适应环境是解决具体的问题,如果知道大脑在形成时需要解决哪些具体问题,那么也就知道了大脑具有哪些具体的功能。自从 500 多万年前出现了最早的人类,人类的脑容量不断增长,大脑的进化直到距今 5 万年的现代智人阶段才完成。考古人类学是我们认识大脑的"进化适应的环境"的主要途径。通过考古人类学对早期人类的采集—狩猎生活环境的描述,我们知道早期人类面临的进化适应问题包括:辨认亲属、共同防卫、选择配偶、食物偏好、逃避天敌、判断猎物的动向、识别欺骗和记忆阅读,等等。这些问题对于早期人类生死攸关,如果不能有效地应付这些问题，人类早已被"自然选择"所淘汰。正是因为人类大脑在进化中形成了成功解决这些问题的心理机制，人类才得以生存下来。这些心理机制是大脑神经元的固定连接，好像是为了特殊的目的、计划和程序而设计的电路模块（module）。每一个模块都是针对一些具体问题而设计的，不同的模块解决不同的问题，表现为不同的行为模式。这些固定连接的神经线路，如同经过"自然选择"保留的其他生理构造一样，是可以遗传的，是先天的心理机制。

图比和克斯米黛丝说明了进化心理学与流行的社会科学范式之间的根本分歧。他们指出，自涂尔干以来的社会学家有这样一些共同的预设：（1）一切文化现象都只能用社会的原因来解释，而不能用自然的原因来解释；（2）生物进化只能解释人的身体构造和生理特征，而人的身体和生理特征对文化的产生和发展不起作用，即使有作用，也是微乎其微的；（3）生物进化在人类进入文明时代之后对人类不再起作用，人的社会性对文化和文明的发展起着决定性作用；（4）人的社会性随着文化历史条件的变化而变化，人类没有不变的、普遍的本性；（5）人的心智是没有任何内容的"白板"，心智的内容是后天学习的产物，受文化习俗的影响；（6）人的知识和道德观念没有普遍的、不变的真假是非的标准。这些观点已经成为 20 世纪社会科学的传统，这就是所谓的"标准的社会科学模式"（Standard Social Science Model）。[1]

进化心理学认为，"标准的社会科学模式"是错误的，因为在史前环境中形成的人类的先天心理机制是相对固定的，不一定总是适应以后的环境变化。在人类大脑的进化完成之后，人类的生活环境发生了很大变化，特别是距今 1 万年前文明产生之后，人类告别了采集—狩猎生活方式。但是，1 万年时间只是人类全部进化时间的 0.5%，只是现代智人进化时间（约 20 万年）的 5%。在相对短暂的时间里，不可能改变"自然选择"长期形成的人类普遍的心理机制。进化心理学家认为，现代人的脑壳里安装着石器时代的心智。在文明环境中，在早期人类生活环境中形成的心理机制仍然在起作用，有些仍然适应环境，有些则不适应环境。进化心理学家因此区别了"天赋的适应"（innate adaptation）与"实施中的适应"（op-

---

1 *The Adopted Mind*, ed. by J. H. Barkow, etc., pp. 24 - 49.

erational adaptation)。比如,人类选择配偶、识别欺骗和谋求社会合作的推理等心理机制仍然适应文明的环境,这是"天赋的适应"。又比如,人类食物偏好的心理机制是在采集—狩猎的生活环境中形成的,为了从动植物充分吸收养料,人类偏爱油腻和甜食;虽然现代人的食物营养过剩,但仍然偏好油腻和甜食,这一心理机制不适应文明生活的环境,爱好油腻和甜食已成为心血管疾病的主要病因。人类从后天经验总结的科学知识和保健文化是克服先天的食物偏好的"实施中的适应"。

进化心理学虽然摆脱了"基因决定论"的阴影,但也没有摆脱"遗传决定论"。进化心理学假设,人类心理机制是大脑中一些天赋的固定"模块",其结构和内容是先天的,并不随着后天经验的变化而改变。进化心理学用人类的种系进化史来论证大脑的先天机制的形成,但个人的发育史却揭示了不利于这一假说的事实。进化人类学告诉我们的事实是,早期人类的脑容量从南方古猿的450毫升增加到现代智人的1350毫升,而妇女的骨盆却没有相应增大,这就产生了人类特有的难产现象。在骨盆的产道与婴儿的头颅之间必须保持一定的尺寸比例,才能使难产率控制在人类的生存所能承受的范围内。"自然选择"决定了这一比例为1:1.018(猿类动物的这一比例低于1:0.75),同时把婴儿出生时的脑容量保持在成年人的25%(猿类动物的这一比例在50%左右)。[1] 据古尔德的比较,出生时恒河猴的大脑占身体体积的65%,黑猩猩占40.5%,而人类只占23%。出生后第一年,黑猩猩的大脑发育到成年大脑的70%,而人类在出生后3年,才能达到这一比例,人类直到十七八岁时,大脑才发育成熟,就是说,人类生活周期的30%都用于大脑的生长发育。[2] 个人大脑的发育史说明,人的大脑出生时还很不成熟,很多神经元的"模块"要到大脑发育成熟时才能形成。少儿时期的生活环境,包括营养状况、教育水平、家庭和社会的影响,对一个人的大脑中的心理机制的形成具有十分重要的作用。

---

1 B. G. Campbell and J. D. Loy, *Human Emerging*, 8th. ed., Allyn and Bacon, Boston, 2000, p. 401.
2 [美]古尔德:《自达尔文以来》,北京,生活·读书·新知三联书店1997年版,第61页。参见 K. L. Feder and M. A. Park, *Human Antiquity*, 3rd. ed., Mayfield, California, p. 209。

　　进化心理学把人的大脑比作计算机,批评者根据个人大脑发育史的事实反诘说,这台计算机事先设计好的线路模块只是硬件,它的工作软件由大脑发育成熟期间的后天环境安装。如果不同的后天环境安装不同的软件,这台计算机将做不同的工作,"先天的心理机制"如何能够成为普遍的人性呢? 进化心理学面临的理论困难,对他们企图用进化论来统一社会科学的努力构成了严重挑战。

　　上述种种困难说明,达尔文主义在社会领域的进军还只是万里长征的第一步。但这不意味着这一步走错了,或根本不能越雷池一步。达尔文主义不但是现代生物学的范式,而且能够成为自然科学的范式,还可以成为哲学社会科学和历史科学的范式。如果要获得关于人性和人类文化的科学知识,就必须借助达尔文范式,沿着社会生物学和进化心理学开辟的方向,克服其困难,而不是倒退到否认人的社会性与生物性有任何联系的"标准的社会科学模式"。

人性科学何以可能

按照达尔文范式,传统的人性论要转化为自然科学、社会科学和历史科学相统一的人性科学。人性科学要依赖现有的科学研究成果,在现有的基础上对人性进行专门的研究。由此提出了一些新问题,比如,在现有科学的研究对象中,是否能够抽象出"人性"这一新的研究对象? 现有科学中的哪些研究成果,可以提供研究人性的材料、观点和方法? 这些问题的实质是:人性科学何以可能? 我将从科学研究对象和现有的科学基础之间的互动关系入手,回答这一问题。

1

"人性"概念的逻辑学、生物学和社会学的意义

顾名思义,"人性"是人类特性的总称。但如果仔细琢磨,"总称"却是有异议的,它涉及个体与类之间两种不同的逻辑关系。一是特殊与普遍的关系,即,个人的特征是特殊的,人性是适用于每个人的普遍性;二是个别与全体的关系,即,个人是元素,人类是个人的集合。"人性"的普遍概念和集合概念是两种完全不同的概念,围绕"人性"问题曾引起著名的哲学争论。在西方,柏拉图说"人是无毛的两脚动物",这里的"人"是集合概念;亚里士多德说"人是有理性的动物",这里的"人"是普遍概念。在中国,孟子说"人性善",荀子说"人性恶",他们所说的"人性"虽然都是普遍概念,但孟子的"人性"是属概念("人"),荀子的"人性"是种概念("动物")。这四个人都在说人,但说的不是同样的"人",却分别在西方和中国引起了历史悠久的争论。至今人们还在争论不休,甚至还有新的发展,如用孟子的

"性善说"反对亚里士多德的"理性说"。

西方人长期把亚里士多德所说的"人是有理性的动物"当作人的经典定义,这一定义的内涵是人的本质,外延是所有的个人,如果某些人没有所谓的"理性",那就要被排除在"人"之外。亚里士多德承认,他的定义只适用于希腊人的特征,不包括希腊人以外的"野蛮人",后者甚至不能算作真正意义上的人,只是"会说话的动物"而已。

西方关于人性的集合概念,比如,柏拉图认为,"人是无毛的两脚动物"[1],这一定义适用于所有的个人,因为"无毛"和"两脚直立"是两个集合。亚里士多德反驳说,这些概念没有指示人的本质,"无毛的两脚动物"不是说明人的本质的定义。[2] 在中国,与孟子同时的告子说:"食色,性也。""食"和"色"也是关于人性的集合概念。孟子反驳说,这一说法没有区别"人性"与"犬之性""牛之性"的差异。[3] 孟子和告子的"人性"是不同的概念,告子的概念是关于人所属的动物的集合概念,孟子的概念是关于人的普遍概念。传统人性论混淆了"人性"的普遍概念与集合概念,在关于人的普遍概念中,又混淆了种概念(关于人种的概念)和属概念。[4] 这些混淆是历史上关于人的本质与偶性、人性与生物性关系的争论的思想根源。

达尔文的进化论使生物学成为科学,其中一个重要原因在于,达尔文摆脱了传统的形而上学的思辨,"物种"不再是表示本质的普遍概念,也不是种属不加区别的集合概念,而是关于群体的概念。"群体"的共同特征构成了"物种"的生物学意义。

生物学中所说的"群体",指这样一些个体的集合,这些个体之间的交配能够产生有生育能力的后代。多数不同群体的个体,如牛和马,不能交配生育,因此,牛和马不属于同一个"群体";有些不同群体的个体,如马和驴,虽然能够交配生

---

1 柏拉图关于"人"的定义蕴含于他对政治家的定义:政治家是"一群无毛的两脚动物的管理者"(参见柏拉图《政治家篇》,261c - 268a)。
2 参见亚里士多德《形而上学》,1039a35 b5,1040a15 - a28。
3 《孟子·告子上》。
4 注意:逻辑的"种"和"属"与生物的"种"和"属"的意义相反。逻辑学中,"种"包括"属",而生物学中,"属"包括"种"。

育,但生出来的后代却是没有生育能力的骡,因此,马和驴也不属于同一个"群体"。地球上所有现存的人,不管外表差异和文化差异,彼此都可以婚配生育,产生有生育能力的后代,因此,现在地球上所有的人都属于同一人类群体。

生物学中所说的"群体"指"孟德尔式群体",即服从孟德尔遗传规律的群体。孟德尔遗传规律是关于基因组合的统计学规律,而服从统计学规律的基因组合的一个前提性条件是,同群体的个体之间必须能够自由交配。因此,自由交配是划分物种的一个基本限定,在个体能够自由交配的范围内,同一物种的个体的基因组成有大致相同的频率,每一物种有着相对稳定的基因库。人种的形成经过了不同的进化阶段,在距今3万多年前,地球上只剩下现代智人这个唯一的人种,[1] 其基因库已由二三年前完成的"人类基因组"工程所测定。

自然界中的同一物种的个体之间不能自由交配的主要障碍是地理上的隔绝,在不同地理区域,分布着同一物种的不同群体。人类的群体最早也是由于地理上的障碍而造成的,现代智人从非洲起源以后,最早迁移到世界不同地区的群体由于互不来往通婚,形成了相对独立的黑种人、白种人、黄种人和红种人等各种不同群体。但这些不同的群体既不是人种中的不同"种族",也不是现代智人以下的亚种。当一个物种分化成几个亚种,那么每一个亚种有着与其他亚种相分离的基因库。但现在并没有独立的"种族基因库"。生活在世界各地的现代智人有着共同的基因库,他们之间外表上的差别并不代表基因库的重大差异。基因分析告诉我们的事实是,只有全人类的基因库,而没有"白人基因库""黄种人基因库""黑人基因库"。控制肤色的基因只有5对左右,在一个人拥有的3万多对基因中所占比例微乎其微,没有任何理由把不同肤色的人群归于不同的人种或亚种。分子遗传学的基因分析表明,不同"种族"之间只有10％左右的基因差异。[2] 就是说,"种族"内的个体差异要比"种族"之间的差异大得多。把白人和黑人归于两个亚种,就会出现这样的荒谬情况:如果两个白人之间在基因上的差异比他们与一个黑人在基因上的差异大9倍,却硬要把白人归属于一个亚种,而黑人归属于另一个

---

1 参见［美］理查德·利基《人类的起源》,上海,上海科学技术出版社1995年版。
2 R. C. Lewontin, "The apportionment of human diversity", in *Evolutionary Biology*, vol. 6, ed. by T. Dobzhansky, New York, Plenum Press, 1972, pp. 381–398.

亚种！

人类最早的群体形成之后，无一例外地组成了社会，不同的社会有不同的文化习俗。社会文化的因素是阻碍个人间自由婚配的主要障碍。这些障碍包括：社会等级（如印度不同"种姓"之间不能通婚），宗教信仰（如一些教派禁止其成员与其他教派的成员结婚），意识形态（如政敌之间不通婚），以及文化风俗习惯（如属于不同文化传统的家庭之间一般不通婚，现代社会中教育水平相差很大的人之间也很少通婚），等等。

由于自然界中生物群体与人类的社会群体的不同的形成机制，人类群体于是也有生物学意义与社会学意义之分。生物学意义上的人类群体与其他物种的群体一样，指能够在一定范围内自由婚配生育的个体的集合。社会学意义上的群体有着不同的划分标准，既可被限定为民族、族群，也可被限定为社会等级、阶级、阶层，还可被限定为宗教派别、政治团体、职业集团，以及其他各种社会利益集团。按照不同标准划分的社会群体有重叠交叉关系，如某一民族在某一社会中，往往处于一定的等级或阶级地位，往往有着共同的宗教信仰和政治主张，甚至从事相同的或者相互关联的职业。社会群体之间的关系错综复杂，需要从民族、宗教、经济、政治等各种层面和角度进行分析。

群体的社会学意义是复杂的，但它与生物学意义之间的联系更为复杂。一个社会群体内部实行自由婚配，不同社会群体之间却往往缺乏婚配的自由。但是，社会群体之间在婚配上的障碍是否影响到人类生物群体的基因频率？如果存在着这样的影响，不同的基因频率是否影响到人类群体的社会行为？对于这样一些问题，有两种极端的答案：一个极端完全否认这样的影响的存在，认为人的社会属性和行为与生物特征（可遗传的性状）无关；另一个极端把这样的影响视为决定性的作用，认为人的社会行为属于基因的表型，在很大程度上被基因型和"自然选择"的相互作用所决定。在这两个极端之间，还存在着一系列不同程度的中间立场。

2

解决有无共同人性的问题的四个推理

人类群体的社会学意义与生物学意义有无联系的问题还引起了另一个问题：有无共同的人性？从历史上看，人类群体的社会学意义与"社会性"的观念有关，而人类群体的生物学意义与"人的生物性"的观念有关。一般来说，赞成人的社会性与生物性有联系的人同意"共同人性"说，而不同意把人的社会性与生物性联系在一起的人则否定"共同人性"说。这两个问题的两种不同答案之间的关联，实际上是以下两个逻辑推理：

推理一：

前提 1：人性包括社会性和生物性两个方面；

前提 2：人的生物性有着比较明显的共同特征，而社会性则表现出复杂的差异；

前提 3：生物性对社会性具有决定性影响；

结论：存在着共同人性。

推理二：

前提 1、前提 2 同上；

前提 3：生物性对社会性没有什么影响；

结论：无共同人性的可能。

历史上关于人性的各种学说，都蕴含着推理一的论证。比如，前述亚里士多德和孟子的观点，都是蕴含着推理一的人性论。历史上的形形色色的种族主义是一个例外。种族主义是推理一和推理二的结合。它把前提 2 修改为：不同的种族有不同的生物性；再通过推理一的前提 3，得到了推理二"没有共同人性"的结论，但作了一个重要的补充："只有不同种族的人性。"社会达尔文主义不像种族主义那样明目张胆地修改前提 2，但对前提 2 作了一个补充：人性由先进种族所体现，再按照推理一，得出了"有先进种族所代表的共同人性"的结论。这里的"先进种族"实际指西方民族的白种人，社会达尔文主义的结论实际上与种族主义并无区别。

现代哲学和科学共同批判传统的形而上学,同时也抛弃了传统的人性论,得出了"无共同人性的可能"的结论。推导出这一结论的推理二只改变了推理一的前提3,认为人类的生物性对人的社会性没有实质性的影响,从而得出了"不同类型的社会有不同的人性,没有全人类共同的人性"的结论。

20世纪70年代兴起了一股思潮,认为社会生物学改变了把人性等同于人的本质的传统观念。一些社会生物学家认为,人类也是生物学意义上的群体,"人性"表示这一群体可遗传的特征总和的集合概念,可用人类的基因库来衡量;因此,人性是最后可用基因加以解释的生物性。他们还认为,社会性不是与生物性相分离的本质,只是人的社会行为模式,最后也可用基因的表型加以解释。[1] 人类的生物性相同而社会性不同的反差最终也可用基因型和表型的差别来解释,即,人类各个群体的基因型虽然基本相同,但在不同的选择压力下,在"基因—文化的同步进化"过程中,各群体的基因表型的频率不同,因而具有不同的社会行为模式。[2] 社会生物性的人性论实际上是以下一个推理:

推理三:

前提1:人性是人类可遗传的生物性;

前提2:人类各群体的生物性的基因型基本相同,但基因的表型各不相同,因此产生不同的社会行为模式;

前提3:人类生物性的基因型决定了社会行为的表型的性质和变化范围;

结论:存在着共同的人性。

从形式上看,推理三与推理一除了前提1不同,其余两个前提的意思相近,结论也一样。但如果以为人类社会生物学没有表达比传统人性论更多的东西,那就低估了社会生物学抛弃本质论的"人性"观念的根本变革。人类社会生物学把"人性""生物性""社会性"等在传统上表示人的本质的概念,都转化成表示生物群体特征的集合概念。从理论上说,这些集合概念不但起着规定群体的整体性质的定性作用,而且是可用基因频率来衡量,最终可被转变成群体遗传学的定量的概念

---

1 参见[美]威尔逊《论人性》,第6页。
2 参见[美]威尔逊《论契合:知识的统合》,第260—261页。

或公式。在我看来,能否用自然科学的精确的、定量的概念和公式来表达人性论,这是很可疑的。推理三的前提 2 和前提 3 把人的社会行为模式归结为人类基因的表型,这都是未经证明的假设,在很多人看来,这是不可能被经验证据所证明的错误的假设。人类社会生物学引起的激烈争论,大多围绕这一假设而展开。

20 世纪兴起的进化心理学家也把人性视为人类进化过程中形成的生物特性,但避开了把人类的生物性归结为基因型、把人的社会行为归结为基因的表型的"强推理"。他们提出的人性论是用心理机制代替基因型和基因表型、用社会行为的直接心理动因代替基因学的终结解释的"弱推理",其推理形式如下:

> 推理四:
> 前提 1:人性是人类可遗传的心理机制;
> 前提 2:从早期人类遗传至今的先天的心理机制是人类共同的,不同社会群体因适应不同的、变化了的进化环境,采取不同的后天反应模式;
> 前提 3:因环境因素刺激而出现的后天的心理反应也受先天的心理机制的决定性影响;
> 结论:*存在着共同的人性。*[1]

推理四虽然弱化了推理三的科学主义的还原论的强度,但仍然有还原论的假设。第一,早期人类的社会行为的心理动因是否能够被归结为某种固定的心理机制?第二,这一心理机制是否能够以生物遗传的方式世代传递?第三,心理反应的后天模式是否受这一先天的固定心理机制的影响?从个人大脑发育史来看,后天的环境因素对人的社会行为的心理动因的影响似乎更大。

对以上关于有无共同人性的四种推理,总的评价是:第一,推理一、二采用了前科学的"人性"概念,两者关于生物性与社会性关系的争论是科学不能解决的;结论:蕴含着这两种推理的人性论是非科学的。第二,推理三、四以"人性"概念的生物学意义为基础,但它们关于人的社会行为或心理反应模式的生物学基础的假设,却是现有科学难以证明的;结论:蕴含着推理三、四的人性论尚未成为科学。

---

1 *The Adopted Mind*, ed. by J. H. Barkow, etc., 1992.

3————————————————————————————————————

"人性"概念的科学含义

对人性的研究能否成为科学,在很大程度上取决于能否在现有科学的基础上改进推理三、四。我们说,这两个推理关于人的社会行为受基因或先天心理机制控制的假设,是现有科学难以证明的;并且,将来的科学发展也不大可能证明这样的假设。哪怕是最简单的社会行为也是诸多复杂因素共同参与造成的后果,这些因素不大可能全被量化成数学模型的参数。即使未来的科学真的能够在生物化学的层次上精确地描述人的神经、腺体、肌肉和感官活动,那时也不能完全解释人的心理活动和社会行为的性质、原因和后果。因此,我们不能指望未来科学的成果可以为推理三、四提供更多的科学证据。

改进推理三、四的方向,不是尽量满足自然科学的严格性、精确性以及分析和量化的标准,而是弱化这些标准和还原论的解释。推理四弱化了推理三中还原论的"强推理",但推理四中仍然有还原论的假设,需要继续弱化。然而,弱化要有一定的底线。在现代条件下,不能离开科学的基础研究人性,否则,倒退到前科学、非科学的人性论,是没有出路的。

人性论的科学底线是达尔文的进化论的"自然选择"理论。根据这一理论,人类在选择压力下形成的适应特征,即是人性。"自然选择"是对个体的选择作用,而不是"群体选择",因此,被"自然选择"所保留的这些适应特征是人类群体共同具有的。"人性"是一个群体概念,而不是通过个体间差异的比较而概括出来的普遍概念,更不是表示所有个体共同特征的集合概念。"在选择压力下形成的人类适应特征"和"人类群体具有"是关于人性的科学概念的两个最低限度的规定性。

这两个最低限度的规定性分别肯定了人性在种系进化过程中的自然形成,以及在个体发育过程中的自然禀赋。"人性"的传统观念指人的自然本性,因此,西文用 human nature 表示"人的本性","本性"和"自然"是同一个词;古代汉语的"性"与"生"同,表示与生俱有的自然禀赋。词源学虽然透露了"人性"的"自然本性"的基本含义,但只有达尔文的进化论才能揭示"人性"概念基本含义的科学性。

人的生物性是一种自然本性,却不能反过来说,人的自然本性是生物性。"人性"最低限度的规定性可以不包括人的生物性,因为生物学研究的有普遍意义的生物特征是可遗传的特征,即,通过基因复制的途径世代遗传的特征。为了避免把人性还原为基因的特征,最好不要把人的生物性归属于"人性"的范畴。这样尤其可以避免把人的社会行为归结为基因遗传的还原论。

人的社会行为或心理机制是不是具有可遗传的特征?这是悬而未决的问题,未来的科学也不大可能解决这一问题。现在已知的人类的遗传特征一般都是生理的结构、功能和过程。比如,人有103块骨骼,妇女骨盆与婴儿头颅宽度的比例约为102:100;与这些生理结构相应的一些功能和发育过程也是可遗传的,如人的直立行走方式,人的大脑在出生后十多年内发育成熟,等等。但是,没有证据表明,人的社会行为方式也是可遗传的,或者被遗传特征所决定。比如,人的直立行走所引起的社会行为既可以是制造工具,也可以是父母共同哺养后代,还可以是共同捕猎和采集的社会合作。这些社会行为都不是可遗传的特征,而是在发育成人之后获得的后天特征。再说,直立姿势使手脚分开,但手脚用何种方式、从事何种社会行为,那不是手脚的功能所能决定的。同样,人在少儿时期所接受的教育伴随着大脑发育的过程,但教育的内容和方式既不是可遗传的,也不受大脑的遗传特征所决定。

如果人的社会行为或心理机制不是遗传特征,也不被遗传特征所决定,那么,人类如何可能有共同的人性呢?这里的关键是要理解"可遗传的特征"与"自然形成的特征"的关系:生物遗传只是形成人类的适应特征的一种自然方式,但不是唯一的自然方式。"自然"不等于"先天"或"天赋"。人的社会行为或心理机制是通过生物遗传("天赋")以外的自然方式后天形成的适应特征。在大致相同的后天环境中,如果面临着大致相同的选择压力,有着相同的遗传特征的个体,可以自然地形成一些共同的适应特征。在此意义上,我们把人类共同的心理机制和社会行为模式归属于人的自然本性,并把它理解为人性的主要部分。

人类的心理机制和社会行为模式这两个人性的要素不是相互分离的。如劳伦兹所说,动物的行为模式有"内在释放机制",每一种模式化的行为都是由一系列从神经到肌肉固定的传导活动所完成。[1] 行为模式的适应价值越大,则内在的

---

1 K. Z. Lorenz, *The Foundations of Ethology*, New York, Springer-Verlag, 1981.

释放机制越复杂,比如,哺养后代的行为模式比笑或哭有着更为复杂的内在释放机制。人的社会行为模式所需要的内在释放机制最为复杂,它是以人的大脑中枢神经系统为基础的人类心理机制。需要注意的是,人类的心理机制与社会行为模式不是一一对应的。正如进化心理学所指出的那样,人类的心理机制是相对固定的,在几百万年的"进化适应的环境"中形成,至今没有根本的变化。人类的心理机制有相当大的弹性,可以适应变化了的环境,以不同的方式,释放不同的社会行为。这些社会行为具有不同程度的适应性,有些适应性较高,有些较低。在"自然选择"(包括社会环境的选择)的压力下,适应性较高的社会行为被保留,适应较低的则被淘汰。人类不同社会群体的不同文化传统或文明是有着不同适应性的社会行为的固定模式,它们有的已经消亡,有的发生了重大变化。但这不一定意味着,承载这些文化传统或文明的社会群体中的个体也随之消亡或发生重大变化。如果这些个体能够调整自己的心理机制,找到相应的适应环境的行为模式,他们或者创造新的文化,或者在另一文化传统中生存。

进化心理学认为人类的心理机制是可遗传的共同特征,这却是一个不必要的假设。即使不通过生物遗传的途径,在后天的个体发育过程中,人的大脑也照样可以"嵌入"共同的心理机制。这是因为,人类教育后代的环境、过程、方法和基本内容是大致相同的。与史前时代相比,自然环境和人的社会环境发生了很大的变化和分化。但是,不同社会群体都在比较小的环境和熟悉的人际关系中教育儿童,父母和长辈的身传言教有重要影响。教育的内容无非是语言能力、生活能力和劳动能力的基本训练,训练的基本过程和方法也大致相同。比如,人类传授语言的方式是大致相同的。在大脑发育的较早阶段,语言区的神经元的连接增多,最适宜学习语词的联结。乔姆斯基用天赋的、内在的生成转换语法来解释这一事实。但是,这里"天赋"的意思只能被理解为后天实现的"自然禀赋",而不是"与生俱有"的意思。否则的话,在母体中只完成了大脑发育的1/4的婴儿大脑,大多数的神经连接还没有形成,何来"生成转换"的内在功能呢?反之,如果在神经连接迅速形成的时候,没有相应的后天的语言联结,这些神经连接所具有的生成转换功能也不会形成内在的"语法"。按照我们的解释,"生成转换语法"属于人类共同的心理机制,与其他心理机制一样,它是在早年的学习和大脑发育这两个同步的自然过程形成的。

以上说明了"人性"的四个要素：(1) 自然特征：在"自然选择"压力下形成的适应特征；(2) 心理特征：这些适应特征主要是个人发育过程中自然形成的心理机制；(3) 社会特征：这种心理机制与一定的社会行为模式相对应，并驱动适应的或不适应的社会行为；(4) 群体共同特征：人类群体所具有的自然禀赋。

4 ————————————————————————————————

第五种推理

上面从人类成功地生存和繁衍这一基本事实出发，按照"自然选择"的科学原理，探讨了"人性"概念的科学的含义。以下将换一个角度，用分析的方法，逐步推导出共同人性的结论。

推理五：

前提 1：人性是在选择压力下自然形成的人类适应特征，包括心理机制和与之相对应的社会行为模式；

前提 2：人类的心理机制是相对固定的，有较大弹性，社会行为模式的适应程度却有相当大的不同；

前提 3：一些社会行为模式在选择压力下的变化和人类心理机制的固定不变是相互对应的人类适应特征；

结论：存在着共同的人性。

这一推理与前面四个都不同。前提 1 与推理三、四的前提 1 一样，改变了把人性视为人类本质的抽象普遍性（如推理一、二的前提 1 所示），而把"人性"作为表示个体适应特征总和的集合概念。但与推理三、四不同的是，推理五不把人的生物性或可遗传性当作适应特征的必要条件，而是在更宽泛的意义上，用先天的和后天获得的自然特征作为人性的标志。

推理五的前提 2 和前面四个推理的前提 2 一样，都是为了区分人性中"一"与

"多"、"变"与"不变"的因素。但不采用"生物性"与"社会性"(推理一、二)、"基因型"与"表型"(推理三),以及"先天"与"后天"(推理四)等区分,而是采用了"心理机制"与"社会行为模式"的区分。这两者不能在人的具体活动中区别开来,因为心理机制是作为行为模式的"内在的释放机制"而存在的,人类的心理机制与社会行为模式的联系尤为密切,但是,两者却因适应性上的差异而区别开来。

长期进化过程中所形成的人类心理机制对环境的适应是相对稳定的,有较大伸缩性,能够以不变的方式承受不同的、变化的外部环境刺激,其反应方式也不随环境中具体对象的改变而改变。例如,在史前时代和文明社会中,威胁人们生命的对象大不一样,但人类对生命威胁的心理反应却有着固定不变的机制。进化心理学从人类种系进化的角度,对人类心理机制的恒久性("不变")和共同性("一")作了很多研究;从个人大脑发育和意识发生史的角度,也可以说明人类个体心理机制的共同起源和整体特征。

另一方面,人类社会行为模式的适应性是不稳定的,有程度高低的差别。史前人类行为模式体现在考古学发掘出来的不同类型的文化遗迹中,如"奥杜威文化"体现了东非"直立人"的社会行为模式,"莫斯特文化"体现了尼安德特人的社会行为模式,"克罗马农文化"体现了西欧地区的现代智人的社会行为模式,"仰韶文化"和"大汶口文化"等体现了中国境内的现代智人的某些分支的社会行为模式,等等。在农业—畜牧业革命以后,不同类型的文明体现了更大规模和范围的社会行为机制。汤因比区别了近 6000 年来的 31 个文明类型,其中有 16 个已经消亡。他认为,一种文明因为一个社会成功地回应了环境挑战而产生、发展;因不能成功地回应变化了的环境而衰落、消亡。人类文化或文明的历史充分说明了人类社会行为模式的多样性和变动性,同时也说明了它们不同程度的适应性。社会行为模式的适应性越高,它所表现的文化或文明持续的时间也就越长,扩展的范围越大。但不管一个文化或文明传统持续时间多么久远,它也不能恒久不变;不管它扩展范围有多大,也没有包含全人类。相对于人类社会的行为模式而言,人类心理机制是恒久的、共同的。

推理五的前提 3 与前面四个推理的前提 3 一样,也是对人性的"不变"与"变"、"一"与"多"因素之间的关系作出规定,最后得出有无共同人性的结论。推理二的前提 3 认为，"不变"和"一"的因素不能解释"变"和"多"的因素，不同社会的不同成员有不同的人性特征，得出了"没有共同人性"的结论。推理五与推理一、三、四一样，都认为，"不变"和"一"的因素能够解释"变"和"多"的因素，因此得出"存在着共同人性"的结论。但有一个重要的区别：推理一、三、四借助因果决定论的解释，认为"不变"和"一"的因素分别是"变"和"多"的因素的原因，或认为，前者对后者有决定性的影响。这是希腊哲学和近代科学传统的解释模式。传统的人性论固然与这一解释模式相一致，社会生物学也没有摆脱同样的解释模式，如威尔逊所说，他深受"爱奥尼亚魅力"的吸引。[1] 我们知道，从爱奥尼亚的希腊哲学开始，西方思想家就一直在寻求"多中的一"、"变中的不变"的真理。本原、本质、原因和人性都被看作这样的真理。

推理五的前提 3 不再用因果决定论处理"不变"与"变"、"一"和"多"的关系，而把它们解释为松散的对应关系。人类共同的、固定的心理机制与不同群体的多样的、变化的社会行为模式相对应，两者的对应既不是因果联系，也不是一一对应的逻辑关系，而是在不同环境的选择压力下形成的适应性，它服从进化论的科学解释。

人类心理机制与社会行为模式之间的对应关系是一种解释学的循环。一方面，我们需要用人类心理机制来解释人的社会行为如何形成模式、如何变化的过程。不管人类社会的行为模式有多少差异，它们总是指向一个共同的、固定的心理机制，人类心理机制可以解释人类社会行为模式的必要性和合理性。另一方面，我们也需要一定的社会行为模式来解释人类心理模式的现实性和可检验性。人类心理机制虽然是内在的，却不是隐秘的；它不是隐秘的，不仅仅是因为它是神经生理学和生物化学的研究对象，而且是因为可以从人类社会行为模式追寻它的踪迹。人类心理机制和社会行为模式相互解释的对应关系证明了这样的结论：人类共同的、固定的心理机制和与之相对应的多样的、变化的社会行为模式是人类整体具有的适应性特征，这就是共同人性。需要注意的是，共同人性的群体概念不要求每一个人都具有人类的全部性质。比如，我们说，人类有乱伦禁忌的心理

---

1 ［美］威尔逊：《论契合：知识的统合》，第 3 页。

机制,但并不是每一个人都有这样的心理,极少数家庭的成员没有这种心理机制,这是造成家庭乱伦的重要原因。

5——

支持推理五的现有科学基础

与前四个推理的前提一样,推理五的前提也是假设。它们的区别在于:推理一、二的前提是用前科学的概念表述的非科学命题;推理三、四的前提虽然是用科学的概念表述的命题,但这些命题却超出了现有科学所能提供的证据范围,并且未来科学也不大可能提供所需要的证据;推理五的前提既是用科学概念表述的命题,又能够在现有科学和未来科学的发展中获得所需要的证据。只有推理五使得人性科学成为可能。

人性科学的可能性现在尚未实现,就是说,现有科学中还没有一门专门的人性科学。我们说,推理五使人性科学成为可能,意思是说,推理五能够把各门科学中相关的证据和结论综合在一起,逐步证明各个前提,使关于人性的研究成为一个科学的推理系统。下面我们将具体地说明,推理五的各个前提能够从现有科学的哪些领域获得哪些方面的支持。

人类考古学证明了人类进化的同源性,人类的共同祖先是生活在500万至200万年前的非洲的南方古猿;现在所有生活在地球上的人都属于同一人种——现代智人,很可能也起源于非洲。人类的同源性解释了人类为什么具有共同的基因库,回答了所有人为什么具有相同的遗传特征——身体构造、发育过程和生理功能。这些相同的遗传特征是人类心理机制和社会行为模式的生物学基础。20世纪60年代兴起的新考古学提出了用考古材料重建史前生活的主张,要求对早期人类社会和文化的特征作出科学的解释。新考古学揭示出石器时代遗物所处的生活世界,用生态环境的压力和人类的适应性反应解释群体的行为模式。80年代兴起的进化心理学进一步研究在早期人类进化的适应环境中形成的人类心理机制。这些科学领域的新成果告诉我们关于人类社会行为模式和心理机制的起源、性质和相互关系的知识。这也是前提 1 关于人性的起源、性质和组成的假设所需要的科学证据。

在人类跨入文明门槛前后的一段历史时期，人类群体及其社会行为模式开始高度分化。人类考古学、生态学、民族学等学科回答了人类社会和文化为什么在这一时期高度分化以及如何分化等问题。人类文化学通过对现存的原始部落的田野调查，对分化所产生的社会行为模式的多样性和历史轨迹作了详细的描述和分析。文化人类学和神话学、比较宗教学和比较语言学等学科交叉在一起，对复杂、多样的文化习俗背后的心理模式和思维方式作了大量探讨。这些领域的研究方法不一样，得出的观点和结论也不一致，甚至相互矛盾。但其中有很多材料可以用来阐明和支持前提 2 关于人类心理机制的共同性的假设。

至于前提 3 关于共同的心理机制与不同的社会行为模式之间的对应关系的假设，需要在历史研究和行为科学这两大领域寻找证据。在历史学、观念史和哲学史领域，关于不同传统的共时性研究和同一文明的历时性研究的研究成果不少，但大多缺乏行为科学的理论视野。行为科学包括社会学、心理学等学科，在这一领域，关于个人与社会、行为与心理模式的研究很多，但大多局限于个案研究，而缺乏长期的、大范围的历史视野。虽然没有多少现成的证据，但经过综合和解释，这两大领域的很多材料可以转换成支持前提 3 的证据。

在不同的学科领域，人性科学所能获得的支持也不同：考古学、生态学和体质人类学能够提供较多的证据；文化人类学、社会学、心理学、民族学、神话学、比较宗教学和比较语言学能够提供一些间接的证据；而在历史学、观念史和哲学史等领域，现在所能提供的是有待解释的历史素材。严格地说，不同领域的这些成果还不能成为人性科学的证据，因为它们有各自不同的研究方法、不同的理论解释和不同的结论。只有当它们能够被综合在人性科学的推理系统之中，经过重新解释，才能转换成相互衔接的证据。现在问题的关键在于，如何"综合""解释"和"转换"？不同领域的成果如何衔接？这些都是未来的人性科学首先需要解决的问题。

图腾制是人类文明的起点

本文的题目是对俞伟超、汤惠生所写的《图腾制与人类历史的起点》[1]一文的回应。笔者完全赞成他们提出的"把图腾制作为人类社会的最初形态来考虑"的论点,但是,"人类社会的最初形态"与其说是"人类历史的起点",不如说是"人类文明的起点"。俞、汤二位的论文为其论点提出的一个主要论据是,图腾制所代表的族外婚使人类脱离了动物界。我认为这一说法是值得商榷的。本文拟根据从人科动物到现代智人进化的连续性,来阐述图腾制("原初文化")与进化机制("自然选择")之间的密切关联,以此证明"文明起源于人类的自然进化"这一合乎"达尔文范式"的结论。

1

人是直立行走的动物

达尔文指出:"尽管人的理智能力和社会习性对他有至高无上的重要性,对他的身体结构的重大意义,我们却也不能低估。"[2]对人的最有意义的身体结构是直立姿势。从距今500万年的南方古猿开始,直立姿势就一直是人类的特性。极少数哺乳动物,如袋鼠也是两足直行的动物,但人类的直立行走比袋鼠的后腿跳跃有着更大的进化意义,人类的其他特征,如制造工具、语音能力等,都与他的直立

---

1 参见《中国历史博物馆馆刊》,1995(1)。
2 [英]达尔文:《人类的由来》上,第65页。

行走姿势有关。不夸张地说,所有那些使得早期人类能够适应环境的特征都始于直立行走的姿势。在非洲发现了最早的人类化石的著名人类学家利基说:"两足行走的起源是如此有意义的适应,以致我们可以理直气壮地说,所有两足行走的猿都是人。"[1] 既然直立行走是如此重要,人们也许情不自禁地要问:人为什么要直立行走?

"人为什么要直立行走"是一个错误的提问方式。从四足行走到两足行走的变化需要身体解剖结构发生重大的变化,比如,人的骨盆矮而宽,呈盆状,而黑猩猩的骨盆窄长,腰部较长,两者的骨椎和四肢也有很大差别。解剖结构是一种遗传性性状,受等位基因的控制。按照达尔文的进化论,基因的变异是随机的,没有任何目的,也不受任何意念的支配;具备了什么样的等位基因,也就自然地具备了相应的解剖结构;最初的人没有要直立行走的意愿,也不存在"为什么"要直立行走的问题。

需要追问的倒是另一个问题:人类直立行走的姿势有着何种适应优势? 突变的结果能否保留,携带突变基因的个体能否繁衍成一个新的物种,这要由"自然选择"来决定。"自然选择"保留了突变所产生的直立的骨骼结构,并保留了与这一解剖结构相关的其他性状,具有这些性状的个体比没有它们的个体能够更好地适应环境,产生了更多的后代,这是从个别人繁衍出人类群体的进化过程。那么,直立行走对于人类的生存繁殖有什么样的进化优势呢?

对于这一问题的一个通行答案是"制造工具"说。这一解释首先由达尔文提出,后来有不同的版本,基本意思都是说,猿走出树林之后,没有充足的果实可供采摘,只能靠狩猎为生,因此需要制造工具;直立行走把猿的前肢变成了人的双手,而手是制造工具所必需的器官;脑容量增加使人能够掌握制造工具所需的技巧。总之,直立行走使人成为制造工具的动物,或者进一步引申说,劳动创造了人本身。

但是,考古证据不支持"制造工具"说。最早发现的四五百多万年前的南方古猿已经是直立姿势,但在同时期和以后很长时期,南方古猿使用的工具并不比黑

---

1 [美]理查德·利基:《人类的起源》,第12页。

猩猩使用的工具更复杂。只是在250万年前的地层里,才发现了与"能人"化石在一起的、明显加工过的石器。就是说,在最早的人直立行走200多万年之后,人才开始用手制造工具,脑容量才开始明显地增长。在这段漫长的岁月里,直立行走的进化优势不能用手的制造工具功能来解释。

在"制造工具"说之后,人类学家对直立行走的进化优势又提出了种种假说,包括"警戒天敌"说、"行走节约能量"说、"行走加采摘优势"说和"方便携带食物"说等等,但最著名的还是洛夫伊乔提出的"父母共同抚育子女"说。他比较了人类的一些重要生殖特征:首先,雌性的黑猩猩和狒狒在发情期吸引雄性交配;而人类女性却没有发情期,男性需要与女性密切接触,才能成功地使女性怀孕。其次,与其他哺乳动物在哺乳期不怀孕的情况不同,人类女性能够连续地怀孕生育,需要男性帮助她们在生育前后照料她的幼子。由于这些生殖特点,人类男性和女性保持着长久的对偶关系,一对男女和他们的子女组成了"核心家庭"。男女有不同分工:男性负责供应食物,女性负责喂养孩子。直立行走使他们能够自由地运用双手,男性用手携带、运送食物,而女性用手拥抱孩子并喂食。[1]

洛夫伊乔的解释产生了很大影响,也招致一些批评。一种批评意见是,一夫一妻的"核心家庭"在人类历史上是少见的,其他人科动物以及早期人类普遍流行的群婚制和多妻制似乎表明,对偶制不是生物进化的产物,而是人类文化的产物。另一个困难是,如果直立行走使得人类能够比黑猩猩等更加成功地抚养后代,那么,古人类理应比黑猩猩有更多的后代。但是,古生物学的人口统计证据表明,南方古猿的幼儿死亡率高达53%—65%,比现存的黑猩猩的幼子死亡率高得多。[2]较高的死亡率可以解释,为什么南方古猿灭绝了,而与他同时的大猩猩、黑猩猩和狒狒却存活至今。这一事实至少可以证明,光靠直立姿势不足以解释人类相对于其他人科动物的繁殖优势。

---

1 C. Lovejoy, "The origin of man", in *Science*, 211(1981), pp. 341 – 350.

2 S. Mellen, *The Evolution of Love*, San Francisco, Freeman, 1981, p. 141.

2——

直立姿势的后果

早期人类的幼儿死亡率较高这一事实不独出现在南方古猿身上,也出现在后来的直立人和尼安德特人等进化阶段。法国著名的人类学家安德烈·朗加内说,在距今300万至15万年的时间里,只有两具完整的人骨化石,这并不能完全用人类化石保存困难来解释,因为人类很早就有埋葬死者的习俗,人类的骨骼应该比其他动物更好地被保留下来,但事实上,人类化石比其他动物化石少得多,"人们之所以找不到很多化石,是因为他们为数很少"[1]。

为什么早期人类的人数那么少?一个明显的道理是,他们的人口增长率低,而幼儿死亡率高。这似乎与人类的直立姿势的繁殖优势相矛盾。人类的直立姿势的繁殖优势是很明显的。首先,直立姿势带来性交姿势的变化。其他哺乳动物采取雄性趴在雌性后背的姿势,而人类最普遍的姿势是面对面;面对面的姿势使双方身体全面接触,眼神对视,调动了视、听、嗅和触觉,感受到动物不可能享有的快感和性爱,延长了性行为的次数和时间。[2] 其次,与直立姿态相关的其他身体特征,如无毛的面孔、突出的乳房、大臀部和薄嘴唇等,成为强烈吸引异性的体貌。哺乳动物的性吸引力通过雌性发情期的特殊气味来释放,雄性被这种气味所吸引而在这一时期与雌性交配。而人类却没有发情期,男女靠体貌特征相互吸引,任何时间都可发生交配。直立姿势造成的特殊的人类性行为及其心理机制增强了人类的生育能力和愿望,使人类能够产生较多的后代。为什么早期人类没有产生较多的后代呢?

我们的解释是,有一利必有一弊。人类直立姿势及其相关特征所产生的强烈而持续的性欲和性爱,既是一种繁殖优势,也增加了近亲繁殖的危害。近亲繁殖是乱交的结果。人们曾普遍认为,早期人类实行乱交,是动物本能使然。但据动物学家的最近研究,很多哺乳动物,如老鼠、狗等,都没有近亲交配的行为;长寿

————————————————————

1 [法]安德烈·朗加内等:《最动人的人类史》,西安,太白文艺出版社1998年版,第25、34—35页。
2 H. Fisher, *Anatomy of Love*, New York, W. W. Norton, 1992.

的、成熟期长的、智力水平较高的动物如象、猿等,近亲繁殖的现象更少。为了避免近亲繁殖,黑猩猩的群体采取"放逐女儿"的机制:幼年雌性黑猩猩断奶之后要离开群体,独居或到其他群体生活。这些研究成果表明,乱交不是动物的本能,而是早期人类特有的性行为。人类特有的性行为与他们特有的直立姿势相关。前面提到的人类体貌的性吸引特征,强烈而持续的性欲和性爱等特征,使人成为最"淫荡"的动物:人类的性交频率最高,乐意选择更多的性伙伴(这与洛夫伊乔的"核心家庭"的假设相反),因此增加了近亲交配的几率。

乐意选择更多的性伙伴与乱交之间并没有必然联系。只有在两种情况下,两者才会有因果联系。第一种情况是,不顾忌性伙伴的血亲关系,自愿地选择关系最密切的异性做伙伴(通常表现为群体内的乱交);另一种情况是,虽然不愿选择近亲做配偶,但由于不能识别异性的身份,意外地把近亲当作性伙伴(如"俄狄浦斯娶母"的希腊神话所示)。

上述第一种情况和第二种情况都有可能是产生早期人类近亲繁殖的直接原因。产生第一种情况的原因可能是,人类比其他动物有更强烈的性欲。我们不能因为很多高等动物没有近亲交配的行为而否认早期人类也是如此,比如,狒狒比黑猩猩和大猩猩的性欲更强,在狒狒群体中近亲交配的现象就比较普遍;而人类比狒狒的性欲更强,似乎没有理由否认早期人类群体中没有普遍的近亲交配行为。产生第二种情况的原因可能是,黑猩猩与人类在基因上有98%以上的相似,因此在行为模式上也有相近性。有理由设想,早期人类群体很可能也采取了黑猩猩群体的"放逐女儿"的行为模式。这意味着,成年男性必须到群体之外寻找配偶。但是,由于不能识别独居的女性的身份,他们无意中把自己的姐妹当作性伙伴。

生物学家证明,在任何情况下,近亲繁殖都会造成物种退化的有害后果;就人类而言,这些有害后果包括后代的死亡率高,智力低下,有遗传缺陷的比例高达30%—40%。在石器时期的严酷自然条件下,近亲繁殖的有害后果意味着,一个群体在短短数代之后就濒临灭绝。

导致早期人类的人口增长率很低的因果链条是:寻求配偶的范围越小,近亲繁殖的几率就越大,后代的存活率越低,群体消亡的速度越快。很多家族由于近亲繁殖的危害而灭绝的事实,很可能是驱使早期人类迁徙的动力。考古学家告诉我们,早在 150 万年以前,直立人从非洲迁移到中东、欧洲、东北亚,或从中亚迁移到南亚、东南亚和澳洲;后来起源于非洲的现代智人在 10 万年前沿着同样路线迁移。[1] 早期人类为什么要在如此大的范围内不断地迁移?这是一个谜。我们现在提出的解释可以揭示出这样一个谜底:出于对家族灭绝的恐惧。为了寻求没有血缘关系的配偶,早期人类曾经不惜一切代价,尽可能地到远处去寻找配偶;就是说,繁衍健康后代和延续家族的愿望是他们不断迁徙的动力。

不断的迁徙固然减少了近亲繁殖的几率,但同时也增加了适应新环境的生存压力;特别是向北迁徙的群体,在冰河期的生活环境尤其恶劣。如果不能及时地适应自然环境的不利变化,一个小群体灭绝的速度不会慢于因近亲繁殖而灭绝的速度,不断迁徙并不能使早期人类摆脱群体灭绝的命运。为了摆脱这一厄运,他们既要世代生活在一个熟悉的(也就是近距离范围的)环境里,又要避免近亲繁殖。这是对早期人类存在和繁衍提出的严重挑战,直到现代智人诞生后,人类才得以应付这一挑战而成为地球上的主人。

3 ———————————————————————————————————

乱伦禁忌的心理机制

现代智人起源于 10 万年前,由于他们与直立人和尼安德特人有一段共同存在的时间,这就向人类学家提出了一个难题:现代智人与其他人种在共同存在时期是否发生了混合?在人类起源的问题上,向来有"单一中心"说与"多中心"说之争。按照"多中心"说,起源于非洲的现代智人在迁徙到世界各地的过程中,与较早居住在这些地区的其他人种通婚,他们的后代是现在生活在地球上的人类。按照"单一中心"说,现代智人没有与其他人种通婚,而是取代了较早的人类,成为现在唯一存活的人种。

---

1 P. R. Ehrlich, *Human Nalures*, New York, Island Press, 2000, pp. 94 - 100.

上述两种假说都有困难。分子生物学的分析证据表明,现代智人起源于十多万年前生活在非洲的一个小群体。[1] 这为否定"多中心"起源说和支持"单一中心"起源说,提供了决定性的证据。按"单一中心说",现代智人在迁徙过程中取代了各地原来的居民,这种没有融合的取代意味着消灭、屠杀,但困难是,现在没有考古证据可以表明,早期人类曾经遭受大规模的屠杀。比如,尼安德特人和属于现代智人的克罗马农人曾经在西欧共同生活长达数万年之久;距今三四万年左右,尼安德特人"神秘"地灭绝,但没有迹象表明他们遭到过屠杀。

对于"取代"说和"混合"说,我们可以用一个取长补短的解释。在现代智人与早期人类长期共存的情况下,两者不发生通婚是难以想象的。从群体遗传学的观点看,相互通婚意味着群体间的"基因交流"(genetic flow),但基因交流的最后结果并不是不同群体基因的混合。因为在"自然选择"的压力下,不同群体的基因遗传给后代的几率大小是不同的,有利基因在混合群体中的分布频率越来越高;相反,有害基因的分布频率越来越低。又因为"基因漂变"(genetic drift)的作用,在一个小群体(史前时代早期群体人数一般不超过50人)中,分布频率很低的基因消失的几率很大。因此,即使智人群体与现代智人群体之间发生通婚,两者混合而成的新群体中不利基因的分布频率也是极低的。根据群体遗传学的这些原理,我们提出一个解释人类繁殖特性如何进化的假说,它由以下四个判断组成:

(1)早期人类中存在着毫无顾忌地在亲属中寻找性伙伴的"乱伦基因",这种基因是造成乱交和近亲繁殖的根源,最终造成了早期人类的灭绝;(2)在人类进化的后期,出现了现代智人的"乱伦禁忌基因";(3)当早期人类与现代智人的群体相互通婚时,"乱伦基因"与"乱伦禁忌基因"曾经混合在一起,但由于"自然选择"和"基因漂变"的双重作用,"乱伦基因"在人类新的群体中的分布频率越来越小,"乱伦禁忌基因"频率越来越高,这些新群体的后代数量越来越多,他们是现在生活在地球上人类的最近的祖先;(4)没有与现代智人通婚的另外一些早期人类的群体保持着较高频率的"乱伦基因",终因近亲繁殖的后果而被"自然选择"所淘

---

1 参见 J. L. Bradshaw, *Human Evolution:A Neuropsychological Perspective*, Psychology Press, 1997, pp. 50 - 56。

汰。由于现在还不能为"乱伦基因"或"乱伦禁忌基因"定位,我们只能根据能够观察的事实来验证这一假说。

关于假说(1)和(4)的证据。近亲繁殖的危害已经为人所知。如果两个不同群体,一个有近亲繁殖的自然倾向,另一个没有这一倾向,那么,前者必然比后者有着较高的死亡率,在相同的自然条件下更加易于灭绝。查布罗(E. Zubrow)根据考古证据,比较了现代智人与尼安特人的死亡率。他指出:"死亡率只差1‰这一似乎微不足道的优势,可使尼安德特人在30代之内很快灭绝。或者说,尼安德特人可以在1000年中灭绝。"[1]近亲繁殖的危害足以说明尼安德特人为什么被现代智人所代替的原因。

关于假说(2)的证据。爱德华·韦斯特马克(Edward Westermarck)在《人类婚姻史》一书中指出,近亲繁殖对后代有害,自然选择必然会淘汰那些有近亲繁殖倾向的物种,不可能想象,这一对动物界和植物有利的规律,不适用于人类;家庭中免于乱伦,主要不是法律、习俗或教育造成的,而是出于本能。他说:"在正常情况下,人们并没有要从事法律所禁止的这种行为的欲望。一般说来,自幼就在一起亲密生活的男女明显地不存在那种恋情。"[2]根据他的观察,幼年起一直密切生活在一起的男女彼此缺乏性吸引力,甚至连想到他们之间的性关系,都会产生厌恶感。

20世纪60年代两项研究结果表明,从小密切生活在一起的男女确实有性排斥的现象。一项研究考察了台湾地区的童养媳习俗,童养媳和她的未来丈夫之间普遍缺乏性吸引力,他们长大后成婚的比例较低,结婚后离婚的比例也较高。[3]另一项是在以色列基布兹集体农庄进行的调查,农庄中的儿童生活在一起,长期的朝夕相处并没有培养男女之间的性爱,相反,这些农庄中的儿童(共125人)长大后没有一对结为夫妻。[4] 这些证据使得韦斯特马克当年提出的假说通过了经

---

1 E. Zubrow, "The demographic modeling of meanderthal extinction", in *The Human Revolution*, Princeton University Press, 1989, pp. 212 – 231.

2 [芬]韦斯特马克:《人类婚姻史》第2卷,北京,商务印书馆2002年版,第638页。

3 A. P. Wolf, "Childhood association and sex attraction", in *American Anthropologist*, 68 (1966), pp. 883 – 898.

4 Y. Talmon, "Mate selection in collective settlements", in *American Sociological Review*, 29 (1964), pp. 491 – 508.

验的检验。

关于假说(3)的证据。大多数社会学家不相信韦斯特马克关于人类有厌恶近亲婚配的心理本能的观点。他们举出历史上一些民族或群体(如古埃及王室)中近亲通婚的例子和社会中乱伦犯罪的事实,证明近亲之间的并无性厌恶感的本能心理。但是,他们所举的反证并不是人类社会的普遍现象;另一方面,支持韦斯特马克的证据只适用于现代智人,不能扩大到人类进化的所有阶段。现代人类的历史和现实中两方面的证据表明,大多数人具有"乱伦禁忌"的本能心理,只有少数人有着"乱伦"的本能心理。这两种对立的本能心理分别受两种根本不同的等位基因控制,不大可能起源于同一人种,而很可能分别来自不同人种的基因结构。

在距今10万至5万年这段时间里,早期人类和现代智人的数量都很少。但5万年之后,现代智人的人口突然大量增加,世界各地都发现了他们的遗迹,而此时也正是早期人类灭绝的时期。现代智人的人口变化可以用假说(3)和(4)加以解释。即距今10万至5万年是早期人类与现代智人的人群相混合的时期,由于早期人类中的"乱伦基因"和现代智人中的"乱伦禁忌基因"的比例相当,群体繁衍仍然摆脱不掉近亲繁殖的有害后果,人口数量仍然很少。经过世世代代的淘汰,"乱伦基因"占主导地位的人类群体彻底灭绝,在其他人类群体中,"乱伦基因"的频率被降低到不能危害群体繁衍的水平;与此相应,"乱伦禁忌基因"在人类群体整体中占主导地位,使人类基本上摆脱了近亲繁殖的危害,人口因此突然大增。从那时起,人类基因的状况一直延续到现在。在有文字记载的历史上,除了战争、自然灾害和瘟疫等破坏性原因的影响,人口始终保持着增长,这与大多数人类群体都严厉禁止近亲繁殖的行为模式有很大关系。

4

图腾与乱伦禁忌

人类学家早就观察到,不同图腾的部落是血缘不同的群体,图腾是婚姻"合法性"的依据,其依据即乱伦禁忌。但是,人们会进一步追问:在图腾与乱伦禁忌两者之中,孰为先后,孰为因果?对于这一问题,人类学家和社会学家展开了"百年争论"。[1] 争论的焦点集中于三个问题:(1)乱伦禁忌是人类的生物本能,还是社会文化的规则?(2)乱伦禁忌是防止近亲繁殖的手段,还是为了实现一些基本的社会功能?(3)图腾的本质在于生物性(乱伦禁忌的本能),还是社会性(一定的社会制度或思维方式)?

很多著名的人类学家、社会学家和心理学家,如泰勒、弗雷泽、弗洛伊德、马林诺夫斯基、涂尔干、布朗、怀特、列维-斯特劳斯等,都认为:(1)乱伦禁忌不是人类的生物本能,而是人类特有的文化,马林诺夫斯基、弗洛伊德和怀特等还认为人类与其他动物一样有乱伦冲动;(2)乱伦禁忌的作用主要不是为了防止近亲繁殖(马林诺夫斯基甚至认为近亲繁殖对人类没有病理上的危害),而为了实现广泛的社会合作、交换等功能;(3)图腾的本质在于它所体现的人类最初的、基本的社会制度或人类认识的结构,乱伦禁忌只是为了维系这些社会制度而派生出来的人为规则。但是,这些著名学者关于图腾性质的意见错了。我们下面以列维-斯特劳斯的一段话为例,分析他们的共同错误所在。列维-斯特劳斯说:

> 柏格森把图腾制度看作是一种外婚制的手段,外婚制本身就是一种本能的作用,这种本能试图防止发生在生物学上非常有害的近亲结婚现象。然而,如果确有这种本能,那么诉诸制度就将是徒有其表的做法。而且,这里所采取的社会学模式也将与启发它的动物学处境产生激烈的矛盾:动物是内婚的,而不是外婚的……倘若图腾制度的基础是生物倾向和自然感受,那么"特别地确定"每个氏族,"特别地"将它们彼此划分开来,就会造成适得其反的结果;也就是说,每个氏族都将会像生物物种一样,必然是内婚的,而氏族也会彼此行同陌路。[2]

列维-斯特劳斯在这里犯了双重错误。第一,柏格森肯定乱伦禁忌是人类进化所产生的自然本能,没有这种本能的人种都会因为近亲繁殖的危害而灭绝;韦斯特马克指出,现存人类有着乱伦禁忌的心理本能,这是已被科学研究的结果所证实

---

1 参见[美]瑟维斯《人类学百年争论》,昆明,云南大学出版社 1997 年版。

2 [法]列维-斯特劳斯:《图腾制度》,上海,上海人民出版社 2002 年版,第 122 页。

的正确结论。列维-斯特劳斯反驳柏格森关于"乱伦禁忌"是人类的生物本能的观点，他错了。第二，现在我们还知道，很多动物也有避免近亲交配的本能。列维-斯特劳斯笼统地把动物的本能说成是内婚的（近亲交配），又把人类本能等同于动物本能，使用"如果图腾以人类本能为基础，必然导致内婚制"的归谬推理进行反驳，他又错了。

不过，列维-斯特劳斯在上述引文的前半段，倒是提出了一个值得我们认真对待的问题，那就是：如果乱伦禁忌是人类的本能，为什么还需要外婚制和图腾等社会制度来维系它呢？这是一个很有力的诘难，其他一些著名的学者，如弗雷泽、弗洛伊德，也都曾提出过类似的诘难。确实，生理上的本能是不需要社会制度来维系的，历史和现实中都没有规定人们一定要吃饭、要睡觉的法律；历史上曾有规定适龄男女必须婚配的法令，但那只是为了满足国家对人口增长的需要，而不是为了满足人类的本能。但这些著名学者混淆了"本能"的不同意义，他们没有注意到韦斯特马克的论点：乱伦禁忌是一种心理本能，而不是生理本能。心理本能是以自然的情感为基础的；乱伦禁忌作为性排斥心理，不是以血缘关系为基础，而是以男女之间的亲密感为基础。

我们指出血缘关系与家庭亲密关系的区分，对于理解导致乱伦禁忌心理的原因是重要的。我们通常看到的情形是，家庭成员因朝夕相处的生活而产生亲情，家庭成员之间自然有性排斥感，不需要社会规则或法律来禁止乱伦。但是，我们还应该看到另外两种情形：(1) 兄弟和姐妹在性成熟期之前不生活在一起；(2) 没有血缘关系的人生活在同一家庭。情形(1)如王室或贵族的家室中单独养育的子女，兄弟与姐妹之间并没有自幼养成的亲密感，因而也没有性排斥感，长大成人之后婚配或乱伦的可能性较大。这一情形可以解释古埃及王室为何有兄妹通婚的习俗，也可以解释中国古代王室不时发生的兄妹乱伦丑闻(如，春秋时齐姜与兄诸儿，西汉刘建与妹征臣通奸，等等)。情形(2)如家庭中的过继子女，离婚的男女重新组成的新家庭中，父母各自在原来家庭生育的子女，他们之间虽然没有血缘关系，但自幼生活在一起的亲密关系培养了彼此之间的性排斥心理，他们婚配的可能性很小。这种情形也可以解释中国古代童养媳的习俗为什么不能培养正常的夫妻感情。儿子与继母或多妻制中的庶母之间也没有自幼形成的性排斥感，因此历史上的王室中,子"烝"继母或庶母的丑闻也不少。

乱伦禁忌作为一种社会、文化的规则之所以是必要的,那是因为有密切血缘关系的人由于种种原因自幼不生活在一起,他们之间没有亲密感而有较大的乱伦的可能性,这里所说的"种种原因"包括上述情形(1),以及前面谈到的因不能辨别亲属身份而把他或她当作配偶的情况。另外,乱伦禁忌作为社会规则的必要性还在于另一种情形,即情形(3),这就是,早期人类所特有的"乱伦基因"虽然在"自然选择"的作用下被降低到最低限度,但在现代人类的群体中并没有完全消失;受这种基因的支配,极个别人与家庭异性成员虽有亲密感,但无性排斥感,很可能导致乱伦行为。据对美国乱伦罪的案例分析,母子乱伦的几率是万分之四,兄妹乱伦是千分之四,而父女乱伦的几率是千分之十六。[1] 这是一个现代社会的统计数据。在数万年前,当智人刚刚灭绝时,他们遗留在现代智人群体中的"乱伦基因"的频率可能还要高一些,乱伦行为可能较多一些。乱伦行为虽然不可能成为常见现象,但对人类生存危害极大。用社会制裁来遏制乱伦行为,是完全必要的。

以上分析的结论是,仅靠"乱伦禁忌"的心理本能不足以有效地阻止近亲繁殖这一危害人类生存的大害。表达"乱伦禁忌"心理本能的社会规则首先是针对上述(1)和(3)这样两种倾向于乱伦的情绪,但这一规则一旦形成,就带有普遍的强制性,不但适用于有密切血缘关系的家庭成员,而且适用于没有血缘关系、但有家庭亲属称谓的所有成员,因而也适用情形(2)。

5———————————————————————

图腾制与外婚制

"乱伦禁忌"的心理本能需要一定的社会、文化规则的维持,才能有效地防止近亲繁殖。为什么图腾就是这种所需的社会、文化规则呢? 我们在上面谈到,对于因自幼不生活在一起而无亲密感的近亲,"乱伦禁忌"的心理本能不起作用,需

---

1 J. Shepher, *Incest: A Biological View*, New York, Academic, 1983, p. 127.

要社会规则来阻止这部分人的近亲婚配。在现代人类的早期群体中,这部分人可能为数不少,他们分散在群体之内(如跟随不同的母亲生活的同父异母的兄弟姐妹)和群体之外(如为避免近亲繁殖而被"放逐"的女性)。为了阻止这部分人的近亲婚配,首先要辨认他们的血缘关系,图腾就是辨别血缘关系的标志。因此,毫不奇怪,"图腾"(ototeman)的原意是"他是我的亲属"。

在群体内部,图腾辨别子女的母系血缘关系,群体内所有母亲都有共同的标志,她们的子女不能通婚,这样就避免了同父异母的兄弟和姐妹之间的近亲繁殖;儿子长成人之后,在另一群体中寻找配偶,而女儿则留在群体内部继承母亲的标志。这就是所谓的"母系社会"。

图腾最初是母系血缘关系的标志,也是防止乱伦的禁忌,它的规则是,相同标志的男女不能通婚。在母系社会中,男性没有独立的标志;在未成亲之前依从母亲的标志,成亲之后依从岳母的标志。由于父亲标志的不确定性,如果只是两个群体相互通婚,并不能防止双重表亲(男女双方的父母都是有着相同祖父母的表兄妹)之间的近亲繁殖,双重表亲的近亲指数为 $F=1/8$,仅比同父异母的兄弟姐妹的近亲指数($F=1/4$)低一个级别。血缘关系如此接近的人群如果世代通婚,生物上的危害也非常大,现代人仍然难逃早期人类灭绝的命运。

图腾制的族外婚的复杂规则,可以使人类彻底摆脱近亲繁殖的危害。人类学家发现,这些规则是四分制和八分制等的级别;外婚的级别越多,配偶的血缘关系越是疏远。四分制是两个群体中的子女相互通婚,可以排除 $F \leqslant 1/4$ 的男女之间的近亲婚配;八分制是实行二分制的一对群体(如 A 和 B)的第二代(如 A_2 和 B_2)与第二对群体(如 C 和 D)通婚,第三代(如 A_3C 和 B_3D)相互通婚,由此产生的第四代(如 A_4 和 B_4)犹如恢复到第二代,但血缘关系疏远得多;第二代双重表亲的近亲指数 $F=1/8$,而第四代是从表亲(表亲的子女),$F=1/64$;八分制可以排除 $F \leqslant 1/32$ 的男女之间的近亲婚配。如果实行十六分制,四对(八个)群体隔二代相互通婚,可以排除 $F \leqslant 1/64$ 的男女之间的近亲婚配,第八代的 $F=1/128$。就是说,他们的血缘关系已经在"五服"之外,可以自由婚配而无生物上的危害。

图腾制不仅是外婚制规则,而且是文化符号系统。图腾是文化标志,以动物形象居多,也有一些植物形象,还有少数其他自然物或人工物的形象。作为血缘关系的标志,图腾仅有象征意义。从原则上说,象征意义是任意规定的,任何一件东西都可以成为另一件东西的象征。人类学家在现存的原始部落中发现,一些琐屑之物也可以成为图腾,如白人的烟斗也可以成为太平洋岛屿上原始部落的图腾,但这毕竟是例外;绝大多数的图腾都是与人类生活有着密切关联的动植物或者它们复合而成的形象。其所以如此,大概有下面两方面的原因:

第一,图腾是对家族的生存、繁衍极为重要的标志,每一个群体都会非常郑重地选择他们的标志,如同现在的父母为子女命名那样,只是古人没有那么多的吉祥语(这些抽象词汇是后来才出现的),而是选用那些对他们生活有着重要价值的事物作为图腾。在发明农牧业之前,现代智人过着狩猎-采集生活,动植物是他们的生活资源。他们在动植物中选择图腾的理由也许是多种多样的:有些动植物的出现曾经伴随着好运,有些是他们食物的主要来源,有些是他们用来认识地理、气候等自然环境的手段,等等。我们现在还可以从神话传说中猜测一个部落选择他们图腾的理由,可以知道,这些理由都出于关系到他们的生存和繁衍的重要事件。

第二,更重要的是,图腾制是标志的系统,这是一个按照血缘关系的远近对亲属关系进行分级、分类的系统,如外婚制的四分制、八分制所示。图腾制的分类系统是以自然物的分类原则为基础的,只有对某些自然物的种类及其从属关系有着细致的了解,才能够把这些自然物编织成象征亲属关系的复杂系统。一般来说,人们对与自己职业有关的事物最熟悉,观察得最细致,比如,染匠对颜色的敏感程度超出普通人。狩猎-采集群体中的人也是如此,他们对动植物的观察和分类的细致程度是现代社会中的人无法比拟的。当他们用某一类动物作为图腾时,他们知道这类动物的种属关系,知道这类动物与其他动物的关系,甚至与其他植物和自然物之间的联系。他们用这些事物来辨别有亲属关系的群体,就是说,分别以这些事物为各群体的图腾,这样就能够根据图腾事物的类别和层次,从纵向和横向两方面,辨别出这些群体之间的血缘关系的级别和远近程度。

以上说明了图腾性质的两个方面:外婚制的规则和文化标志系统。人类最初的文明正是沿着这两个方面产生发展的。第一,按照外婚制的规则,人类群体组织成以血缘关系为基础的宗法社会,并进一步产生等级制的国家;在宗法社会结构中,出现了农业和畜牧业的革命、国家、战争等文明起源的标志。第二,图腾制的文化标志系统最初是辨别亲属之间血缘关系的复杂网络，这一文化符号系统一旦发生后，便有独立地、自由地发展的空间，逐渐演化为崇拜的、宗教的和语言的象征系统，它们表现了人类最早的精神生活；与此同时，图腾制最初象征的外婚制和乱伦禁忌的规则逐步模糊，致使人们现在看不出人类最初的精神文明与人类长期的生物进化之间的连续性。以下分别从这两个方面阐释图腾制对人类文明起源的意义。

6

图腾制的象征意义

图腾制作为一种文化标志系统，其象征意义经历了图腾物崇拜、图腾禁忌、宗教、文字和姓氏以及神话传说等阶段。

先说图腾物崇拜。图腾本来只是群体身份的象征，图腾物并不指称群体的真实性质，正如现在名字是"伟"的男子并不伟大，名字是"英"的女子并不是花。但是，图腾比现在个人名称的意义重要得多，它所象征的群体的血缘关系是个体成员之间的凝聚力所在，对于群体的生存和繁衍具有至关重要的意义；而且，图腾物本身或是该群体最熟悉和亲近的事物，或对他们的生活具有其他重要意义。因此，图腾物很自然地被等同于它所象征的群体的性质，成为群体的起源、始祖，或者是群体本身。在这样的情况下，图腾物自然地成为群体崇拜的对象。图腾崇拜使每一个成员获得共同身份的认证，使他们彼此认同，所有人都与群体相认同。这是一个没有个人身份和人格的历史阶段。

图腾禁忌是伴随着图腾物崇拜而派生的一种文化现象，但图腾并不必然带来图腾禁忌，图腾禁忌与图腾物崇拜也没有必然联系。图腾物崇拜是否伴随图腾禁忌，与选择图腾物的理由有关。如果当初选择的理由是图腾物曾经带来好运，被视为群体的庇护物，那么，对图腾物的崇拜同时伴随着不许伤害、亵渎它们的禁忌；但是，如果选择它们为图腾的理由仅仅是因为它们最常见、最熟悉，那么，图腾物崇拜就只是对图腾物的象征性形状的崇拜，而对图腾物本身并无禁忌。后一种情况特别适用于牛、羊、猪等图腾物,它们是人们的主要食物来源,只是因为天天捕猎或豢养它们而对它们特别熟悉,而把它们作为图腾;即使后来把它们作为崇拜对象,一般也没有不许杀害或食用它们的禁忌。这个道理有如一个姓牛的人会崇拜牛姓祖宗,但不妨碍他吃牛肉一样明显。

图腾的符号与最早的文字,特别是与表示家族的姓,有着渊源关系。最初的图腾标志是图腾物的具体画像。距今 3 万多年的法国和西班牙的洞穴壁画中的那些栩栩如生的动物,应该是最早的图腾。一幅画中的几百头牛可能是同一家族的群像,这表明,最早的图腾是家族个体成员的标志,家族中每一个成员与图腾物都有一一对应关系。直到人类的抽象概括思维发达之后,有了类概念,才有可能用一类动物或植物作为一个群体的标志。距今七八千年之后的彩陶上的一些绘画,也是图腾物的画像,如仰韶文化彩陶上经常出现的鱼纹、鱼蛙纹、鱼鸟纹、鸟纹、鹿纹等。值得注意的是,彩陶上的图腾物的画像经历了从写实纹样到写意纹样,从具体画像到象征图案的变化,在较晚的马家窑文化的彩陶上,半坡文化彩陶上的鸟纹和蛙纹已经演变为波浪纹、螺旋纹和圆圈纹等。[1]

彩陶上的图腾纹样可被解释为最早的文字,这些纹样从具体到抽象的变化表现了从图画文字到表意文字的发展过程。如果把彩陶上那些象征性纹样与甲骨文作一比较,那么大概可以发现,甲骨文中的一些文字起源于图腾物的写意的、象征性的纹样。

虽然我们现在还不能对甲骨文的起源问题作出确定的回答,但自李玄伯提出"姓即图腾"的论断以来,很多学者都肯定,中国人最早的姓起源于图腾。[2] 有人持不同意见,如谢维扬认为,图腾被认为是氏族的祖先,而姓是氏族标志,不包含氏族祖先的含义;马雍认为,中国人的姓氏绝大多数起源于春秋战国的氏,而与图腾无关。[3] 谢说没有看到,图腾与姓一样,也是氏族的标志,一开始并无始祖的含义;马说没有看到,春秋战国时代的姓氏是从古姓演变而来的,而古姓是最早的文

---

1 参见何星亮《中国图腾文化》,北京,中国社会科学出版社 1992 年版,第 35—37 页。

2 同上书,第 99—102 页。

3 谢维扬:《周代家庭形态》,北京,中国社会科学出版社 1990 年版,第 135—136 页;马雍:《中国姓氏制度的沿革》,参见《中国文化研究集刊》第 2 辑,上海,复旦大学出版社 1985 年版,第 117—118 页。

字,大多来自图腾物的画像。

距今四五千年出现的文字与更早的壁画、岩画和彩陶上的图画一样,都不是奢侈的艺术品,还没有解决温饱问题的史前人类并没有"为艺术而艺术"的闲情逸致,他们之所以不惜耗费大量精力和时间创作图文,是为了把对他们至关重要的事情记载下来,其中意义最大者莫过于部落成员的共同身份和起源,以及为避免近亲繁殖而辨别血缘关系,这正是图腾的意义。他们用最早的文字记载各部落的姓,有指示和指代图腾两方面的意义:第一,指示图腾的标志意义;第二,指代图腾防止近亲繁殖的功能。

首先,古姓具有指示图腾标志的意义。从古姓的形体上可以辨认出来。中国最重要的几个古姓是动物形加女字构成的。事实上,最早的几个姓是动物形加女字构成的。比如,炎帝姜姓,"姜"字由"羊"和"女"构成;黄帝姬姓,"姬"字中的"臣"(yi)在金文中写作"獙"(si)样,这是一个两犬相背,中有一个有耳有尾的四足动物的图像。[1] 东夷族的祖先帝喾在甲骨文中是一个鸟的形象。[2]

其次,姓用文字代替了图腾的防止近亲繁殖和外婚制功能。最早一批古籍对姓的这种功能作了清楚的解释。《左传·僖公二十三年》:"男女同姓,其生不蕃。"《国语·晋语四》:"同姓不生,恶不殖也。"《国语·周语中》:"娶妻避其同姓,畏灾乱也。"《国语·郑语》:"先王聘后于异姓,务和同也","和实生物,同则不继","于是乎,先王聘后于异姓"。《礼记·郊特牲》:"取于异姓,所以附远厚别也。"汉代的郑樵把姓对于外婚制的意义总结为"姓所以别婚姻"[3]。

人类各民族早期的神话传说也是从图腾符号的象征意义中衍生出来的。神话既不是历史,也不是虚构。按照缪勒的神话学理论,神话是在口耳相传的传说转变成文字过程中,意义发生讹错而产生的。但我们应当注意,各民族早期关于他们祖先的传说不可避免地设计他们所崇拜的图腾,图腾的象征意义在世代流传的过程中难免发生歧义,最常见的歧义是把图腾物等同为部落的始祖。始祖没有个人称呼,图腾和古姓都是他的部落的"公名"。在没有文字之前,部落的历史世

<hr>

1 王小盾:《原始信仰和中国古神》,上海,上海古籍出版社1989年版,第39—40页。
2 同上书,第39—40页。
3 郑樵:《通志·氏族略》。

代口耳相传，在世世代代的漫长时间里，口传信息发生讹错的机遇很大。比如，"以虎为图腾的部落或属于虎部落的人"这句话，一不注意就会变成"一群虎或一只虎"，部落的始祖于是被当作虎。《山海经》中有大量的动物形的、半人半兽形的、合体动物形的祖宗神，这些实际上是部落图腾和几个部落的联盟所用的复合图腾。为了解释某姓的始祖如何生育后代，望文生义的理解又想象出"创生神话"。由于"姓"由"女"字和动物的象形字所组成，创生神话相应地分成两类：想象一个女人如何生育的神灵感应神话（如姜原践神的足迹感应而生周人始祖）；以及想象神物生人神话（如天命玄鸟生殷人的祖先）。

在图腾物被等同为始祖的演变过程中，图腾崇拜也演化成动物始祖崇拜。把动物当作始祖加以崇拜，这是较晚出现的现象，发生在图腾的意义发生讹错之后。但是，由于最早的文字记载中有大量的图腾神话，给人造成了动物图腾崇拜的普遍性和久远性的错觉。

7

图腾制与宗法社会

人类文明既不是具有"超级人格"的少数领袖的创造（如汤因比所言），也不是"集体无意识"的产物（如荣格所言），而是把人类进化的结果转化为文化的过程。与"自然"相对照，"文化"的意义是"人力所为"，如果人力的作为超过了人力不可作为的自然力，那么，文化的意义就是文明。只有在一定的社会结构中，被组织起来的人力才有可能在一定的范围里超过自然力，因此，从自然进化到文化转化的文明起源必定以一定的社会结构为条件。在没有社会结构的群体生活中，早期人类和早期智人的"文化"（如石器和群居场所等），都只不过是生物进化的自然产物。只有在一定的社会结构中，人类才能有目的、有计划地把自然进化的进程转变为自己能够控制的进程。

人类最初的社会结构是以血缘关系为纽带的宗法制度。中国宗法制度的结构最早见之于《礼记·大传》："别子为祖，继别为宗。继祢者为小宗。有百世不迁之宗,有五世之迁之宗。"这是一个"家族树"的结构,即一个家族分大宗和小宗,小宗再分大宗和小宗。大宗一直继承祖先的名号,所以说,"宗其继别子者,百世不迁者也"。小宗及其五代子孙与大宗共享先祖(从高祖始)的名号,但名号越来越远。五代之后,没有名号的小宗,与大宗如同路人。所以说,"宗其继高祖者也,五世则迁者也"。如下图所示[1]:

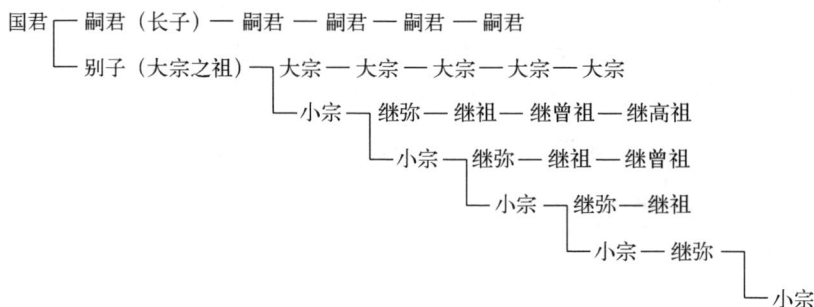

```
国君 ┬ 嗣君(长子) — 嗣君 — 嗣君 — 嗣君 — 嗣君
     └ 别子(大宗之祖) ┬ 大宗 — 大宗 — 大宗 — 大宗 — 大宗
                       └ 小宗 ┬ 继弥 — 继祖 — 继曾祖 — 继高祖
                              └ 小宗 ┬ 继弥 — 继祖 — 继曾祖
                                     └ 小宗 ┬ 继弥 — 继祖
                                            └ 小宗 — 继弥 ┐
                                                          └ 小宗
```

《礼记》记载的是周代制度,但周代制度不一定起源于周代,周代沿袭殷礼,殷商沿袭夏礼。《礼记》中所描述的,很可能是文字最早记载的宗法制度,它的原型可追溯到史前时代。事实上,如果我们把这一文字记载与图腾制的层次结构作一比较,不难看出宗法社会脱胎于图腾制的痕迹。

如上所述,图腾制按照事物的类别区分群体血缘关系,事物的类别有种际关系和种属关系,同样,图腾制也有层次和级别之分。杨和森的《图腾层次论》得出的结论是:"图腾具有原生、演生、再演生乃至多次再演生等多层次形态。……这些通过多次再出现的图腾在特定的社会条件下仍能继续演生出新的图腾。古老的原生图腾经过多次演生之后,亦只徒具图腾躯壳,渐失其图腾实质,乃至被人们遗忘。"比如,彝族的经典《勒俄特依》把最早人类的一支——"红雪"的后裔分为"有血的"(动物)和"无血的"(植物)两类;动物类又分为蛙、蛇、鹰、熊、猴、人六种,植物则分为黑头草、柏杨、杉树、水劲草、铁灯草、勒洪藤六种,它们是一级图腾。每一个一级图腾包括十几个二级图腾,每一个二级图腾又包括十几个三级图

---

1 引自吕思勉《中国制度史》,上海,上海世纪出版集团2002年版,第295页。

腾。[1] 图腾的层次在古籍中也有例证。《左传·昭公十七年》记载了郯子的一段话,他的先祖少暤以鸟为纪,以下又分:四凤鸟司历法,五鸠司民事,五雉司器物,九扈司农事。这里的凤、鸠、雉、扈既是各氏族首领的官职,也是这些氏族的图腾,这些图腾按照鸟的种属关系,把各氏族之间的血缘联系表示得一清二楚。

图腾制的级别和层次与宗法制度的结构有着对应关系:一级图腾相当于大宗,二级图腾相当于小宗,三级图腾相当于小宗的分支。大小宗在五世之内共享名号、五世之后才能自立名号的宗法制规则,相当于在图腾制中这样的规则:有共同祖先的人们在五代之内享有共同图腾,不准通婚;五代之后,才能以新的图腾作为外婚制的标志。

图腾制与宗法制的不同在于标志方法的不同:图腾制按照事物的种属关系标志,而宗室的名号可由王室赐予。至少从周代开始,实行赐姓、胙土、命氏的分封制度。古代"赐"与"易"通,赐姓即易姓,即《国语·周语中》所说的"光裕大德,更姓改物"。韦昭注:"更姓,易姓也。"可知赐姓是变异姓为王室之姓的统治手段,以后的汉代赐外族以刘姓,唐代赐外族以李姓,都沿袭了这一手段。命氏是王室为新的宗室命名,命氏不再根据血缘关系,而是根据分封的地名或官职等条件,从此,"姓"与"氏"分开,"氏所以别贵贱","姓所以别婚姻"[2]。杨宽说:"姓是出于同一远祖的血缘集团的名称","氏是西周和春秋时贵族所特有的"[3]。赐姓和命氏改变了古姓标志血缘关系的意义,因而也就模糊、抹杀了古姓与图腾之间的联系。

虽然我们现在已经不能从周代的姓氏得知宗法社会的起源,但从古史中关于古姓和图腾的记载,结合考古新发现,我们依然可以合理地推测从图腾制到宗法制的自然历程。由于按照图腾规则实行外婚制,人类从根本上摆脱了近亲繁殖的危害,人口增长很快,一个家族每隔几代就要"分家",分出去的新家族的图腾或者与原家族的一级图腾平行,或者是隶属的二级图腾。原生图腾分级演生的社会意义是,人类社会最初是有着共同祖先的人的亲属群体,他们按照血缘关系区分等

1 杨和森:《图腾层次论》,昆明,云南人民出版社 1987 年版,第 78 页。
2 郑樵:《通志·氏族略》。
3 杨宽:《古史新探》,北京,中华书局 1964 年版,第 177—178 页。

级和辈分。图腾的级别后来演化成大宗与小宗、嫡出与庶出的等级,图腾内的辈分后来用亲属称谓加以区别;人的社会地位取决于他的等级和辈分;辈分可以改变,而等级却是世袭的血统。可以说,图腾制的层级已经具备了宗法社会的基本特征。

8

图腾制与文明

图腾制造成的血缘宗法结构不但是人类早期社会的基本形态,而且是人类文明起源的必要条件。农业和畜牧业的发明和国家的出现是人类文明起源的重要标志,这两大文明成果都是图腾制的后续社会效应。

早期人类由于人口稀少,狩猎-采集方式可以维持生存需要。距今 3 万年,现代智人广泛使用图腾为标志,实行外婚制,人口迅速增长。距今 1 万多年,随着第四纪最后一个冰川期的结束,适宜的气候使得人口膨胀的压力越来越大,人口流动越来越频繁,流动的范围越来越大。正是在这一时期,出现了最早的农业和畜牧业。但是,人们过去没有认识到,从狩猎-采集方式到农牧业的转变是为了应付人口膨胀的压力。比如,柴尔德假定,农业发源于两河流域的湿地。另有人假定,埃及是中东地区农业的发源地,理由是尼罗河的定期泛滥为原来需要采集的食品的种植提供了天然的条件。他们把最适合农业的自然条件作为首要原因。但是,20 世纪 40 年代,在中东北部的伊拉克和伊朗的札格洛斯山,发现了比埃及和两河流域更早的农牧业的遗址。这曾使考古学家感到困惑不解:为什么农牧业较早出现在自然环境相对贫瘠的地区?

刘易斯·宾福德和肯特·弗兰尼莱提出的"适宜地区边缘理论"回答了这一问题。[1] 这一理论的要点是:(1) 早期人类社会用移民的方法缓解人口膨胀的压力;(2) 移民从一个中心区域出发向周围地区不断扩散,中心地区的自然条件最

---

1 Lewis Binford, *New Perspective in Archaeology*, New York, Aldine Publishing, 1968, pp. 313 - 341; Kent Flannery, "The origins of Argriculture", in *Annual Review of Anthropology*, 1973.

适宜,距离中心地区越远,自然条件越差;(3)中心地区和靠近中心的周边地区由于自然条件适宜,过多的人口被疏散,用传统的采集方式仍可维持富裕的生活,这里的居民没有发展种植业和畜牧业的必要;(4)从适宜地区迁移到边缘的居民没有足够的自然资源,为了维持他们在原驻地的生活习惯和水准,他们把适宜地区的可供采集的野生植物带到移居地种植,由此发明了农业。

后来发现的更多证据表明,中东农业的起源地是横跨现在的巴勒斯坦、黎巴嫩和叙利亚北部、土耳其南部、伊拉克西北部的"富饶的新月地带"(Fertile Crescent),农业革命从这里扩散到边缘地区和欧洲。[1] 不管农业起源于"富饶地区"还是"边缘地区",有一点是可以肯定的:产生农业的社会结构比单纯的自然条件更重要。如果我们进一步追问移民与他们的母体社会的结构关系,就可以看出,产生农业的社会条件是血缘宗法关系。首先,移民的母体社会是宗法社会,才能按照类似于中国周代分封新宗室那样的和平方式,把过多的人口疏散到周边地区。否则,解决人口膨胀问题的方式将不是移民,而是战争;过多的人口不是被和平地疏散,而是被屠杀或驱赶到遥远地区。其次,移民与母体社会保持着类似于演生图腾部落与原生图腾部落(或"大宗"与"小宗")的依附关系,才能保持着密切的交往,从母体社会获得发明农牧业所需要的支持。富饶地区有着发展较好农业的条件,或向边缘地区提供农业革命的成功,或提供发展农业所必需的条件,包括自然资源(如种子)、信息(如发现植物的生长规律)和技术(采集经验导致种植技术),等等。没有富饶地区的母体社会在这些方面提供的支持,边缘地区的移民是难以发展起大规模的农业和畜牧业的。移民社会只有在宗法社会的结构中才能与母体社会保持血缘关系和密切来往,才能获得发展农牧业所需的必要条件。

中国也是农业和畜牧业的发源地之一。农牧业发明期的中国也是各部落密切交往、融合的时期。徐旭生依据古史传说在 20 世纪 40 年代提出的"上古三大集团"的理论,以及苏秉琦依据考古证据自 80 年代以来提出的"文化区系类型"理

---

1 B. D. Smith,*The Emergency of Agriculture*,New York,Scientific American Library,1995,
  p. 50.

论,对中国文明初期的部落的交往和融合关系作了充分的解释,兹不赘述。这里需要强调的是,部落融合是外婚制范围扩大的结果,从图腾的变化可见这一趋势之端倪。较早时期,一个区域只有一个原生图腾,如西部羌人的羊图腾和东夷的鸟图腾。但到部落交融时期,在一种文化类型的区域中,发生多图腾共存的情形,如仰韶文化遗址发现鱼、蛙、鸟、蛇、鹿等图腾,黄帝集团的图腾包括熊、虎、狼等图腾,这些共存的图腾最后还复合成一个图腾,如龙、凤等图腾。共存的和复合的图腾的普遍性说明,外婚制的扩大使得原来没有血缘关系的部落相互通婚、交往、融合,被整合在统一的宗法社会的结构之中。在中国,宗法社会的形成与农牧业的发展是同步的过程,因为两者都是图腾制所体现的外婚制所造成的变化。

复合图腾是部落联盟的图腾,它是几个原生图腾的复合。复合动物图腾是由几种动物的部分拼合而成的,是自然界所没有的、想象出来的合体动物图形,如我们在考古器物上看到的鱼面蛇身的图形,以及《山海经》里描述的合体怪兽都可被看作是这种性质的图腾。中国古代崇拜的龙、凤、麒麟、玄武四种灵物实际上也是多种图腾拼合成的合体动物形象。龙的图形是蛇身、鱼鳞、兽头和四足的合体,麒麟是鹿、羊、牛、马、狼等动物的合体,玄武是龟蛇合体;又据《韩诗外传》,凤的图形是鸿雁和麒麟的身,蛇脖,鱼尾,龙彩,龟背,燕颔,鸡咀。

复合图腾不是血缘关系的标志,也不像原生图腾那样,具有标志血缘关系亲疏、远近的层次和级别。比如,龙图腾中的蛇图腾和鱼图腾原本是没有血缘关系的两大部落群,而不是起源于同一图腾的不同级别。复合图腾是政治权威的符号,只有部落联盟的首领才能使用这一标记(徽记或旗帜)。

我们说,复合图腾所代表的部落联盟是最初的国家形态。这一结论有什么意义呢?在国家起源的问题上,有两派学说。一派侧重于经济的因素,认为劳动分工和区域经济的分工合作、技术发展、商业贸易往来、对农田水利等公共资源的管理等经济因素,导致了国家的诞生[1];另一派强调,武力征服、政治兼并和思想观

---

1 V. G. Childe, *What Happened in History*, Penguin Books, 1942.

念融合对于政治国家的形成起着决定性的作用。[1] 考欧（Michael Coe）认为这两种类型的国家可以并存：主要因为经济因素而形成的国家由不同的单位自然连接而成，被称为"有机国家"（organic state）；主要因为政治因素而形成的国家由一个核心扩展而来，被称为"单系国家"（unilateral state）。古埃及的中央集权国家符合单系国家的特征，而在公元前 3000 年之前的美索布达米亚地区，多城邦并立的政治体制符合有机国家的特征。[2] 但是，这两种国家类型都不能解释中国最早的国家形态。

中国最早的部落联盟式国家既有多邦国的并存，又有一个权力中心；既是自然形成的有机体，但经济因素又不起主要的作用。这两种关于国家起源的学说都没有注意到，以外婚制为前提的宗法社会早已存在，国家的形成不是削弱这一社会基础，而是加强之。在中国史前社会，血缘关系是比经济因素更基本、更重要的自然纽带，它所连接的部落联盟兼有"有机国家"和"单系国家"的特征。在后来的发展中，中国早期国家形态中"单系国家"的特征越来越明显，在秦汉之后演变为中央集权的形态。即便如此，国家的宗法社会基础仍然没有改变。如果不理解宗法社会的性质和结构，就无法理解中国早期国家的起源和形态；而如果不理解图腾制的结构，不理解外婚制的扩展过程，也就无法理解宗法社会的性质和结构。我们现在强调复合图腾所代表的部落联盟是中国最早的国家形态，正是为了突出外婚制和宗法社会对于理解国家起源的重要作用。

最后，我们用一个时间表来总结本文的内容。

距今 5 万年，人类人口和文化的"大跃进"开始。[3]

距今 4 万年，精致的石器、骨器的发明。

距今 3.5 万年左右，最早的图腾出现在西欧洞穴壁画上。

距今 3 万年左右，现代智人取代智人成为地球上唯一的人种。

距今 3 万—1.5 万年，人类在世界各地迁徙、流动。

---

1 F. Oppenheimer, *The State*, Indianapolis, Bobbs-Merrill, 1914.

2 B. G. Trigger, *Beyond History: The Methods of Prehistory*, pp. 54 – 60.

3 J. M. Diamond, "Great leap forward", in *Discover*, 10 (1989), pp. 50 – 60.

距今 2.5 万—2 万年,墓葬表现出社会等级区分。

距今 1 万年,农业诞生。

距今 8000 年左右,国家出现。

从这一张时间表可以看出,人类文明的起源是跟随着图腾的出现而发生的一系列事件。至于这些事件与图腾制之间的联系,我们在文中已一一说明。卢梭把财产私有作为文明的开始,他说:"谁第一个把一块土地圈起来并想到说:'这是我的',而且找到一个头脑十分简单的人居然相信了他的话,谁就是文明社会的真正奠基人。"[1]现在,我们有理由把这句话改为:谁第一个把一个动物形象放在家门口,并想到说"这是我们家的图腾",而且其他聪明人也照着他的话,做了同样的事,谁就是文明社会的真正奠基人。

---

1 北京大学外国哲学史教研室编:《十八世纪法国哲学》,第 154 页。

宗教哲学的达尔文范式

　　虽然宗教和哲学都有相当久远的历史,但"宗教哲学"(philosophy of religion)却是到 18 世纪后期才出现的一个词,黑格尔第一次把宗教哲学作为哲学体系的一个重要分支,从此,现代哲学家(特别是欧洲大陆哲学家)在建立自己哲学理论时,大多会涉及宗教哲学的内容。虽然宗教哲学成为一门独立的学科为时较晚,但对宗教现象的哲学思考与哲学有着同样长的历史。与泰勒斯(他被亚里士多德视为第一个哲学家)同时代的克塞诺芬尼对希腊神话的神人同形同性论的批评,就是最早的宗教哲学的思想。苏格拉底、柏拉图和亚里士多德以及希腊哲学的各个派别,都把"神"的概念理性化。希腊哲学的"理神论"与中世纪的神学和基督教哲学大相径庭。自称是"真正哲学"的神学或基督教哲学是"宗教的哲学"(religious philosophy),它只是用理性论证和宣扬宗教信仰,而宗教哲学则对不同宗教的基本信仰和概念进行理性的批判和评价;"宗教的哲学"把哲学宗教化,是信仰宗教的一种方式,而"宗教哲学"则把宗教理性化,是一种做哲学的方式。

　　两者更重要的差别在于研究范式:宗教的哲学的范式取决于它所附属的宗教的性质,佛教哲学、基督教哲学和伊斯兰教哲学是不同宗教的哲学,它们分别以佛教、基督教和伊斯兰教信仰的标准模式为自己的范式。然而,宗教哲学的对象和结论却不局限于某一特定的宗教,它的目标是达到普遍适用的结论,为此,它不能以某一宗教为范式,而要采用符合理性普遍要求的范式。但问题是,"理性"自身有着不同的范式,不同时代、不同哲学有着不同的理性标准;宗教哲学采取的理性范式不是单一的,也不是固定的。本文的目的是探讨宗教哲学所面临的范式转变,即从认识论范式到进化论范式的转变。

1————————————————————————————

"神"的观念引出的问题

宗教哲学和宗教的哲学朝向不同的方向,使用不同的方法,却可以讨论同样的问题,其中一个问题是神的存在问题。基督教哲学用理性证明上帝存在,而宗教哲学却比较基督教崇拜的上帝与其他宗教信仰的不同名目的神之间的相似性,讨论这种超自然观念的起源,理性地评价其合理性;如果有些哲学家认为"神"的观念是合理的、必要的,他们也会接受基督教哲学关于上帝存在的证明,另一些哲学家则针锋相对地提出上帝或任何名目的神都不可能存在的证明。可以说,宗教哲学的中心问题是神是否存在,能否围绕这一问题展开理性论辩,是宗教哲学是否成熟的标志。古希腊哲学中虽然不乏理性化的宗教哲学思想,但从来没有人怀疑神的存在;信仰光环笼罩下的中世纪哲学更是如此。只是到了近代,才出现了证明和证伪上帝存在的两种思想倾向的理性较量,这直接导致了作为独立学科的宗教哲学的诞生。

我们知道,近代哲学的基本特征是以认识论为导向,以二元对立的"主观"和"客观"为基本范畴,以主客观关系为基本问题。宗教哲学从一开始就打上近代哲学的时代烙印。哲学家关于"神"的观念的学说分成客观实在论与主观观念论两大阵营。

在神是否存在的问题上,客观实在论认为,"神"的观念是对客观实在的真实反映,如果我们关于"神"的观念没有与之对应的客观实在,那么,我们的其他观念和知识也要失去客观基础。属于客观实在论阵营的不仅有唯理论者,也包括经验论者。在唯理论阵营中,笛卡儿认为"上帝"是天赋观念,它不可能是"自我"心灵的产物,必定有一个真实的上帝作为这一观念的原因,上帝的真实性同样保证了我们关于物质世界的观念的真实性。斯宾诺莎把"上帝"作为唯一可能存在的实体,是一切"真知识"(包括关于上帝的真知识)的前提。莱布尼茨也把上帝作为逻辑规则和自然规则("单子的先定和谐")的根源。经验论者认为知识来源于经验,但也需要一个客观存在的神作为经验知识的前提,如洛克和贝克莱都认为上帝是真实存在的实体,神的存在保证了我们经验到的事物及其运动规律是真实可靠的。

与上述观点相对立的是关于神的主观观念论。此种意义上的主观观念论者不承认神的客观实在性,比如,休谟指出,"神"的观念既不能保证世界的和谐与合规律性,也不指示任何一个观念以外的存在,它完全是在希望和恐惧等情感的作用下所形成的"观念的集合"。启蒙运动中的唯物主义者把认识论中的怀疑论发展成为彻底的无神论,他们认为"神"的观念是欺骗、迷信和幻想的产物,既无合理性,也无必要性。康德虽然对怀疑论和无神论的结论加以匡正,承认"神"的观念的合理性和必要性,但他却无意改变启蒙学者的基本立场,即"神"的观念并不指示客观实在,而反映了一些主观的认识形式,或满足了一些主观上的需要。康德的认识论说明,"上帝"的观念是为了追求知识的系统性而产生的"先验理念",如果误认为它指示真实存在的上帝,就会产生"先验幻相";他的伦理学说明,"上帝"仅仅是为了道德上的需要而设定的假设,如果把它作为自由实践的决定者,就会陷入宗教狂热和迷信。

黑格尔的宗教哲学企图综合关于神的客观实在论和主观观念论。他认为,"上帝"既是绝对观念,也是最完满的实在;"绝对观念"的辩证运动是历史和认识的统一,这意味着,上帝既在历史中显现自身,又表现为人类知识的形式。黑格尔企图统一主观观念论和客观实在论的努力没有成功,因为他的统一所依赖的绝对唯心论已经预设了主客观的二元对立。现代的宗教哲学的思路基本上是步黑格尔的后尘,仍在追求两者统一,只是统一的基础不同而已。现代宗教哲学的基础或是宗教情感,或是存在体验,或是思维结构,或是语法逻辑;但在每一种基础之上的"新综合"都一次又一次地产生原有的二元对立,产生肯定神的客观存在的实在论与把"神"归结为主观产物的观念论之间的分裂。

我们对近代以来的宗教哲学的回顾,意在表明范式的重要性。近代哲学的文化基体是自然科学,无论是唯理论,还是经验论,所采用的范式都是早期自然科学的机械论(力学)范式。机械论范式应用于宗教哲学,产生的一个直接后果是,上帝按照力学规律所创造的世界与一个人身处的世界之间的不一致:前者是和谐的、齐一的、合目的之整体;后者则是充满着随机的、个别的、无序的事件。如果说上帝是前一个世界的神奇钟表匠,那么他在后一个世界扮演的角色是"器具神"(凭着机械的操纵,可随时出现在舞台上的救世主)。上帝的前一种形象符合希腊

"理神论"和中世纪以来的"自然神学"的传统,也是客观实在论所极力维护的神的形象;后一种形象则是人为制造的,只是人的主观愿望的表达,这也是主观观念论所要"解魅"的对象。在机械论的范式中,神的这两种形象都有理性根据,关于神的客观实在论与主观观念论的对立是不可避免的,现代理性注定摆脱不掉"究竟是神创造人,还是人创造神"这一古老的问题。

2

进化论在宗教学中的误用

达尔文的进化论不仅为现代哲学的文化基体增添了新的内容,而且能够为哲学的发展提供新的范式。把进化论的范式应用于宗教哲学,可以避免和消除机械论范式所造成的上述种种对立和分裂。进化论用人与环境的关系代替认识论的主客观关系,"神"的观念所反映的不是客观实在,而是适应环境的心理机制的产物;另一方面,"神"的观念也不是人的主观臆造,而是自然选择所决定的行为模式的产物。

但是,进化论在成为范式之前,曾不止一次地被误解和误用。有一些关于"神"的观念的解释是以进化论的名义作出的,却不符合达尔文的进化论。我们首先必须澄清对进化论的误解和误用,以下略举几例。

第一个例子是"文化进化论"。斯宾塞、泰勒、弗雷泽等人认为,进化是从低级到高级、从简单到复杂、从蒙昧到文明的进步过程,人类宗教也经历了进步的过程,从蒙昧时期的"万物有灵"论到自然物崇拜、动物崇拜、祖先崇拜,进化到文明时期的多神教与一神教。按照这种解释,世界上不同种族处在进化的不同阶段,原始民族仍然处在原始宗教的蒙昧阶段,落后文明的民族相信多神教,西方先进民族信奉的基督教以及犹太教、伊斯兰教等严格的一神论是宗教发展的最高阶段。

这种关于宗教和文化的进化论不是达尔文所说的进化论。达尔文所说的物种进化并没有进步的方向性和目的性。就进化而论,最近阶段产生的人类并不比最初阶段的细菌更能适应环境。就人类而言,各民族没有进化阶段上的先进和落后之分,他们有着共同的起源和基本特征,都属于现代智人;各族群在外表上的差异是同一人种在地理隔离情况下的分化,但分化程度很小,不足以形成亚种。从进化论的观点看,原始民族与现代民族有着相同的生理和心理构造,他们在文化和宗教上的差异应该用他们所适应的不同环境来解释,而不应该用"种族"的或心理基础上的差异来解释。

第二个例子是斯宾塞提倡的社会达尔文主义。社会达尔文主义把"生存斗争"作为进化论的核心,认为最佳的环境适应者就是生存斗争的胜利者。斯宾塞把宗教的功能归结为保障一个部落在生存斗争中取得胜利,他说,原始宗教的"神"是生存斗争中最著名的胜利者,"这一著名人物也许是创立部族的始祖,也许是以勇敢用力而著称的领袖,也许是出名的巫医,也许是带来了卓越艺术和知识的外族人,也许是优越的胜利民族的成员。总之,只要他们生前被人们所敬畏,死后就会受到更大的敬畏",最后被固定为宗教崇拜的对象。[1] 这是对达尔文的进化论和宗教社会功能的双重误解。

虽然达尔文受到马尔萨斯关于生存斗争思想的启发,但他创立的进化论的核心不是生存斗争,而是自然选择和变异遗传的机制。生存斗争只是产生选择压力的一个因素,但不是唯一的因素,生物世界普遍存在的社会合作对自然选择有着同样重要的影响。我们可以证明,宗教的社会功能也不是生存斗争。宗教之间的不宽容是众所周知的;如果把宗教间的不宽容视为生存斗争,那么,这场斗争的胜利者是能够最大限度地促进社会的联合、团结与和谐的宗教,而不是相反。这是历史证明了的结论。

第三个例子是威尔逊关于宗教的"文化基因"的概念。他承认:"宗教是对人类社会生物学的最大挑战,并为使之能够成为原创性的理论学科提供了最为振奋的机会。"[2] 令他振奋的原因在于,宗教是人类最久远、最普遍的文化形态,如果他能够成功地用社会生物学解释宗教,那么也能把他的原则推广到其他文化领域。

1 H. Spencer, *Principles of Sociology*, Williams & Norgale, vol. 2, part 5, 1882, p. 440.
2 E. O. Wilson, *On Human Nature*, New York, Bantam Books, 1979, p. 183.

威尔逊的解释原则是"基因与文化同步进化"（co-evolution）。他认为，教士们创造的行为方式对基因具有选择作用，"教士选择"（ecclesiastic selection）最大限度地促进了虔诚的宗教信徒的福利，使他们有更多的后代，保留适应于这种宗教的基因；被保留的基因表现在神经系统、视觉和荷尔蒙分泌等生理变化，生理特征被固定为学习规则和习俗，学习规则和习俗反过来加强了具有那种基因的人群的宗教信仰。

如果说斯宾塞等早期文化进化论者犯了"修正主义"的错误，那么威尔逊便是犯了"教条主义"的错误；他生搬硬套社会生物学或生态行为学的结论，用以解释人类宗教现象。宗教比动物的社会行为复杂得多，后者出于本能，受遗传性性状和基因型的支配，而影响宗教行为的是人类的表型特征。由此得出两个结论：第一，宗教行为不是一种遗传性性状，也没有相应的等位基因；事实上，现代智人的基因库在几千年的时间里变化很少，但他们在这段时间却创造了1万多种宗教。[1] 第二，自然选择只对个体的表型起作用，而不对基因型起作用，威尔逊设想社会环境中有一种能够保留适合于某种宗教行为的基因的"教士选择"，这是没有事实根据的，在原则上也不可能存在。

3 ————————————————————————————

图腾、宗教和自然选择

进化论是追根溯源之学，以进化论为范式的宗教哲学首先要探究宗教的起源。在人类进化的历史上，宗教出现的时间较晚，具有明显的宗教意义的考古遗址遗物出现在新石器时期的中后期，在此之前，图腾已是相当普遍的现象。有人假定，动植物图腾是最早的崇拜物，图腾是最早的宗教现象。这一假定并没有被普遍认可，因为关于图腾性质的问题向来是学术争论的激烈战场。我们不打算投身战斗，只是利用现有的各种理论，围绕四个不同层次的问题，分析各种解释，对

---

1 F. C. Wallace, *Religion: An Anthropological View*, New York. Random Honse.

从图腾到"神"的观念的进化过程提供一个更为合理和全面的解释。这四个问题是：第一，图腾的原始功能是什么？第二，这一原始功能的社会效应是什么？第三，这一社会效应对人类心理的影响是什么？第四，这种心理影响的精神表达是什么？

我们已经回答了前两个问题。在有文字之前，图腾是标志血缘关系的符号，不同图腾的部落是血缘不同的群体，由图腾所维系的外婚制的后果是人口的增加，越来越多的人被组织在越来越复杂的社会结构中。现在我们来回答第三个问题。现在的人类学家普遍认识到，图腾不仅是区分亲属关系的分类原则，而且是对周围一切事物的分类原则。图腾作为一种普遍的分类原则有以下三个特征：

首先，没有人与自然、语言与实在、意识内容与意识对象的区别。列维-斯特劳斯说，图腾是"把自然和社会理解为一个有机整体的分类图式"[1]。图腾把社会的某一部落和自然的某一物种归于同一类型，如属虎的部落的人与虎以及一切与虎有关的自然现象和名称，都被虎的图腾统一在一起。涂尔干也说，在图腾中，"事物的分类再现了人的分类"。他引用人类学家通过对澳洲原始部落的调查资料的分析所揭示的按图腾进行分类的特点是："宇宙中的所有事物都被划分到部落的不同成员之中"，"有些部落说树木属于他们，有些则说平原属于他们，另一些人则拥有天空、星辰、风、雨等"，"按照胞族进行划分被当成了'一条自然的普遍法则'"，"所有事物，不管是生物还是非生物，都被这些部落划归到两个胞族，名之以Yungaroo 或 Wootaroo"[2]。

其次，图腾的分类原则是差别对立的逻辑。虽然图腾符号与语言概念的内涵不同，但两者有着相同的逻辑功能，即把相似的事物归为一类，把不同的事物区分开来。图腾犹如是一个概念体系，如涂尔干所说，澳洲的原始部落通过图腾，"对自然界确有翔实的安排。自然中的一起存在与事实，'日月星辰、天空、大地与海洋，以及它们的所有现象和要素，连同所有非生物体、植物、动物和人'，这一切都被划分、标注和指定到一个单一而整合的'体系'的固定位置上；在这个体系中，各

1 [法]列维-斯特劳斯：《野性的思维》，北京，商务印书馆1987年版，第153页。
2 Yungaroo 和 Wootaroo 是两个胞族的图腾名称。引自[法]涂尔干、莫斯《原始分类》，上海，上海人民出版社2000年版，第12页。

个部分根据'相似性程度'或平起平坐,或有所隶属"[1]。

最后也是最重要的是,图腾的分类体系是一个自下而上的等级系统。列维-斯特劳斯勾画出印第安人的一个图腾体系,如下图所示:

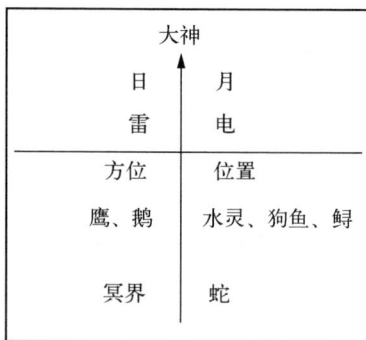

```
                  大神
                   ↑
        日         月
        雷         电
      ─────────────────────
        方位       位置
        鹰、鹅      水灵、狗鱼、鲟

        冥界       蛇
```

列维-斯特劳斯说,"'神'的体系是按照两个主轴来安排的:一是伟大或渺小的神,一是有益或无益的神。至高无上的是大神;接下来是他的仆从";无论在道德上还是自然上,都依从上述的等级秩序。他又说,大神在道德上是人的守护神,"守护神从来就不是'人们白天在茅舍周围所能看到的某种特定的哺乳动物或鸟,而是一种能够代表所有物种的超自然的存在'"[2]。最后引用的那句话是对"图腾崇拜"论的反驳。就是说,在图腾的体系中,被崇拜的不是图腾物本身,而是按照图腾的分类原则设置的至上神。

列维-斯特劳斯肯定,图腾的分类原则所产生的心理机制必然产生"神"的观念。这为我们要讨论的第四个问题提供了一个可贵的线索,但他的解释主要是抽象的结构分析,为了说明"神"的观念所包含着的具体内容,我们还需要宗教学家和哲学家的进一步解释。

尼格拉·卢曼在《宗教的功能》一书中,用"降低复杂性"的人类心理机制来解释"神"的观念的起源。原始人已经具有与我们同样的表象、记忆和想象的能力,他们感觉到的事物充满着无限的复杂性。与感觉内容的无限复杂性相对应,人类

---

1 [法]涂尔干、莫斯:《原始分类》,第46页。
2 [法]列维-斯特劳斯:《图腾制度》,第29、30页。

还有降低复杂性的心理机制。降低复杂性有多种途径，或是发现感觉对象的联系和因果关系，或是把它们分成对立的两部分，或是把它们组织在一个等级体系中。降低复杂性的各种途径所导致的结果，或是一切自然力量的终结原因，或是对立的两种最强大力量，或是统摄一切的至上者。但是，降低感觉对象的复杂性并没有取消对象的感性，而是把复杂的感性都凝聚在最后的结果上。通过这样的途径，复杂的感觉对象最后被归结为有着丰富感性特征和人格的终结原因、最强大力量和至上者，这就是"神"的观念。[1]

卢曼虽然没有用进化论的语言，但他所说的"降低复杂性"的心理机制只能被理解为进化的产物。人类的脑容量逐步增大，感觉内容的复杂性也随之增大，只有把感觉到的环境中的复杂性降低到能够适应的程度，人才能适应环境。"自然选择"只是保留既有无限的感觉能力、又能够降低复杂性的大脑，而不是一味偏爱容量大的大脑。尼安德特人的脑容量比现代智人的还要大，但他们却灭绝了。现代智人在进化的后期，在其大脑中最终形成了降低复杂性的机制，因此存活下来。不管是图腾还是宗教，都是自然选择的产物，图腾使人类繁衍后代，宗教标志着人类获得了适应无限复杂的环境的思维能力。尽管如此，我们不能混淆图腾和宗教，它们分别出现在进化的前后阶段，图腾最终导致了崇拜神的宗教。

4 —————————————————————————————————————

祖先崇拜和亲选择

施密特在 12 卷的《上帝观念的起源》一书中提出了原始一神教。他用大量的原始部落的材料说明，宗教的最初形式是崇拜一个全能的父亲般的上帝，多神教和神鬼崇拜只是后来的附加和退化的表现。在人们把进化误解为从低级到高级的时代，人们把施密特的观点与他的天主教神父的身份联系起来，认为他是在用人类学材料论证天主教信仰的永恒性，而没有认真分析他所援用的材料是否可

---

1 N. Luhmann, *Funktion der Religion*, Frankfurt，1977.

靠。后来不断发现的材料证明,很多原始部落确实有"高位神"的观念,如涂尔干和列维-斯特劳斯都肯定了这一点。进化心理学所解释的最初的"神"的观念也符合一神论或二元神论。但争论仍在继续,很多人问道,在原始部落中,祖先崇拜比"高位神"崇拜更普遍,并且,很多原始部落把图腾物当作祖先加以崇拜,这又该如何解释呢?

首先应该指出,图腾物崇拜并不是普遍现象,杀图腾动物和吃图腾物的事例比比皆是,以至于拉德克拉夫-布朗实际上得出了"一种动植物之所以被当作图腾,是因为它们好吃"的结论。其次,把图腾物当作祖先也不是普遍现象,很多图腾物是微不足道的东西,如白人的烟斗也可以成为太平洋岛屿上原始部落的图腾,他们显然不会把烟斗认作祖先。但是,一个不容置疑的事实是,祖先崇拜是普遍现象,并且只有当图腾物被认作是祖先时,它们才会成为崇拜物。我们现在需要解释的问题是:第一,为什么祖先崇拜如此普遍?第二,图腾在什么情况下被人当作祖先?第三,为什么祖先崇拜比"高位神"崇拜更普遍?

第一,从进化论的角度看问题,祖先崇拜的生物学基础是"亲选择"。近40年来,"亲选择"成为一种解释一些动物的"利他主义"行为的学说。如在膜翅目昆虫(如蚂蚁、蜜蜂)社会中,只有一个雌性蚁王、蜂王,由她承担繁殖功能,其他雌蚁、雌蜂则不繁殖,而充当工蚁、工蜂。膜翅目昆虫行为模式的秘密在于雄性是单倍体,而雌性是双倍体;姐妹从父本接受了完全相同的基因,从母本接受了1/2相同的基因,因此她们有3/4的共同基因;姐妹中任何一个的后代与自己都有1/2的共同基因。她们全力帮助其中的一个姐妹,是为了更好地复制与自己相同的基因。"亲选择"表明了生物最大限度地繁殖后代的倾向,至于是由自己,还是由亲属来繁殖,这并不重要;只要更多地复制自身的基因,也就最大限度地增加了自己的"广义适合度"。

动物的"亲选择"是被基因所决定的本能的行为,人类的意识和文化没有削弱这一本能,而是通过祖先崇拜的行为模式强化了亲选择和广义适合度。《论语》用"慎终追远,民德归厚"八个字道出了祖先崇拜的真谛,这就是,履行繁衍后代的义务,延续祖先的血脉,奠实祖宗的基业。从表面上看,祖先崇拜的活动指向先人,它的实际目的却在后人;通过祖先崇拜,把维系族群的生存和繁衍后代提升为神圣义务。可以用自然选择的作用解释祖先崇拜习俗的普遍性：自然选择倾向于保留后代较多的群体，不实行祖先崇拜的族群的"广义适合度"较低，容易遭到灭绝的命运，而被保留下来的族群具有的较高"广义适合度"，普遍表现为祖先崇拜的行为模式。

第二个问题与图腾的象征意义在世代流传的过程中发生的歧义有关。我们已经说明了图腾物被等同为始祖的演变过程和原因，兹不赘述。

第三个问题实际上是这样一个问题：祖先崇拜和"高位神"崇拜分别是图腾带来的血统意识和等级意识所强化的行为模式，两者应该同时发生，并行不悖。但实际上，我们经常看到的情况却是两者重叠混淆，祖先崇拜替代了"高位神"崇拜。这一切是如何发生的呢？

我们仍可用语言的讹错来解释混淆的原因。"高位神"集主宰和生命于一身，例如，闪族人的至上神被称作 belu（苏米尔语）或 baal（叙利亚语），他既是父亲，又是主宰的王；希伯来人的神耶和华的名称来源于"生命"，后来被称为"主"；希腊人的神宙斯是唯一的父亲，同时又是最强大的力量（kratos）。与此同时，人们认识到，始祖是部落的生命之源；始祖在部落中有主人和父亲的双重身份，与"高位神"的身份相似。在宇宙图式中，始祖在部落中的地位隶属于至上神在天地时空和自然现象的地位，等级秩序不容僭越。但是，语言意义的混淆往往比逻辑关系的区分更用力。在一个类似于图腾的意义被混淆为始祖的名称那样的语言讹错过程中，始祖被混淆为至上神，祖先崇拜取代了至上神崇拜。正如施密特所说，这一过程是"千真万确的事实"：

> 在原始文化以后，或者在其末期，族父显然是侵占了至上神的地位；有时这种取而代之的方式是友谊的。最初的父好像是至上神与世人的媒介，因而把至上神推到一旁，并且渐渐地推到一种崇高而闲居的地位上去，而族父自己就变成造物主了。[1]

必须注意，在很多情况下，古人并没有混淆始祖和"高位神"，倒是现代的解释者弄

---

1 ［德］施密特：《原始宗教与神话》，上海，上海文艺出版社 1987 年版，第 262 页。

混淆了。比如,殷商时期崇拜的"高位神"被称为"帝",王国维认为帝是殷人先祖,陈梦家正确地指出,殷人的上帝或帝不是祖先神。朱凤瀚用更多的甲骨文材料证实了这一结论:"帝有广泛的自然权能及相当多的人事权能,尤其具有其他任何神灵所未有的对人间的强大败坏力,反映了商人对帝怀有深深的畏惧心理。殷墟卜辞资料至今确没有发现明显的祈求于帝与祭帝的卜辞。"[1]

周人更多地用"天"指称"高位神",而较少用"帝"的名称。这成为以后历代的传统,"天"被认作全天下的主宰,而不是一家一族的始祖;虽然皇帝被称为"天子",但这并不表明皇族与"天"有血缘联系。与此同时,"帝"却变成了皇帝的专用名称。殷商时期,祭祀上帝的禘祭与祭祀所有祖宗的祫祭是两个不同的仪式;东汉之后,禘祭却变成祖祭。但这只能说明宗教仪式发生了混淆,并不能说明古人已经把人间的最高统治者混同为天地的主宰。中国人始终保持着祖先崇拜的习俗,但并没有因此放弃"高位神"的宗教观念。

5

人神关系与进化稳态策略

对于没有血缘关系的个体之间的社会关系,行为生态学用博弈论关于利益得失的算计,说明自然选择最可能保留的几个行为模式,这些行为模式被称为"进化稳态策略"(Evolutionary Stable Strategy)。最初的"进化稳态策略"是梅纳德-史密斯所设想的"鸽子和鹰"的模式。鸽子代表利益争夺中的退让者,鹰是进攻者,那么则有下面的博弈矩阵。

	鹰	鸽
鹰	$1/2\,(v-c)$	v
鸽	0	$1/2\,v$

说明:v代表收益,c代表付出。因为双方都不会退让,鹰与鹰之间的争斗要

---

1 朱凤瀚:《商人诸神之权能与其类型》,参见《尽心集》,北京,中国社会科学出版社1996年版,第71页。

付出高昂的代价,c>v,争斗的结局是负收益;鹰与鸽之间的斗争中鹰获得全部收益 v,鸽的收益则为 0;鸽与鸽之间相互退让,平均收益是 v/2。

这一矩阵表明,"自然选择"的结果不可能是完全由鹰或完全由鸽组成的群体。如果一个群体完全由鹰组成,那么这个群体的平均收益是负收益[因为 1/2(v−c)是负数],小于如果成为鸽所能获得的零收益。这意味着有些鹰就会变成鸽,以消极的退让获得更大的收益。反之,如果一个群体完全由鸽组成,那么这一群体的平均收益(v/2)小于如果成为鹰所能获得的收益(v)。这意味着这时有些鸽就会变成鹰,以积极的进攻获得更大的收益。

以上只是一个简单的模式,博弈双方要么进攻,要么退让。如果采取进攻和退让这两种方式混合起来,会得到什么样的博弈结果呢? 根据进攻和退让的条件不同,混合的"进化的稳态策略"主要有下面两种。

第一种混合策略是"回应者"(或"资产者")。"回应者"以鹰的方式对待鹰,以鸽的方式对待鸽;但对无主的资源总是采取积极占有的态度,因此,回应者之间总是相互进攻。下面是鹰、鸽和"回应者"三者的利益博弈矩阵。

	鹰	鸽	回应者
鹰	1/2(v−c)	v	3/4v−1/4c
鸽	0	1/2v	1/4v
回应者	1/4(v−c)	3/4v	1/2v

说明:鹰和鸽的利益博弈与上图同。鹰与回应者之间相互进攻,鹰所获得的是在鹰鸽博弈中获得的全部收益的一半,即 3/4v−1/4c;鸽与回应者相互退让,获得的是它在鹰鸽博弈中获得的全部收益的一半,即 1/4v。回应者与鹰和鸽遭遇,或者得到鹰鸽博弈中双方最小收益之和的一半,即 1/4(v−c),或者得到双方最大收益之和的一半,即 3/4v。回应者之间争夺无主资源,它们将各得一半收益,即 1/2v。

从这一博弈矩阵可见,回应者与鹰的收益相比,有三种情况:(1) 大于鹰的收益:1/4(v−c)>1/2(v−c),(因为 v−c 是负数);(2) 小于鹰的收益:3/4v<v;(3) 不确定:1/2v 与 3/4v−1/4c 的大小取决于 v 和 c 的大小比率。同样,回应者的收益有时大于鸽的收益,有时小于鸽的收益。博弈的结果表明,一个群体不可

能只有鹰和鸽两部分，一些成员如果当既是鹰又是鸽的"回应者"，在一些情况下，能够获得比鹰和鸽更大的利益。因此，"回应者"也是一种"进化的稳态策略"。

第二种混合的"进化的稳态策略"是"应变者"（或"无产者"）。"应变者"对于无主的资源采取鹰的策略，即主动争夺；对于自己占有资源采取鸽的策略，即与入侵者共享。下面是鹰、鸽、回应者和应变者的利益博弈矩阵。

	鹰	鸽	回应者	应变者
鹰	$1/2(v-c)$	v	$3/4v-1/4c$	$3/4v-1/4c$
鸽	0	$1/2v$	$1/4v$	$1/4v$
回应者	$1/4(v-c)$	$3/4v$	$1/2v$	$3/4v-1/4c$
应变者	$1/4(v-c)$	$3/4v$	$3/4v-1/4c$	$1/2v$

以上博弈结果表明，"应变者"在一些情况下能够获得比鹰、鸽和回应者同等的甚至更大的利益。根据上述同样的理由，"应变者"也是一个"进化的稳态策略"。

进化的稳态策略适用于包括人在内的动物行为模式。人类不同于动物，人的意识能够计算利益得失，主动地寻求最大利益。但是，人们寻求最大利益的条件依赖于其他人的反应，人际关系中的利益得失仍然服从进化的稳态策略。人的优越性只是在于，他不像动物那样恪守某一种策略，而能根据人际关系和环境的条件，自觉地选择最有利的策略。在宗教活动中，神被当作人的利益最重要的相关者，人根据神可能采取的反应来选择对待神的策略。人对待神的策略同样服从进化的稳态策略，包括鸽的策略、回应者策略和应变者策略。

在宗教活动中，"鸽的策略"意味对神保持敬畏，无条件地服从神的意愿；同时对神的仁慈感恩戴德，回报神的恩惠。这些是宗教虔诚的表现，世界各地的不同族群虽然信奉不同的神，但都表现出同样的虔诚，这常常使人们大惑不解。现在，进化的稳态策略可以提供一个有说服力的解释：如果把"神"当作无比有力的超级的鹰，那么，人对神的虔诚的敬畏可以说是鸽对鹰的策略的放大；如果把神当作无比仁慈的超级的鸽，那么，人对神的虔诚的感恩可以说是鸽对鸽的策略的放大。

"回应者策略"根据对方的策略来决定自己的策略，以鹰对鹰，以鸽对鸽。在宗教活动中，这种策略根据神对人的祈求的回应来决定如何对待神，以德报德，以怨报怨。这种策略把人对神的无条件的依赖转变成两者相互依赖。正如涂尔干所说：

> 毫无疑问，人依赖于神，不过，神也同样依赖于人。人需要神的帮助，神也需要人的献祭。因此，当人对神所提供的服务感到不满时，人就不再向神供奉祭品了；神的供给也中断了。人与神的关系是一种契约关系，是以"我付出为的是你付出"（do ut des）原则为基础的。[1]

人们经常可以看到与宗教虔诚格格不入的亵渎神灵的行为，其实是回应者"以鹰对鹰"策略的表现，如中国古籍中记载的"咒天"（"荡荡上天，下民之辟。"《大雅·荡》），"虐神"（殷王武乙制作一个木偶，"谓之天神"，"仰而射之，命曰射天。"《史记·殷本纪》），"焚巫"（"夏大旱，公欲焚巫尪。"《左传》，僖公二十一年）。

回应者"以鸽对鸽"的策略与前述"鸽的策略"有根本不同，"鸽"对神绝对服从，无限感恩，而"回应者"即使在回报神的恩惠时，也抱着讨价还价的态度。基督教早期教父德尔图良讽刺说，异教徒的神是"做买卖"的。但他没有想到，《圣经》中也有商业语言，如，"借给（lend）耶和华"，"耶和华必偿还（repay）"（《箴言》，19：17），"你施舍的事行在暗中"，天父"必在明处报答（reward）你"（《马太福音》，6：4）。看来，任何宗教都不能摆脱 do ut des 的原则。

人在宗教中的收益和付出之昂贵，是任何商业交易所不能比拟的。罗马历史学家萨卢斯特（Sallust）说："我们的一切都来自神，因此我们要把事物之首要部分献给神，我们通过纪念碑把产品的尖端献给神，把身体的首端头发献给神，通过牺牲品把生命献给神。"[2] 人与神之间最昂贵的交易是"以生命换生命"（animam pro anima）。按照这一原则，人们不仅把牛羊送上祭坛，而且用人作祭品；不仅用俘虏和奴隶祭神，而且向神献上自己的亲人。纯洁的儿童或女人因为符合"事物之首端"的标准，因此成为首选的珍贵祭品，如耶和华要亚伯拉罕献上自己的独生子以表忠诚。至于各种宗教中常见的禁欲主义，或是为了把童贞献给神，或是用自己可能拥有的后代的生命与神作"期货交易"，以换取自己的永恒生命。禁欲主义以及人祭的习俗不符合进化的"亲选择"，却作为一种进化的策略而被保留在宗教

---

1 ［法］涂尔干：《乱伦禁忌及其起源》，上海，上海人民出版社 2003 年版，第 92 页。
2 转引自 W. Burkert, *Creation of the Sacred*, Harvard University Press，1996，p. 136。

之中。

"应变者策略"根据资源有无属主决定策略,争夺无主的资源,尊重有主的资源。宗教领域的最大资源是对自然和人事的支配权;受神所支配的东西是"有主"的,不受神所支配的东西则是"无主"的。如何知道哪些东西是"有主"的,哪些是"无主"的呢?很简单,通过祈求神而能够获得的支配权属于神,反之,通过祈求而得不到的东西是神也不能支配的"无主"资源。宗教活动的"应变者策略"意味着,对属于神的资源不加以冒犯,而以恭敬、虔诚的态度祈求神的赐予;对不属于神的"无主"资源则积极加以争夺。

巫术是争夺"无主"资源的宗教活动。巫师相信,他能够用超自然的通灵本领,或调动自然的感应力,改变自然的进程。巫术不需要依赖至上神,它的信念是,即便是至上神也要服从感应力,即便是神灵也能被巫师所利用。正因为如此,弗雷泽断定巫术不是宗教,巫术在没有"神"的观念之前已经出现。他正确地概括出巫术所依赖的两条思想原则:相似律和接触律;却没有理解这些原则所依赖的宇宙图式:事物只有按照一定的秩序被安排在一个等级体系中,才会彼此相似、互相感应,而处在这一等级最高位置的正是神。可以说,没有"神"的观念,就不会有巫术的思想实践。弗雷泽把巫术当作"前宗教"是不恰当的,而把巫术当作宗教,称之为"萨满教"是恰当的。萨满教的巫师相信天神和各种神灵的存在,但不完全依赖神,而是通过自身努力,主动索取不属于神支配的资源。

6

宗教语言和社会合作模式

按照进化论范式的社会学研究的一项重要成果表明,"针锋相对"(tit for tat)的行为模式是社会合作的基础。"针锋相对"是这样一种行为模式,最初采取和平和忍让的态度,如果对方采取同样的态度策略,则和平相处;如果对方继续冒犯,则采取报复行动。对不同的行为模式进行计算机模拟实验,结果表明"针锋相对"的收益最佳。这也是社会大多数成员在自然选择的压力下采取的行为方式,人们为了最大的收益而相互合作,对偶然的、暂时的争执采取忍让策略,这就是"相互利他主义"。

相互利他主义的最大障碍是欺骗。欺骗不是公开的侵犯,因此不会引起"针锋相对"的报复,可以获得公开侵犯得不到的收益。如果欺骗屡屡得逞,"针锋相对"就会丧失最佳收益,相互利他主义就不能维持。要命的是,欺骗在生物界相当普遍,比如,一种嗜食同类的萤火虫发出虚假的求偶信号,捕食上当的雄性;再如,一个小狒狒在与兄长进食时突然大声哀叫,母亲误以为它受到兄长的欺负,而把兄长赶走,它乘机独享食物。从动物界进化而来的人类并没有摆脱动物的欺骗性,人类具有动物所没有的意识和语言,但是通过语言进行的蓄意欺骗有着更大的隐蔽性和危害性。

语言是人类相互理解和合作的主要途径。但人类早就意识到,语言也是进行欺骗的主要手段。比如,中国人把欺骗称作"说谎",拉丁文中 verba dare（give words/"给一个说法"）的意思是"谎言",其反面是 sensus（"意义"）。词语的意义在传达真实的信息,如果词语变成谎言,语言就失去了意义,人类社会也就失去了合作的根基。

用语言进行欺骗是人类的特有缺点,也是人类自身能够克服的缺点。宗教领域是克服语言欺骗的最初场所。语言在宗教中的各种用法都可被称为宗教语言,人们把祈祷、颂神、布道等作为典型的语言。但我们把宗教语言严格地限定为由"神"来担保其意义的语言。这种狭义的宗教语言是早期人类合作的主要媒介,它排除了人类所继承的动物欺骗性,赋予词语以"意义",使语言成为人类社会合作模式的基础。语言包括"说"和"写"两种,宗教语言的最早形式也是如此。以下分别以誓言和卜辞为例,说明口说的和书写的宗教语言的意义。

（1）"誓言在所有族群和文化中都是宗教的一个原初符号。"[1] 不管誓言的内容是什么,它都是在神的面前作出的承诺,虽然中国人已经不把"天"当作至上神了,但"对天发誓"仍然是习惯的语言用法。誓言的目的是取得别人的信任,对神起誓的目的是用神来担保承诺的真实可靠。在早期语言中,誓言最具有说服力和

---

1 *The Encyclopedia of Religion*, ed. by M. Eliade, New York, 1987, vol. XV, p. 301.

凝聚力。记载中国三代历史的《尚书》中充满着誓言。朱熹说:"《书》有六体,誓其一也。"(《甘誓》序)誓言是《尚书》中宗教意味最重的部分。誓言可分个人和集体两种。殷王盘庚要迁都,众人不服,盘庚指天起誓说:"我这样做不是在威吓你们,而是要奉养你们呀。"[1]这是个人誓言,盘庚个人承担全部责任。[2] 集体的誓言起团结和激励大众的作用,因此在大战之前,都要举行对天起誓的仪式,如禹在伐三苗之前"会群后,誓于师"(《大禹谟》),夏启伐有扈国的《甘誓》,商汤伐夏的《汤誓》,武王伐纣的《泰誓》,都是面对"天"的誓词和履行"天命"的承诺。

誓言并不能杜绝欺骗行为,这是因为人类心理有"自欺"的顽疾。进化心理学的研究表明,最隐蔽、最难以防范的欺骗出于自欺。自欺是一种下意识,它促使人"真诚地"欺骗,或者说,不自觉地欺骗而没有任何内疚不安的心理。[3] 自欺的誓言有两种:一是真诚地用"神"担保实际上做不到的事情;二是不相信神的存在,却要起誓。

为了保障誓言的有效性,宗教提供了治疗自欺的方法。针对上述第一种自欺的誓言,《圣经》"十诫"第二条说:"不可妄称耶和华的名。"这是说不能随意用神的名义起誓;如果自己不能实现承诺,却要拿神来做担保,就会败坏神的声誉,"耶和华必不以他为无罪"(《出埃及记》,20:7)。这是要求用个人的责任心来维护信仰的严肃性。针对第二种自欺的誓言,洛克说:"那些否认神的存在的人必不能被宽容。承诺、誓约和誓言这些人类社会的纽带,是无神论者所不能维系或敬重的。如果把上帝取消,即使从思想中取消,一切都会瓦解。"[4]这是在用宗教信仰的真诚来保证誓言的社会约束力。

(2)文字符号的意义是从哪里来的? 为什么人为的符号能够表示真实的事实? 对于早期人类来说,只有宗教能够解决这些问题。宗教不是用理性来回答这些问题的,而是用特有的活动解决这些问题,其中的一种活动是占卜。

占卜常被认作是巫术的一种。在中国商周时期,占卜者被称为巫,但与萨满

---

1 "予迓续乃命于天,予岂汝威,用奉畜汝众。"(《尚书·盘庚中》)
2 "邦之不臧,惟予一人有佚罚。"(《尚书·盘庚上》)
3 *Self-Deception*, ed. by J. C. Lockard and D. L. Paulhus, Prentice Hall, 1988.
4 J. Locke, *A Letter of Toleration*, Oxford, 1968, p. 135.

教意义上的巫术大不一样。萨满教的巫术不需要依赖神,而占卜则是建立在对至上神的绝对信任的基础之上的;萨满教的巫术的目的是获取不属于神的资源,而占卜却是接受和解释上帝赋予的意义。占卜者非但不能改变上帝的意愿,连对卜筮的意义也没有最后的解释权,要由王者亲自断定凶吉,但王者也只能解释,不能改变上帝赋予的意义。《礼记·祭义》说:"易报龟南面,天子卷冕北面。虽有明知之心,必进断其志焉,示不敢专,以尊天也。"这是多么虔诚的宗教信仰。

占卜在古罗马被称为 divinatio("神圣行为")。这不是说占卜者是神,而是说占卜所解释的符号来自神。在中国古代,龟占的甲骨纹理或筮占的卦象,虽然是一系列复杂的人工活动的产物,却不被看作是任意的、人为的;人们相信它们是来自神的符号,包含着预示未来的真实信息。占卜从神圣符号中解读出真实信息,如果后来发生的事实与占卜结果不符合,那不是因为信息有误,而是解读有误。以是否符合以后发生的事实为标准,可以不断地改进解读的方法。占卜者把世世代代积累的解读卜筮符号的经验编辑成书,现在流传下来的只有《易经》。如果说《易经》包含着宝贵的生活经验和政治智慧,那不是因为卦象自身包含着这些信息,而是解读者从卦象所象征的事实中总结出来的。

占卜是以神的名义赋予符号意义的活动。在文字草创阶段,"神"的名义是符号意义的必要前提,只有神才能保证符号意义的真实性;有了神的担保,人就有了创造和使用文字的自信心。占卜也许是人类最早的造字活动。《古文尚书》序中有伏羲氏"始画八卦,造书契"的说法,今人刘师培也认为"八卦为文字之鼻祖",张政烺用考古资料证明史前世代陶器上的数字符号是一种易卦。最初文字是否来自占卜,还有待更多的考古证据。但我们至少可以肯定,最初的文字与宗教活动之间存在着密切的联系,这是符合人类社会合作模式的进化现象。

研究道德起源的达尔文范式

　　20 世纪西方元伦理学的一个基本前提是"实然"（使用"是"的事实判断）和"应然"（使用"应该是"的价值判断）的区分。按照这一区分,伦理学只研究道德判断和伦理规则的"应然",而道德的起源作为一个历史的或史前的事实,不属于伦理学研究的范围,而研究史前人类的考古学和人类学等学科只研究有遗物或田野调查证据的文化现象,道德和宗教等精神文化的起源是无实物证据可寻的,因此史前研究也不关心道德起源这一事实。20 世纪 60 年代兴起的社会生物学用"相互利他主义""基因利己主义""进化的稳态策略"等说法,解释动物社会相互合作的事实,同时也蕴含着对人类道德起源问题的探讨。在前面的论述中,虽然我否认社会生物学能够无条件地应用于人类社会,但我有条件地接受了社会生物学的部分观点,用"乱伦禁忌"的进化心理机制解释图腾制及其文化后果,用认知心理机制和"进化的稳态策略"解释宗教心理学。但至此为止,我还没有特别强调人类与动物界之间的根本差异,还只是把人性的主要表现理解为与动物特征有着进化连续性的人的直立姿势和现代智人的智力水平。我在本文要进一步强调的论点是,道德才是人性的集中表现,是人类区别于动物的主要标志。如果说,我在前面所说的人类进化中出现的生理的、文化的和心理的特征都可以用从动物到人的进化连续性来解释,那么,道德的起源则是人类脱离动物界的"飞跃"。人类社会生物学的一个根本错误是混淆了人类道德与动物的社会行为模式。

　　不少哲学家和社会科学家对人类社会生物学作出类似的批评,但他们的主要理由仍然是 20 世纪初的元伦理学关于"实然"和"应然"的区别。在我看来,人类社会生物学的一个功绩恰恰是打破了这一区别,使我们能够用人类道德起源的事实来理解道德规则和道德情感的性质和功能。我们应该沿着这一方向,在前人的基础上解决道德起源的问题。让我们先来讨论这样一个问题：传统的和现代的解释（包括人类社会生物学）为什么没有能够科学地解决道德起源问题？它们留下的启示是什么？

1 ——

关于道德起源的两种传统解释

道德是如何起源的？这是一个伴随着人对人性的反思而出现的古老问题。在此问题上，古代哲学家有"宗教说"和"习俗说"两种不同的解释。

"宗教说"认为道德起源于宗教。古代宗教戒律中有一些道德规则，如犹太教和基督教的"十诫"的后六条（孝敬父母，不可杀人、奸淫、偷盗、作伪证、贪恋他人所有）是道德准则，上帝被视为普遍的道德律的制定者，哲学家们还建立了"自然法"的学说来论证道德律的神圣性。由于受基督教的影响，西方大部分思想家都认为道德起源于宗教，神学家自不待言，即使是世俗思想家也是如此。文化人类学兴起之后，一些学者用原始宗教的材料，得出了道德起源于宗教的普遍结论。比如，普菲尔德里尔说："在宗教中，可找到所有道德的历史起点。"冯特说："所有的道德戒律最初都有宗教戒律的特征。"[1] 罗伯特森·史密斯说："所有道德，即当时人们所理解的道德，都被宗教的动机和约束所认准和加强。"[2] 耶文斯在《宗教史导论》中也说，氏族神是部落道德的守护者。[3]

关于道德起源的"习俗说"解释发端于古希腊的"约定说"。从词源上说，我们现在所说的"伦理"相当于希腊文的 ethos，"道德"相当于拉丁文的 mores，指聚集在一个地方的群体的习俗，中国的"德"的原初意义也是氏族的品质。现代研究者注意到，早在史前时代，道德就已经是人类的一种普遍的习俗。比如，无政府主义

---

1 Otto Pfiederer, *Philosophy and Development of Religion*, vol. 2, Edinburgh and London, 1894, p. 230.

2 Roberson Smith, *Lectures on Religion of Semites*, London, 1894, p. 267.

3 F. B. Jevons, *Introduction to the History of Religion*, London, 1896, p. 112, p. 177.

者克鲁泡特金在《伦理的起源和发展》一书中认为,人类的道德起源于对动物社会合作行为的观察和模仿。[1] 豪伯浩斯在《进化的道德》一书中,认为普遍的道德原则从部落生活的习俗进化而来,在由低到高的进化阶段,最初的习俗逐步变成特定的道德义务、道德规则和普遍的原则。[2] 杜威也说,最早的道德是群体道德,"它们是被认可的、一个群体共同的、世世代代地传递的活动方式。这种被认可的做事和行动方式就是习俗,或用拉丁文来说,是 mores"[3]。最近兴起的人类社会生物学的解释实际上承袭了历史上的"习俗说",它只是进一步追寻人类社会习俗的生物学基础。

"宗教说"和"习俗说"在很多方面是对立的,在历史上有很多争论。"习俗说"指责"宗教说"拔高道德的基础,使道德脱离日常生活,把道德变成了神圣的使命。"宗教说"反过来批评"习俗说"降低了道德的崇高性,忽视了理智、信仰和自由意志等精神因素对于道德的决定性意义。两者各执一端,都有一定的道理。当代研究者往往以互补的态度对待这两种学说。

当然,"互补"并不意味着在"宗教说"与"习俗说"之间找到一个中间立场或一个平衡点,就可以解决道德起源的问题了。双方解决问题的出发点和方法有着根本的区别,如果没有一个统一的基础,不能把优势的方面与缺陷分开,也不能把分别属于两种不同思想体系的优点结合在一起,正如不能把牛头安在马的身子上面一样。双方取长补短所需要的共同基础不是别的,正是我们一直提倡的达尔文的进化论。按照达尔文的"自然选择"的原则,揭示人类进化过程中形成的特有的道德心理机制,以及与之适应的道德行为模式,这是一条在理论上可以成立的历史叙事线索,也是我们合理地解决"宗教说"与"习俗说"的争端和科学地解决道德起源问题的路径。

1 P. Kroportkin, *Ethics, Origin and Development*, 1924.

2 L. T. Hobhouse, *Morals in Evolution*, 3rd. ed., 1908.

3 J. Dowey, "Ethics", in *Later Works*, vol. 7, Souther Illionis University Press, 1988, p. 49.

2

道德与宗教的区分

"习俗说"正确地指出了道德习俗与宗教活动的根本差异,但是两者的差异并不是精神高低层次的差别,不能说道德习俗处于日常生活的经验层面,而宗教处在超验的精神层面。从进化论的观点看,宗教心理和道德心理是先后独立发生的两个心理机制,把道德的起源归结为宗教的根本错误并不在于"拔高"了道德习俗,而在于混淆了两种不同的心理机制。

在前面的历史叙事中,我们谈到三种人类特有的心理机制。最初出现的人类心理机制是幼年生活在一起的男女之间的性排斥心理,这是乱伦禁忌和外婚制等行为模式的心理基础。其次出现的心理模式是与图腾制的符号系统相适应的分类原则,它导致了各种特殊的世界观和"高位神"的观念。最后,人与神交往的心理机制是以"进化的稳态策略"为基础的宗教心理学。宗教心理属于第二、第三种心理机制。但是,这两种心理机制都不包含能被恰当地称作道德的态度和行为。

首先,图腾制分类原则虽然能够产生崇拜神的宗教心理,却不能产生道德心理。图腾制分类原则的一个主要特征是等级的观念,这不仅适用于自然物,也适用于人。本来,图腾制区分血缘关系的亲疏远近只是为了有效地实行外婚制,外婚制中的血缘关系只有生物学的意义;但图腾制的分类原则却把血缘的亲疏、远近当作氏族、部落,乃至国家中的等级。众所周知,伴随着文明出现的社会分工被当作社会地位高低的区分,有其政治、经济、军事等方面的社会原因。我们在此需要强调心理上的原因:只有等级分类的心理机制才能解释由社会分工向社会等级转变的必然原因。出于同样的等级分类原则,宗教崇拜对象有大神与小神的差别,不同人等与大小神之间的关系也有差别,生者与死者有差别。宗教中的这些等级区分与根据血缘关系和社会分工作的等级区分结合在一起,构成了非常复杂的社会等级制度。宗教当然不是社会等级制度形成的唯一原因,但宗教仪式对众多崇拜对象的等级划分,按照地位和作用对崇拜者的等级划分,以及对仪式行为的程序和细节的区分规定,集中体现了社会等级制度。

宗教集中体现的心理机制和社会制度的特点是"分":无微不至的细致区分,

按照各种不同标准区分,对不同的人等分别对待。在文明阶段,世界各地的古代社会盛行社会等级制度和以等级制为特征的多神崇拜,其之所以如此普遍,是因为在它的背后有一个更加古老的心理机制——图腾制分类原则在起作用。

与此同时,文明社会也盛行道德。道德行为的基本特点是公平地对待他人。虽说公平在不同的社会历史条件下有不同的尺度,但不管在任何时代,公平都是与当时流行的等级区分相反的标准。如果说等级制度的特点是"分",那么"公平"的标准则是"合",把不同人等合在一起,对他们提出一样的要求,加以同等对待。比如,"不许杀人"的道德规则并不是说,不许杀一些人,而可以杀另一些人;也不是说,一些人不许杀人,而另一些人则可以。不!从来没有这样的道德规则。道德规则因其公平而具有普遍性,它是对社会成员的普遍要求和对他们的普遍保护。

宗教和道德曾经是、至今仍是最重要的人类精神生活。宗教和社会的等级制度与道德的公平标准是我们衡量人类精神历史的两个尺度。我们以后还会多次经常回到两者的差异和联系这一话题。在当下的讨论中,我们所要说明的道理是,宗教等级制度所依赖的图腾制分类原则不可能产生以公平为主要特点的道德心理。

其次,宗教仪式所依赖的心理机制以"进化的稳态策略"为基础,其主要原则是利害的对等交换原则。从表面上看,这似乎符合道德的公平标准。因此,人类社会生物学家把这一原则称作"相互利他主义",当作社会合作的基础。但实际上,"利害对等交换"与"利他主义"道德原则的区别不可混淆。

我们承认宗教确有社会合作的功能,强化和巩固社会秩序和凝聚力是宗教仪式的主要效应。同时,道德的一个主要功能也是实现社会合作。这容易使人产生误解,从社会功能的角度混淆宗教与道德。宗教和道德虽然都有实现社会合作的功能,却是通过不同的途径实现这一功能的,两者对社会成员的行为和心理的影响也是完全不同的。"利他主义"属于道德范畴,是实现社会合作的道德行为。通过宗教途径或利益交换原则达到的社会合作不能被称为"相互利他主义"。从逻辑上说,"利他主义是促进社会合作的途径"不等于说"促进社会合作的途径必然是利他主义"。促进社会合作的途径有道德与非道德之分。

　　社会合作的行为有不同的动机，行为的动机有道德与非道德之分。"利他主义"是出自利他动机的道德行为；另一方面，出于利己动机与他人进行合作，在一定条件的限制下，也可以达到利己利人的合作目的，但这不是什么"相互利他主义"。果真如此的话，那么每一个人因其社会角色而自动成为"道德人"。比如，农民和工匠会因为其产品有利于他人而有道德，商人会因为有利于买主而有道德，甚至连统治者也会因为能够让社会成员共同生活（在他的统治之下）而有道德。这显然是荒谬的。事实恰恰相反，正是因为一个社会成员在他的职责范围内不能自动地履行对其他社会成员的道德义务，因此才会有社会伦理和职业道德。即使以血缘关系为纽带的家庭成员也不能自然地履行对其他家庭成员的道德义务，因此才有关于父子、夫妻兄弟、长幼关系的家庭伦理。"相互利他主义"说的荒谬在于把"利他主义"成为贴在每一个社会成员身上的廉价标签，使道德失去了价值评估的对象、激励的动力和追求的目标。

　　"利他主义"的动机不能用社会合作的效用来解释，必须用心理机制来解释。只有当某种心理机制中包含着利他的动机，这一心理机制才会产生利他主义的行为模式，这种心理机制才能被称为道德的。但是，在以"进化的稳态策略"为基础的、以"利害对等交换"为原则的心理机制中，只有利己的动机，完全没有利他的动机。不论是这种心理机制，还是与它相对应的行为模式，都不能成为道德的基础，更不能被称为"利他主义"。

　　休谟最早明确地区分了宗教心理与道德心理。概括地说，宗教心理的特征是希望和恐惧[1]，而道德心理则是同情心[2]。休谟在这两方面都有细致的分析和详尽的阐释，兹不赘述。在此，我仅就休谟的观点对我们的启示，作几点评论。

　　第一，休谟把宗教心理和道德心理分别归结为两种不同的情感，从而明确地把两者区别开来。与同时代和后世的思想家相比，休谟的这一区分具有独特的意义。休谟的前辈和同时代人，如阿希莱（Anthony Ashley），即洛克的上司舍夫茨伯利（Shaffersbury）伯爵，哈奇苏（Francis Hutcheson），以及神学家佩利（William

---

1 参见［英］休谟《自然宗教对话录》，北京，商务印书馆 1989 年版。
2 ［英］休谟：《人性论》下，北京，商务印书馆 1962 年版，第 352 页。

Paley),巴特勒(Butler)和以托马斯·里德(Thomas Reid)为代表的整个苏格兰常识学派,都持道德源于宗教的观点。休谟之后的康德和黑格尔虽然有所区分,但主要强调宗教与道德的联系,开启了把基督教道德化的自由主义神学的思潮。休谟从情感的角度指出,宗教和道德有不同的来源,应把两者区别开来。他的方法和论证简明而有力,对我们从心理机制的根源入手,从发生学的角度,历史地叙述宗教和道德的不同起源,无疑具有重要的启示。

第二,休谟依据"联想律"阐释人的心理活动。宗教心理和道德心理是同一"联想律"对不同知觉加以连接的结果。我的批评是,把"联想律"作为一种统一的心理机制是很成问题的。人的心理是连续的活动状态,把它分析成没有联系的心理材料(即休谟所说的"简单印象"和"简单观念"),需要预设一定的原则。把这些简单的材料连接在一起的"联想律",其实不过是先前把连续的心理状态分析成简单材料所预设的原则。因此,"联想律"只是在分析和综合的思想活动中人为地建构出来的,而不是实际存在着的、对所有的心理活动起实际作用的规律。在自然进化中产生的多种心理机制可以取代休谟的"联想律"的解释,这些解释可以在人类的精神生活的历史中得到验证。

第三,休谟把宗教心理归结为对不可控制力量的恐惧而产生的对超自然力的希望,这未免失之片面。早期人类感到恐惧和祈求的对象不是孤立的现象,而是在一个世界观体系中发生的。图腾制的分类原则产生的世界等级模式可以解释什么样的事物使人恐惧,它们是如何被想象的,具有什么样的形象,为什么对它们抱有希望,以及如何实现这些希望等问题。

第四,休谟把道德心理归结为同情心和区别善恶的良心。虽然道德情感的主体是自我,但这已经是超出利己之心的自我。休谟正确地看到,同情心是我与他人换位而感受他人的情感,良心是把个人当下的快乐和痛苦与过去发生的和将来可能发生的体验加以全面比较所产生的好恶感。休谟所说的同情心和良心符合道德情感的公平性和利他动机。后来,穆勒发展了休谟的道德情感说,更加明确地阐明了道德的利他主义原则和公平性。他说:"功利主义者需要行为者对自己的和他人的幸福严格地同等看待,像一个超然而又仁慈的旁观者一样。从拿撒勒的耶稣的金律中,我们看到功利主义伦理学的全部精神。像你希望别人待你那样待人,像爱你那样爱你的邻居。做到这两条,功利主义道德也就达到了理论的完备。"[1]但是,功利主义并没有达到穆勒所要求的这种理论的完备。为了达到这一目标,首先应该理解公平的、利他的道德心理是如何发生的。

3

道德是什么样的习俗

"习俗说"的合理性在于它作为"宗教说"的对立面,指出了道德经验与日常生活的密切联系。但除此以外,它并没有告诉我们更多的真理。问题的关键不在于道德是不是习俗,而在于道德是什么样的习俗。"习俗说"的主要证据来自文化人类学的调查资料。这些资料记载的原始部落的习俗千差万别,千奇百怪。既有符合普遍的道德观念和文明的习俗,也有与之相违背的习俗。比如,既有禁止滥杀无辜,也有杀人、吃人的习俗;既有尊重生命的习俗,也有视生命如草芥的习俗;既有仇外的习俗,也有好客的习俗;既有血亲复仇的习俗,也有宽容、和解的习俗;既有尊老爱幼的习俗,也有溺杀婴儿、抛弃老人的习俗;既有禁止说谎的习俗,也有以成功的谎言为智慧的习俗;既有禁止偷盗的习俗,也有不以偷盗为耻、反以为荣的习俗;既有男婚女嫁的习俗,也有通奸的习俗;既有乱伦禁忌的习俗,也有兄妹通婚的习俗;既有保持童贞的习俗,也有婚前性交的习俗。

把道德等同于习俗的后果是道德相对主义。既然每一种道德观念都有与之相反的习俗,既然每一种习俗都可被称为道德,那么,我们将不得不承认,没有普遍的、绝对的道德标准;不同的社会环境中有不同的道德;在特定的环境中,甚至像吃人、残害生命这样的习俗也能找到道德上的合理性。

如果我们不想把道德变成贴在一切习俗上的廉价标签,如果我们不想玩弄"优良道德"(这是一个同义反复的词组)和"恶劣道德"(这是一个自相矛盾的词组)之类的文字游戏,那么,我们必须区分"良俗"和"恶俗"。道德只能属于"良

---

1 [英]穆勒:《功用主义》,北京,商务印书馆1962年版,第18页。

俗"，"恶俗"在任何意义上都不是道德。

那么，如何区别良俗与恶俗呢？我们的方法是：把习俗视为一种行为模式，每一种行为模式有与其相对应的心理机制；通过区别不同的心理机制而对习俗进行分类，并通过考察心理机制对进化环境的适应程度确定习俗的优劣。

有些习俗是自然亲情的流露，比如，母爱以及父母共同抚养、保护亲生子女，等等。父母对子女的自然亲情是自然选择保留的高等动物的心理机制，因此有"舐犊之情"之说。与自然亲情相对应的这些行为模式是人类得以繁衍生存的生活方式，因此是良俗。人类与很多动物一样，父母给予子女的爱护要超过子女给予父母的爱护。正如亚当·斯密所说，父母之爱比孝敬强烈得多，这是因为"物种的延续和繁殖完全是依赖于前者，而不是后者"[1]。"孝敬父母"与"爱护子女"的习俗有不同的心理机制。后者仅靠自然亲情即可维持，前者除了自然亲情之外，还需要具有利他动机和同情心的道德心理机制。正因为如此，世界各地有"孝敬父母"的道德准则，却没有把"爱护子女"列入普遍的道德准则。

性习俗不仅出于人的性本能，而且出于与"乱伦禁忌"相关的心理机制。在此基础上发展起来的外婚制是对性欲无度的人类性本能的压抑，这种压抑为人类健康的繁衍所必需。因此，与"乱伦禁忌"相关的心理机制相对应的外婚制，以及外婚制派生出来的男婚女嫁等习俗，都是良俗。反过来说，性习俗中恶俗大多与"乱伦禁忌"的缺乏有关。我们认为，早期人类很可能由于性欲无度和乱伦行为而绝种。由于现代智人有一段时间与早期人类共存，并很有可能通婚，现代智人中现在仍有少数继承了早期人类的性心理机制，缺乏"乱伦禁忌"的心理机制，不在意性伙伴的血缘，滥交杂交。这可以解释为什么实行这些恶俗的部落人口稀少，他们被其他族群限制在荒远地区，处于灭绝的边缘。相反，人口众多的族群大多处在文明高度发展阶段，部分原因是良好的性习俗造成的人口繁衍的后果。

还有一些习俗是"进化的稳态策略"的表现。人类自觉地运用这些策略的心理机制可被概括为"利害对等交换"的原则。符合这一原则的习俗既有良俗，也有恶俗。比如，人祭的恶俗的心理基础是人与神之间的"生命换生命"的交易；溺杀

---

1 Adam Smith, *Theory of Moral Sentiment*，London，1887，p. 199.

婴儿和抛弃老人的恶习也是由于利害关系的衡量压倒了自然亲情。血亲复仇有两面性：在某些条件下（如缺乏公共裁判、出于孝敬长辈的动机，等等），血亲复仇可能属于良俗；但是，单纯出于利害对等原则或履行家族义务而报复，常常会造成滥杀无辜的恶俗。比如，幼发拉底河流域的拜都因人的规则是"你杀了我的表亲，我也要杀你的表亲"[1]。加利福尼亚的印第安的尼士南部落认为："一个人所能采取的最厉害、最严重的报复不是屠杀杀人者本人，而是杀他最亲密的朋友。"[2]

我们肯定，"利害对等交换"原则在一定条件下可以产生良俗。"一定条件"不仅只是指社会条件或自然条件，而且指心理条件；就是说，需要其他心理机制的不同参与。比如，公平交易是良俗，它并非仅仅出于"利害对等交换"的原则。我们必须记住，与这一原则相对应的行为模式是"鹰或鸽"以及"鹰和鸽"的策略，人们在可以当"鹰"的时候，是不会心甘情愿地做"鸽"的。"童叟无欺"之所以被当作公平交易的典范，就是因为它要求：即使对那些只能当"鸽"的人（"童叟"），也不能采取"鹰"的策略。没有利他的动机和公平之心，是达不到这一要求的。

以上分析表明，良俗的来源和基础是人类在进化中形成的有利于繁衍和生存的心理机制。这些心理机制除了包括自然亲情、"乱伦禁忌"和"利害对等交换"等原则以外，还包括以利他的动机、同情心和公平之心等为特点的道德心理机制。一种良俗不只是受某一种心理机制的支配，往往是由于几种心理机制的共同参与和配合而产生。但是，由于这些心理机制是在不同的进化阶段分别产生的，我们对它们的起源进行分别考察。此前已经考察了"乱伦禁忌""图腾制分类原则""利害对等交换原则"等几种心理机制，现在的任务是对道德心理机制起源作发生学的研究。

---

1 Anne Blunt, *Bedouin Tribes of the Euphrates*, vol. 2, London, 1879, p. 206.
2 *Stephan Powers*, Washington, Tribes of California, 1877, p. 320.

4————————————————————————————————————

韦斯特马克的道德进化心理学

我们的研究不能离开前人的成果，我们的观点是"站在巨人的肩膀上"的发现。爱德华·韦斯特马克就是这样一个巨人，他的双肩是两部重要著作：一部是《人类婚姻史》[1]，另一部是《道德观念的起源和发展》[2]。在第一部著作中，他发现了"乱伦禁忌"的心理机制；第二部著作的意图是用与达尔文的进化论相一致的心理机制来说明人类道德的起源。第一部书遭到大多数社会学家和人类学家的批评，被认为是不可信的观点。直到 20 世纪 70 年代，人类学家找到了能够证实"乱伦禁忌"心理机制的证据，他的观点才重新引起学术界的重视。但是，第二部书却没有那样幸运，它从一开始就遭到忽视，直到现在也没有引起应有的重视。为了认识这部书的价值，首先请允许我对作者的观点作简明的阐释。

韦斯特马克认为，道德判断和观念是道德情感的一般形式，因此，需要用道德情感说明道德的起源和发展。他所说的道德情感属于一种激情，他称之为"报应的激情"（retributive emotion）。所谓"报应"指对引起快乐和痛苦的原因的回应。这种激情有"怨恨"（resentment）和"好意的"（kindly retributive emotion）之分：怨恨是对引起痛苦的原因的反对态度，报应的好意是对引起快乐的原因的赞成态度。每一种态度又再被划分为非道德的和道德的两种。非道德的怨恨包括愤怒（anger）和复仇（revenge），道德的怨恨包括义愤（indignation）等；非道德的报应的好意包括感激（gratitude）等，道德的报应的好意包括无私、公正、利他的情感。韦斯特马克用进化论的观点，一一解释这些种类的报应。

韦斯特马克首先这样解释怨恨的起源：

> 怨恨如同保护性的反射行为，作为保护动物的手段而逐渐发展出来。它的内在目标是摆脱那些引起痛苦的原因。动物可以对使它感到痛苦的对象

————————————————

1　[芬]韦斯特马克：《人类婚姻史》第 3 卷，北京，商务印书馆 2002 年版。
2　Edward Westermarck，*The Origin and Development of the Moral Ideas*，2 vols.，New York，Macmillan，1906.

采取两种态度：或者躲避，或者攻击它的敌人。前一种行动被恐惧所驱动，后者被愤怒所驱动。采取哪一种实际动作取决于环境。两者对于物种的保存具有头等重要性，因此可以被看作是通过生存斗争中的自然选择而获得的动物心理构造的因素。[1]

原始部落中普遍存在的血亲复仇的习俗出自愤怒和报复这一普遍的动物心理，但由于人类所特有的"集体责任制"的观念，报复的对象往往是无辜者，他们不被认为是无辜的，因为罪犯的亲属、家庭，甚至这个家族，被认为应该为他的行为负责。

从非道德的怨恨到义愤的进化是如何产生的呢？韦斯特马克解释说，这是因为人对造成痛苦的原因有了正确的认识。义愤仍然寻求报复，但报复的目标是消除引起痛苦的原因。如果罪犯是引起痛苦的原因，那么报复的对象只是罪犯本人，而不是他的亲属和家庭，因此才有了判断"有罪"与"无辜"的公正标准，才有了谴责残害无辜的道德声音。

在后来的阶段，人们进一步把造成痛苦的原因归结为恶意，要消除引起痛苦的原因就必须消除恶意，而不能以恶制恶。韦斯特马克引用了大量材料，如老子说："大小多少，报怨以德"（《道德经》）；印度的马奴法规定："不要以怒制怒，要让被咒骂的人得到祝福。"印度佛教中有"恨不能止恨，爱却能止恨"的教导。在古希腊和罗马，也有很多关于宽恕的教诲。韦斯特马克总结说："宽恕敌人不只是基督教的教义，虽然在此前后，从来没有人像耶稣那样强调说：你们听见有话说：'当爱你的邻居，恨你的仇敌。'只是我告诉你们，要爱你们的仇敌，为那逼迫你们的祷告。"[2]韦斯特马克说，报应的好意是群居动物相互依赖、帮助而产生的好意和爱心，它也是进化过程中产生的动物心理构造的一部分，"自然选择"是产生这一善意的原因。他说："正如自然选择说明了怨恨的起源，它同样说明报应的好意的起源。两者都是有利的心态：怨恨消除害处，报应的好意保障好处。"[3]韦斯特马克注意到，在动物界，怨恨比报应的好意更为广泛。他解释说，这是因为群居动物在

---

1 Edward Westermarck, *The Origin and Development of the Moral Ideas*, vol. 1, pp. 41 – 42.
2 同上书，第 1 卷，第 74—76 页。
3 同上书，第 1 卷，第 95 页。

动物界的种类不多的缘故。他还认为,早期人类并不是群居动物,而是以家庭为单位,报应的好意主要表现为母爱、父爱和夫妻之爱。家庭成员之间的自然情感还不是适用于社会成员的社会之爱,因此,不能把最初的报应的好意等同于道德情感。

道德与非道德的报应的好意有何区别呢?韦斯特马克指出了道德意识的三项标准:无私性(disinterested)、公正性(impartiality)和普遍性(generality)。前两项具有主观性,韦斯特马克说它们是"表现出的"(apparent)、"认识到的"(knowing)无私性和公正性,而不是绝对的无私性和公正性。很显然,人们只能在自己所处的特定环境中认识自己的利益和立场,他们认为不是出于自私和偏袒的动机,是他们在当时历史条件下所能达到的无私性和公正性。普遍性是主观的无私性和公正性的客观效果。越是无私和公正的心理,所产生的道德观念和判断越具有普遍性。反之,如果具有明显自私和偏袒的动机,不能被恰当地称作道德意识。

不仅道德的好意符合这些标准,道德的义愤也是如此。韦斯特马克问道:"在利益无关的情况下,为什么我们会因为邻人受到伤害,而有义愤之痛楚,因为邻人得到好处,而有赞同之快意?"[1]休谟和亚当·斯密用"联想律"而产生的同情来回答这一问题。韦斯特马克指出,"同情"还只是情感之间的相互感染(如同现在所说的"移情"),而不是对情感的原因所作的反应。一个人看到别人受苦,他的当下反应很可能是躲避引起别人痛苦的原因,其心理是反感、厌恶,而不一定是同情;看到别人快乐,当下反应可能是趋向引起别人快乐的原因,其心理是羡慕、嫉妒,而不一定是赞同之快意。韦斯特马克说:"如果只是以联想为基础,那么同感缺乏一般所说的同情的最为生动的特征,它缺乏友善。一般所说的同情心要求利他的情感或爱心的合作,这一心理倾向特别适合展示对其他存在者的友善之情。"[2]他进一步解释说,利他情感使人能够中立地对待引起痛苦和快乐的原因,对引起别人痛苦的原因感到义愤,对引起别人快乐的原因感到高兴,因此满足无私性和公正性的要求。

道德的起源被归结为道德心理的起源,而道德心理的核心和关键在于利他的

1 Edward Westermarck, *The Origin and Development of the Moral Ideas*, vol. 1, p. 109.
2 同上书,第 1 卷,第 110 页。

情感。如何说明利他情感的起源于是成为韦斯特马克说明道德起源的关键问题。

在利他的情感中，韦斯特马克特别注意社会之爱。他说：

> 事实上，社会之爱从本性上说是报应。群居动物因同伴而感到快乐，与此密切相关的是对引起快乐的原因，也是就同伴本身，抱有好意。社会之爱以交互性（reciprocity）为前提。这不仅是对一个人的友情，而且是把这个人视为朋友而产生的友情。[1]

斯宾塞用母爱来解释利他的道德情感的起源。韦斯特马克批评说："他的理论未能解释一个无可争议的事实：母爱不同于对无助者的爱。"[2]他用人类从家庭到社会的进化来解释社会之爱的起源。他说，早期人类以家庭为单位，随着食物越来越充裕，人类群居的范围越来越广，通过自然繁衍或联合的途径，家庭扩展为氏族，氏族结合成部落。他说："母爱、父爱以及夫妻之爱从远古时代即在人类中流行，当食物匮乏这一群居生活的主要障碍被消除之后，社会之爱随着早期家庭的扩展而产生。"[3]他列举了人类社会范围扩大的原因：地域的接近、政治联合、共同祖先的观念、共同的宗教信仰，等等。

5

对韦斯特马克的批评性评论

杜威对韦斯特马克的《道德观念的起源和发展》有两点批评。第一，杜威承认，本书包含的与道德有关的人类学素材，比其他任何书都要多，却"不加批判地采用了没有控制的比较方法"。第二，杜威批评说："他的出发点是片面、心理学的。"但另一方面，"习俗被认为是决定好意和怨恨的对象、内容的主要因素。如此一来，韦斯特马克就陷入了一个推理的循环：好意和怨恨的公平、无私是由习俗所

---

1 Edward Westermarck, *The Origin and Development of the Moral Ideas*, vol. 1, p. 94.
2 同上书，第2卷，第188页。
3 同上书，第1卷，第113页。

造成的,而对道德原则的好意和对违反它的怨恨使得习俗成为道德原则"[1]。

这两点是有联系的。韦斯特马克的主要局限在于未能摆脱"习俗说"的影响。他毫不犹豫地肯定:"习俗的规则被认为是道德规则,它决定了什么是对错。"[2]他把人类学家在世界各地发现的原始部落的习俗规则都看作是道德的。习俗没有"良俗"和"恶俗"之分,当然也就不需要用道德的标准(他认可的"无私性""公平性""普遍性"),对这些习俗进行评价和选择。这样才导致了把所有材料全盘收录的"不加批判"、"没有控制"的方法。

如果我们追问,韦斯特马克为什么不加区别地把所有习俗都等同为道德规则呢? 这与他对进化论的理解有关。他把人类的进化理解为从动物到人的连续进化,"自然选择"保留的特征是人类与群居动物的共同特征。道德心理属于这样的进化特征,动物不但有怨恨、感激等报应的激情,群居动物还有利他的情感。他说:"道德的怨恨在人类中非常古老,不仅如此,它的萌芽甚至在较低的动物界也可以看到,社会性动物具有感知同情和怨恨的能力。"又说:"在所有的具有这种或那种形式的利他情感的动物种类之中,我们可以肯定地发现同情和怨恨伴随而来。"[3]如果社会性动物已经具备了道德情感,那么也就没有必要在人类特有的意识中寻找道德情感的起源了。韦斯特马克所能做的工作只是在人类的古代的和原始的习俗中,寻找人类道德情感的最初踪迹。

虽然有上面的缺陷,杜威的第二点批评却是不能成立的。韦斯特马克从道德情感出发研究道德的起源,并不是片面的、主观的。进化论视野中的道德心理学考虑到环境与习俗的共同影响,用"自然选择"的压力阐释道德心理的起源,这不能说是主观的解释。而且,道德的特殊性在于,其行为模式出于利他的动机和同情心、公平的标准等心理机制。不知道道德心理机制的来源,也就无法研究道德起源问题。道德起源研究的出发点只能是道德心理学的视角。

韦斯特马克也没有像杜威所说的那样,陷入推理的循环论证。习俗与道德情

1 *The Late Works of John Dewey*, vol. 3, p. 15.
2 Edward Westermarck, *The Origin and Development of the Moral Ideas*, vol. 1, p. 118.
3 同上书,第 1 卷,第 124 页;第 2 卷,第 739 页。

感的关系有两个层次。首先是描述的层次。在此层次上,韦斯特马克试图说明,习俗背后都有一定的道德情感,在此意义上,可以说道德情感使得习俗能够成为道德规则。其次是解释的层次。在此层次上,韦斯特马克需要解释的问题是,回报的情感是如何从非道德进化成道德的? 他用人类社会组织的扩大来回答这一问题。社会组织的扩大当然涉及政治、经济、宗教和人际交往习俗的变迁。解释层次上的习俗并不是决定道德情感的对象、内容和起源的因素,而只是改变了道德情感的范围。韦斯特马克说得很清楚:"孤立的社会,种族、语言、习惯和风俗的差别,敌意和猜疑,曾经压缩了人类的利他主义。但是,不断增长的交流产生了有利于利他主义不断增长的条件。"[1] 从这句话可以看出,习俗影响了利他主义情感的大小,但没有改变它的性质。

韦斯特马克的逻辑是,道德情感起源于群居动物,但人类开始并不是群居动物,他们从动物界继承而来的报应的激情主要表现为家庭成员之爱;随着人类从单一家庭到群居的社会交往范围的扩大,报应的激情的对象扩大到家庭成员以外的社会成员,具备了无私性和公平性的人类道德的特点。在此进化过程中,报应的激情始终表现为习俗,但只有社会习俗才是道德的习俗。这一解释线索是一以贯之的,没有逻辑上的不一致或循环论证的毛病。

韦斯特马克的功绩在于揭示了道德情感的无私、公平的报应等特点。他用大量的人类学材料证明,这种情感表现为人类的古老习俗,在史前时代的进化过程中业已存在,并一直影响到现在人们的道德行为和心理。这些阐释符合达尔文进化论原则,也是令人信服的。但是,他却没有解决道德情感的起源问题。

韦斯特马克没有在动物的"利他主义"的行为与人的道德情感之间划界,也没有区别动物的群居生活与人类的社会生活。动物的群居不超出血缘联系的范围,因此他们的"利他主义"的行为可以用"广义适合度"加以解释。但这是没有利他主义动机的行为,没有道德心理学上的意义。人类则不同。人类交往活动范围的扩大的趋势的社会不同于动物的群居。人类从家族到社会生活方式的扩展不只是交往人数的增加,活动范围的扩大,更重要的是从血缘关系到非血缘的社会关

---

1 Edward Westermarck, *The Origin and Development of the Moral Ideas*, vol. 2, p. 228.

系(如地域关系、政治关系、思想关系,等等)的转变。人类对待家庭成员的行为与心理也许与群居动物没有根本区别,但是,只有人类才能像对待家庭成员那样,对待与自己没有血缘关系的社会成员,这才是恰当意义上的利他主义行为。正是在这里,我们才能发现道德心理的起源。人类有没有特有的道德心理?这是韦斯特马克留给我们的第一个问题。

在人类特有的道德情感中,我们应该特别关注哪一种情感呢?韦斯特马克把道德情感分成报复的义愤和善意的感激两类。他研究的重点是前者,而不是后者。他的解释是:“对敌人的怨恨总是比对朋友的好意有更加强烈的激情。就激情的同感形式而言,看到痛苦比看到快乐更容易引起利他的情感。”因此,道德情感最初表现为对同伴遭到伤害而引起的义愤,“公义的感情是所有道德感情的花朵”[1]。即使到现在,公共的道德感情仍然主要表现为对同伴遭受苦难的同情,对共同敌人的义愤、谴责和报复。

但是,表现为道德义愤的习俗真的是道德的吗?有时,连韦斯特马克自己也表示怀疑。从原始部落的习俗中,他看到的一般倾向是,义愤针对外人,而社会之爱适用于群体内的成员。即使到了现代,这一倾向依然存在。他说:“国徽底下涌动着狭隘的种族不宽容的感情,小说很容易满足这一感情。国家主义的学说是同样的政治原则的幽灵,那就是共同祖先的原则,不管这一原则是真实的,还是假想的,从文明熹微时起,它就是支配国家的根基。”[2]确实,在国家主义和民族主义的名义下煽动种族主义和战争,这已是屡见不鲜的现象。历史和现实的无数事例告诉我们,道德义愤往往搀杂着“自欺”的成分。我们谈到,宗教可以借神的公正的名义,禁止“自欺”的誓言。但是,宗教却根治不了更深层次的“自欺”。相反,以道德名义出现的义愤和宗教信仰结合在一起,还会引发不宽容的宗教狂热和战争。

虽然社会之爱比道德义愤更为微弱是不争的事实,但社会之爱是纯真的道德情感,比义愤更能代表道德的真谛。满怀爱心地帮助陌生的弱者,在任何时候都不可能是自私的;但疾言厉色地谴责不公正,却很可能有自己察觉不到的偏私动

1 Edward Westermarck, *The Origin and Development of the Moral Ideas*, vol. 1, p. 129,124.
2 同上书,第2卷,第225页。

机,自觉或不自觉地导致更大的不公正。对道德情感的起源的考察,重点应放在社会之爱的起源。人类的社会之爱是如何产生的? 这是韦斯特马克留给我们的第二个问题。

人类道德情感是如何产生的? 韦斯特马克的回答是,人类在单一家庭到社会生活的扩展过程中,获得了起源于动物群居生活的道德情感。他用达尔文的进化论解释道德情感在动物界的起源,用"社会进化"解释人类道德情感的产生。他接受了当时流行的"社会进化论"的一个错误观念,以为"社会进化"和生物进化有着同样的原则。因此,他以为他对人类道德起源的解释符合达尔文进化论的一般原则。但是,现在的观念却是,达尔文的进化论的原则是"自然选择",过去流行的"社会进化论"并不符合这一原则,并不是达尔文意义上的进化论。韦斯特马克所说的人类从家庭到氏族、再到部落和国家的"社会进化",实际上只是一种社会学解释,它符合"标准的社会科学模式",却并不是达尔文进化论的解释。如果要科学地解决韦斯特马克留下的上述两个问题,就需要按照达尔文进化论的"自然选择"原理,解释人类特有的道德情感,特别是利他主义的社会之爱的起源。

我们可以将上述问题综合为一个总的问题:在动物界普遍存在的对家庭成员的自然亲情,如何进化为人类特有的、对社会成员的利他主义之爱?

6————————————————————

早期人类迁徙形成的进化心理机制

让我们思考这样一个问题:如果一个物种具有某种独有的心理机制,那么,形成这一心理机制的条件是什么? 根据达尔文的进化论,这一心理机制是在"自然选择"的压力下形成的。但是,"自然选择"只是形成独特的心理机制的必然条件,而不是充分条件,只是终结原因,而不是直接原因。"自然选择"是通过一系列中间环节起作用的,这些中间环节是形成物种特征的充分条件和直接原因。形成一个物种所独有的心理机制的充分条件和直接原因有哪些呢?

按照生物进化论,物种是以身体行为,而不是以心理活动去适应"自然选择"

的压力。因此,除非能够证明这一物种的某种适应环境的行为需要心理上的原因,否则不能因为这种行为是"自然选择"的产物,就得出某种心理机制也是如此的结论。事实上,很多无意识的物种的适应行为没有也不需要心理上的原因。另外,有意识的物种的某种心理不是适应性行为的原因,而是它的结果。在这样的条件下,只能说这种心理是后天环境的产物,而不能说它是在"自然选择"的压力下形成的机制。

为了证明造成某种适应性行为的心理机制是一个物种所独有的,还需要至少满足以下两个条件中的一个:(1)这种适应性行为为该物种所特有;(2)虽然其他物种也有这种适应性行为,但只有该物种能够以一定的心理机制推动这种行为。

按照这样的逻辑,可以证明人类具有"乱伦禁忌"的心理机制。因为:第一,"乱伦禁忌"是两性繁殖的动物物种的适应性行为;第二,动物的性行为模式足以解释"乱伦禁忌"的行为,但人类的性行为模式和性心理都不足以产生"乱伦禁忌"的行为;第三,人类的"乱伦禁忌"的行为需要性心理以外的心理机制。

人类是否也有能够满足上述各项条件的独特的道德心理机制呢?我们的回答是肯定的。让我们从韦斯特马克之后人类学的一项伟大发现谈起。根据20世纪70年代以来的发现,早期人类从非洲迁徙到世界各地。不仅直立人,各种智人,包括早期智人和晚期的现代智人,都是从非洲迁徙到世界各地的。就是说,在一百多万年的进化过程中,大迁徙是人类的行为模式。

不少动物也有迁徙的习性,如候鸟。但是,人类的大迁徙与候鸟迁徙不同。候鸟是在不适宜生存的季节才开始向另外的目的地迁徙,而且来年还会返回。人类却没有候鸟那样的飞行和导向的本领,史前人类的迁徙是无目的地、一去不复返的漂泊。而且,人类诞生的非洲是适合于人类居住的地方,人类没有必要向通常是自然环境较差的地方迁徙。除非有强烈的动机驱动,才能不顾危险,抛弃家园,没有目的地向陌生的地方漂泊。

我们现在已经不能确定地知道早期人类大迁徙的动机,但可以作一些猜测。我曾经猜测,早期人类很可能出于近亲繁殖而造成的家族灭绝的恐惧,到外地去寻找性伙伴。不管这一猜测是否能够被证实,都不影响我们现在的结论。可以肯定的是,大迁徙曾经是成功地适应环境的人类生存方式。人类在世界各地繁衍和发展的事实本身,就是对早期大迁徙的适应性的最好证明。如果人类不走出非洲,那么他们很可能已经像南方古猿那样灭绝,或至少没有如今人类的多样性,全人类会如同三四百万年前的非洲直立人那样生活在那里。

还可以肯定的是,驱动人类大迁徙的心理动力包括对未来生活的希望。这不大可能是对更好的自然环境的期待,而是对未来新的群体生活的期待。准备出发旅行的人期待,他会在旅途中遇到新的生活伙伴。这种期待的前提是他对未来遇到的陌生人抱有善意,并且期待陌生人对自己也抱有善意。向陌生地方迁徙意味着陌生人与陌生人的遭遇。没有一方愿意与陌生人交往、结合的善意和另一方愿意帮助、收留陌生人的善意,人类大迁徙就没有心理动力。愿意帮助陌生人和愿意接受陌生人帮助的善意也许不是推动人类大迁徙的心理原因的全部,但至少是这一心理原因的不可或缺的因素。

从善待陌生人的意愿到人类的心理机制是一个长期的进化过程。不可否认,迁徙不都是成功的,在险恶的自然障碍之外,迁徙者还不时遇到抱有敌意的陌生者。如果遭遇双方有一方抱有敌意,那么很可能会发生你死我活或同归于尽的"生存斗争"。但是,进化的机制不是生存斗争,而是自然选择。如果把人类的大迁徙看作是充满选择压力的过程,在大迁徙的过程中,对陌生人抱有善意比抱有敌意的人能够更好地适应选择压力,更容易生存和繁殖。"自然选择"的结果是,对陌生人抱有敌意的人逐渐被淘汰,而那些具有善待陌生人的心理特征的人则被保留下来。在大迁徙过程中保留下来的人群是生存到现在的人类的祖先。他们的被"自然选择"保留的心理特征,通过先天的(遗传)或后天的(教养)方式,世世代代地传递,成为人类的心理机制,这也是通常所说的人性的一个重要因素。

对陌生人的善意虽然是人类独有的心理机制,但并非与动物的进化毫无联系。最近的发现表明,与人类在基因上最接近的黑猩猩具有驱逐成年的女儿的习性,这是它们避免近亲繁殖的行为模式。这一行为模式的适应性的前提是,被驱逐在外的雌性能够被另一群体所容纳。这一习性很可能产生了善待陌生者的心理。但是,黑猩猩可能具有的这种心理的适用范围很狭窄,只适用野外的雌性。在此范围之外,不同群体的黑猩猩之间充满着敌意。但是,黑猩猩这一极为有限和微弱的心理,却可能与早期人类善待陌生人的心理有着进化上的连续性。

7————————————————————————————————————

人类的好客习俗

以上的分析表明，人类具有独特的善待陌生人的心理机制。这一结论是否有经验证据呢？人类的心理机制不能用随意抽样的方法来证明，历史和现实中充满了善意和敌意的相反例证。只有普遍的习俗才是能提供表明一种心理机制的系统材料。人类普遍的好客的习俗证明了善待陌生人的普遍心理的现实存在。

韦斯特马克在《道德观念的起源和发展》一书中，用了整整一章的篇幅，记录了世界各地的好客习俗。他说，对待陌生人的好客态度是"广泛流行于自然状态的未开化种族和处于早期文明阶段的人们的普遍习俗"[1]。比如，锡兰的维德人(Veddahs)愿意帮助向他们求救的任何陌生人，他们总是好客地收容那些在野外避难的辛赫里人(Sinhalese)。韦斯特马克还用很多材料说明，当白人第一次在非洲、美洲和大洋洲遭遇当地土人时，都受到客人般的友好接待。只是白人殖民者的恶行才使他们改变了态度。

半个世纪之后，列维-斯特劳斯在他的传记《悲伤的热带雨林》中表达了类似的看法。他这样描述白人与印第安人第一次相遇时的情况："当白人断定印第安人是野兽时，印第安人却在怀疑白人是不是神，虽然双方的态度同样出于无知，但印第安人的行为肯定更符合人性。"[2]印第安人的态度之所以符合人性，是因为自然形成的对待陌生人的善意在他们的心里起作用，同样的善意在白人殖民者心中却被种族偏见和宗教信仰所泯灭。再者，印第安人把白人看作神，这也不是出自无知，而是好客的习俗与一定的宗教观念结合在一起的产物。据韦斯特马克记载，在古代，客人被认为是神的差使，会带来好运。这样的观念甚至保留在柏拉图的著作中。柏拉图的第八封信的祝福语是："神送给漂泊者的，是他带去的明显的、幸福的现实。"[3]

韦斯特马克总结了古代好客习俗的特点。第一，"陌生者受到的欢迎带有荣

---

1 Edward Westermarck, *The Origin and Development of the Moral Ideas*, vol. 1, p. 572.
2 Levi-Strauss, *Tristers Tropiques*, New York, Athencum, 1975, p. 76.
3 柏拉图:《书信集》,357d。

誉的特殊标记。主人把能够找到的最好的东西放在他的面前,他摆在所有家庭成员的前面,享有异乎寻常的特权。"任何一个陌生人走进阿拉瓦克印第安人的屋子,屋子里的一切都由他来支配。缅甸的克仁族人生性多疑,但同样待客热情,如果他不能给客人以荣耀和尊严,他将深感耻辱。

第二,"保护客人在任何情况下都是最要紧的义务。"甚至是仇人,如果以客人的身份,也会受到保护。北欧的"劳斯人把善待客人当作义务,即使后来知道一个客人曾经杀过主人的兄弟,也要善待这个客人"。

第三,"好客就其本义而言是无偿的。任何地方款待客人的纯真的习俗,既不要求、也不期待回报。实际上,如果客人给报酬将是对主人的冒犯,接受报酬将更是耻辱。"[1]

在古代社会和现存的一些原始部落中,陌生人常常被当作敌人。但他们一旦成为客人,就受到善意的、热情的接待。好客的习俗与对待陌生人的其他习俗之间的矛盾使韦斯特马克感到困惑。他问道:"一个陌生人在其他情况下低人一等,或被当作敌人,抢劫和杀害他而不受惩罚。但他作为客人却享有异乎寻常的特权。这一反差给学习人类道德观念的学生提出了一个最可诧异的问题。我们要问:为什么要接待他? 当然,他需要保护和帮助,但为什么是那些不认识他的人关心他呢?"[2]在我看来,这不仅是如何理解好客习俗的问题,而且是理解道德情感起源的一个关键问题。家庭成员之爱可以用父母子女之间的自然感情来解释,没有血缘关系的社会成员之间的利害关系可以用"进化的稳态策略"及其派生的"一报还一报"的对等原则来解释。但这些情感和原则都无法解释对待陌生的客人的善意。这一善意不可被归结为其他任何心理机制,它必然具有独立的来源和独特的功能。

好客习俗不是对陌生人的一般态度,其规则不是善待陌生人,而是善待陌生的客人。换句话说,陌生人只有在被当作客人的情况下才会受到善意的帮助、款待和保护。在另外的情况下,他们不是被当作敌人,就是当作利益竞争的对手,受

---

1 Edward Westermarck, *The Origin and Development of the Moral Ideas*, vol. 1, p. 575, 577, 576, 593.
2 同上书,第 1 卷,第 580—581 页。

到的对待是敌意或利害之心的算计。为什么陌生人一旦成为客人，就会受到迥然不同的对待呢？关键在于理解"客人"的意义。客人是不期而遇或在野外漂泊的陌生人，他们的境遇与人类早期大迁徙的环境相同。人类的直接祖先在大迁徙过程中被"自然选择"所保留，他们的心理适应大迁徙的进化环境，包括愿意接纳陌生人和愿意被陌生人所接纳的善意。如果这一进化过程中自然形成的心理没有传递给后代，那么我们无法解释为什么几千年前的人类普遍流行好客的习俗。此时的客人与大迁徙时的漂泊者当然有着不同的社会身份，客人也不一定会融入主人的家庭，主人也没有这样的期待和要求。但是，客人的身份由他的漂泊者境遇所决定，而不由他的社会身份或族群所属来决定。好客习俗的秘密就在于，客人的漂泊者境遇使他得到了大迁徙中漂泊者所得到的待遇，因为大迁徙过程中自然形成的善待漂泊者的心理始终在起作用。

但是，韦斯特马克却没有这样看问题。他把好客习俗归结为两个心理根源。一是回报的心理："今天的主人可能是明天的客人"；二是认为客人能带来好运的宗教观念。但这两个解释很快就被他自己引证的材料所否定。这些材料显示，主人并不期待客人将来的回报，甚至感到有这样的念头是一种耻辱；另外，根据同样的宗教观念，客人带来的不仅是好运，也可能带来厄运。"来访的陌生者不仅被当作潜在的有利者，也被当作邪恶的潜在来源。"[1]

如何解释好客习俗中相互矛盾的心理呢？任何习俗都不大可能由一种心理因素所决定，应该区别原初的动机和后来掺入的动机。好客习俗最初出自善待陌生的漂泊者的心理，表现为上面概括的三个特点。宗教的观念和回报的心理是后来掺入的因素，在好客习俗中增加了反映回报心理的一些做法，由此产生出一些矛盾心理。比如，认为客人带来的既是好运、也是厄运的矛盾心理，既不能期待回报、又不情愿白白付出的矛盾心理。后者又产生了好客的时间限制。韦斯特马克指出，盎格鲁-萨克逊的规则是："前两夜是客人，第三夜是家庭的一员。"其他一些民族也有类似的规则，超过了一到三天的时限，客人或被要求做家务，或被驱逐。这些矛盾心理和做法与好客的善意和一般规则应该区别开来，不要让后起的因素

---

1 Edward Westermarck, *The Origin and Development of the Moral Ideas*, vol. 1, pp. 581, 584.

掩盖原初的心理和习俗。

8
人类早期社会组织的心理根源

对待漂泊者的善意不但是好客习俗的心理根源,而且是利他、公正的心理和行为的根源。但它最初的功能并不是道德行为,而是把单个家庭组织成为社会。大迁徙的漂泊者可能是单个的人和单个家庭,也可能是为数不多的几个家庭的共同体。但可以肯定的是,最初的大迁徙不可能是后来那样的整个部落的流动。这不仅是因为早期人类的群体人数少,而且是因为那时部落社会尚未形成。

部落社会的基础是外婚制。我们说,外婚制有着"乱伦禁忌"的心理基础。但这不是说,仅有"乱伦禁忌"的心理,就可以产生外婚制。"乱伦禁忌"的心理是自幼在一起长大的男女之间的性排斥心理,这可以排除家庭成员之间的恋情和婚配,却不能撮合有性吸引力的男女婚姻,人类的婚姻从来就不完全是性吸引力的产物。外婚制要求把不同家庭的年轻男女结合在一起的联系机制。在史前环境下,没有血缘关系的男女往往是陌生人。如果把陌生人看作是现实的或潜在的敌人,这种敌意很可能会抵消男女之间性吸引力的作用,人们宁可"安全"地在同一家庭内择偶,而不与"危险"的陌生人婚配。因此,外婚制作为联系陌生男女的社会机制,必然要求消除对陌生人的敌意。满足社会需要的最有效的途径是自然的途径。对待陌生人的善意是自然产生的心理,它最有效地消除了陌生男女婚配的障碍,是实行外婚制必不可少的心理因素。它与"乱伦禁忌"心理和陌生男女之间的性吸引力一起,共同构成了外婚制的心理根源。

早期人类的大迁徙与外婚制的起源是同一过程。一个家庭在旅途中遇到了另一个家庭,彼此间的善意把他们结合在一起。这一过程像"滚雪球"一样,把越来越多的陌生家庭融合在外婚制的社会组织中,最后形成了不同家族实行外婚制的部落社会。当然,在此过程中,也有具有不同心理的人群,有缺乏"乱伦禁忌"的人群和对陌生人抱有敌意的人群,这些人群或是因为错误的婚配(近亲繁殖),或是因为婚配的困难(没有与陌生家庭结合的善意),没有繁殖后代的优势,或早或晚被"自然选择"所淘汰。只有那些具有适应外婚制心理机制的人群被保留下来,他们在世界各地组成了最早的部落社会。

我们用人类对待陌生人的善意解释人类社会组织的形成,这与韦斯特马克的解释恰恰相反。在他看来,人类群居生活范围的扩大是原因,人类利他主义情感的产生是结果。我认为,这一解释把结果当成了原因。如果没有对待陌生人的善意,人类连走向外婚制的第一步都迈不开,何以能够出现以外婚制为基础的早期人类社会呢?

另一方面,我们必须承认,心理机制与社会组织往往互为因果,在很多情况下,不能绝对地区分因与果。我们的方法不是用心理的原因解释社会的形成和发展的唯心主义和主观主义,而是首先用早期人类的进化环境解释人类特有的心理机制的起源,以此说明人类行为模式的适应性;然后再用人类行为模式所造成的后果(包括自然环境和社会结构的改变),解释人类心理和习俗的变化。这是一个由环境到心理的外在行为,再从被人类行为改变的环境到心理的外在行为的往复循环过程。这是一个进化过程,环境选择始终通过一系列中间原因起作用;这些中间原因有时是内在的心理驱动力,有时是自然的或社会的力量,有时是内外力量的共同作用。

逻辑和形而上学的起源

在讨论了宗教和道德等人类精神的起源之后,我们接着要讨论人类精神中最抽象、最思辨的部分——形而上学。黑格尔说,形而上学是"每一有教养的意识"都有的"本能性的思维",是"存在于我们之内的绝对力量"[1]。在人类诸民族中,只有希腊人创立了演绎逻辑的体系和以"实是"为研究对象的形而上学,也只是西方人继承了希腊人的这一传统。为什么逻辑和形而上学的体系同时发生于西方?对此问题,有下列两种可能的解释。

一种解释是西方人处在人类思维进化的较高阶段,他们首先认识到人类思维的普遍规律,当世界上其他民族的思维或迟或早地进化到这一阶段时,必定也会产生同样的逻辑和形而上学思想。这一解释认为西方人比其他民族处在较高的认识进化阶段,是不可取的,也是不符合事实的。在古代,中国人的认识能力和知识内容并不比西方人落后,但中国人却没有发展出逻辑体系和研究"是"动词意义的形而上学。另一种解释是,逻辑和形而上学之间的联系并没有先天必然性,两者的联系是在同步发生和发展的过程中建立起来的,而它们起源于一种特殊的文化背景中,是针对具体的理论问题而发生、发展的。为了理解逻辑和形而上学的起源,需要理解产生它们的希腊文化背景和它们所针对的哲学问题。本文按照第二种解释模式,对逻辑和形而上学的起源作历史的、经验的发生学考察。

---

1 [德]黑格尔:《自然哲学》,北京,商务印书馆 1980 年版,第 15 页。

1

西方形而上学的根源

西方形而上学的研究对象是"实是",它是西语"是"动词的名词形式(希腊文的动词 einai 及其动名词 on,拉丁文的 esse,英文的动词不定式 to be 和动名词 being,德文的 Sein,法文的 être)。形而上学的语言学根源在于印欧语系中"是"动词用法的普遍性。印欧语系的句法结构至少需要一个主词加上一个动词性的谓词,并且,"主词+动词"的结构总可以转换成"主词+是动词+表语"的结构,如 I run 可以变成 I am running。在这样的句法结构中,名词、形容词和动名词都可以表示主词的性质、行为、状态、时空形态等,但一定需要系词把它们与主词连接起来。这种句法结构在逻辑中意味着,"S 是 P"是最基本的判断形式,系词"是"有着最广泛的逻辑功能。"是"动词的语法和逻辑功能并不属于人类先天的思维和语言结构,比如,其他语系的判断并不需要系词,俄语是如此,汉语也是如此。在古汉语中,多样化的句式和虚词起到系词的连接作用,"是"动词直到东汉之际才被用作系词,即使在此之后,"是"动词的用法也不普遍;虽然现代汉语受西文语法体系影响,把"是"动词作为标准系词,但在很多场合,也不需要使用这一系词,如说"天高路远",而不说"天是很高的,路是很远的"。

印欧语系用"是"动词作系词,是一种偶然现象。"是"动词本身并没有连接主词和谓词的必然意义,它之所以被用作系词,有一个历史发展过程。一些语言学家提出了一个假说,解释语言史的这一事实。他们认为,"是"动词最初是表示事物存在的实词,使用频率很高;后来出于表示时态、位格和词性等语法变化的需要,把这一经常使用的实词当虚词使用,在"主词+是动词+谓词"的句法结构中表示时态、位格和词性的变化;"是"动词于是成为意义最基本、使用最广泛的词汇。

并不是所有人都承认上述假说,比如,卡恩就批评这一假说缺乏历史证据。但他也承认,"是"动词并不必然地具有系词的功能,它的意义是多样的。在最早的希腊典籍《荷马史诗》中,"是"动词已在日常语言中大量使用,意义不是单一的。据他对《伊利亚特》中的统计,"是"动词至少有三种常见的意义:(1)系词的连接意义,如 S is P;(2)表真的意义,如 it is true that p,it is the case that p(p 指命题);(3)指称存在的意义,如 there is a S。在这三种用法中,系词的用法"在统计意义上是占优势的","在句法上是基本的"[1]。

语言是思想的直接现实。哲学家的思想自觉或不自觉地以他所使用的语言用法为思考对象。"实是"之所以成为西方哲学最高的、最普遍的对象,与"是"动词在西方语言中的广泛用法和系词承担的基本的逻辑功能是密不可分的。

印欧语系的上述特点只是形而上学发生的语言学根源,但不是直接的发生原因。否则,我们将无法解释,为什么西方形而上学没有发生在说梵语的古印度民族,而唯独发生在古希腊民族。为了探讨直接的发生原因,还得追溯当时希腊人的特殊文化。希腊文化的一个特殊之处在于它的哲学,而希腊哲学的特殊之处在于其最早形态是自然哲学。为了理解逻辑和形而上学起源,首先要理解自然哲学中的问题。

自然哲学所研究的"自然"(physis),本意是生成变化;自然哲学研究的对象是万事万物生成变化的本原。赫拉克利特是早期自然哲学家的代表,他首先使用了 logos 这一哲学概念。logos 的本意是"话语",赫拉克利特的 logos 是能够正确表达火的生成变化的话语,它同时也是火的生成变化之道。由于火的剧烈变化,以火为本原的万事万物无时无刻不在变化,一切皆流,无物常驻。赫拉克利特形容事物变化的一句名言是"人不能两次踏进同一条河流"(残篇 15)。在这句话之前,他还说了一句更深刻的话:"我们踏入又不踏入同一条河流,我们存在又不存在。"(残篇 14)这两句话似乎相矛盾,却是在不同层次上说的。残篇 14 说的是生成的 logos,残篇 15 说的是生成变化的现象。一切现象都要服从 logos。要理解赫拉克利特的哲学,最重要的是理解他所说的 logos。

赫拉克利特所说的 logos 是生成变化之道。"生成"即现在英文的 becoming。他说一切都在生成变化,没有一个事物是自身。A become B 的意思是 A come to be B,A 生成的变化状态,它既是 A(因为尚未成为 B),又不是 A(因为已经开始成为 B);同理,A 既是 B,又不是 B。赫拉克利特的 logos 的一般形式是"既是……又

1《BEING 与西方哲学传统》上,保定,河北大学出版社 2002 年版,第 497 页。

不是"。他的残篇里充满着说明 logos 的格言,如,"不朽的有朽,有朽的不朽""智慧既愿意又不愿意被人称为宙斯"等。

流行的观点是把赫拉克利特的格言解释为辩证法的对立统一思想的最早表达。但是,这些格言体现的不是我们后来称之为"辩证法"的思维方式,而是古人看待生成变化的独特的思维方式,我们不妨称之为"生成的逻辑"。生成的逻辑与辩证法不同,其核心不是对立面的统一,而是对立面的过渡和转化;不是由低级到高级的进步,而是永恒的循环。严格地说,生成的逻辑是一种宇宙生成论,而不属于我们现在所说的逻辑学范畴,它不以知识的确定性为目标,思想处于"既是……又不是"的不确定状态。这种思想状态不是逻辑思维方式(包括辩证逻辑)的特征,而是前逻辑的思维方式。

从赫拉克利特的前逻辑的 logos 到形式逻辑的转变是从巴门尼德开始的。巴门尼德也使用 logos 的概念,但认为 logos 不是关于生成变化的真理,而是关于"实是"的真理。"实是"来自"是"动词。巴门尼德使用了三个意义相关的词:einai(to be),on(being)和 estin(is),其中使用得最多的是 estin。estin 是 elnai 的无人称单数形式,它在文中经常用于动词短语,用作 estin te(it is),表示"是某个东西"之意。巴门尼德区分了两条认识路线:真理之路和意见之路。真理之路是确定的,"是者为是";意见之路是不确定的,即认为"是者与非是者既相同又不相同"。这正是赫拉克利特所说的"既是……又不是"的生成的逻辑。巴门尼德对这种说法提出激烈批评,指责说这种话的人是"彷徨不定""无所适从""既聋又瞎""不辨是非"(残篇 6)。他要告诉人们的真理是,"是者是,它不可能不是""不是者不是,它必须不是"(残篇 2)。这里所说的是"是"动词在判断中的逻辑必然性:A 必然是 A,非 A 不可能是 A。巴门尼德与赫拉克利特的分歧是"to be"与"come to be"、"being"与"becoming"的区分;从逻辑的观点看,两者又是形式逻辑与前逻辑说话方式的区别。但巴门尼德的形式逻辑也是初步的,他不能用后来确定的同一律、矛盾律来反驳,而是用"是"和"不是"在意义上的矛盾来反驳两者的等同。

巴门尼德所说的真理和意见之分不仅是两种说话方式之分,logos 是关于本原之道,赫拉克利特的 logos 是火本原生成变化的规律,而巴门尼德的 logos 是关于"实是"不变的道理。巴门尼德认为 logos 与"实是"之间的联系是必然的,是这样一条自明的真理：to gar auto noein estin te kai einai(残篇 3：For the same thing is there both to be thought of and to be)。[1] 这句话过去被译为"思想和存在是同一的"，被当作唯心主义的"思维与存在同一性"的最早命题。但是，这一译法是不正确的，因为这里的关键词组 estin te (it is)不是"存在"，而是"所是的"。这一句话的意思是："所思的与所是的是一回事。""所是的"指系词"是"所能连接的一切判断，"所想的"指思想内容。巴门尼德在这里只不过宣称了"思想内容与判断是同一"的道理。这个道理是不言而喻的，只要想一想系词对于判断的必要性，以及判断对于思想的必要性，人人都懂得这个道理。巴门尼德把这一道理看作"共同的、我将再三强调的出发点"(残篇 5)。这是他论证"实是"性质的逻辑前提。

巴门尼德的结论："实是"是不变的一。论证充满着曲折的、反反复复的、现在看来是牵强附会的推理。但其中心思想是一个简明的道理：判断中系词的意义是单一的、不变的。不管判断的内容如何变化，如说"宇宙是巨大的"，"细菌是微小的"，虽然两者的主词和谓词差别很大，但"是"却保持着唯一的、不变的意义，即表示谓词归属于主词的连接关系。根据"所思的与所是的是一回事"的原则，系词单一、不变的意义同时也是"实是"这一本原的"不变的一"，在时间上和空间上都必须是连续的、不可分割的、永恒的整体。

巴门尼德用"是"动词的逻辑意义论证宇宙的本原为"实是"，这不但把"实是"确定为哲学最普遍、最高的对象，而且把"实是"的必然性和普遍性归结为系词的逻辑功能。后来的哲学家虽然不同意巴门尼德的结论，却继承了通过逻辑途径证明形而上学命题的普遍必然性的思路。

巴门尼德的学生芝诺把"实是"这一逻辑意义上的本原混同为物理事物，用"实是"的不可分割的连续性否认物理世界运动的可能性。芝诺悖论是哲学史上精彩的篇章。但从形而上学发展史的角度看，巴门尼德另一个学生麦利梭关于"实是"的本体论性质的论证，意义更重大。麦利梭的论证比巴门尼德的论证更系统、更详细，却失去了巴门尼德的精髓——系词与"实是"的对应关系。麦利梭单独考察"实是"的时空性质，在诸如一和多、永恒与被造、有限与无限、圆满与空洞、

---

1 英文译文参见 G. S. Kirk 等编，*The Presocratic Philosophers*，2nd. ed.，Cambridge，1983。

动与不动对立的性质中作选择,用后者的不可能性证明前者的必然性。

这种证明的方法和结论遭到后来智者的反驳。智者的原则是"一切东西都有正反两个说法"。高尔吉亚用与麦利梭同样的方法证明,如果在两个对立的性质中作选择,也可以证明两个选择都不能成立,因此"实是"将什么都不是,即使是某件东西,我们也不能认识,或者无法把这一认识用语言表达出来。巴门尼德之后的这段插曲提醒人们,离开了与"是"动词逻辑意义的联系,"实是"不可能成为哲学讨论的对象,关于"实是"的确定性将变得似是而非,或成为对自身的否定。

2

形而上学与逻辑的联系

巴门尼德之后,柏拉图和亚里士多德更全面、系统地思考了"实是"的逻辑联系,建立了以"实是"为中心的世界观和本体论。柏拉图首先继承了巴门尼德从逻辑的角度阐述"实是"意义的做法。《理想国》里有这样的论证:"知识在本性上与实是相对应";"无知必然地归诸不实是";"意见的对象既不是实是,又不是不实是","它既是又不是,这类事物介于纯粹地、绝对地是一个东西和完全不是一个什么东西之间"[1]。柏拉图关于知识与意见的区分调和了巴门尼德和赫拉克利特的矛盾。柏拉图同意巴门尼德的意见,任何能被认识的对象必须为"实是",不实是是无法被认识的。他也同意赫拉克利特的说法:可感事物的运动变化不是完全不可认识的。但他补充说,这种认识并不是知识、真理,而是等而次之的意见。意见是不确定的,"既是又不是"正是意见含糊不清、似是而非的特征。意见好像这样一个谜语:一个不是男人的男人,看见又看不见,用一块不是石头的石头,打又没有打一只站在不是一根棍子的棍子上的不是鸟的鸟(谜底:一个独眼太监用一块浮石打却没有打中一只站在芦苇上的蝙蝠)。柏拉图说:"这些东西具有含糊的两重性,使人不能明确地知道它们中任何一个是或不是什么,也不知道它们都是或

---

1 柏拉图:《理想国》,477a－479e。

都不是什么。"[1]

按照柏拉图的"理念论",任何可感的、变化的事物都是对理念原型的分有。这些事物的性质是"既是……又不是"的不确定性,这意味着两条重要的结论:第一,"非是者"并不是没有任何实在性的虚无,我们能够思考它,也能够用否定句表达它;第二,可感事物同时有"实是"和"非是"这两方面,这就说明,两者必定不是非此即彼,而是可以相容的关系。这两条是"分有说"的前提,为了维护这些前提,柏拉图需要反驳巴门尼德认为"是者是不变的一""不是者什么都不是"的观点。

《巴门尼德篇》后半部的用意是对"是者是一"的命题加以诘难,柏拉图借巴门尼德之口,证明与"是者是一"相反和相矛盾的命题也能在逻辑上成立。这样的命题共有八个。

(1) 如果"是者"是一,那么一是其他的东西(137c—142a)。

(2) 如果"是者"是一,那么一不是其他的东西(142b—157c)。

(3) 如果"是者"是一,那么"是者"是其他的东西(157b—159b)。

(4) 如果"是者"是一,那么"是者"不是其他的东西(159b—160b)。

(5) 如果一不是"是者",那么"是者"是其他的东西(160b—163b)。

(6) 如果一不是"是者",那么"是者"不是其他的东西(163b—164b)。

(7) 如果一不是"是者",那么一是其他的东西(164b—165e)。

(8) 如果一不是"是者",那么一不是其他的东西(165e—166e)。

"其他的东西"相对于"是者"是"非是者",相对于"非是者"是"是者";相对于"一"是"非一",相对于"非一"是"一"。除了每一命题的自相矛盾之外,命题(1)与(2)、(3)与(4)、(5)与(6)、(7)与(8)相互矛盾。柏拉图证明,这些矛盾的命题在逻辑上都可以成立。柏拉图的意图是要证明,爱利亚派坚持的原则"是者是一"毫无意义,因为不论对它的肯定和否定,都会导致相反的结论。

在《智者篇》中,柏拉图又说明"是者"与"非是者"的意义是相通的。说"A是B"的意思是:"A不是C、D、E,等等";同样,说"B不是C"的意思是:"B是D、E、F,等等",或者"B是某一个东西"。柏拉图的结论是:"按某一方式,非是者是一个东

---

1 柏拉图:《理想国》,479b。

西;另一方面,是者在某一意义上不是一个东西。"[1]

按照他提出的"通种说","非是者"不是虚无的东西,而是"是者"和"异"这两个通种结合的产物,即是与"是者"不同的东西。"动"既"是"自身的"同",又"是"与"静"相对的"异"。柏拉图用逻辑解释了"非是者"的实在性,而又没有把它作为与"是者"("实是")、"动"、"静"和"同"、"异"相并列的通种。"通种说"把"实是"的意义分解在"是"与其他四个"通种"的逻辑联系之中,这等于消解了巴门尼德所证明的"实是"意义的统一性。在"实是"失去了统一的意义之后,智者们对"实是"的意义也提出了各种似是而非甚至相互矛盾的解释。当时关于"实是"的各种意见如此纷纭复杂、莫衷一是,以至于高尔吉亚的学生吕考封(Lycophron)主张取消判断中的系词,把"苏格拉底是白的"写成"白-苏格拉底"这样的句式。[2]

亚里士多德积极地回应对"实是"的意义提出的挑战,他作了统一"实是"意义的又一次努力。亚里士多德比巴门尼德的高明之处在于,他建立了一个逻辑体系;于是他得以根据"是"动词的逻辑功能,建立一个形而上学的体系。在亚里士多德首创的形式逻辑体系中,系动词"是"的用法最为普遍,也最为重要。这是一个推理、判断和概念的体系。三段式推理的基本单元是判断,最基本的判断是直言肯定判断 S 是 P。"是"动词可以联系一切概念,可以说是无所不在。亚里士多德从"是"动词的普遍性和重要性,推出了第一哲学的首要对象是"实是"。这标志着哲学思维的一大突破,亚里士多德之前的哲学缺乏统一的研究对象。他在前人所研究的众多对象中,选择了"实是"作为其他研究对象的聚集点。他选择的理论基础一是对"是"动词极为普遍的用法的逻辑分析,二是柏拉图对"实是"的哲学意义所作的深入探讨。亚里士多德成功地把形式逻辑和哲学史结合起来。用"实是"概括了诸如"本原""存在""本质""一与多""不变与变""善""真理"等等研究对象。哲学自从围绕着这样一个统一的对象之后,便可展开多层次、全方位的系统性研究。在此意义上,说形而上学使哲学成为科学并不是夸张之辞。

亚里士多德作了统一 Being 意义的又一次努力。他承认 Being 的意义是多样

---

1 柏拉图:《智者篇》,237a。
2 亚里士多德:《物理学》,185b25。

的,但肯定多样意义中有一中心意义,即实体(ousia)。但 ousia 不过是希腊文"是"动词的阴性名词形式,其意义仍然离不开"是"的意义。亚里士多德比巴门尼德的高明之处在于,他以"是"动词为基本的逻辑功能,建立了一个逻辑体系;他于是得以根据"是"动词的逻辑功能与"实体"意义之间的对应性,系统地阐述关于"实是"的学说。概括地说,"是"动词的逻辑功能有下列三个:

(1)系词的连接功能。直言判断是最简单、最基本的判断,其形式是"S 是 P"。S 是主词,P 是谓词,需要系词"是"的连接才能成为判断。"是"作为系动词的基本含义是把谓词归属于主词,它的确切意义是"属于","S 是 P"的意义是"P 属于 S"。系词"是"的归属意义适合三段式的推理规则。三段式推理的有效性实际上是三个词项之间的有序的传递关系。被当作完善三段式第一格的 AAA 是这样的形式:所有的 B 是 A,所有的 C 是 B,因此所有的 C 是 A。当"是"的意思是"属于"时,这一推理不过是"A 属于 B,B 属于 C,因此 A 属于 C"的传递性,其必然性是自明的。

(2)表述主词自身的功能。"S 是"在希腊文中是一个完整的句子,表示主词 S 是自身。现代西文也有这样的用法,如在英语里,说"S is"的意思是"There is S"。在这样的用法里,"是"的用法不是连接主词和谓词;即使 S 没有任何谓词,"是"也可以表述 S 自身。

(3)表示被定义的概念与定义的等同。定义的形式是"S 是 Df"。定义与判断不同,判断的谓词表述主词,被表述的词与表述词的位置不能互换,如判断"花是红的"的意思不能反过来说"红的是花"。但被定义的词与定义的位置却可以互换而意义不变,如"人是有理性的动物"与"有理性的动物是人"的意义是等值的。这是因为,"是"在这里表示的是等同关系。

与系词"是"的上述三种逻辑功能相对应,"实是"的哲学意义也有三种。"实是"的哲学意义是"实体",而"实体"的每一种意义都可以通过对系词"是"的逻辑功能的分析而得到。

(1)属性依附的实体。判断的主词表示实体,谓词表示是属性。实体和属性都是"实是"。但实体是独立存在,不依赖其他东西;而属性却必须依附于实体才能存在,任何属性都是实体的属性,是依附于另一个"实是"的"实是"。因此,"实是"的中心意义是实体。只有实体才是独立的、在先的"实是",而属性则是派生的、次要的"实是"。

（2）专名指称的第一实体。判断的主词可被分为两种：第一，有些主词只能作为主词来使用；第二，有些主词也可以用作谓词。试比较"人是会死的"和"苏格拉底是人"。"人"是第一个判断的主词和第二个判断的谓词；而"苏格拉底"却只能作为主词。这两类主词实际上是通名和专名的区别：通名指示种和属，专名指示个别事物。个体事物是第一实体，而种和属是第二实体。所有专名的意义都是"这一个"（tode ti/that it is）。希腊文中并没有"存在"这个概念。亚里士多德用"这一个"表示"实是"指称的个别事物的存在。

（3）定义表示的事物本质就是第一实体。被定义的词与定义之间的等同意味着，定义表达的本质就是实体本身。正如亚里士多德所说："形式和本质是第一实体。"[1] 希腊文中没有"本质"这一概念，亚里士多德用来表示本质的术语是"其所是"（ti estin/what it is）。

比较（2）（3）两处的结论，亚里士多德先说第一实体是个别事物，后说第一实体是本质。人们普遍认为，亚里士多德提出了两种关于第一实体的学说，两者是矛盾的。按照我们的分析，这两种说法有不同的逻辑根据，分别与"S 是自身"和"S 是 Df"这两种逻辑形式相对应。这两种逻辑形式并不矛盾，而是并行不悖的，我们也不能说由此产生的两种关于第一实体的学说必定在逻辑上是矛盾的。

但不容否定的是，这里确有矛盾。首先，我们应该理解，本质（"其所是"）定义和形式对于亚里士多德是同义词，如他所说："本质和形式是等同的"[2]；并且，他所说的"形式"与柏拉图所说的"理念"或"型相"在希腊文中是同一个词（eidos），表示普遍性。这样就产生了一个问题：如果第一实体是"这一个"，那么它就是个别事物；如果第一实体是"其所是"，那么它就是普遍的形式。第一实体到底是个别的还是普遍的？

再者，"这一个"所指称的不是任何属性，而是事物的存在，而"其所是"表示的

1　亚里士多德：《形而上学》，1030b5。
2　同上书，1032b 1 - 15。

不是个别的存在，而是本质属性。这样又会产生这样一个问题：第一实体到底是事物的存在还是本质呢？

亚里士多德看到了他的第一实体的理论有矛盾或不一致之处。他试图调和实体的个别性和普遍性、存在和本质之间的对立，探讨所谓的实体的个别化原则的问题。他试图把本质个别化，把个别化的本质作为第一实体。但是，在亚里士多德的体系中，本质是不能被个别化的。因为本质由定义表达，而根据他的逻辑，定义的一般形式是"种＋属差"，任何定义必然是普遍的，而不能是关于个别事物的定义。如果一定要为个别事物下定义的话，那也只能是现代意义上的直指定义，如同指着一事物，说它是"这一个"。这样一来，又回到了第一实体是个别事物的立场，仍无法与第一实体是本质的立场相调和。亚里士多德虽然用实体理论统一"实是"的意义，他的统一把"是"动词的不同用法综合在一个形式逻辑的体系中。但如果进一步追问"实是"的逻辑意义，那么就会产生实质上的矛盾。亚里士多德的实体理论对后世有着难以估量的巨大影响。

3
关于"实是"与逻辑系词关系的两种倾向

由于亚里士多德的第一实体的学说的内在矛盾，后世的形而上学始终存在着本质主义与存在主义、实在论与唯名论的争论。一般说来，唯名论和存在主义倾向于把"实是"归结为个别的"存在"，而实在论和本质主义倾向于把"实是"的意义归结为普遍的本质。从逻辑与形而上学的关系的角度，可以这样来看待实在论与唯名论、本质主义与存在主义的区别：实在论和本质主义倾向于依赖"实是"与系词逻辑意义之间的联系，而唯名论和存在主义倾向于割裂这一联系。

中世纪的实在论的一个典型是关于上帝存在的本体论证明，它所依赖的是"实是"与系词之间的必然联系。据《圣经》，上帝耶和华宣称他的名称是"我是我所是"（I am who am）。对安瑟尔谟而言，这句话意味着，上帝是"实是"自身。他的"本体论证明"可以简化为这样的论证：

大前提：上帝的名称是"实是"；

小前提："实是"在表述上帝自身时指称他的存在；

结论：上帝必然存在。

其中的小前提的根据是"是"动词表述主词自身的逻辑功能与"实是"指称第一实体存在之间的必然联系。过去把"实是"理解为"存在"，安瑟尔谟的论证被理解为上帝"存在"的名称必然指称上帝的存在。与安瑟尔谟同时代的高尼罗反驳说，一个最完美的海岛的名称难道就指称这个海岛必定存在吗？这完全误解了安瑟尔谟的意思。安瑟尔谟并没有说任何事物的名称都指称事物的存在，而是说表述自身的系词指称自身的存在。

康德对"本体论证明"的批评击中了要害。他说："'是'（Sein）不是一个真实的谓词"，"它在逻辑上只是判断的连系词"，"小词'是'（ist）并未增加新的谓词，只是起着把谓词置放在与主词的关系之中的作用"[1]。因此，从"上帝是自身"推导出"上帝存在"是无效的论证。康德认为，"是"动词及其动名词形式"实是"都没有单独的指称功能，"A 是"并给 A 增加一个谓词，更谈不上表述 A 的存在了。"是"的逻辑连接作用在于使一个表示对象的主词"处于我的概念的关系之中。两者的内容必须是同一和同样的，没有给仅仅表达可能性的概念增加任何东西"[2]。

近代哲学家都是本质主义者，当他们在谈到"实是"时，多指"本质"，他们的依据是"是"动词表述"定义"的逻辑功能与定义表达的事物本质的必然联系。比如，笛卡儿的第一原则"我思故我是"（Cogito，ergo sum/I think，therefore，I am）中的"是"（sum/am）的意义指实体的本质，这就是"我思"（Cogito）。"自我"是实体，它的本质在于思想属性。但是，现在人们习惯把笛卡儿的第一原则说成是"我思故我在"，这容易产生误解，使人以为笛卡儿肯定了精神实体的存在。实际上，笛卡儿除了肯定上帝的存在，从来没有谈论精神实体和物质实体的存在。笛卡儿关于实体的定义是："一个不依赖其他任何东西而自身存在的东西。"[3] 他说，严格地

---

1 ［德］康德：《纯粹理性批判》，A598、B626 - A599、B627。

2 同上书，A599、B627。

3 *The Meditations and Selections from the Principles of Rene Descartes*，trans. by J. Veitch，Open Court，La Salle，1948，p. 156.

说，只有上帝才是不依赖于任何东西的存在，上帝是唯一的实体。"自我"和物质只是近似意义上的实体，它们的存在都要通过上帝才能认识，而所能知道的只是它们的属性（思想和广延）。

贝克莱所说的"所是就是被感知"（esse ist percipi/to be is to be perceived）也是一个本质主义的命题。他的理由是：任何事物都是可感性质的集合，我们只有通过感觉才能知道事物是什么。这里所依赖的是"实是"与"本质"（"可感性质的集合"）之间的必然联系，而没有把外物存在归结为感觉的意思。但是，现在人们习惯把这一命题说成是"存在就是被感知"，把它当作主观唯心主义的典型。实际上，贝克莱并没有否定感觉以外的事物的真实存在。他明确地说，他和大家一样承认在个人的心灵以外，有山水河海和动植物，以及其他人的存在，只不过它们不是独立于任何心灵的物质存在，而是精神实体上帝的创造物；我们对它们性质的知觉也是上帝铭刻在我们心灵上的印记。[1] 他的本质主义和精神实在论在逻辑上是一致的。

我们通过以上几个事例的分析，说明形而上学与逻辑之间的联系是理解实在论和本质主义传统的一个关键，如果看不到这一联系，把形而上学的对象理解为没有逻辑功能的存在，就会失去形而上学家们的逻辑论证，而对他们的核心命题作出一些漫画式的理解。

唯名论和存在主义走的是一条相反的路线，他们倾向于割断"实是"与逻辑的联系，表现为两个方面：第一，切断"实是"所连接的主词和谓词的逻辑关系，把"实是"看作超出实体自身的创造过程；第二，切断"实是"连接定义和普遍本质的逻辑功能，把实体彻底个别化。

托马斯·阿奎那是上述第一种意义上的存在主义的开创者。他说，"存在"（ens）的意义来自动词"是"（est），"'是'的纯粹意义是'在行动'，因而才表现出动词形态"[2]。上帝的存在是创造活动本身，它赋予一切事物现实性。任何事物的本质在未获得存在之前都只是一种潜在，一种可能性；上帝的存在活动是使潜在

---

1 参见［英］贝克莱《人类知识原理》，北京，商务印书馆 1991 年版。

2 Thomas Aquinas, *On Spiritual Creatures*, trans. by M. G. Fitzpatrick, Milwaukee, 1949, pp. 52 – 53.

转变为现实。因此,存在高于、优于和先于本质。本质依赖存在,没有存在,就没有实在的本质。托马斯所说的"存在"(ens)仍是拉丁文"是"动词的名词形式,直到16世纪,经院哲学家才创造出拉丁文 existens 代替 ens 的意思。从构词法上就能看出,existens(存在)与 substens(实体)有不同的前缀。"实体"中的 sub-表示属性"之下"的支撑点或基体,"存在"中的 ex-表示"走出"这一基体。这也是走出逻辑为实体所规定的范围,"存在"的意义就是在不断超出自身的活动过程中创造自身。

克尔凯郭尔是第二种意义上的存在主义的开创者。他认为,只有人的存在才能被个体化。他说:"人类的特征是,这一种族的每个单独的人(不是卓越的个人,而是每一个人)都具有比种类更多的东西。"[1] 任何个人都不属于种属,是与普遍本质对立的单独存在。个体与普遍的逻辑联系被个人独特的生活态度和生存体验所取代。

现代的存在论和存在主义的哲学家综合了上述存在的双重意义,指出人的存在既是不受任何普遍的或先定的本质规定的自由创造的过程,也是他人不可取代的独特的体验,如孤独、焦虑、彷徨、恐惧、死亡意识,等等。在这些情绪和心态中,个人的本真存在显示出来。本真的存在与逻辑思维没有关系,逻辑只是从本真的存在体验中派生出来的工具。比如,海德格尔在《逻辑的形而上学基础》一书中,对亚里士多德和莱布尼茨的逻辑学说作了批判性的分析。他指出,"A 是 B"中的"是"不仅仅起着连接事物 A 及其属性 B 的作用,更重要的作用是指示一个存在着的人与 A 和 B 的关系;"存在"的意义比系词"是"的意义更基本,更重要。[2] 再比如,马塞尔把形而上学的逻辑思维称为第一反思。第一反思适用于物我关系,如果把第一反思应用于人际关系,他人只是像外物一样的对象,人际关系变成了抽象的物我对立的关系,没有温情和爱。第二反思是非逻辑的精神交流,使人体验到"爱""创造性的忠诚""希望"等情感,这才是真正存在的意义。

唯名论、存在论,特别是现代存在主义,力图割断形而上学与逻辑之间的联

---

1 Kierkkegaard, *The Point of View*, trans. by W. Lowrie, London, 1939, p. 88.
2 Heidegger, *The Metaphysical Foundations of Logic*, Indiana, 1984, pp. 100–101.

系，他们表现出非形而上学的（non-metaphysical），甚至反形而上学的（anti-meta-physical)的倾向。但他们并不放弃对"实是"的研究，而是通过"存在"的意义来阐发"实是"的意义，建构了一种新的形而上学，海德格尔称自己的存在哲学为"基础本体论"，萨特的《存在与虚无》一书的副标题是"现象学的本体论"，最能表现存在主义和存在论的形而上学特征。因为"本体论"（ontology）是对 being（on）的研究，这是亚里士多德在《形而上学》一书中提出的定义，只是这些哲学家要与传统的形而上学划清界限，而不愿用"形而上学"（meta-physics）来标榜自己的学说而已。

通过以上分析，我们达到的结论是：

（1）西方的形而上学与逻辑同步发生，两者相联系的原因需要通过印欧语系的语法特点和早期希腊自然哲学的特定问题加以解释；

（2）在以后的发展历史上，存在着恪守和割断形而上学与逻辑之间联系的两种不同倾向；

（3）不能因为一些现代哲学派别割断了形而上学与逻辑之间的联系，就断言西方的形而上学就消亡了。同样，也不能因为中国古代没有与逻辑相联系的思想体系，就否认中国哲学传统中有形而上学或本体论；

（4）正如我们已经说明的那样，形而上学与逻辑的联系，只是特定的历史和文化的产物，两者并无内在的、必然的联系。是否与逻辑相联系，并不是判断有无形而上学的标准。

在西方哲学文本的语境中
理解 Being 的意义

当前中国学术界的一个弊病是,人文学者缺乏必要的学术敏感,没有形成正常的、理性的学术争鸣的氛围。虽然出版物的数量越来越多,但共同讨论的问题却越来越少。近年来,哲学界围绕 Being 的意义问题而发表的一系列文章,就是一个例证。这些文章的作者既有西方哲学的研究者,也有马克思主义哲学和中国传统哲学的研究者,他们从各自的角度,对 Being 的意义以及与其相应的中文概念,发表了很多精彩的意见,如果相互讨论切磋,本来可以形成一个哲学热点问题。但事实却非如此,论述这一问题的作者很少注意别人的意见,更没有分辨自己的意见与别人意见的同或异,深入讨论产生这些同或异的理由是什么。孤立地看,他们意见中的大多数都是"言之成理,持之有故"的不刊之论,但从整体上看,这些意见基本上是"自说自话"的独白,缺乏对话,没有彼此间的参照。对于同样的主题发表了数量众多的文章,却没有展开学术争论,形成学术上的热点问题,这种现象在国外学术界是罕见的。对中国学术界而言,这种现象是否正常,对学术发展是否有利,值得我们加以检讨。

为了引起学术界对 Being 的意义问题的共同兴趣,宋继杰博士把近年来发表的相关论文和译文集辑成书,分上下两卷,以《BEING 与西方哲学传统》为题,于 2002 年 10 月,由河北大学出版社出版。原以为这可以促进哲学界对此问题展开深入的探讨,但几年过去了,哲学界对此书的反应甚是冷漠,关于 Being 的意义的文章依然在没有参照别人的观点(这些观点大多收入此书)的情况下发表。为了打破学术麻木的僵局,我愿接着那本书的主题,表明我对 Being 的意义的理解。

1 ——————————————————————————————

Being 的意义所引起的争论

Being 的意义问题是西方哲学传统中的一个核心问题。海德格尔说,西方哲学的传统是形而上学的传统,而形而上学正是以 Being 为研究对象的。如同其他学科一样,形而上学的性质是由其研究对象所规定的;形而上学传统的内涵就是 Being 的意义的辨析、阐述和应用、扩展。这是西方哲学传统中最纯粹的、核心的部分。西方哲学传统中的其他部分已经或正在从哲学中分离出去,成为独立的学科,如自然哲学分化成物理学,认识论正在向心理学和认知科学的方向分化。唯独形而上学坚守在西方哲学的核心地位,虽然不是一成不变,却是常变常新。即使到现代,形而上学也没有丧失活力。

现代西方哲学中的存在主义和存在论通过用 existence 来阐发 Being 的意义,建构了一种新的本体论,海德格尔称自己的存在哲学为"基础本体论",萨特的《存在与虚无》一书的副标题是"现象学的本体论",最能表现存在主义和存在论的形而上学特征。因为"本体论"(ontology)是对 Being(on)的研究,这是亚里士多德在《形而上学》一书中提出的定义,只是这些哲学家要与传统的形而上学划清界限,而不愿用"形而上学"(metaphysics)来标榜自己的学说而已。分析哲学也有类似的情况,充满着关于 Being 的意义的分析,却避免用"形而上学"的字眼;相反,分析哲学在其早期虽然表现出强烈的排拒形而上学的口号,但弗雷格、罗素和维特根斯坦等人关于 Being 的意义的逻辑分析,揭示了形而上学与逻辑思维和语言用法之间的联系,其结果是用语义实在论和逻辑本体论代替传统的形而上学,而没有消解一般意义上的形而上学。

中文里没有一个与"是"动词的名词相对应的概念,日本学者最早用汉字"有"翻译西文的 Being;后来西方的翻译者把《老子》中的"有"和"无"分别译为 being 和 non-being。经过中西文的"双向格义",与西文 Being 相对应的中国哲学的概念被确定为"有"。20 世纪 50 年代之前,中国学者普遍用"有"来翻译和理解西方形而上学研究的 Being;中国港台地区的学者至今仍然这样做。

20 世纪 50 年代之后的中国大陆,马克思主义成为占统治地位的意识形态,人们必须用马克思主义哲学为指导研究西方哲学,人们对 Being 的翻译和理解也发生了悄悄的变化。"悄悄的"意思是没有经过学术争论的、想当然的变化。这一变化也是从翻译开始的。人们把马克思主义经典作家著作中的 Being(德文 Sein)译为"存在"。这种翻译具有权威性的依据,这就是恩格斯在《反杜林论》中的一段论述,在那里,Sein 的意义被明确归结为"存在"。[1] 在《费尔巴哈和德国古典哲学的终结》一书中,恩格斯又明确地把"全部哲学的基本问题"规定为"存在与思维的关系问题"。这里所说的"存在",依然是 Sein。在苏联理论家日丹诺夫关于"哲学史是唯物论与唯心论两军对阵"的定义的指导下,出于把西方哲学史当作学习马克思主义经典著作的脚注的需要,把 Being 理解为"存在",一切都显得那么顺理成章,人们甚至没有提出问题:为什么在一切西方哲学的著作中,Being 的意义都是"存在"(existence)? 用"存在"代替"有"的根据和理由究竟何在?

从"有"到"存在"的转变的一个例证是对黑格尔著作的翻译。贺麟先生在《小逻辑》1981 年新版前言中说:"过去我一直把 Sein 译成'有',把 Existenz 译成'存在',显然不够恰当。"译者没有交代过去的译法为什么"显然不够恰当"的理由,却意识到这一改变所造成的问题。首先,在黑格尔的逻辑学中,Sein 和 Existenz 是两个不同的范畴:Sein 是大范畴,构成逻辑学第一部分的内容,Existenz 是第一部分中的一个小范畴,构成 Sein 的一个环节。如果把 Sein 译为"存在",那么它与 Existenz 如何相区别呢?贺先生主张把 Existenz 译为"实存"。但接着又产生了一个问题:Existentialism 是否还能像通常那样,被译为"实存主义"呢? 翻译可以有各种变通方法,但问题的关键是,把 Existenz 翻译为"实存"能否表达原文的哲学含义? 黑格尔的逻辑学中的 Existenz 指一般的存在,并没有"实"的意思,中文中的"实存"指时间和空间中的存在,而 Existenz 和其他逻辑范畴一样,是超时空的。另外,存在主义所说的 Existence 虽然有时间的意义,但也不必然地具有"实"的意义,而是与人的体验不可分离的生存意义显现过程。

很明显,把《逻辑学》中的 Sein 翻译为"有",把 Existenz 翻译为"存在",既可突出黑格尔所要说的"本质"与"存在"的区别,又可以避免把 Existenz 翻译为"实存"

1《马克思恩格斯选集》,2 版,第 3 卷,第 383 页。

而造成的种种误解。但是,这个并不复杂的学理直到 20 世纪 80 年代改革开放的环境中才有机会自由表达。通过对黑格尔著作翻译中问题的讨论,引发了关于"存在"与"有"意义同异的讨论。

除了主张用"存在"和用"有"来理解西文的 Being 的两种主张之外,20 世纪 90 年代又出现了第三种主张。这一新主张认为,中国哲学中并没有与西文 Being 相对应的现成概念,必须用一个新造的中文词汇"实是",才能准确地表达 Being 的意义。严格地说,这也不是新主张,早在 20 世纪 40 年代,陈康先生就指出:"根本困难乃是 on 和它的动词 einai 以及拉丁、英、法、德文里和它们相当的字皆非中文所能译,因为中文中无一词的外延是这样广大的。比如'有'乃中文里外延最广大的一词,但'有'不足以翻译 on 或 einai 等等。"他的理由是,"有"相当于希腊文 echein(即英文 having),它是亚里士多德的范畴中的一个属性范畴(现译为"所有"或"状态"),只是一个说明 on 的意义的较为次要的范畴。他建议对此类词采用音译的方法,比如,把 Ontologie 音译为"翁陀罗已",将 Sein 音译为"洒殷"。[1] 陈先生的高足汪子嵩、王太庆先生主张,用"是"翻译西文动词 to be,用"是者"翻译其名词形式 Being。"是"在中文中不是哲学概念,中文中甚至没有"是者"这一词汇。两位先生之所以主张启用这两个术语,是认识到在中国哲学中没有一个与西方哲学中这一意义极其重要的概念相对应的概念的情况下,只能采用直译的方法;直译所用的术语虽然冷僻,却忠实地表达了 Being 的原义。否则,用现有的概念来翻译,虽然"达"或"雅",却没有满足"信"这一翻译的基本要求。如果人们在读到通顺的译文时,觉得西方传统的形而上学家表达的是与我们中国哲学家或马克思主义哲学家所说的相似的或相反的道理,那可不是一件妙事。相反,如果我们对表面上看似乎不太通顺的句子多一些思索和理解,那么,冷僻词的使用也未尝没有好处。

王太庆先生在正式发表他的主张之前,曾与笔者有过多次的讨论。我虽然同意引入新的中文词汇翻译和表达西文 Being 的意义,但不同意用"实是"完全取代"有"和"存在",而认为三者可以并存,各有各的意义。在 Being 的意义问题上,这

---

1 陈康:《论希腊哲学》,北京,商务印书馆 1990 年版,第 436 页。

可以说是第四种主张。虽然我与王先生主张有所不同,但觉得与他的讨论对我的观点的形成获益良多,我不能单独发表自己的观点。王先生也有同感。1992年,我们在《学人》第四辑上分别发表了两篇论文,阐述各自的主张和理由。在文章的结尾处,都向对方表示了谢意。但遗憾的是,在收入本论文集时,只保留了王先生对我的谢意,却删去了我对王先生的谢意,这是不公正的。尤其是王先生已经谢世,我更有责任表明他在此问题上作出的重要贡献,包括对我的重要帮助。

1992年之后,出现了不少关于 Being 的意义的文章,使我们感到意外。更令人意外的是,不但西方哲学的研究者关注这一问题,研究中国哲学和马克思主义的学者也关注这一问题。但仔细一想,这也是意料之中的事情。中国的西方哲学研究是用汉语来理解和表达西方哲学的中国当代哲学的重要部分。中国人与西方人所研究的西方哲学之间的差异不仅在于语言媒介的不同,语言是思想的直接现实,语言的转换同时也是思想的转换。西文 Being 所对应的中文概念究竟是什么? 这不仅仅是一个语言翻译的难题,更重要的是,它涉及中国人对西方哲学的理解,关系到中国人研究西方哲学的水平和质量。

2

对 Being 的意义的理解

中国学者对于 Being 的意义,至少有下列五种观点:

第一,Being 的一般意义是"存在",如韩林河的文章《何谓存在》所示。最近,孙周兴更为明确地说:"近年来有不少学者主张把名词的 on,Sein,Being 译为'是',把 Ontologie(我们译为'存在论')译为'是论'。可谓用心良苦,但不待说,这种做法丝毫没有改变汉语本身的非语法特征,比如说,并不能使汉语具备词类的形式转换功能,因而对于增进义理的理解并无多少益处。"[1]

---

[1] 孙周兴:《形而上学问题》,载《江苏社会科学》2003(5)。

第二，Being 的一般意义是"有"，如叶秀山、邓晓芒文章所示。

第三，Being 的一般意义是"是"，如王路等人著作所示。[1] 另见俞宣孟的著作《本体论研究》。[2]

第四，Being 在希腊哲学中的一般意义是"是"；对 Being 在全部哲学史中是否有一般意义的问题，存而不论，如汪子嵩、王太庆文章所示。

第五，不论在西方哲学史上，还是在希腊哲学中，Being 都没有一般意义；"有""存在""是"三种译法各有合理性，应该根据具体情况选择合理的译法。

我本人持最后一种观点。我很高兴地看到，我的学友陈嘉映在他的个人论文集《思远道》中，对我的主张提出了批评。他说："赵敦华先生提出，estin/Sein 这个词在亚里士多德、黑格尔和海德格尔那里，意思不同，宜分别译作'是'、'有'、'在'或'存在'。他对 estin/Sein 这个词的梳理颇有见地，但最后这个结论，我却不敢苟同。西方哲学传统中最重要的语词，无过于 Sein，极大量的讨论都可归结为要厘清这个词的各种含义有哪些内在联系。若依各个哲学家的侧重不同而径以不同的词来翻译，这项任务就消失于无形了。"[3]

陈嘉映也承认 Being 这个词有"各种含义"，我也并没有否认这些含义有"内在联系"。正是由于它们之间的内在联系，我把 Being 译为"实是"，表示系词"是"所指称的实在。但用一个名词来表示不同的意义，并不能取消这些意义的差别。亚里士多德把 Being(on)的"中心意义"归之为"实体"，但他在厘清"实体"的意义时，仍然不得不用不同的词和词组来表达，它们分别相当于后来所说的"存在""是""有"。以后的哲学史中极大量的讨论的问题实际上还是：Being 的各种意义有什么样的内在联系？是把"有"和"是"的意义维系于"存在"，还是把"存在"和"是"的意义都维系于"有"，或者是把"存在"和"有"的意义都维系于"是"？这三种主张都各有各的道理。从哲学史上看，存在主义者持第一种主张，本质主义者持第二种主张，而以希腊文的原初意义为依据的人持第三种主张。主张把 Being 的各种意义归结为某一种"内在联系"，实际上是要在哲学史

---

1 参见王路《是与真》，北京，人民出版社 2003 年版。

2 参见俞宣孟《本体论研究》，上海，上海人民出版社 1999 年版。

3 陈嘉映：《思远道》，福州，福建教育出版社 2000 年版，第 164 页。

上不同的哲学学说中选择一种，作为自己的理论根据。我不主张作这样的选择，这是因为，从古到今的西方哲学充满了 Being 的意义的辨析和改变。在西方哲学史上，Being 有各种不同的意义，任何固定的意义都被颠覆，被颠覆的意义又被更正和修改。Being 的意义的每一次变动都伴随着形而上学体系的新旧交替。由于 Being 的意义的复杂性，西方哲学界多次对这一问题展开讨论，其中也包括如何用现代西文翻译希腊哲学中与 einai 相关的术语的问题，但至今也没有一致的意见。哲学史上的某一派别关于 Being 的意义的解释都企图把其他解释统一起来，但统一的结果总是产生进一步的分化，没有一种解释能够把其他解释真正统一起来。

我承认"是""存在""有"这三者各有依据和合理性，并不意味着研究者可以各行其是，随意地选择一个表示 Being 的意义。相反，这向研究者提出更高的要求：应该根据在不同时期、不同派别、不同人物，甚至同一人物的不同著作、同一著作的不同语境中，理解 Being 的意义。Being 没有固定的字典意义，需要我们以形而上学史为依据，说明在什么样的理论或上下文中，"有""存在""是"各自的适用范围。

同时，我们不必为在中文里找不出一个与 Being 相对应的词汇而感到遗憾。诚如现代分析哲学家所说，形而上学的争论产生于语言的困惑，其中最大者莫过于 Being 的困惑。当哲学家用这一个词表示极其广泛的对象时，认为它有唯一的或统一的意义；他们坚持自认为合理的那一个意义，把其他的意义都归诸其下，由此产生出无休止的争论。在这种情况下，中文用不同的词表示 Being，至少可以提醒人们：Being 在不同理论背景中有不同的意义，不要为追求唯一的统一意义而走上独断主义。以 Being 为对象的形而上学很难摆脱独断主义的梦魇，如果我们能够用不同的术语来化解关于 Being 的种种独断解释，何尝不是幸事，何乐而不为呢？

3

从中西会通的角度看 Being 的意义

我主张把 Being 的一般意义翻译为"实是",或者根据具体文本,翻译为"有"或"存在"或"是"。这留下了一个问题:西方哲学的 Being 与汉语"有""存在""是"之间的对应关系是否内在于中西哲学思维之中? 或者只是为了用现代汉语翻译西方哲学的意义而建立的一种联系? 按照第一种观点,中西哲学即使在核心之处也是可以会通的;而按照第二种观点,中西形而上学关键术语之间的对应只是现代发生的外在的、偶然的联系。

汉语的用法似乎支持第二种观点。古汉语中虽然已经有"有""存""在""是"等词汇,但除了"有"之外,其他词汇都不表示哲学概念。只是在现代汉语中,才有了"存在"这一术语,而且只是为了翻译西文的 Being 或 existence 而新造出来的术语。至于用"是"来表示西文 Being 的意义,那更是新近的主张。古汉语中接近于 Being 的哲学概念是"有",但仔细寻找中西思维方式差异的人强调,"有"不是系词,也不能表示 existence,因此不能表示 Being 的核心意义。最后的结论是,中国古代没有与 Being 相对应的哲学概念。由此引申出的结论有:中国古代没有系统的逻辑思维;没有形而上学,或虽有形而上学,却无本体论(ontology);甚至是,中国古代没有哲学;等等。

我准备为上述第一种观点作辩护。首先,我将说明,古汉语中的"是"具备了 Being 的意义;第二,我将试图简要地回答这样一个问题:为什么中国古代形而上学没有以"是"为研究对象,而在希腊却出现了研究 Being 的 ontology;最后,我将说明,中国古代哲学众多的范畴包含了 Being 所具有的"存在""本质""本体"等意义。

据王力的《古代汉语》的概括,"是"有三个意义:(1)"对的、合理的。"如《孟子·尽心下》:"自以为是。"(2)"代词。这,这个,这些。"如《庄子·逍遥游》:"是鸟也,海运则将徙于南冥。"(3)"系词。是(后起意)。如王勃《滕王阁序》:"萍水相逢,尽是他乡之客。"[1]

---

1 王力:《古代汉语》下,第一分册,北京,中华书局 1979 年版,第 1019 页。

又据卡恩对《伊利亚特》中"是"的意义的统计,有三种常见的意义:(1)表真的意义,如 it is true that p, it is the case that p(p 指命题);(2)指称存在的意义,如 there is a S;(3)系词的连接意义,如 S is P。[1]

这三种用法是相互对应的,"是"在汉语中具有表真用法。另外,需要说明两点。第一,希腊文中并没有与西文 existence 相对应的词汇,动词 einai(to be),动词词组 estin(it is)和名词 eon(being)都可以表示"存在"的意思,后来亚里士多德规范了这些用法,他指出,estin 的意思是 tode ti(this is something/"这一个")。这是一个代词词组,与古汉语中用作代词的"是"的意义是相同的,两者指称一个存在着的事物。因此,不能简单地说,汉语的"是"没有"存在"的意思。

第二,在古汉语中,"是"作为系词的用法出现较晚。王力认为始于六朝或两汉之间,[2]裘锡圭认为始于战国后期[3]。与此不同,在希腊文最早的典籍中,"是"已用作系词,而且系词很发达,如卡恩所言,在这三种用法中,系词的用法"在统计意义上是占优势的","在句法上是基本的"。但在古汉语中,系词不发达,如王力所说:"无系词的语句几乎可说是文章的正宗……几千年来,名句(nominal sentence)里不用系词,乃是最常见的事实。"[4]并且,古汉语用作系词的词语多种多样,并不专用"是"动词,"为""即""乃""系""非""……者……也",等等,都可用作系词。即使有这些差别,我们也不能把希腊文(或印欧语系)中的"是"动词的意义等同于系词。印欧语系用"是"动词作系词,是一种偶然现象。"是"动词本身并没有连接主词和谓词的必然意义,它之所以被用作系词,有一个历史发展过程。一些语言学家提出了一个假说,解释语言史的这一事实。他们认为,"是"动词最初是表示事物存在的实词,使用频率很高;后来出于表示时态、位格和词性等语法变化的需要,把这一经常使用的实词当虚词使用,在"主词+是动词+谓词"的句法结构中表示时态、位格和词性的变化;"是"动词于是成为意义最基本、使用最广泛

---

1 《BEING 与西方哲学传统》上,第 497 页。
2 王力在 1937 年《中国文法中的系词》中认为系词"是"始于六朝。在 1958 年出版的《汉语史稿》修订版中认为始于西汉末年或东汉初年,见该书中册,中华书局 1980 年版,第 353 页。
3 裘锡圭:《谈谈古文字资料对古汉语研究的重要性》,载《中国语文》1979(6)。
4 王力:《中国文法中的系词》,载《清华学报》12 卷第 1 期。

的系词。虽然并不是所有人都承认上述假说,比如卡恩就批评这一假说缺乏历史证据。但他也承认,"是"动词并不必然地具有系词的功能,它的意义是多样的。古汉语和希腊文中的系词用法的差别与这两种语言在历史发展中形成的句法结构和语法上的差异有关,但不能由此得到结论说,系词是否发达与逻辑思维方式是否发达有必然联系。

中西哲学的一个显著差别确实与系词有关,这就是,系词"是"与西方形而上学的基本范畴有逻辑上的联系,而系词与中国哲学的基本范畴却无逻辑上的联系。我在《形而上学与逻辑的起源》一文中,解释了系词"是"为什么与西方形而上学的基本范畴有逻辑上的联系。这种联系是在历史中建立起来的。希腊人的形而上学发生于巴门尼德以"是"的意义确定性反驳赫拉克利特的"既是又不是"的命题的不确定性之时。后来的智者与柏拉图之间发生了类似的争论。亚里士多德最后澄清了"是"的逻辑意义,确定了与这些意义相对应的"实体"的意义,奠定了形而上学和形式逻辑这两个体系的基础。通过发生学的历史考察,我的结论是,形而上学与逻辑的联系,只是特定的历史和文化的产物,两者并无内在的、必然的联系。是否与逻辑相联系,并不是判断有无形而上学的标准。

与西方形而上学与逻辑的同步发展的历史不同,中国古代形而上学一开始就与形式逻辑无缘。这倒不是因为古汉语中系词不发达,而是因为它起始于老子的"有无之辨"。"有无之辨"与巴门尼德的"是非之辨"不同,后者指出了"是"与"非是"之间的矛盾(后来,柏拉图和亚里士多德通过其他途径调和了这一矛盾,但并没有取消这一矛盾)。中国古代形而上学的"有无之辨"指出了"有无相待"的道理。老子说"有生于无",但又说"有无相生"。"无"与"有"并不矛盾。始源之道超越一切区分和变化,不可名状,只能称作"无"。另一方面,道又在万物之中,"有无相生"描述了万物从无到有,再从有到无的"周行不殆"之道。庄子指出"有"与"无"的相对性,他说:"有'有'也者,有'无'也者,有'未始有无'也者,有'未始有夫未始有无也者'。俄而'有无'矣,而无知'有无'之果孰'有'孰'无'也。"(《齐物论》)庄子说明两点:第一,不能说有之前有无;因为有无之"有"之前还将有无,有无之前有无的"有"(第二个"有")还有无,如此循环不止。第二,甚至不能说"有无",这种表达在肯定"无"的同时已肯定了"有",到底肯定哪一个呢? 庄子还说:

"因其所有而有之,则万物莫不有,因其所无而无之,则万物莫不无。知东西相反而不可以相无,则功分定矣。"(《庄子·秋水》)"相反而不可以相无"指意义相对立、但不相互否定,即"有无相待"的意思。

"有无相待"的形而上学之辨导致了大化流行、生生不息的世界观。不独道家持有这一世界观,儒家也是如此。老子说:"道者反之动。"孔子曰:"逝者如斯夫,不舍昼夜。"(《论语·子罕》)《周易》说:"富有之谓大业,日新之谓盛德,生生之谓易";"天地之大德曰生"。《中庸》说:"唯天下至诚为能化。""化""生"的过程固然充满着矛盾,但矛盾不是"是"与"非是"的二元对立,而是"阴阳"的相反相成,"五行"的相生相克。"八卦"和"五行"的符号系统构成了与亚里士多德的形式逻辑完全不同的思想模式。

如上所述,中西形而上学的思想模式的差异来自把握意义对立的两个范畴的不同方式,即希腊人对"是"与"非是"相互矛盾的揭示,以及中国人对"有"与"无"相互依存的体悟。这两种不同的把握方式与范畴的意义并无必然联系。如果希腊人更多地理解"是"与"非是"的通融(如柏拉图在《智者篇》中所做的那样),西方形而上学也许会更加神秘(如柏拉图主义传统中的神秘主义所显示的那样)。同样,如果中国人更多地思考"有"与"无"之间的矛盾关系(如魏晋玄学家关于"崇有"和"贵无"的争论),那么中国形而上学也许会更有逻辑思辨性(如佛学和理学中的辨析和论证所显示的那样)。当然,历史不容假设,我之所以作如此假设,只是为了说明中西形而上学的思想模式的合理性是在具体的历史境况中形成的。如果只是以形式逻辑为标准来判断中国的思想模式,可能会低估甚至否认它的合理性。

除了"有"和"无"以外,中国哲学的形而上学范畴还有"道""太极""天""心""性""理""气"等。另一方面,西方哲学的形而上学的 Being 的范畴包含着"存在""本质""实体"等概念。虽然我们现在不得不用现代汉语的这些术语来表达 Being 的意义,但是这些现代汉语术语的意义与中国形而上学的那些范畴的意义是相通的。现代汉语的这些词汇,起到沟通中西形而上学的桥梁作用。

"本质"和"实体"与中国哲学的固有概念"本体"有关。张载说:"太虚无形,气之本体。"本体是有形现象后面的实在。根据不同哲学家的不同观点,"道""太极"

"天""心""性""理""气"等,既可以是有形事物之中的本质,也可以是独立的实在,还可以是事物的依据。在这些意义上,把它们说成是"实体"(或"本体")或"本质"是合适的。有人也许会指责说,用这些用来表达西文 Being 的术语来解释中国古代哲学的术语是"以西解中"。但如果我们理解中国古代的"有""无""本体"等概念的意义,以及这些概念与其他形而上学概念之间的联系,也就不难理解它们与"实体"和"本质"等西方形而上学概念的相通之处。

更重要的是,"存在"与中国形而上学的范畴也是相通的。长期以来,我们把"存在"理解为"物质"或"自然界"的存在,与"精神"或"思维"相对立的存在。这种意义上的"存在"在中国哲学史上是少见的(其实在西方哲学史上也不多见)。"存在"虽然不是古汉语的术语,但它是由"存"和"在"这两个古已有之的词构成的双音词,这两个词的意义表达了西文 Being 和 existence 的基本含义。

先说"在"的意义。"在"有两重含义。第一,出现在一个特定的时间和地点,如"祭神如神在"。这一意义相当于海德格尔所说的"在场"(present)。第二,剥离了所有属性以后所剩下的"赤裸裸"的形态,亚里士多德称之为"根基"(hypokeim-enon),认为这是最根本的实体。古汉语的"有"表示了同样的意思。当我们问:"X有什么?""有"是 X 的属性的总称。但如果我们问:"除了属性之外,X 还有什么?""有"就是 X 自身。海德格尔用 es gibt(there is)表示"存在自身"。这也是"有"的意思。"这里有 X"表示 X 在这里。

据王力的《古代汉语》,"存"也有两重意义:第一,"存在,不及物动词,跟'亡'相对。如"置之亡地而后存"(《史记·淮阴侯列传》)。第二,思念,关心。如"虽则如云,匪我思存"(《诗经·郑风·出其东门》)。[1] 从哲学的观点看,需要对"存"的意义作以下补充说明:

首先,"存在"之"存"不是"在"的重复,而是对"在"的修饰。"存在"是"保存着"的"在",一直都"在",或既有的"在"。在此意义上,"存在"却是过去时的"在"。亚里士多德用"是"动词的阴性名词 ousia 表示"实体",用"是"动词的过去时不定式 to ti en einai 表示"本质"。这都是在强调"存在"的既有的、不变的形态。

---

[1] 王力:《古代汉语》上,第二分册,北京,中华书局 1979 年版,第 538 页。

其次，"存在"不同于"在场"：不"在场"不等于不"存在"；反之，"存在"也不意味一定得"在场"。"存在"比"在场"更加根本，失去了"在场"还会有其他显示自身的时机，但失去了"存在"就意味着"死亡"，没有任何显示的可能性了。在此意义上，"存在"相当于西文的 existence。

再次，"存"的第二重意义更有存在论的意义。自克尔凯郭尔以来，existence 专门表示人的存在，只有人才能思念、关心。关心的对象可以是自己，他人，也可以是外物。海德格尔用"烦"（Soger）传神地表达了人的存在的意义。

我们揭示出的"存在"的上述意义，或多或少表现在"道""太极""天""心""性""理""气"等范畴的意义之中。这些范畴表示的，或是"在场"，或是不变的、连续的实在，或是与人心相通的本体，或兼有这些意义的全部。

总之，中国哲学的形而上学范畴既然具有"实体""本质""存在"等概念的意义，且这些概念又能够比较全面地表示 Being 的意义，我们还有什么理由否认中西形而上学范畴的相通之处呢？

中国的西方哲学研究中的十个误解

　　中国的西方哲学研究是由点到面展开的,长期以来,缺乏对西方哲学的整体把握,特别是把西方哲学史和现代西方哲学分为两截。这种状况阻碍了中国人对Being 的意义的全面理解。人们往往以自己熟悉的某一个哲学家或哲学派别的论点为依据,用一个中译概念固定 Being 的单一意义,而不了解其他哲学家和哲学派别对 Being 的意义的规定,也不了解现代西方哲学关于 Being 的意义的多样性及其联系的复杂性的讨论。

　　中国人较早接触的西方哲学是康德和黑格尔的哲学,他们发现康德、黑格尔关于 Sein 的论述与中国传统哲学所说的"本体"和"有"甚为契合,于是把 Being 理解为"有"。马克思主义成为主导的意识形态之后,中国人又采用了恩格斯关于 Sein 的意义的解释。后来海德格尔和存在主义成为显学,他们关于 Being 的理解进一步支持了"存在"的译法。最近,一些学者从希腊哲学的文本出发,指出 Being 的哲学含义是从"是"动词的意义引申而来的,因此应以"是"取代"存在"的译法。

　　以上三种理解各执一词,各有各的道理。但是,他们的道理都只是一个哲学家或哲学派别的道理,如果把这个道理推广到西方哲学的全部,难免以偏概全。正是这种以偏概全的片面性,使中国人对西方哲学的一些基本观点产生了误解。以下用十个例证,说明必须在西方哲学文本的语境中理解 Being 的意义的重要性。

1 ——

"思维与存在是同一的"

这句话出自巴门尼德残篇之三：to gar auto noein estin te kai cinai (For the same thing is there both to be thought of and to be)。[1] 这句话过去被译为"思想和存在是同一的"，被当作唯心主义的"思维与存在同一性"的最早命题。这里的关键词组 estin te(it is)被译为"存在"。但实际上，它的直接意义是"所是的"，这一句的意思是："所思的与所是的是一回事。"其中，"所是的"指系词"是"所能连接的一切判断，"所想的"指思想内容。巴门尼德在这里不过宣称了"思想内容与判断是同一"的道理。他认为，这是知道系词用法普遍性的人都懂得的自明真理。正是依赖这样一个"共同的、我将再三强调的出发点"(残篇之五)，他后来关于"实是"的论证才具有某种逻辑必然性。过去把"是"理解为"存在"，巴门尼德的思想被理解为"思维与存在的同一性"，而且被贴上了"唯心主义"的标签。似乎他主张想到的东西就是存在的，似乎这一论断没有任何理由。他的思想变成了武断的、荒谬的唯心主义。这是对西方形而上学传统的漫画式的解释。

2 ——

"人是事物存在或不存在的尺度"

这句话出自普罗塔哥拉。柏拉图的《泰阿泰德篇》的 152a 转述和普罗塔哥拉的话。John McDowell 的英译本译作："Man is the measure of all things：of those which are，that they are，and of those which are not，that they are not."由于"是"动词(to be)以及动名词复数(those which are)都被译为"存在"。于是，那句话被翻泽为："人是万物的尺度，是存在者存在的尺度，也是不存在者不存在的尺度。"这一翻译造成了一个误解，使人觉得普罗塔哥拉在这里宣扬一个赤裸裸的唯心主

————————————————

1 英文译文参见 G. S. Kirk 等编，*The Presocratic Philosophers*，2nd. ed.。

义命题:人决定着万物的存在或不存在。McDowell 在他的译本的注释中说,在后一部分,"'是'动词的不完全形式出现了四次"。其意义是:"我知道 x 是(或不是)f","x 是(或不是)f,全靠我来衡量"[1]。正确的翻译应该是:"人是万物的尺度,是所是的东西是什么的尺度,是不是的东西不是什么的尺度。"普罗塔哥拉的观点是,人是认识的主体,只有人才能知道事物为什么是这样而不是那样的道理。

从以后苏格拉底的反驳来看,苏格拉底并不反对"人是尺度"说,他只是否认普罗塔哥拉的感觉主义,因为后者所说的"尺度",只是感觉而已。每个人有不同的感觉,不同的人都有不同的尺度,相对主义的知识标准必然会取消人类知识。苏格拉底的潜台词是:只有理智才能成为人类衡量一切事物的尺度。

3

"理念论是野蛮的、骇人听闻的、荒谬的唯心论"

柏拉图认为,在可感事物以外还有不可感的理念,并且理念比可感事物更加真实。这被斥为"野蛮的、骇人听闻的、荒谬的",是"幼稚的原始唯心主义"。我们说,且慢,不要把柏拉图理解为胡言呓语的疯子。让我们先来理解他为自己的观点提出了什么论证,看一看这些论证是否符合逻辑,是否具有理性。

柏拉图所说的"理念"是判断的对象,属于 Being 的范畴。《理想国》里有这样的论证:"知识在本性上与实是相对应";"无知必然地归诸不实是";"意见的对象既不为实是,又不为不实是","它既是又不是,这类事物介于纯粹地、绝对地是一个东西和完全不是一个什么东西之间"[2]。柏拉图关于知识与意见的区分调和了巴门尼德和赫拉克利特的矛盾。柏拉图同意巴门尼德的意见,任何能被认识的对象必须为"实是",不实是是无法被认识的。他也同意赫拉克利特的说法:可感事物的运动变化不是完全不可认识的。但他补充说,这种认识并不是知识、真理,而

---

1 Plato, *Theaetetus*, trans. with notes by John McDowell, Oxford, Clarendon Press, 1978, p. 16, pp. 118 - 119.
2 柏拉图:《理想国》,477a - 479e。

是等而次之的意见。意见是不确定的，"既是又不是"正是意见含糊不清、似是而非的特征。意见好像这样一个谜语：一个不是男人的男人，看见又看不见，用一块不是石头的石头，打又没有打一只站在不是一根棍子的棍子上的不是鸟的鸟（谜底：一个独眼太监用一块浮石打却没有打中一只站在芦苇上的蝙蝠）。柏拉图说："这些东西具有含糊的两重性，使人不能明确地知道它们中任何一个是或不是什么，也不知道它们都是或都不是什么。"[1]

柏拉图对理念论所作的论证表明，他没有把 Being 理解为"存在"，而是把它理解为判断的对象"实是"。理念因为享有完全的 Being 而能够被判断，具有知识的确定性。同样，可感事物并非不存在，只是由于介于"是"与"不是"之间，因而不能被确定地认识，只能成为意见的对象。"是""非是""既是又不是"的区分是如何确切地判断认识对象的认识论的区分，而不是关于世界的本原的唯物论、唯心论或不可知论的区分。柏拉图对知识的对象（理念）与意见的对象（可感事物）所作的区分是可以理解的，其中的道理如同我们经常所说的那样："感觉到的东西不一定能被理解，只有理解了的东西才能被更深刻地感知。"

4

"亚里士多德提出了相互矛盾的两种关于第一实体的学说"

这是指亚里士多德在《范畴篇》中肯定第一实体是具体事物，如"一个人，一匹马，等等"，而在《形而上学》Z 卷又说第一实体是形式和本质。如果认为第一种学说是唯物主义，第二种学说是唯心主义，那么两者当然是矛盾的。如果以为具体事物必定是个别的，形式和本质必定是一般的，那么两者当然也是矛盾的。但是，如果理解"是"在亚里士多德逻辑学和形而上学中的中心地位，就不难理解这两者关于第一实体的学说并不矛盾。

"实体"（ousia）是"是"动词（einai）的阴性名词，"实是"（on）则是中性名词。

---

1 柏拉图：《理想国》，479b。

"实体"的意义仍然离不开"是"。亚里士多德是联系"是"动词的逻辑功能来规定实体的意义的。"是"动词的逻辑功能有三种，与此相对应，"实体"的意义也有三种。(1) 系词"是"在判断中的意义是"属于"，"S是P"的意义是"P属于S"。系词的功能意味着，属性依附于实体，只有实体才是独立的、在先的"实是"，是"实是"的中心意义，而属性则是派生的、次要的"实是"。(2)"S是"表示S是自身，如说"There is S"。在这样的用法里，"是"指称S的存在。这意味着，只能做主词的个别事物专名指称第一实体，而表示种属的通名指称第二实体。(3) 定义的形式是"S是Df"被定义的词与定义的位置却可以互换而意义不变，如"人是有理性的动物"与"有理性的动物是人"的意义是等值的。这是因为，"是"在这里表示等同关系。两者之间的等同意味着，定义表达的本质就是实体本身。

比较(2)(3)两处的结论，两者有不同的逻辑根据，分别与"S是自身"和"S是Df"这两种逻辑形式相对应。这两种逻辑形式并不矛盾，而是并行不悖的，我们也不能说由此而产生的两种关于第一实体的学说必定在逻辑上是矛盾的。实际上，亚里士多德用以表示"事物自身"的术语是"这一个"(tode ti)，用以表示本质的术语是"其所是"(ti estin)。他在《形而上学》Z卷开头明确地把这两个术语当作同义语互换着使用。但他没有论述为什么两者是等同的。这为后世的不同解释留下了余地。后来的唯名论把事物本身解释为个别的，而实在论把形式和本质解释为普遍的，因此产生唯名论和实在论的争论。这一争论与亚里士多德的著作语焉不详有关，但不能从"事物"与"本质"的字面意义的差异，就说亚里士多德提出了两种相矛盾的学说。

5

"上帝是自有永有的"

据《圣经》，摩西问上帝耶和华的名字，上帝说：I am who am。中文《圣经》和合本把这句话译为"我是永有自有的"；天主教思高本则译为"我是自有者"，并在注释中说："亦可译作'我是永存者'，或'我是使万物生存者'。"这些翻译以"有"或

"存在"的译法为依据,用后来的哲学观念代替了原文的意义。《旧约》是以当时的希伯来的日常语言写成的。耶和华(Jehovah)的希伯来文的发音是 Yahweh,即"雅威",指 YHWH,即"我是"的意思。耶和华说"I am who am",不过是说他的名字就是耶和华,并无哲学上深奥的意义。直到后来,基督教早期教父根据希腊哲学的 Being 的范畴,根据这句话把上帝理解为最高的 Being,其意义是最高的本体。现有的中文《圣经》的翻译把上帝理解为"有"或"存在",而掩盖了其中的"本体"的意义。希腊文关于本体的概念有两个:hypostasis 和 ousia。早期教父用这两个不同的概念表示上帝的本体,产生了旷日持久的争论。最后才达成了"三位一体"(three persons and one substance)的共识,即用 hypostasis 表示上帝的位格,用 ousia 表示上帝的本体。如果不知道上帝的"所是"与希腊本体论之间的联系,就不能看出基督教的"三位一体"说的来历和根据。

6

"本体论证明混淆了现实存在与想象中的存在"

Being 也是安瑟尔谟关于上帝存在的本体论证明的前提。证明的前提是 a being than which nothing greater can be conceived。这句话可被译为,不能设想的比之更完满的"所有者",或者,可设想的无以复加的完满的"有"。这里的 being 不能译为"存在",否则上帝的 being 就表示上帝已经存在,不需要进一步的证明了,关于上帝存在的证明就毫无意义可言了。证明的结论是:我必须设想上帝存在(I must conceive the God being)。这里的 being 必须译为存在,否则证明没有达到目的。Being 在拉丁文中是同一个词:esse。但安瑟尔谟在前提和结论中赋予这个词以不同的含义。他的论证是这样一个逻辑推理:上帝既然是不能设想比之更完满的"有",它必然具有存在;否则他所具有的就不完满,就不能被设想为无以复加的完满的"有"。因此,我们必然设想上帝存在。

安瑟尔谟的证明是 being 的意义的转化,从"有"过渡到"存在"。他并不像人们通常所理解的那样,从想象上帝存在到上帝实际存在。与安瑟尔谟同时代的高尼罗就是这样反驳的。他说，我们可以想象一个最完美的海岛，难道这个海岛必定存在吗？安瑟尔谟辩解说，不可比之更完满的"有"不是任何一个具体的东西，我们可以想象一个海岛集中了所有海岛最美好的性质，但不能设想它具有一切事物的完满性。安瑟尔谟的答辩是有效的，因为证明中的 being 是无所不包的"有"，而不是具体的"事物"(thing)或"东西"(something)。

康德对"本体论证明"的批评击中了要害。他说，"存在"并不是属性。我们可以想象上帝具有最完满的属性，却不能因此设想上帝必然存在。正如我想象口袋里有 50 块金币，不等于想象 50 块金币真的存在我的口袋里。康德澄清了 Sein 的歧义，指出它可以在判断中把属性与主词联系起来，但不能单独地指示主词的存在。如果不理解本体论证明中 being 的意义从"有"（属性）过渡到"存在"的诡吊，康德批判的有效性是不可理解的。

7

"我思故我在"

笛卡儿的第一原则是 Cogito，ergo sum(I think，therefore，I am)。这句话中的"是"(sum/am)的意义指实体的本质，这就是"我思"(Cogito)。就是说，"自我"的本质在于思想属性。现在人们习惯把笛卡儿的第一原则说成是"我思故我在"，这容易产生误解，以为笛卡儿通过"我思"肯定我的存在。实际上，笛卡儿的问题不是：我有什么样的存在；而是：我有什么样的本质。"我思"不是人的存在，而是人的本质。按照笛卡儿主义，人的存在是灵魂和身体的结合，人的身体和其他事物一样，都以"广延"为本质，只有"我思"才是人区别于其他一切事物的本质。

"我思"也把人与上帝区别开来。"我思故我是"之所以有那么大的威力，就是因为这个命题和中世纪形而上学的基本信条"我是我所是"根本对立。比较这两个命题，可以看成它们句式相近，但意义截然不同。"我是我所是"的意思是，"我"（上帝）不需要任何根据，但这同时也意味着不能从上帝自身来认识上帝；而"我思故我是"的意思却是，"我"（个人）以"我思"为根据，"我思"不但使一个人认识到自己的本质，并且能为上帝的存在提供依据。正是由于这两个命题的明显反差，笛卡儿的"我思故我是"产生了修辞上的效应，成为与经院哲学划清了界限的新哲学的第一原则。

8

"存在等于被感知"

贝克莱说："esse ist percipi"（to be is to be perceived）。正确的翻译应该是："所是的就是被感知的。"他的理由是：任何事物都是可感性质的集合，我们只有通过感觉才能知道事物是什么。他的理由依赖对事物"是什么"的判断与事物"所具有的属性"（"可感性质的集合"）之间的必然联系，而没有把外物存在归结为感觉的意思。但是，现在人们习惯把这一命题说成是"存在就是被感知"，把它当作主观唯心主义的典型。不独中国人对贝克莱有误解，即使是在西方，贝克莱也被人解释为只相信自己的感觉才是真实存在的"发疯的钢琴"，他的学说被说成是只要用脚踢一下石头，或者举起一只手就可被轻易打倒的谬论。实际上，贝克莱并没有否定感觉以外的事物的真实存在。他明确地说，他和大家一样承认在个人的心灵以外，有山水河海和动植物，以及其他人的存在，只不过它们不是独立于任何心灵的物质存在，而是精神实体上帝的创造物；我们对它们性质的知觉也是上帝铭刻在我们心灵上的印记。[1] 他的感觉主义和精神实在论在逻辑上是一致的。

9

"黑格尔的《逻辑学》开始于存在论"

黑格尔的逻辑学的起点和终点都是 Sein。对于这一范畴的意义，有"存在"和

---

1 参见［英］贝克莱《人类知识原理》。

"有"两种不同的翻译和理解。贺麟先生以前把 Sein 译成"有",把 Existenz 译成
"存在",在《小逻辑》1981 年新版中,则把 Sein 译为"存在",把 Existenz 译为"实
存"。显然,翻译上的变化的背后是对黑格尔的逻辑学的不同理解。在黑格尔的
体系中,Sein 这一范畴被置于"质"(Qualitat)的范畴之中,Sein 指的是一种质的规
定性。在康德已经明确地区分了"属性"与"存在"之后,黑格尔似乎没有理由把
Sein 的意义规定为存在。实际上,Sein 的意义是"有",而不是"存在"。黑格尔说:
"Sein 是绝对的一个谓词"[1],他的意思似乎与康德所说"Sein 不是一个真实的谓
词"相反,其实,他不过是用辩证的语言表达了与康德相同的意思。因为绝对意义
上的 Sein,即孤零零的"纯有",只是"纯粹规定性的思想",因而等于"无"。只是发
展到 Dasein(现译为"限有",最好译为"实有")时,"有"才成为有质的规定性的思
想,即康德所说的谓词概念的思想内容。黑格尔把"存在"(Existenz)作为"本质"
(Wesen)大范畴之中的一个小范畴,认为本质是存在的根据。他显然认为,存在
不仅需要质的规定性,而且需要量的规定性,"存在"总是事物的存在,而不是性质
的存在,性质只是思想的实有。根据这样的解释,我们不难理解为什么黑格尔只
是在"质""量"及两者统一的"度"之后才提出了作为本质论范畴的"存在",并且紧
接着把"事物"(Ding)这一范畴作为"存在"的"反思"建立起来。"反思"在"本质
论"中表示范畴两相对立而又互相规定的不可分割的关系,这与我们关于"在"与
"物"相联系、"有"与"质"相联系的观点相吻合。

　　黑格尔还明确地区分了"有"和"具有"。他说:"'有'(Sein)的关系进一步成
为'具有'(Haben)的关系。"[2]"有"与"具有"的区别在于,"有"作为一种规定性只
是一个"东西"(Einiges),而不是具体的"物"(Ding)。黑格尔因而谈到实有的东西
是"自有""自为的有",因为它们是独立的质而不附着于物。附着于物的性质叫特
质(Eigenschaft),不可与自有自为的质(Qualitat)"相混淆",黑格尔说,"有"的关
系表示"东西"与"直接同一":"一个东西所以为东西,只因它有其质";但是,"物"
与"特质"却是可分离的:"失掉了某一特质并不因此而失掉此物的存在。"[3]当然,

---

1 [德]黑格尔:《小逻辑》,第 86 节。
2 同上书,第 125 节。
3 同上。

黑格尔在区分"有"与"具有"的同时也说明了两者的联系,"有"过渡到"具有"的范畴与从"实有"到"存在"、从"东西"到"物"、从"质"到"特质"的辩证运动过程是相一致的。

总而言之,黑格尔的逻辑学是各种范畴规定性的过渡、反思和发展,都是从"有"的这种规定性到"有"的那种规定性的辩证运动。在此意义上,逻辑学的起点和终点都是"有",他把哲学史上与"有"的意义相关的"存在""事物""实体"等范畴都作为一个个环节包含在"有"的运动之中。黑格尔的形而上学是不折不扣的存有论。

10

"Being 的全部意义为'是'"

这是最近兴起的一种主张,不但希腊哲学中的 Being 的意义为"是",全部西方哲学,甚至马克思主义哲学中的 Being 的意义也为"是"。按照这种"从古到今,一'是'到底"的理解,"本体论"应被译为"是论",恩格斯所说的哲学基本问题应是"思与是的关系问题"。甚至海德格尔所说的 Sein 也为"是",Ontologische Differenz 为"是论的区分",这是关于"是"与"实是"(Seiendes)的区分。

海德格尔始终从"存在"(Existenz)入手来分析 Sein 的意义,他再三说明了 Sein 的首要的、基本的意义是存在的道理。并且,海德格尔明确地反对把 Sein 的意义归结为系词"是"。他认为,人们在使用逻辑判断之前已经对存在的意义有了在先的理解。他说:"对'是'(ist)的解释,不管它在语言中被表达的自身意思,还是词最终指示的意思,都导致我们了解到属于存在性分析的问题的语境。"又说:"对于浮浅的命题与判断理论所曲解的作为系词的'是',我们要规定它的存在论的(Ontologische)意义。"[1]另外,海德格尔在专门讨论判断理论的著作《逻辑的形而上学基础》一书中,联系亚里士多德和莱布尼茨的逻辑学说,对系词"是"的意义

---

1 Heidegger, *Being and Time*, London, 1962, p. 202.

作了批判性的分析,把它在判断中的联系和表述作用归结为存在性的意义。按照他的解释,"A 是 B"中的"是"不仅仅起着联系事物 A 及其规定性 B 的作用,更重要的作用在于指示作判断的"此在"与 A 和 B 的关系。[1] 如果把 Sein 译作"是",不仅没有突出 Sein 与"存在"的联系,而且违反了海德格尔对从系词"是"引申出 Sein 的形而上学的传统做法的批判。

---

1 Heidegger,*The Metaphysical Foundations of Logic*,Indiana,1984,pp. 100 – 101.

休谟的经验论真的摆脱了矛盾吗

经验论的基本原则在洛克的著作中已被确立。按照经验论的原则,我们的一切观念都来自经验,知识不能超出观念的范围。但洛克却没有把这一原则贯彻到底,他承认我们关于实体的观念并不来自经验,但必须肯定实体的存在;特别要肯定物质实体的存在,否则,我们的感觉的外部来源将无法得到说明,也不可能有关于观念与外物之间关系的实在知识。洛克承认关于实体存在的理由与经验论的原则之间有矛盾,但对这一矛盾持宽容和调和的立场。贝克莱从经验论的原则出发,否定了物质实体存在的可能性和假设它的必要性,但他又论证了心灵实体或上帝存在的理由,这些理由没有一条符合他在反对物质实体时所使用的经验论的基本原则。他使用了双重标准:用严格的经验论的标准反对物质实体,从感觉观念的性质推断感觉不到的心灵实体的存在。

与洛克和贝克莱相比,休谟被认为是彻底的经验论者。他的彻底性表现在一以贯之地贯彻经验论的原则,把一切实体,包括物质实体、作为心灵实体的"自我"和上帝,都排除在知识的范围之外。不但如此,经验(他称之为知觉)的来源是不可知的,经验知识的基础——因果关系的必然性也是不可知的。休谟的经验论通常被称为不可知论。我们需要明白,休谟之所以持不可知论,不是因为他没有足够的理性能力扩展知识的范围,而是他的理性过于敏锐和严格,要避免任何与经验论的原则相抵触、相矛盾的思想,因此不承认经验之外的任何对象的可知性。

我们现在要提出的问题是,休谟的思想真的摆脱了矛盾吗? 我们所说的矛盾,不是指按照不同的前提或标准所得出的不同的结论,比如,休谟的不可知论与常识和生活之间矛盾,他认识到那是无关他的学说正确性的外在矛盾,也是可以调和的矛盾。但内在的逻辑矛盾就不同了,内在矛盾是按照同一前提或标准而得出相互矛盾的结论。洛克和贝克莱的实体观与经验论的基本原则之间存在着内在矛盾。休谟的不可知论避免了与经验论的基本原则之间的内在矛盾,但他的经验论中是否没有其他一些内在矛盾呢?如果有的话,这种内在矛盾是微不足道的,无关大局的,还是有严重伤害的根本性的矛盾?本章旨在回答这些问题。

1

观念为什么是印象的模仿

休谟把知觉分为印象和观念,印象是观念的原型,观念是印象的模仿。这一看似简单的区分对于经验论具有重大意义。第一,它解决了经验的来源问题。洛克把经验分为感觉和反省,我们可以知觉反省观念是如何从内心产生的,却知觉不到对象是如何产生感觉观念的,因此洛克不得不假设外物对感官的刺激是产生感觉的外部原因。贝克莱以感觉观念需要一个能够感觉的主体为由,设定心灵实体是经验的来源。他们关于在经验的外在来源的设定超出了我们认定的知识范围。休谟认为,观念来源于印象,至于印象的来源,是不可知的;对知识的来源问题也是不重要的,因为知识只是观念的联结,知道观念来源于印象,也就知道了知识的来源,没有必要进一步追寻印象的来源。第二,它解决了知识的标准问题。观念不需要符合外部对象才是真的,印象是判断观念真假的标准。简单观念总是对简单印象的模仿,因此,简单观念总是真实的。复杂观念却不同,有些复杂观念有相应的复杂印象为原型,它们是知识的对象;另一些复杂观念没有与之相对应的复杂印象,它们是被想象或幻觉任意组合起来的,是虚假的观念或信念,不是知识的对象。

有鉴于上述重要性,印象与观念的区分和联系可谓是休谟经验论的第一原则。当然,"第一原则"是唯理论的说法,唯理论者要依靠第一原则建立一个可靠的体系,因此特别仔细地审视或证明第一原则。经验论不是演绎的体系,并不是非要第一原则不可。但关键是,经验论是关于知识的来源、性质、标准和范围的学说,经验论的这些部分需要自洽,才能构成一个完整的理论。如果关于知识来源的说法不同于关于知识范围的说法,关于知识标准的说法不同于关于知识性质的说法,那就会产生理论上的矛盾。休谟吸取了前人的教训,用印象与观念的关系解决知识的来源和标准问题,而这一解决方案又与关于知识性质和范围的经验论原则相一致。关于印象与观念关系的论述是休谟经验论的出发点,对他的理论自洽性有着首要作用。在此意义上,把印象与观念的关系视为休谟经验论的第一原则也未尝不可。

但是,对于如此重要的原则,休谟却没有给出一个严密的、细致的证明。为什么说观念是印象的模仿? 休谟关于两者的区分就是他的理由:"人心中的一切知觉分为两类,而这两类就是借它们的强力和活力来分辨的。较不强烈、较不活跃的知觉,普通叫做思想或观念。""我所谓印象一词,乃是指我们的较活跃的一切知觉。"根据两者"强力和活力"的不同程度,休谟立即得出了结论:"我们的一切观念或较微弱的知觉都是印象或是较活跃的知觉的摹本。"[1]对于同一个对象,最初的知觉较强烈、较清晰,随着时间的推移,原初的知觉逐渐微弱、模糊,这本是人所共知的、无可置疑的心理事实。但哲学家不能满足于常识,休谟在其他问题上常常质疑常识,在此问题上却依从了常识的见解,未作深入的思考。

观念与印象的关系问题是一个值得深入思考的哲学问题。知觉从强烈到微弱、从清晰到模糊是一个心理过程,时间在其中起到关键作用。印象发生在先,观念发生在后,因此才能模仿印象。然而,一个印象之所以强烈、清晰,是因为它发生于当下,它只是到未来才会变得微弱、模糊,我们有什么理由断定,尚未出现的观念是当下发生的印象的模仿呢? 因此,当休谟说观念是印象的模仿,他的意思只能是,过去发生的观念是更早时候发生的印象的模仿。但是,这一说法又产生了新的困难:越早发生的知觉越微弱、模糊,如果过去的印象发生在过去的观念之前,过去的印象岂不是比过去的观念更微弱、模糊,印象反倒应该成为观念的模仿了。

休谟没有在过去、现在和将来的关系中探讨印象与观念的关系,他认为,任何

---

1 [英]休谟:《人类理解研究》,北京,商务印书馆 1995 年版,第 20、21 页。

时间的观念都是印象的模仿。他举例说："一个人在感到过度热的痛苦时,或在感到适度热的快乐时,他的知觉是一个样子;当他后来把这种感觉唤在记忆中,或者借想象预先料到这种感觉时,他的知觉又是一种样子。记忆和想象这两种官能可以模仿或摹拟感官的知觉,但是它们从不能完全达到原来感觉的那种强力和活力。"[1]这里,"痛苦"或"快乐"是当下的印象,"记忆"是对过去印象的记忆("后来把这种感觉唤在记忆中"),"想象"则是对现在印象的想象("借想象预先料到这种感觉")。所以,这里谈及的是"过去的印象""过去的观念""现在的印象"和"将来的观念"四者的关系。我们用图一表示休谟这句话的意思。

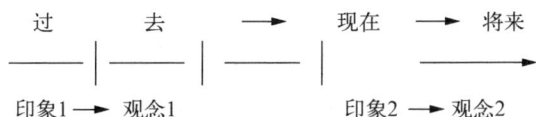
图一

从图一可以看出,只有当过去的印象 1 与现在的印象 2 是相似的,休谟才能说记忆中的观念 1 比印象 2 更微弱、模糊,是印象 1 的模仿;同理,只有当记忆中的观念 1 与想象中的观念 2 相似,他才能说,观念 2 比印象 2 更微弱、模糊,是印象 1 的模仿。就是说,过去的印象与现在的印象的相似性,以及过去的观念与将来观念的相似性,是休谟说明印象与观念关系的前提,但这是一个未经审视的前提。

2

因果关系的必然联系为什么是不确定的

休谟并不怀疑原因和结果之间的恒常联系,他认为,联想律可以解释为什么结果总是伴随着原因。联想律包括:(1) 相似律将相似的事物归为一类;(2) 时空连接将时间和空间连接在一起;(3) 因果关系是前面两个规律的结合。如果相似

1 ［英］休谟:《人类理解研究》,第 19 页。

的东西在时间连接上总是伴随着另一个相似的东西，那么我们往往把发生在前的称为原因，发生在后的称为结果。休谟认为联想律在人的心理世界的作用与牛顿发现的物理世界的规律同样伟大，不能怀疑和否定。

休谟说，一切经验的基础是因果关系，他的问题是："但是，这个经验为什么可以扩展到将来，扩展到我们所见的仅在貌相上相似的别的物象；则这正是我所欲坚持的一个问题。"[1]

关于因果关系的联想是在过去的经验中产生的，如果要根据过去的经验预测未来，那么就"需要一个媒介"，把这样两个命题联结在一起。第一个命题是："我曾经看到，那样一个物象总有那样一个结果伴随着它。"第二个命题是："我预先见到，在貌相上相似的别的物象也会有相似的结果伴随着它。"[2]能够从第一个命题推导出第二个命题的中间命题是："假设将来和过去相似，而且相似的能力将会伴有相似的可感的性质。"[3]休谟说："这个媒介究竟是什么，我承认，那不是我所能了解的。"[4]所谓"不能了解"，是说不管用何种方法，都不能证明"过去发生的事件必然与未来发生的事件相似"，或者"一类相似的事物必然伴随着另一类相似的事物"。因为不能证明前者，因果关系不能预测未来事件必定发生；因为不能证明后者，则不能由已知的原因必然地推断其未知的结果，也不能由已知的原因必然地推断其未知的原因。

我们对休谟所列举的那些不能证明"过去是和将来相似的"的理由不加质疑，而要指出，休谟所明白揭示出的因果关系的前提，与他暗中设定的印象与观念关系的前提，有着同样的时间结构，他怀疑前者而肯定后者，是一个根本性的内在矛盾。

因果关系的前提如图二所示。

---

1 ［英］休谟：《人类理解研究》，第 33 页。
2 同上书，第 34 页。
3 同上书，第 37 页。
4 同上书，第 34 页。

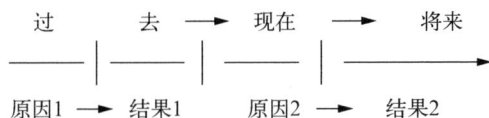

过　去　——→　现在　——→　将来

原因1　——→　结果1　　　原因2　——→　结果2

图二

比较图一和图二,两者都涉及过去事件与现在和未来事件的关系问题。根据图一,休谟必须承认过去的印象 1 与现在的印象 2 相似,过去的观念 1 与未来的观念 2 相似,因此,观念和印象之间才能有恒常联系(即观念总是形象的模仿)。根据图二,为什么不能承认过去的原因 1 与现在的原因 2 相似,过去的结果 1 与未来的结果 2 相似? 如果能够作这种肯定,那么根据过去已知的因果关系,从现在已知的原因能够预测,未来总要发生与过去相似的结果。

有人也许会这样为休谟辩护,印象与观念的关系不同于原因与结果的关系。前者是原型与模仿之间的相似关系,而原因与结果之间不必相似。确实,休谟举了一个吃面包使人健康的例子,面包的营养是不可感的能力,健康是可感的性质,因此他要求证明的,不是营养力与健康的相似,而是"相似的能力将会伴有相似的可感的性质"。

但是,上述辩解是无效的。因为图一和图二所示的时间结构说明了同样的恒常性:如果两个事件在过去恒常地先后出现,如果它们分别与现在和未来出现的事件相似,那么,这些现在事件与未来事件的先后伴随也是恒常的。这一先后出现的恒常性与联结事件的关系的性质无关。如果用表示两事件先后出现的恒常性,设 A 与 C 相似,B 与 D 相似;再设 A→B,则 C→D。至于 A 和 B 之间、C 和 D 之间在性质上是否相似或相异,与两对相似事件之间的恒常的时间结构无关。

只要人类的认识条件没有重大的改变,相似事件先后发生的恒常时间结构一直会延续下去。我们没有理由,也没有必要设想这种时间结构有重大的改变。如果休谟要改变因果关系的时间结构的恒常性,那他首先就要改变他自己关于印象和观念之间关系的原理。他在建立这个原理时,就已经设定了印象和观念在过去、现在和将来先后发生的恒常性。为什么观念和印象这种时间结构

不能运用于因果关系？有什么必要设想这一结构会发生重大改变，以至于过去
事件与未来事件不相似呢？换而言之，如果休谟是一个彻底的怀疑论者，他不
仅要怀疑因果关系的基础，而且要怀疑他自己的第一原则，即简单观念与印象
相似的原则。如果我们从相似事件的恒常结构意识问题入手的话，怀疑因果关
系基础的"休谟问题"就不是一个真的问题。反过来说，如果"休谟问题"是一个
真的问题，休谟哲学开始提出的关于印象和观念关系的原理就是一个自我否定
的原则。

3

康德解决"休谟问题"的启示

"休谟问题"之所以成为后人讨论的焦点，这与康德对这一问题的高度重视和
评价分不开。在《未来形而上学导言》的前言中，康德交代了自己的理论背景。他
说："自从洛克和莱布尼茨的论著之后，或更甚者，自我们已知的形而上学起源以
来的历史上，没有一件事情像休谟对形而上学的批评那样，改变了形而上学的命
运。"[1]这不只是指休谟对实体的观念提出的怀疑，更重要的是指对因果关系基础
的怀疑。康德认为休谟思想的出发点是因果关系问题："休谟从形而上学的一个，
却是一个重要的概念出发，这就是因果概念（包括它引起的能力和活动，等
等。）"[2]康德把休谟对因果关系的基础问题称作"休谟问题"。他指出："这就是休
谟问题，它所质疑的是因果概念的起源，而不是它的不可或缺的需要。"康德宣布：
"我公开承认，正是由于休谟的这一启示，在多年之前第一次把我从教条主义的梦

---

1 以下是我根据 Paul Carus 的英译本 *Prologomena to Any Fu ture Metaphysics* (La Salle, IL.：Open
  Court, 1902)的翻译。英译本是："Since the Essays of Locke and Leibnitz, or rather since the origin
  of metaphysics so far as we know its history, nothing has ever happened which was more decisive to
  its fate than the attack made upon to by David Hume."

2 英译本是："Hume started from a single but important concept in Metaphysics, viz., that of Cause
  and Effect (including its derivatives force and action, etc)."

中唤醒,使我在思辨哲学的研究中获得新的方向。"[1]

由于康德的高度评价,"休谟问题"成为哲学中的一个重要话题,人们至今还在不断地讨论这一问题。英美哲学家尤其重视"休谟问题",他们通常把"休谟问题"理解为关于归纳法可靠性的问题,他们在知识论、心灵哲学、科学哲学和归纳逻辑等领域,提出了一个又一个的解决方案。我们在这里不想评价这些方案的合理性,而要用哲学史的事实说明,"休谟问题"的实质不是如何从个别事例归纳出普遍原理的问题,而是未来事件为什么与过去事件相似的问题。

归纳法的有效性问题,与其说是"休谟问题",不如说是"莱布尼茨问题"。因为在休谟之前,莱布尼茨就提出了这一问题。他指出,即使在实验科学领域也不能完全依靠感觉的方法,因为归纳法是有缺陷的,对个别事物的归纳不足以证明一般命题真理的普遍性和必然性。如果认为归纳法的可靠性在于感觉的联想作用,那等于把人类思维下降到动物感性的地步。莱布尼茨说:"动物的联想和与单纯的经验主义者的联想一样,他们以为凡是以前发生的事情,以后在他们觉得相似的场合也还会发生,而不能判断同样的理由是否依然存在。人之所以如此容易地捕获动物,单纯的经验主义者之所以如此容易地犯错误,只是这个缘故。"[2] 这里所说的"以前发生的事情,以后在他们觉得相似的场合也还会发生",相当于休谟所说的相似的原因伴随着相似的结果。休谟认为"联想律"可以说明因果联系的可靠性,他对此并不怀疑。休谟的问题是,为什么未知的将来事件与已知的过去事件相似(a)?而不是:为什么已知的相似事件总是伴随着另一些已知的事件(b)?休谟认为问题 b 不成其为问题,这是经验的"联想律"已经解决了的问题。而莱布尼茨的目标恰恰是要证明问题 b,他用矛盾律和充足理由律的逻辑规则证明经验联想所不能证明的归纳法的普遍有效性。但他没有想到问题 a,或许,人们在经验中对将来与过去之间的相似早已习以为常了。

---

1 英译本分别是:"This was Hume's problem. It was a question concerning the origin, not concerning the indispensable need of the concept." "I openly confess, the suggestion of David Hume was the very thing, which many years ago first interrupted my dogmatic slumber, and gave my investigations in the field of speculative philosophy quite a new direction."

2 [德]莱布尼茨:《人类理智新论》上,北京,商务印书馆 1983 年版,第 5 页。

康德没有像我们这样区别"休谟问题"与"莱布尼茨问题",但在因果关系问题上,他意识到休谟与莱布尼茨之间的分歧。康德赞成休谟,说:"他无可反驳地证明了理性的先天性思想以及通过概念的必然结合是完全不可能的。"[1] 这不正是宣告了莱布尼茨把经验的必然性归结为逻辑规则的不可能性吗?另一方面,康德也用苏格兰常识哲学衬托"休谟问题"的深刻性。常识学派停留在过去经验之中,认为过去的事件和将来的事件之间的相似性是不成问题的。康德说,常识只能解决"砍树所需要的斧子和锯子"这类问题,但要雕刻就需要能够深入事物内部的钢针,需要思辨的理解力的洞察。常识只能被限于直接的经验范围之内,对于先验的形而上学的领域,常识没有任何判断的权利。[2]

康德认为,"休谟问题"既对传统形而上学提出了严重的挑战,也为先验哲学的发展留下了一个关键的问题。康德认识到,解决"休谟问题"的出路在于揭示因果关系的先验的时间结构。康德把因果关系作为知性的先验范畴,它的先验性不仅在于它是假言判断的先验形式,更重要的是,它是经验事实具有因果联系的可能性条件。康德的"先验图式论"关于"经验类比"的第二类比的题目是"与因果律相符合的时间持续性原则"[3],证明因果关系范畴联结经验的普遍、必然性。他的证明揭示了原因和结果在时间上先后出现的顺序,是两类事物之间的先天的时间结构。我们在这里不想详细介绍康德的学说,也不对康德是否解决了"休谟问题"的问题发表评论。我们使用康德提出和解决"休谟问题"的历史事实,只是为了说明,"休谟问题"的实质是因果关系有无恒常的时间结构的问题。这一结论验证了我们对休谟哲学内在矛盾的分析。

---

1 英译本是:"He demonstrated irrefutably that it was perfectly impossible for reason to think a priori and by means of concepts a combination involving necessity."

2 英译本是:"Thus common sense and speculative understanding are each serviceable in their own way, the former in judgments which apply immediately to experience, the latter when we judge universally from mere concepts as in metaphysics where sound common sense, so called in spite of the inapplicability of the word, has no right to judge at all."

3 Kant, Critique of Pure Reason, "Second Analogy: Principle of Succession in Time, in accordance with the Law of Causality", B233 - B255/A211.

下　篇

中国哲学：返本开新

关于中国文明起源问题的考古哲学思考

  "返本开新"原是当代新儒家的口号,但他们要返回的"本"指孔孟思想。我在这里要求的是,返回到中国文化的起源处——史前时代。20世纪60年代兴起的新考古学主张用考古材料重建史前生活,要求对人类、社会和文化的起源和特征作出科学的解释。新考古学的"重建"(reconstruction)涉及范式的转变、解释模式的建构、科学方法论的选择,以及跨学科的概念和命题的意义等哲学问题。新考古学对这些哲学问题的思考导致了考古哲学的产生。虽然考古学与哲学有着不同的研究对象,但考古学和哲学的最初目标是一致的,那就是要在起源处把握人性、社会和文化。如果说考古学以历史遗物为研究对象,那么考古哲学就是以考古学为思考对象的"二阶"学科,可被称为"元考古学"(Metaachaeology)。[1] 考古哲学是现代哲学的一个分支,它借助科学哲学、分析哲学、现象学、解释学,以及结构主义和后结构主义的现代哲学思想,对考古学的证据、方法、价值和对人类文化有着普遍意义的结论,进行哲学的考察。考古哲学考察的主要对象是考古学的理解模式。所谓理解模式,指考古学解释遗物所依据的前提、方法和语言意义的综合性规范,它涉及经验证据、语言意义与理论的关系,以及事实与价值等关系的哲学问题。理解模式不仅是规范性的,而且是历史性的,它们随着考古学的发展而变化。本文拟从考古哲学的角度,说明考古人类学的解释模式和成就对于探讨中国文明起源的问题可能具有的启发和借鉴作用。

---

1 "元考古学"一词源自 L. Embree 编,*Metaachaeology：Reflections by Archaeologists and Philosophers*，Boston Studies in the Philosophy of Science，Boston，1992。

1 ───

新考古学的科学方法论

作为实证科学的考古学的诞生是对远古神话、传说的想象和思辨加以匡正的结果。与现代考古学几乎同时诞生的文化人类学也做了这样的工作。文化人类学家相信,现存的原始部落是我们现在能够观察几千年前原始社会的"活化石"。通过对现存的原始部落所作的调查,早期的文化人类学家提出了两个相互对立的理论:文化进化论和传播论。两者的对立在很大程度上取决于对人类心理本性所作的不同假设。比如,被称为"文化人类学之父"的泰勒(Edward Burnet Tylor)认为,世界各地的原始民族对生老病死、环境变化和幻觉梦境等现象迷惑不解,因而产生"万物有灵"的观念。与此相反,施密特(Wilhelm Schmidt)却认为,各民族从一开始就有一个全能的父亲般的至上神的观念,由此得出了"原始一神论"的结论。文化进化论者认为,人类有相同的心理本性,在基本相同的生活条件下,不同种族能够独立地创造出大致相同的文化,不同种族的文化是独立进化的。传播论者却对人类的心理本性提出了相反的假设:人类是疏于创造的,文明的创造是罕见的,多为一次性的。他们认为,人类文明是某一种族在某一核心地区创造的,从那里传播到世界各地。柴尔德认为欧洲文明由中东地区传播而来。他提出了两条具体的传播路线:一条由埃及经克里特岛到希腊,再传播到西欧;一条由经土耳其到巴尔干半岛,再到东欧。[1]

柴尔德的欧洲文明论当时被人们所普遍接受。但是,当用碳14测定年代的技术发明之后,考古学家们相继发现,西班牙、法国、英国等国"巨石文化"的遗址和南欧地区彩陶的年代,要早于在埃及和中东其他地区的类似遗物,后来发明的年轮校定的方法确证了这些测定结果,柴尔德所说的"中东文明之光照亮了欧洲野蛮人"的断言似乎再也站不住脚了。

碳14技术的运用堪称考古学中的革命。任福欧说,这场革命的最初成果"改

──────────────────────────────

1 参见 V. G. Childe, *The Dawn of European Civilization*, Routledge, London, 1925。

写了史前欧洲的时期"[1]。这场革命不仅仅是技术革命,更重要的是新范式取代旧范式的科学革命。那么,什么是范式?什么是实证科学的方法?这是科学哲学的问题。20世纪60年代兴起的"新考古学"(new archaeology)之新,首先在于依靠科学哲学的新理论,奠定了考古人类学的方法论和理论前提。

"范式"是库恩首先提出的科学哲学概念。新考古学运用库恩的"科学革命"理论,要求建立解释史前时代的新范式,用以取代文化进化论或传播论的传统范式。任福欧说:"进化论和传播论都不能成为有意义的解释原则,我们要抛弃过去书写史前时代的常规语言。因为不管是本土化的进化,还是普遍化的传播,都是最早范式的本质要素……新考古学的任务是建构叙述过去的更有效的方式和能够解释过去的新模式、新语言和新的范式。"[2]在大多数情况下,文化进化论或传播论与其说是错误的,不如说是无用的。这是因为,两者对人类心理的普遍本性作出了相反的猜测,不管是考古遗物,还是现存的原始部落的行为,都不能证实或证伪这些猜测。以它们为理论前提,可以对考古证据或田野调查记录作出模棱两可的解释,导致没有结果的争论。这种状况不符合实证性的"硬科学"的要求。

新考古学的创始人宾福德说,只有放弃文化研究的方法,建立"一种更为精致的方法论",才能让考古学成为一门真正的科学。他们所提倡的方法论与波普尔的"试错法"有着直接的联系。波普尔认为,任何科学理论都是"试错"的假说,都要在经验证据严格检验的过程中,或被否定,或被修改,或被暂时保留。根据这一科学哲学的观点,宾福德提出,首先应该建立解释考古材料的模式,解释模式是大胆的假说:"人种地理学的训练在考古学中的应用,类比的作用,以及想象和猜测的运用,都是完全允许的。"但不管用什么途径提出假说,必须以严格的经验检验作为衡量假说的精确尺度:"我们关于过去的知识的精确性是可衡量的,衡量的尺度是关于过去的命题在检验假说过程中被证实或证伪的程度。"[3]通过"硬科学"的严格检验,这些假说就能对史前时代作出科学的解释。

---

1 C. Renfrew, *Before Civilization*, Alfred A. Knopf, New York, 1973, pp. 18 - 19.

2 同上书,第18—19页。

3 *New Perspectives of Archaeology*, ed. by L. and S. Binford, Chigago, Aldine, ch. 1.

20世纪初期的实证主义把经验观察和纯事实作为检验理论的标准。但实证主义之后的科学哲学家普遍认为，没有"纯客观"的事实，只有"理论依赖"（theory-laden）的经验材料；就是说，对这些经验材料的观察、整理、分类和概括不可避免地受一定理论的影响或"污染"。新考古学把理论假说作为解释考古材料的模式，理论模式对于事实的观察和解释有着不可或缺的作用。朱利安·斯图沃德说：

> 搜集事实对于科学进程是不够的，事实的存在与理论相关联，事实不能摧毁一个理论，一个理论只能被更好地解释事实的新理论所取代。[1]

2

重建史前人类生活的解释模式

新考古学虽然不赞成把文化进化论或传播论作为考古人类学的范式，但这并不妨碍考古人类学家在具体问题和特定区域的范围中，对具体的文化现象的进化阶段，或对某些种族迁移和文化传播的路线和方式，作实证性的研究。比如，中东和欧洲发现的考古遗物、遗址最为丰富，采用新的解释模式，人们现在掌握了这两个地区的文明相互传播的具体知识。皮高特说，虽然不能说欧洲文明全都来自中东，但"亚洲的最早农业与欧洲传播关系的模式通过了严格的检验，来自中东的文明之光并不是幻觉，而是相当强烈的光芒"[2]。畜牧业起源的问题比较复杂，但对人类生活最有用的动物，如山羊、绵羊和马等，最早在中东地区成为家畜。[3] 农业和畜牧业伴随着人口的迁徙和可能伴随着的观念交流，从中东地区传播到欧洲。但传播和迁徙不是单向的，不是从一个中心区域的放射，而是各地区和各种族之间的相互往来和交流。考古人类学并没有简单地否认传播论，而是把它从思辨性

---

1 转引自 C. Renfrew, *Before Civilization*, p. 19。

2 S. Piggott, *The Domestication and Exploitation of* Plants and *Animals*, ed. by P. Ucko and G. Dimbleby, Duckworth, 1969, p. 559.

3 参见 R. Berger and R. Protsch, "Earliest radiocarbon dates for domesticated animals", in *Science*, 179(1973)。

的猜测修改为有迹可循、有考古证据支持的科学理论。

对以摩尔根为代表的文化进化论的具体论断,考古人类学家也要求同样的严格检验。摩尔根曾认为,动物的交配不受血缘关系的限制,刚脱离动物界的人类也像动物那样乱婚杂交。韦斯特马克在《人类婚姻史》一书中提出了相反的观点。他认为,人类有避免近亲结婚的生物本能,这是长期进化的结果。他指出,近亲繁殖对后代有害,自然选择必然会淘汰那些有近亲繁殖倾向的物种,不可能想象,这一对动物界和植物有利的规律,不适用于人类;家庭中免于乱伦,主要不是法律、习俗或教育造成的,而是出于本能,"在正常情况下,人们并没有要从事法律所禁止的这种行为的欲望。一般说来,自幼就在一起亲密生活的男女明显地不存在那种恋情"[1]。根据他的观察,幼年起一直密切生活在一起的男女彼此缺乏性吸引力,甚至连想到他们之间的性关系都会产生厌恶感。

摩尔根与韦斯特马克关于乱伦禁忌的两种对立观点在学术界引起了旷日持久的争论。争论的焦点集中于两个问题:第一,乱伦禁忌是人类的生物本能,还是社会文化的习俗?第二,因乱伦禁忌而实行的外婚制是避免人种退化的必要手段,还是为了实现必要的社会功能?很多著名的人类学家、社会学家和心理学家对这两个问题作出了形形色色的回答。泰勒、弗雷泽、弗洛伊德、马林诺夫斯基、涂尔干、布朗、怀特、列维-斯特劳斯等,都认为乱伦禁忌不是人类的生物本能;马林诺夫斯基和弗洛伊德甚至认为人类与其他动物一样有乱伦冲动。这些著名的人类学家都认为,乱伦禁忌是人类特有的文化,其作用不限于维持外婚制,而有广泛的社会合作、交换功能,还有把自然物和社会关系加以分类的认识功能。

但是,最近的跨学科研究却发现了支持韦斯特马克观点的决定性证据。首先,生物学家证明,近亲繁殖确实会造成物种退化的有害后果,对于人类而言,这些有害后果包括后代的死亡率高,智力低下,有遗传缺陷的比例高达30%—40%,没有任何能够证明近亲繁殖的后代在体质上有优越性的证据。第二,据动物行为学家观察,很多哺乳动物,如老鼠、狗等都没有近亲(父母与子女,以及同辈的后代之间)交配的行为,长寿的、成熟期长的、智力水平较高的动物。如

---

1 [芬]韦斯特马克:《人类婚姻史》第2卷,第638页。

象、猿等，近亲繁殖的现象更少。乱伦禁忌不是人类文化的独特产物。第三，20世纪60年代两项研究结果表明，从小密切生活在一起的男女确实有性排斥的现象。一项研究考察了中国台湾地区的童养媳习俗，童养媳和她的未来丈夫之间普遍缺乏性吸引力，他们长大后成婚的比例较低，结婚后离婚的比例也较高。另一项是在以色列基布兹集体农庄进行的调查，农庄中的儿童生活在一起，长期的朝夕相处并没有培养男女之间的性爱，相反，这些农庄中的儿童长大后没有一对结为夫妻。按照新考古学的科学方法论，韦斯特马克当年提出的假说通过了经验的检验。

摩尔根关于原始母系社会的假说也遭到越来越多的不利证据的质疑。据默多克的《人种分布图》对1179个原始部落的统计，从夫居制的家庭占3/4，仅有1/10的部落实行从妻居制；父系继嗣制是母系继嗣制的5倍，一夫多妻制是一妻多夫制的100倍。即使在所谓的母系社会中，子女在婚后与母亲住在一起的只有1/3，另有1/3的男子在婚后住在舅舅家。[1] "母系社会"并不是女性占统治地位的"母权社会"，实际控制家族事务和子女财产的是母亲的兄弟，实行"舅亲中心制"；换句话说，"母系社会"不过是采用母系继嗣制的男权社会。

男性在家庭中占统治地位并不完全是文化进化或经济需要（如说食物的主要来源由妇女的采集转变为男子所从事的农牧业）的产物，而很可能是生物进化的产物。动物行为学家对黑猩猩的研究表明，黑猩猩群体中有明确的性别分工，成年雄性成员承担寻找食物和保护群体的任务，成年的雌性成员的主要任务是抚养照顾子女，幼年黑猩猩断奶之后，雄性的留在群体内，雌性的则要离开群体。黑猩猩是最接近于人类的猿类，两者98.6%的基因相同。我们在人类社会中可以看到同样的性别分工和女性出嫁，黑猩猩遗传给人类的"两性体质差异"（sexual dimorphism），不但是外婚制的自然基础，而且决定了父权社会的结构。

总之，考古人类学作为一门科学，需要具体地解释史前的人类和文化发展的原因、动力，以及发展的途径、方式和阶段。它所提出的理论应是可被经验证据所检验的。传统的文化进化论和传播论的理论或者过于抽象、思辨，无法接受经验

---

1 G. Murdock, *Ethnographic Atlas*, University of Pittsburgh Press, 1967.

检验,或者虽然具体却没有通过经验的检验,因此被人类考古学的新的解释模式所取代。

3

探讨中国文明起源的解释模式

前面关于考古人类学的阐述只是提供背景知识,我们对待西方理论的态度不是简单照搬,而是以此为鉴,对中国考古学的解释模式加以哲学思考。俞伟超把考古学的发展分为萌芽时期、传统考古学以及新考古学这样三个阶段。他说:"近四十年来的中国考古学的研究,尽管其目标已达到欧美考古学研究的第三阶段水平,具体工作主要还是走在第二阶段的道路上。"他还认为,中国考古学落后的一个原因是"忽略了中间理论的建设"。"中间理论"相当于新考古学所说的"解释模式"。俞伟超预言:"一旦我国现有的传统考古学汲取到了'新考古学'的合理内核之后,这个黄金时代才能真正来到。"[1]我相信这一预言是正确的,我们需要沿着这一方向,对中国考古学的解释模式作一番哲学思考。

中国考古学的基本理论、方法和技术手段是从外国传入的,并一直受到来自西方的影响;即使那些要通过考古学的途径来排斥"西方中心论"的人,也自觉或不自觉地运用来自西方的理论和方法。中国考古学所受的西方影响是不可避免的,也是无可指责的。对于中国考古学来说,危险并不在于受到西方影响,而在于把来自西方的某一模式单一化、固定化,使之成为毋庸置疑的学说,把不断发现的考古材料解释为证明既定学说的重复证据,而那些与这一学说明显不相符合的证据则被忽视、曲解或消解。面临着这样的危险,中国需要考古哲学的批判性反思和建设性的重构。

最早影响中国学术界的模式是传播论。20 世纪初,不少外国人和中国人认为中国上古时代的文化是外来的,"中国文化西来说"尤其甚嚣尘上。陈星灿引用

---

[1] 俞伟超:《什么是考古学》,北京,中国社会科学出版社 1996 年版,第 137—146、162、163、152 页。

了李济所说的话"现代中国新史学最大的公案就是中国文化的原始问题",他接着说:"这个问题一直困惑着中国的学者,从最初探讨仰韶文化与周商文化的关系到有意追求东方地区的史前文化,都是为了这一目的。"[1] 经过几十年的工作,中国考古学家证明了中国境内各地不同类型文化之间,存在着相对独立又相互影响的关系。另一方面,在与中国西部毗邻的中亚地区,还没有发现年代更早的相似文化特征。可以说,迄今为止,"西来说"没有考古学上的证据。

但是,如果因此断定现有的考古证据已经驳倒了中国文化"西来说",那就超出了现有证据所能证伪的范围;如果以"西来说"不能成立为由,证明中国文化起源于本土,那也超出了现有证据所能证明的范围。考古哲学家詹姆士·柏尔说,传播说是难以证伪的。他列举了两点理由:第一,传播论的主要证据有赖于两地发现的相同或相似的文化遗物的时间先后;如果后来证明时间在后的遗物是独立发明的,但器物的独立发明并不能排除思想观念传播的可能性。第二,两地在不同时间相同或相似的文化遗物是很难发现的,在此意义上,"传播论的结构本身就减少了可检验性";"如果没有传播的证据,人们会说这一证据还有待发现;如果永远也找不到证据,人们会说,传播曾经发生过,但证据永远失去了"[2]。"西来说"也是如此,虽然没有考古证据可以证实它,但也没有决定性的证据可以证伪它。正如主张人类文化起源于中亚的布基所说:"我们也许永远也不会知道中亚是不是延续至今的农业、家畜、陶器和其他器物的起源地,沙漠埋藏了秘密。"[3] 一个学说不能被证伪,并不是它的理论优势所在。按照波普尔的证伪主义,证伪度是科学检验性的标志,非科学的学说不能被检验所检验,因此是不能证伪的。传播论并非完全不能证伪,但证伪度很低。柏尔说:"传播论缺乏较高的可检验性说明了它为什么对考古知识鲜有贡献。"[4] 从根本上说,"西来说"在中国的失败,并不是因为它被考古证据所证伪,而是因为它缺乏足够的可检验性,对中国考古知识的进展鲜有贡献。

---

1 陈星灿:《中国史前考古学史研究:1895—1949》,北京,生活·读书·新知三联书店1997年版,第226页。

2 James A. Bell, *Reconstructing Prehistory*, Temple University Press, 1994, p. 58.

3 Burkitii, *Our Early Ancestors*, Cambridge University Press, p. 79.

4 James A. Bell, *Reconstructing Prehistory*, p. 58.

由于"文化进化论"与传播论的对立,中国考古学对"西来说"的长期批驳加强了"文化进化论"的地位,使之至今仍占主导地位。我们在前面看到,当今考古人类学的发展趋势是摆脱传播论和"文化进化论"的模式。这两个模式虽然是对立的,但我们不应该采取"非此即彼"的态度,在否定一个的同时肯定另一个。

"文化进化论"的基本假设是人类在基本相同的条件下可以在世界各地独立地进化为不同种族;不同种族有着基本相同的心理本性,可以在各地独立地创造基本相同的文化形态。这些假设可被称为"文化本土起源论"。这一假说如果要成为科学的理论,就必须接受经验的检验。我们应该用世界各地发现的考古人类学的证据来检验这一理论是否正确。为了证明某一区域的文化源于本土,那就需要证明:第一,该区域的居民保持着稳定的种族同一性,没有明显的外来种族特征;第二,该区域在新石器时期出现的文明与这一区域最早的文化特征有着明显的连续性,没有受到明显的外来文化的影响。我们在这两个方面都有了能够证明中国文化独立起源于本土的决定性证据吗?

先说第一条。考古人类学证明,人类的进化经过了南方古猿、能人、直立人、智人和现代智人等阶段。在中国本土也发现了直立人和智人的遗骨化石。有人把这些颅骨和牙齿作比较,证明存在于中国的人种都有现代人蒙古人种的特征,以此证明中国境内的人类在几百万年时间里从直立人独立地、连续地进化成智人和现代智人。我们的问题是,这些证据是否充足?对于证据的解释是否周全?

莱克劳斯·克拉克在《人类进化的化石证据》一书中,对运用人骨化石的数据能够推断出什么样的结论作了严格的规定,认为违反科学方法的规定或原则就会犯七种悖谬(fallacy),它们是:依靠不完全统计学材料的悖谬,把所有测量材料处理为同等分类学价值的悖谬,分别、独立地处理人体特征的悖谬,作统计学比较时违反形态学同等原则的悖谬,比较不同时代、性别和体形的个体骨骼要素的悖谬,比较不同的观察者和不同技术测量的数据的悖谬,以及对人种亲缘关系只依靠生物测量分析而缺乏基因基础的悖谬。[1] 详细地指出这些悖谬已经超出了本文的

---

1 W. E. LeGros Clark, *The Fossil Evidence for Human Evolution*, 3rd. ed., University of Chicago Press, 1978, pp. 28-40.

专业范围,但即使不需要很多专业知识,人们也可以看出,从现有的零星的化石推导出中国人种的进化谱系的悖谬。

为了防止克拉克所指出的前六个悖谬,在用测量人骨的数据来确定中国人的人种特征时,不能把比较的范围限定在中国境内发现的人类化石,而应该进行古今中外的交叉比较。即,把世界各地发现的人类化石与当地的和中国的现代人相比较,把中国境内外发现的同一人种化石作相互比较,用这样的方法得到的数据才有统计学上的意义。但我们现在没有足够多的人骨化石,现在全世界仅仅拥有两具比较完整的能人或直立人的骨骼化石,150 万至 50 万年前的三十来个头骨,20 万至 30 万年前的十来块人骨化石(其中仅有 3 块可能是现代智人的化石)。[1] 这些材料显然不具备对世界各地发现的人骨化石数据作系统、全面的分析和比较的条件。

现代生物学技术提供了比测量人骨法更可靠、更精确的比较方法,我们更应该警惕只依靠人骨测量数据而忽视基因基础的悖谬。阿伦·威尔逊等人于 1992 年根据 184 个人的线粒体 DNA 差异重建了现代人种进化的谱系树,表明世界各地的现代智人有共同的起源。虽然“独立进化论”者不同意重建谱系的方法及其理论基础,但在此之后,对人类其他遗传特征的遗传距离所进行的测量,如对隔离人群不同血型距离绘制的进化树,根据人体外表的不同遗传特征建立的系统树,根据骨骼测量数据绘制的世界各地人群的谱系树,以及根据 110 个基因绘制的世界人群遗传树,都支持了“现代人种共同起源”说。[2] 特别是 1995 年对非洲、欧洲和日本的 16500 人的线粒体 DNA 的分析结果,也指向了一个共同的起源。[3] 复旦大学遗传学研究所最近对 12217 个东亚人的基因分析,也支持了“非洲起源”说;并测定在距今 3 万年的时间,现代智人从南到北进入中国境内。[4] 虽然现在对于不同阶段的人种之间的关系仍有“取代论”和“连续进化论”两种解释,但我们

---

1 [法]安德烈·朗加内等:《最动人的人类史》,第 29—30 页。
2 关于这些谱系树的解释,参见[美]卡瓦利-斯福扎《人类的大迁徙》,第 84、145—159 页。
3 参见 J. L Bradshaw, *Human Evolution: A Neuropsychological Perspective*, Hove, East Sussex, UK, Psychology Press, 1997, pp. 50-56.
4 参见新华网 2003 年 4 月 7 日新闻“复旦大学研究证实东亚人群祖先来自非洲”。

现在不能无视现代生物技术的证据,不能光凭几个颅骨和牙齿的数据就断言中国境内的人类进化是一个独立的、连续的过程。

再说上述第二条。考古人类学家公认,解剖结构上的现代人起源于距今十几万年,并在距今 4 万年之前,大量出现在世界各地,他们在距今 2 万至 1 万年之间创造了最早的文明。中国境内已知最早的文明遗迹在距今 1 万年之内,这些文明是从本土的旧石器时期文化连续进化而来,还是本土的或外地的现代智人在新石器时期的创造? 我们现在还没有证据能够解决这一问题。正如巫鸿在谈到大汶口文化时说:"由于从旧石器时代到新石器时代中期之间存在着一个相当大的考古学的空白,这就给我们提出了一系列问题,如:大汶口文化是山东地区内土生发展起来的文化,还是由外部居民移入造成的文化飞跃? 大汶口文化丰富的遗存所反映出的高度发展的文化水平有着什么样的基础? 等等。这些问题都有待于更多的考古资料以及更细致的分析之后才可望逐渐获得解答。"[1] 这一结论也适用于已知的中国境内发现的其他最早的文化类型,如仰韶文化的前身磁山文化、老官台文化、大汶口文化的前身北辛文化等。如果我们不知道这些距今 1 万年左右的文化类型有无更早的来源,以及有什么样的来源,便断言现在已知的最早文明必定在中国本土独立地创造出来,这岂不是犯了逻辑上"默证"(argument from ignorance)的错误:我们所不知道的,就是不存在的。

中国考古学的一个最新成就是苏秉琦提出的"史前区系类型"理论。这个理论有两个要点:第一,中国新石器时期的文明遗址被分为六个既有联系又相对独立的区系;第二,六大区系中的三个(北方、中原和西南方)属于欧亚大陆文化圈,三个(东方、东南方和南方)属于环太平洋文化圈。[2] 一些宣传这一理论的人往往只记住第一点,以此证明"中国文明本土起源说"。但他们忘记了第二点蕴含的意义:中国区系的文明很可能与欧亚大陆和太平洋地区的文明有着密切的交流关系。

有人设想,中国四周的高山戈壁和海洋构成了与外部文化交流的天然障碍。

---

1 巫鸿:《从地形变化和地理分布观察山东地区古文化的发展》,参见《考古学文化论集》,北京,文物出版社 1987 年版,第 167 页。
2 苏秉琦:《华人・龙的传人・中国人》,沈阳,辽宁大学出版社 1994 年版,第 120、69 页。

但几万年前的地理气候与今天大不一样。最后一个冰川期的海平面比现在低得多,亚洲大陆有伸向太平洋的陆桥;中国大陆与日本和东南亚的一些岛屿之间有陆路交通。冰川期结束于距今 2 万至 1 万年之间,这时的中亚和中国西北部气候湿润,现在已是沙漠的地区那时存有大片内陆湖,现已干涸的塔里木河与这些湖泊连接;另外,横亘在中国北部和西部的山脉上有一些至今还是交通要道的山口。这样的地理环境并不构成阻止中国与周边地区文化交流的障碍。

《冰河结束期的人类》一书有两个总结性的观点:第一,各地的人群在适应气候的特征和行为特征处于分化过程之中;第二,"大规模的人口迁徙是这一时期的共同特征"[1]。在距今一二万年间的时间里,现代人的各个人种在世界各地迁徙,从非洲到中东、欧洲,从西伯利亚到东北亚、北美洲,从印度、东南亚到南太平洋、大洋洲,到处留有人口迁徙和文化交流的遗迹。很难想象唯独中国是这样一个例外:在现代人各亚种和世界文明起源的这段关键时期,在没有外来文明影响的情况下,出现了独立于世界各地的中国本土文明。除非我们想象当时中国有现在的国境边防线,否则很难想象这种例外的隔绝状况是如何形成的。但如果说那时就有国境边防线,更是令人匪夷所思。看来,这道防线是存在于我们一些人的头脑之中。

4

探索人类文化进化的新的解释模式

考古人类学家并不否认人类文化的发展是一个由低级到高级、由简单到复杂、由原始到文明的进化过程。但这并不意味着他们都接受传统的"文化进化论"。传统的"文化进化论"强调人的目的、需要,以及人类对环境的适应对于文化进化的决定作用,有些说法并不符合现代生物学的进化论。

---

1 *Humans at the End of Ice Age*, ed. by L. G. Straus, etc., New York, Plenum Press, 1996, p. 359.

比如,有一些流行说法,认为人体特征进化的原因是制造工具的行为方式;认为人类手脚功能的分工,以及因此产生的直立姿势是制造工具的行为所造成的;认为火的发明使人能够吃鱼,结果使脑容量增加;等等。这些解释不符合达尔文的进化论,倒是符合拉马克的进化论。按照后者的理论,后天的获得性性状和行为习惯是可以遗传的,如说鹿伸长脖子吃高处的树叶而进化成长颈鹿。但达尔文的进化论坚决否认这种说法,现代生物学证明,进化的机制在于基因突变、自然选择、基因的漂变和扩散这四种因素的相互作用;人的后天的行为方式或饮食习惯不能造成人体性状的进化。而且,非洲发现的距今 500 万年南方古猿(前人)的化石表明,最早的人科动物已经直立行走;但直到二三百万年之后,才发现了简单工具和能人的化石,可见人类在制造工具数百万年前就已经完成了手脚的功能分工而直立起来了。在社会文化因素基本不起作用的数百万、数十万年之前,我们应该用人体的遗传特征来说明人类的行为特征;而不是相反,用人的行为特征解释人体遗传特征的进化。

对于史前时代的一些文化现象,也需要社会生物学上的解释。比如,图腾是普遍的史前文化特征,我们前面谈到否定摩尔根关于乱婚制和母系社会猜测的一些有力证据,也适用于对图腾功能的解释。从社会生物学的观点看,图腾是实行部落间外婚制的必要手段。[1] 图腾可能也有文化人类学家设想的其他社会功能和分类作用,但图腾最初的、主要的功能是确定部落成员的血缘关系,防止近亲通婚,其他的功能是派生的。在中国,古人早就知道"男女同姓,其生不蕃""同姓不婚,恶不殖也"的道理。[2] 有充分的理由假定,中国人的姓是从图腾演变而来的。[3]

在摩尔根模式中的蒙昧阶段,原始人被认为是迷信的,其思维是荒诞的。图腾和一些符号的意义被解释为自然物崇拜、植物崇拜、动物崇拜、怪物崇拜的象征,甚至被解释成"生殖器崇拜"。文明社会中性暴露癖的病态在这里变成了原始社会崇拜的价值,"文明"与"蒙昧"形成如此鲜明的对比,为摩尔根的文化进化模

1 参见 E. O. Wilson, *On Human Nature*, Harvard University Press, 1978, pp. 36 - 38。
2 《左传》僖公二十三年;《国语·晋语四》。
3 参见李玄伯《中国古代社会新研》,上海,开明书店 1948 年版,第 37 页。

式作了一个不错的脚注。列维-斯特劳斯对图腾的解释虽然有把文化与自然对立起来的毛病,但他正确地看到,图腾的分类原则是符合逻辑的,原始人的逻辑与现代人的没有根本的差异;如果在图腾中只看到迷信和荒诞的意义,那是自以为高明的现代人的偏见。

农业和畜牧业是最早的人类文明的物质基础,而国家则是文明的标志。它们的产生和发展应该视为文化上的进化,而不单纯是生物上的进化。在人类文明起源问题上,文化进化论似乎比社会生物学有更大的解释空间。但即便如此,也要看到传统的文化进化论的一个缺陷。这就是,用单一的原因,如生产和技术上的进步来解释农业和畜牧业的起源,把经济发展的需要或战争兼并作为国家的起源的主要原因。摆脱了文化进化论的传统解释模式,现在的考古人类学家用以解释农业、畜牧业以及国家起源的模式是一个复杂的系统,其中除了经济和军事等因素外,还包括地理、气候环境的变化,以亲属关系为基础的社会分层结构,人口增长的压力,人口迁移,贸易和交换关系的网络,等等。在新的解释模式中,越来越多的经验证据被发现、被联结,大大丰富了我们关于文明起源的知识。[1]

中国史前社会的结构和性质虽有特殊性,但不应该以此否认其社会结构的复杂性。有人用某种单一的经济原因,如"水利资源的集中管理"来解释中央集权国家的兴起,并不适用于中国史前时代的国家起源,而且把国家在中国出现的时间大大推迟。考古证据显示,在中央集权的国家形成之前,中国的一些地区已经出现了结构复杂的社会组织。看不到复杂的社会结构对于文明起源的作用,对考古证据和文化遗物意义的解释就会失去社会实践这一重要维度,陷入自然主义的感性直观。

---

1 关于农业起源,可参见 M. Cohen, *The Food Crisis in Prehistory*,Yale University Press,1977;*Paleopathology at the Origines of Agriculture*, ed. by M. Cohen and G. Armelagos, New York, Academic Press,1984。关于国家起源,可参见 R. M. Adams, *The Evolution of Urban Society*,Chicago,Aldine,1966;L. C. Redman, *The Rise of Civilization*,Freeman,1979。

5

告别实证主义的解释模式

　　中国考古学如果要告别"文化进化论"的模式，那么，它是否需要其他可供选择的理解模式呢？站在实证主义的立场上看问题，考古学是一门实证科学，它只相信经验证据所证实的客观事实，预先设定一个解释经验材料的模式是主观的先入之见，会阻碍对客观事实的观察和理解。出于这一理由，西方考古学在告别了"传播论"和"文化进化论"的模式之后的一个时期，曾经相信实证主义的科学解释模式是考古学唯一正确的方法论。

　　在中国，疑古派按照实证主义的精神，要求信史必须具备古籍记载和考古发现"双重证据"。我们现在所能看到的上古史记载写于春秋到秦汉之间。疑古派主要通过文字考据证明，除了少数关于殷商和周代的记载能够得到甲骨文、青铜器铭文或天文学的验证，从炎黄到大禹的历史是不可信的神话和虚构；至于《史记·五帝本纪》记录的帝王谱系，更是秦汉之间人的伪造。但疑古派并没有经验证据来建立他们心目中的信史。顾颉刚坦白地说："我知道要建设真正的上古史，只有从实物上着手的一条路是大路，我的现在的研究仅仅在破坏伪上古史的系统上而致力罢了。"[1]

　　疑古派用来衡量上古史记载真伪的标准符合实证主义的"证实原则"。证实原则认为，经验证据是真实可靠的，而语言命题有主观任意性，因此必须用经验证据来决定命题的意义，没有经验证据的命题没有意义。疑古派和实证主义者一样，相信实物证据是确凿的客观存在，而文字记载则可能出自想象或幻想，因此必须把考古证据作为判断文字记载真伪的最后权威。

　　疑古派虽然要求不偏不倚的客观证据，但实际上它有自身的解释模式，自觉或不自觉地预设了一些理论前提。疑古派的一个前提是，上古时代文化落后，不可能有上古史记载的发达文明。徐复观批评说："顾颉刚们疑古派所作的以翻案为主要目的的考据，实际上都是在'这些典籍上记载了的东西，在纪元前七百年之

1　顾颉刚：《上古史辨》第 1 册，上海，上海古籍出版社 1982 年版，第 50 页。

前,一千年以前,我们的先民不可能做到的'前提之下,所附会出来的。"[1]或者说,疑古派有一个"文化进化论"的前提,即认为上古文化是简单、低级、蒙昧的。

疑古派预设的另一个前提是,经验证据是实物,实物比语言文字更加真实可靠。因此,他们要求文字记载必须要有实物证据。疑古派好像是按照"有罪推定"原则断案的法官,他们首先断定古人喜欢伪造文书,要求今人为古籍拿出经验证据,如果拿不出证据,那么古籍就是伪造的。这一判断犯了逻辑上"默证"的错误。徐旭生批评疑古派"太无限度地使用默证。这种方法就是因某书或今存某时代之书无某史事之称述,遂断定某时代无此观念"[2]。对于不可能有同时代文字证据的史前事件,疑古派要求拿出实物证据,认为实物证据是检验文字记载是否真实的可靠权威。这种想法来自一个实证主义的前提:经验证据决定语言命题的真伪或意义。

在中国,"文化进化论"与实证主义的方法论并存,两者相互影响,相互支持。这不仅表现在"疑古派"的主张,而且表现在实证主义与"镜像反映论"有着共同的认识论基础。现在,已经没有多少人相信疑古派的结论了,但与"文化进化论"结合在一起的实证主义仍然有强劲的势力。20世纪80年代,"新考古学"刚传入中国,有一种批评的声音,说新考古学和反摩尔根学派对考古学界冲击很大,"新考古学的实质,就是模式论","做结论,不能从模式出发,只能从材料出发","研究者只是材料的代言人","让材料牵着鼻子走,才是科学原则的根本原则"[3]。

说新考古学的实质是模式论,这是完全正确的。但是,新考古学强调的理解模式,对于考古学是完全必要的。没有这一模式,即使拥有现代的考古技术和仪器,即使被发掘的遗物的数量在不断增长,科学仪器仍然不能测定这些文化遗物所代表、象征或体现的意义。理解模式则能够通过关于社会结构和生活实践的假说,解释它们的意义;这些解释是否合理、连贯等问题又反过来检验理解模式是否正确。

---

1 徐复观:《两汉思想史》第1卷,台北,学生书局1980年版,第355页。
2 徐旭生:《中国上古史的传说时代》,北京,科学出版社1960年版,第23页。
3 张忠培:《中国考古学》,北京,科学出版社1999年版,第217、215、247页。

　　考古哲学从材料与理论的关系中理解模式的意义。考古学的材料是遗址、遗物。从科学哲学的观点看，这些遗址、遗物并不是"纯客观"的事实，而是"理论依赖"(theory-laden)的经验材料；就是说，对这些经验材料的观察、整理、分类和概括不可避免地受一定理论的影响或"污染"。问题不在于要不要理论，而在于有没有理论自觉，需要什么样的理论。考古学对文化遗物的观察和解释对理论依赖的程度更大、更显著。我们把观察、解释考古材料不可或缺的理论称为理解模式。理解模式不是先验的，也不是形而上学(广义上用这个词)的哲学思辨，而是从已知的科学理论概括出来的假说。理解模式的假说性质首先表现在，它与现有的经验证据不相矛盾，并能更好地解释现有的和未来的经验材料。其次，理解模式是暂时的、多元的，它们中的每一种随时接受经验的检验，具有较高的可证伪度。不同的理解模式并存，它们既相互补充，又相互竞争。没有一个理解模式是永恒的，现有的理解模式或被经验证据所证伪，或被修改，让位于未来的新模式。

　　由于上面的原因，理解模式不是教条。"受足教条主义之苦的中国学者"不应对理解模式抱有反感，应该反感的倒是把一种模式当作唯一的、永恒真理的教条主义做法。摩尔根的理论本来是可以不断接受经验检验的假说，但如果把它奉为不变的真理，只看到与它符合的材料，忽视、曲解或从根本上否认与之不符合的材料，那就不是"被材料牵着鼻子走"，而是被"摩尔根学派"牵着鼻子走了。

6

建构新的考古学理解模式

　　新考古学引起了对理解模式的批判性反思和自觉选择，在此之后，霍德等人提倡的"解释考古学"，对理解模式的"文本"意义作了进一步的解释学思考。考古学与其他实证科学一样，以实物为经验证据，语言文字仅仅起辅助作用。但是，考古学作为史前文化的研究，在中国有一个特殊性。中国古籍中有着关于史前时代的大量记载，中国考古学对史前遗物的解释不可能不注意到这些文字记载，这就遇到了实物材料与文字材料的关系问题。王国维提出的地下材料与书面材料相互参证的"双重证据法"是一个理想的方法,在大多数情况下,实物材料与文字材料是不对称或不对应的,并且需要一定的解释才能发现两者的对应关系。因此,实物材料与文字材料的关系问题对于考古证据的理解和解释具有特殊重要的意义。

实证主义认为实物材料决定文字材料的真伪或意义。解释学认为,实物材料只有经过解释才能成为证据,任何解释都要通过命题才能进行;实证主义的经验检验标准隐含着这样一个悖论:如果说命题的意义由经验所决定,那么,解释经验的命题的意义又是由什么决定的呢?从解释学的观点看,文字材料经过分析整理之后也可以成为证据,我们对文字材料的理解也是一种经验;另一方面,实物本身并不是经验,它们只有在被理解之后才能成为经验证据。文字证据与实物证据对于我们的经验有着同等重要性。但是,文字证据与实物证据这两种经验都不是独立于命题的,在此意义上,两者又都是"文本"。

当今的"解释考古学"认为,考古发现的遗物和文字记载的历史都是"文本"(text)。文本只有在一定的"语境"(context)中才有意义,文本的语境是过去、现在和将来相互融合的"视域"(horizon)。按"视域融合"的观点看,史前的遗物不仅是那时候人的思想活动的产物,而且反映了他们对社会、环境或"生活世界"的理解,他们的理解既是对过去的解释,也被他们之后的人们所解释。理解活动代代相传,每一时代的解释都不能离开相传至今的过去的解释,现在进行的解释也向未来开放。

根据上述解释学原理,可以得到两点结论:第一,我们现在只有通过过去的文本,才能理解史前遗物的意义;第二,我们要根据立足现在和向未来开放的要求,对过去文本的意义重新加以解释。按第一点,我们现在必须通过现存的上古史记载来理解史前考古证据的意义;按第二条,我们现在不能跟从古人相信的三皇五帝的历史来解释史前遗物的意义。这两条看似不一致的要求如何相统一呢?"理解模式"的概念可以把两者统一起来。如果有一种观察过去事件的"望远镜",那么,理解模式就是这样一台望远镜:它是我们观察过去的事件所必需的,它用过去的经验材料制成,但制造这台仪器的方法却是现在的技术,它的维护、使用方法在未来会不断地改进。我们用这架想象中的"望远镜"比喻,说明下面两个问题:

第一,考古学的理解模式是被命题表述的理论假说。这种假说既与最早的关于史前时代的文字记载有关联,也与已知的实物证据(古代金石学的和现代考古学的实物证据)有历史连续性,并且向未来的经验证据(实物的和书面的证据)开放。

第二,考古学的理解模式不是现成的,而是建构的。它的建构既需要对历史遗留的文字材料的解释,也需要考虑现有的考古实物材料。建构的材料来源和方式是多元的,被建构的模式也因此是多元的。

我们用实例来说明以上道理。中国考古学界有两个关于史前时代的著名理论:一个是徐旭生在20世纪40年代提出的"上古三大集团"的理论,另一个是苏秉琦自20世纪80年代以来提出的"文化区系类型"理论。在我们看来,这两个理论都是用来观察和解释中国史前材料的考古理解模式,但一个是根据文字证据建构的,另一个是根据实物证据建构的。

徐旭生在分析先秦时期传说的史料的基础上,得出了的结论:

> 我国古代的部落分野,大致可分为华夏、东夷、苗蛮三集团——仔细分析也未尝不可以分为六部分;因为西北方的华夏集团本来就分为黄帝、炎帝两大支……近东方的又有混合华夏、东夷两集团文化,自成单位的高阳氏(帝颛顼)有虞氏(帝舜)商人。接近南方的又有出自北方的华夏集团,一部分深入南方,与苗蛮集团发生极深关系的祝融等氏族。……这三个集团相遇以后,开始互相争斗,此后又和平共处,终结完全同化,才渐渐形成将来的汉族。[1]

苏秉琦根据中国各区域发现的史前遗址的器物的整理、分类和概括,把中国新石器时期的文化遗址分为六个区系:以燕山南北为重心的北方,以山东为中心的东方,以陕西、晋南和豫西为中心的中原,以太湖地区为中心的东南部,以洞庭湖地区和四川盆地为中心的西南部,以及以鄱阳湖到珠江三角洲一线为中轴的南方;六大区系中的三个属于欧亚大陆文化圈,三个属于环太平洋文化圈。[2]

"上古三大集团"和"文化区系类型"这两个理论虽然有不同的来源和证据,但

---

1 徐旭生:《中国上古史的传说时代》,第3—4页。
2 苏秉琦:《华人·龙的传人·中国人》,第120、69页。

两者都运用了比较分析和谱系分类的建构方法。关于上古史的文字记载年代久远，内容庞杂，包含着很多相互矛盾甚至怪异的内容，使人难辨真假。徐旭生对大量的文字材料作了去伪存真的考证，去粗存精的概括，由表及里的比较分析，终于梳理出华夏、东夷和苗蛮三大集团的来龙去脉及其相互关系。苏秉琦以各区域的典型器物为"块块"，以各种文化系为"条条"，在空间与时间的坐标上，勾画出不同文化类型之间既相对独立、又相互联系的结构关系。

这两个理论的结论是等值的，两者相互对应、相互参证。"上古三大集团"的理论使我们见到了不同类型文化遗物的属主，他们是一些部落集团。仰韶文化是华夏集团的创造，山东的大汶口文化属于东夷集团，而江浙的河姆渡文化和良渚文化以及长江中游的屈家岭文化和石家河文化是苗蛮集团的势力范围，龙山文化和后来的中原龙山是混合华夏和东夷文化的文化类型。考古学家严文明说，这六个文化区的关系好似"重瓣花朵式的向心结构"；"这五个文化区都紧邻和围绕着中原文化区，很像一个巨大的花朵，五个文化区是花瓣，而中原文化区是花心。各文化区都有自己的特色，同时又有不同程度的联系，中原文化区更起着联系各个文化区的核心作用。……它与古史传说中各个部落集团经常迁移、相互交往乃至发生战争的记述是相呼应的"[1]。

有一种意见，认为用实物材料建构的理论比用文字材料建构的理论更具体，更真实可靠。[2] 这未免低估了"上古三大集团"理论对于考古学的理解模式的作用。面对考古发掘出来的遗物，即使我们知道了它们的文化特征和类型，也常有"见物不见人"的感慨，要真正做到"透物见人"，就必须借助考古学以外的学科的知识。正如俞伟超所说："考古类型学的自身能力，本是只为确定各考古文化的时、空位置及其相互关系；有关考古学文化中所见社会面貌的研究，则是依靠其他理论概念和方法来进行的。"[3]"上古三大集团"的理论所起的作用，正是"使考古

---

1 严文明：《中国史前文化的多样性与统一性》，参见《北京大学百年国学文粹·考古卷》，北京，北京大学出版社 1998 年版，第 258 页。

2 如邵望平认为："以传说治史是软弱无力的，只有现代考古学才能担负起重建上古史的重任。"（《考古学区系类型理论带来的史学变革》，参见《苏秉琦与当代中国考古学》，北京，科学出版社 2001 年版，第 15 页。）

3 俞伟超：《20 世纪中国考古学的一座里程碑》，参见《苏秉琦与当代中国考古学》，第 6 页。

文化的时空关系转化为一个历史的框架",在这个框架中,考古遗物获得了社会历史意义,它们不再只是物质文化的载体,而且与上古史记载的经济、政治、军事和宗教等事件相对应,重现了史前各部落集团的生活和历史。比如,在一个遗址中发现的以前不同遗址的文化特征的并存和融合,它们的历史意义何在? 通过上古史记载的帝王谱系关系,我们可以知道,这些遗物的相同和差异反映了上古各部落之间既相冲突、又互交往和融合的状况。

我们把"上古三大集团"和"文化区系类型"这两个理论当作理解模式,既肯定了它们对于观察和解释史前材料(包括文字的和实物的材料)的指导意义,但是也提醒人们注意它们的科学假说性质。这些理论与其他科学假说一样,已经并还将继续接受经验的检验,它们与我们现在已知的经验或解释基本吻合,但这并不等于说它们没有缺陷,不需要被新的经验或解释所丰富、修改,我们也不必否认它们在未来被证伪的可能性。一个新的理解模式只有保持面向未来的开放形态,才不至于变成新的教条。

7

如何用文字材料建构考古理解模式

徐旭生说,他的这一理论是依据上古史中传说材料整理而成的,"整理以前毫无成见。所仅有的就是我国二十余年史学界中所公信的一点观念:我国有记录开始时候也同其他民族的历史相类,这就是说它是复杂的,合成的,非单一的。"[1] 但实际上,他所依据的观念并不只是这"一点",他有一套分析、批判和理解上古史材料的方法论。现在把这套方法论揭示出来,对于我们用文字材料建构理解模式具有示范意义。

徐旭生说:"在早期发展的各民族中,它们最初的历史总是用'口耳相传'的方法流传下来的。又经过数千百年,文字逐渐增多,才能用它们记录当日经过的重

---

[1] 徐旭生:《中国上古史的传说时代》,第3页。

要事迹。"但此时的文字还十分简单,"只能记事,不便于记言"。"此后文字的使用越广泛,所发现的传说的事迹就越丰富。最后才会有人把它们搜集,综合整理,记录。这件工作,在各民族里面,总是比较晚近的事情。"[1]就是说,口耳相传的历史时期是传说时代,上古史记载是后人对前人口耳相传的历史的搜集、综合整理和文字记录,而不是后人的凭空想象或虚构伪造。

徐旭生还说,关于传说时代的文字记载虽然有史料价值,但可靠性较差。究其原因,主要有三:第一,心理学实验表明,"口耳相传的史实容易失真";第二,对史前时代传说的记录和整理经历了长期的过程,不可避免地发生"错简,讹误,省夺,衍文,歧异,以及其他文字方面的问题";第三,"当时的神权极盛,大家离开神话的方式就不容易思想,所以这些传说里面搀杂的神话很多"。"由于这些原因,所以任何民族历史开始的时候全是颇渺茫的,多矛盾的。"

徐旭生要求,对待那些过去仅被当作神话虚构、而实际上是历史传说的文字记载,应采取去伪存真的分析态度。他说:"很古时代的传说总有它历史方面的素质、核心,并不是向壁虚造的。"我们现在应该在不可靠的传说中找出真实的历史核心。他还要求,"现代的历史工作人根据当时的环境状况推测他所记录的可靠的程度"[2]。就是说,即使不可靠的传说也不完全是臆造,而很可能是可靠传说的讹错,而造成讹错的原因也是有据可考的。他提出的这些要求,对于理解史前时代的模式的建构,具有方法论的意义。

徐旭生认为,口耳相传的方式和神话是造成对上古史传说不可靠的原因。现在看来,这一观点并没有完全摆脱"文化进化论"的影响。认为口耳相传不可靠的信念在很大程度上来自一种语言观。中国人有句俗语:眼见为实,耳闻为虚。把这句话应用于语言观,就会得到书写文字比口耳相传的言说更可靠、更真实的结论。语言学家索绪尔把这种根深蒂固的语言观称为"文字的暴政"。早在17世纪,帕斯卡就已经指出,虽然日常的口头传说经常出错,但日常传说的这一缺陷却不适用于上古史的口传历史,因为上古史的生活条件和现在不一样。他说:

---

1 徐旭生:《中国上古史的传说时代》,第19页。
2 同上书,第20页。

当人们活得如此之悠久的时候,子孙们就可以长时期地和他们的父母交谈。但是,除了他们祖先的历史而外,他们又能交谈些什么呢? 因而一切历史被归结到这上面来,而且他们又并不研究占据了今天大部分日常生活的种种科学与艺术。我们还可以看到,当时各个民族都是特别小心翼翼在保存他们的牒谱。[1]

帕斯卡指出了这样一个事实:原始部落把世世代代口耳相传他们的历史当作部落的头等大事,部落中最有能力的人用毕生的精力和世袭的知识来完成这一任务。这种情况下口耳相传的历史,与我们日常的口头说话方式相比,有着根本的不同。在日常语言的语境中所做的心理学实验的结果,只适用于后者,不适用前者。

倒是有一个事例,可以说明原始部落口传历史的可靠性。自传体小说《根》的作者哈里(Alex Halley)从祖辈那里知道,他的先祖昆塔·肯特是从非洲被贩卖到美国的奴隶。1967 年,他到冈比亚河流域去寻根,在曼丁泰族的肯泰部落中,他遇到了一个 73 岁的老人,他是部落里的 griots,其职责是靠记忆贮存部落历史。griots 是全部落的活档案,他滔滔不绝地倾吐出家族世系中难以置信的各个细节,记得二三百年前谁与谁结婚,生了多少子女。讲到相当于 1750 年的时间时,这个 griots 谈到,奥摩洛家四个儿子中的长子到河边去砍柴,再也没有回来。这个从肯泰部落失踪的人就是昆塔·肯特。

当然,中国上古史传说在被文字记载下来之前,已经流传了数千年,不能像流传几百年的"活档案"那样精确。中国上古史记载的是传说和神话的混合。徐旭生区分了传说与神话,他认为,神话是虚构,而传说是口耳相传很久的真实历史,传说中的神话成分,是神权统治编造的虚幻因素。但是,我们知道,关于上古史时代的传说与神话总是交织在一起的,与其人为地分别传说与神话,不如探求两者的共同来源,并进而从神话中读出与传说等值的历史信息。

缪勒使用比较语言学的方法,追寻神话发生的原因。他认为,原初民族在分化成支族之前,有着共同的语言;分化成支族之后,支族的语言有着共同的词根。在人类语言不断分化的过程中,原来共同语词的意义产生讹错、蜕变,转变成形形

---

1 徐旭生:《中国上古史的传说时代》,第 288 页。

色色、稀奇古怪的东西,它们又被人的丰富想象力编织在一起,从而形成了文明时代各民族语言叙述的神话。

根据缪勒的观点,我们可以假定,传说和神话都是文字出现之前口传叙事的意义变型。口传叙事的意义会在口耳相传的过程中发生改变,也会在文字产生之后,把口头语言转变为书面语言的过程中发生改变,还会在书面语言的复制、保管和流传的过程中发生改变。总之,由于时间的久远,环境的变迁,最早的口传叙事转变成我们现在能够看到的古籍,其意义已经发生了很大的变化。在我们看来,传说和神话都是更早的口传叙事的语义讹错的结果,只是讹错大小程度不同:传说是基本保持了原貌的口传叙事的文字记载;神话则是语义发生了重大讹错的口传叙事的文字记载。

不管语义讹错程度的大小,我们现在可以通过对神话传说进行解释、分析,追踪已经失去了的原初意义。比如,传说中的人类先祖年龄长得令人难以置信,《圣经·创世记》谱系中的人的年龄多在七八百岁以上;中国古籍中的谱系跨越的时间长而世代少,如从黄帝至舜才八世,尧至禹才三世,他们的年岁都应在八百、一千年。显然,人的生理寿命不可能那么长,这些谱系听起来如同神话。据徐复观的解释,上古史时的姓并不是个人的姓,而是与氏族的氏不分的。一族始祖的姓氏也是全族人的姓;古帝的姓氏与国号也不分,如陶唐是尧的国家,夏后氏是禹的国家。[1] 按照这一解释,我们可以理解,谱系中的人名代表一个部落或氏族。后人不了解上古史的姓是氏族的名称,按照后来的习惯,望文生义,以为姓只是个人的名称,把姓氏所代表的家族或部落由兴到衰的年代当作始祖个人的年岁。

认识到传说记载中产生语义讹错的原因,我们可以通过纠错的方法,从看起来不可信的文字材料中解读出可信的历史信息。现存的记载上古史的文字材料有两类:一是甲骨文和金文,二是先秦古籍。甲骨文和金文是"只能记事,不便于记言"的初级文字,它们真实地记载了当时(商周时代)的具体事件,而没有记载过去的上古史传说。但这些商周时期记录所反映的,毕竟是最接近于史前时代的观念,从此出发推测史前时代的观念,有较大的可靠性。先秦古籍中关于上古史的

---

1 徐复观:《两汉思想史》第 1 卷,第 295—350 页。

记载,可分三种情况:第一种,《尚书》《春秋》《诗经》《周礼》《周易》《国语》等书的记述,具有历史性,对上古史传说的记载较为可信;第二种,《孟子》《墨子》《庄子》《荀子》《吕氏春秋》等诸子书夹叙夹议,常常把各自的理论依附在上古史传说上,但这些附加成分是不难理解的,也是不难剔除的;最后一种,《山海经》《离骚》《穆天子传》等书有浓厚的神话色彩,需要恢复因文字讹错而改变了的语意,从神话中读出真实的历史信息。

这些古籍中的上古史传说,其可信程度虽然不同,但它们互相参照,能够使我们找出合理的去伪存真的读法。然后,我们再拿上古史传说的解读与考古材料相互参证,就可以建构一个关于史前文化的假说,以它为理解模式,解释更多的经验材料,使我们从起源处把握中国文化传统的基本特征。中国考古哲学应该利用地下的和文字的"双重证据",建立史前时代中国社会生活的新模式。

保卫中国哲学

中国哲学还需要保卫吗？中国哲学在中国和世界上是公认的学科，谁能否认它的存在呢？但现在的问题是：人们并不否认这门学科的现实的存在，但否认它的存在的合理性，或者说，不是中国哲学"是不是"存在的问题，而是"应该不应该"存在的问题，这个问题又被称为中国哲学的"合法性"问题。否定者认为，中国哲学这门学科中讨论的问题其实不是真正的哲学问题，这门学科所使用的概念、方法也不是哲学的概念和方法。这样的指责在西方从来没有停止过，只是中国学者和很多西方学者以为那些是无稽之谈，不予认真对待。但最近在我国的中国哲学史界，中国学者自己提出了中国哲学的"合法性"问题，这就值得人们认真对待了。俞吾金说，中国哲学的合法性问题是一个"虚假而有意义的问题"[1]。我同意这一说法。说它是虚假问题，是因为它预设了判断什么是哲学的超历史、超民族的标准，但这个标准根本就不存在，按照这个标准所提出的"中国哲学"是不是一个合法概念的问题因此也是一个伪问题。说这个问题有意义，是因为对这个问题的各种回答，暴露出对中国哲学的对象、性质，以及它与西方哲学的关系等问题的不同理解。真理越辩越明。通过反驳那些否定中国哲学合法性的种种理由，我们可以达到对中国哲学的正确理解。正是在此意义上，我用"保卫中国哲学"的立场，概括反对那些否定中国哲学合法性的意见（包括"中国哲学合法性"这一提法本身）的观点。

---

1 俞吾金：《一个虚假而有意义的问题——对"中国哲学学科合法性问题"的解读》，载《复旦学报》2004（4）。

1 ——

中国哲学"合法性"为什么成了"问题"

　　早在中国哲学尚未成为独立学科之前,王国维便认定,"尽管中国古代没有哲学之名,但是有哲学之实,也就是说哲学并非只是一种外来的观念,只是我们没有像外国人那样进行总结而已。"[1]20世纪20年代,冯友兰和胡适等人借鉴西学,创立了中国哲学这一独立学科,奠定了中国哲学的世界地位。一些西方汉学家由于自身哲学素养不够,看不到中国古籍中的哲学思想,不时提出"中国古代有无哲学"的质疑。但整体而言,中国哲学、西方哲学和印度哲学现在已成为国际哲学界公认的三大哲学传统。中国哲学的"合法性"并不成其为问题。现在,中国学者,特别是研究中国哲学的学者,却对自己从事的学科的"合法性"发生了怀疑。产生这一现象的原因何在呢?

　　原因之一:在"西学"与"中学"的"百年冲突"的张力中产生的封闭心态。比如,有一类观点,认为现在流行的中国哲学史是按照西方哲学史的范式写出的,是"西方中心论"的产物;认为中国哲学与西方哲学有着根本的不同,中国哲学的特殊性或"特质"是历史的真实,传统的核心,未来的希望,现代人只能发掘之,弘扬之,却不能改变之;认为只有忠于中国古代经典的"原意",摆脱西方哲学的范畴、问题和方法,才能"恢复"中国哲学的"历史本来面目",等等。

　　另一方面,从黑格尔开始,西方流行着一类意见,认为中国古代没有"真正意义"上的哲学。其最新版本是德里达在2000年访华时说的一句话:"中国没有哲学,只有思想。"[2]对于一直在解构西方哲学传统的德里达而言,这句话的意义是在褒奖没有落入"哲学"窠臼的中国思想。德里达把"哲学"等同于"西方哲学",认为中国的传统思想与西方哲学传统是对立的。德里达并不了解中国传统思想,对他的泛泛之谈,本不必认真对待。但现在一些人却准备向西方学者对中国思想传统的没有根据的意见(包括黑格尔的"鄙视"和德里达的"褒奖")让步,要用"思想

——

1　干春松:《王国维与现代中国哲学学科的建构》,参见《"重写哲学史与中国哲学学科范式创新"学术研讨会论文集》,北京,中国人民大学出版社2004年版,第33页。
2　《中国图书商报》2000年12月13日。

史""经学史"或"道术"来代替中国哲学史。表面上看,这些主张是在维护中国思想的"独立传统",使其免遭"哲学"(这是"西方哲学"的同义词)的"污染";但实际上,这是对中国哲学的世界意义没有信心的表现,要主动地退出哲学这一人类精神的最高境界,退缩到"自己讲""讲自己"的自我封闭领地。

原因之二:以"哲学"和"哲学史"的固定模式作为衡量中国哲学是否"合法"的标准。比如,有人认为哲学是纯思辨、非功利的智慧,而中国古学只是关心人生的"道术"和"技艺",因此不是哲学;有人认为哲学是概念化的逻辑论证体系,而中国古代的形式逻辑不发达,思想的表达没有精确的概念和严密的论证,因此没有哲学;有人认为本体论以动名词"是者"(希腊文的 to on)为研究对象,古汉语的系词不发达,也没有以"是"为思想的对象,因此中国没有本体论。再比如,有人认为,西方哲学史使用物质/精神、存在/本质、共相/殊相等等二元对立的范畴,如果中国哲学史也使用这些范畴,或用这些范畴解释中国哲学的术语,那就是用西方哲学史曲解中国哲学史;有人认为,西方哲学史必分本体论、认识论和伦理学等分支,如果把中国哲学史也分成这些分支,那就是在"西化"中国传统思想。

实际上,不管在西方还是在中国,都没有一个关于哲学和哲学史的标准定义或固定模式。对于"什么是哲学"的问题,一百个哲学家就有一百个不同的答案。有人戏曰,要想难倒一个哲学家,只需问他一个问题:哲学是什么？西方哲学史上每一个哲学体系或学说都体现了一定的哲学观。中国古代虽然没有"哲学"的名义,但很多方面的思想学说,特别是宇宙论、本体论、人性论、人生观、历史观和社会政治观,都体现了堪与西方媲美的形形色色的哲学观。

同样,西方哲学史也没有固定的写法,各种版本的哲学史可以说是千人千面。以中国人比较熟悉的梯利、罗素和文德尔班的这三部著名的哲学史为例,第一部按照时间顺序,按照本体论、认识论和伦理学等分支,概述哲学家的观点;第二部注重在文化和政治的背景中阐述哲学思想的发展;第三部以问题为中心书写哲学史。其他形式的西方哲学史,如范畴史、问题史、批评史、发展史、观念史,等等,都有不同的解释模式和风格,各有优点和弱点,但在整体上却无高下优劣之分,更没有哪一种写法"合法",哪一种"不合法"的问题。

西方哲学界的事实证明,只有用一种模式、一个标准去判断哲学理论和哲学史时,才会出现"合法性"的危机。比如,按照理性主义的哲学观,中世纪与基督教信仰结合的哲学不是真正的哲学。20世纪初,法国著名哲学史家伯里哀(他于20世纪20年代出版的5卷本《哲学史》至今仍是最好的法文哲学史著作)在《有基督教哲学吗》一文中,对"基督教哲学"的合法性提出了质疑。[1] 而新经院哲学的哲学史家吉尔松则竭力论证基督教哲学的合理性和合法性。他指出:"只有从天启与理性之间的内在关系出发,才能赋予'基督教哲学'一词以积极的意义。"[2]现在,人们以宽容、开放的心态认可了"基督教哲学"的资格。"美国基督教哲学家协会"(American Society of Christian Philosophers)从属于"美国哲学协会",现有成员一千多人,成为当代美国哲学的一个重要组成部分。再比如,早期的分析哲学以逻辑分析的意义理论为标准,认为传统的西方哲学命题都是伪命题,因为它们回答的问题是没有意义的"伪问题"。这是对西方哲学传统的整体排拒,也是对西方哲学合法性的彻底否定。最近,德里达把西方哲学的传统界定为"逻各斯中心主义",用解构"逻辑"与"修辞"的二元对立关系的手法,把哲学消解为"写作",这不啻否定了哲学思维的合法性。但是,所有这些质疑或否认西方哲学传统的合法性的做法,有的已经失败,有的收效甚微。道理很简单,历史上的西方哲学理论是多样的,对它们的概括和解释也是多样的,企图把它们归约为一种传统,首先就犯了以偏概全的错误;然后再用某一种理论去否认这一传统的合法性,难免偏袒偏激。

中国哲学史上的思想也是多样的,可以有众多的写法。如果用单一模式来归约多样化的思想,然后再用单一的标准来衡量这个单一模式,势必会产生"合法性"的问题。当胡适、冯友兰等人创建中国哲学史体系时,他们都清楚地意识到对西方哲学的依赖,也意识到由此产生的局限。他们以及后来的中国哲学家都企图通过"会通中西"来克服这一局限。所谓"会通中西"的这种努力实际上是用各种不同的模式和标准,对中国古代的哲学思想加以重新解释,对史料进行重新发掘和整理。"五四"前后,很多中国学者都对中国哲学史的建设作出了重要贡献,现

---

1 E. Brehier, Ya-t-il une philosophie christienne?, in *Revue de Metaphsique et de Morale*, 38(1931), pp. 131 - 162.

2 E. Gilson, *The Spirit of Medievial Philosophy*, London, 1936, p. 35.

在人们最关注的有胡适、冯友兰、牟宗三等人。胡适和冯友兰偏重于使用西方哲学的模式，牟宗三则偏重于运用中国传统的心性之学的路数，因此有"西化"与"本土化"的分歧。但两者的区别只是相对的，即使鼓吹"全盘西化"的胡适，也非常注重"国学"的考据；即使以中国文化"主体性"为旗号的牟宗三，也要与康德的"道德形而上学"挂钩；至于冯友兰，从来就主张中西贯通的"世界哲学"。他在《三松堂自序》中说："向来认为是东方哲学的东西在西方哲学史里也有，向来认为是西方哲学的东西在东方哲学史里也有。我发现人类有相同的本性，也有相同的人生问题。"[1]

中国哲学史这门学科的成长历史表明，中国哲学与西方哲学之间的相互影响是必然的。中国现代学术的基本理论、方法和规范是从西方传入的，并一直受到来自西方的影响；即使那些要通过学术研究的途径来排斥"西方中心论"的人，也自觉或不自觉地借助来自西方的理论和方法。比如，现在用来"论证"中国"中心论"或"特殊论"的最时髦的话语，不过是来自西方的后现代主义和"后殖民文化理论"。在中国现代学术建立初期，西方对中国的单向影响是不可避免的，也是无可指责的。对于中国哲学来说，危险并不在于受到西方影响，而在于把来自西方的解释模式单一化、固定化，只允许用唯一的解释模式建构历史材料，而那些与这一解释模式明显不相符合的证据则被忽视、曲解或消解。面临着这样的危险，我们现在有必要对在中国哲学史中长期起作用的解释模式作批判性的思考和建设性的建构，这是我们当前讨论中国哲学合法性问题的积极意义所在。

2

哲学史的现代建构

克罗齐说："一切历史都是现代史"[2]；柯林伍德说："一切历史都是思想史。"[3]我们可以接着说："一切思想史都是现代史。"这并不意味着每一个人都可以随心

1 冯友兰：《三松堂全集》第1卷，郑州，河南人民出版社2001年版，第307页。
2 [意]克罗齐：《历史学的理论和实际》，北京，商务印书馆1982年版，第3页。
3 [英]柯林伍德：《历史的观念》，北京，中国社会科学出版社1986年版，第243页。

所欲地解释过去人的思想。"解释"是一种合规则的行为。现代解释学制定的规则是,解释既受过去的文本和解释的限制,又向未来的解释开放。任何解释都是一定时代的解释者与原作者和过去的解释者之间的对话,并设想到未来解释者的参与。解释学意义上的"理解"或"解释"即我们在这里所说的"建构"。建构是以现在的观点理解过去,并向未来开放。因此,建构出来的思想史必定是现代史。

哲学史是思想史的思想,也是现代建构的解释效应。从上述"一切哲学史都是现代建构"的命题出发,我们可以对中国哲学史的性质得出一些结论。

首先应该肯定,20 世纪 20 年代,冯友兰和胡适等人借鉴西学,创立了中国哲学史这一独立学科,这是中国现代学术的重要开端。他们以及后来者写的中国哲学史,都不是"西方中心论"的产物。过去按照唯物主义和唯心主义、辩证法和形而上学"两个对子"来写中国哲学史的简单化做法,更不能归咎于"西方中心论"。这种哲学史的写作模式来自苏联日丹诺夫关于哲学史是唯物主义与唯心主义"两军对阵"的定义。在哲学史领域推行苏联教条主义的后果不仅束缚了中国哲学史的研究,而且阻碍了西方哲学史在中国的发展。痛定思痛,我们应吸取的教训是:不能把建构哲学史的解释模式单一化、固定化;我们不可以离开中国现代学术的大环境建设中国哲学史,也不能认为中国哲学史不需要任何与西方有关的解释模式。

其次,应该肯定用现代哲学术语解释历史材料,这是重建哲学史的基本要求。解释中国哲学史的现代哲学术语不是"西方的话语霸权"。如果硬要如此说,那么,"西方的话语霸权"首先是针对西方哲学史的;因为西方哲学史从一开始就是用现在的话语来解释过去的学术传统。亚里士多德的《形而上学》第一卷可以说是最早的西方哲学史,他用自己的"四因说"总结和评述前苏格拉底的哲学,但"质料""动力""形式"等都不是前苏格拉底哲学家们使用的概念。1655 年,Geirge Horn of Leyden 用拉丁文写了《哲学史研究:哲学的起源、继承和派别》一书和 Thomas Stanley 同年用英文写的《哲学史》一书,被认为是最早的现代意义上的哲学史著作。从此之后的西方哲学史无不是用"存在"(existence)、"本质"(essence)、"自我"(self)、"意识"(consciousness)、"心灵"(mind)、"物质"(matter)等近现代哲学的术语来解释古代和中世纪哲学的。而这些术语或者根本不见于古代著作,或者在古代著作中有完全不同的含义。比如,希腊文的 hyle 和拉丁文的 materia 的意义是"质料",而不是近现代哲学家所说的"物质",但这并不妨碍现在的哲学史家们在古代哲学中区分出唯物主义的派别,不独马克思主义者如此,非马克思主义者也是如此。

至于"西方的话语霸权",应被理解为伽达默尔所说"权威的偏见"。伽达默尔说,权威不等于盲从,盲从不是权威的本质,权威不是被动地给予的,而只能是主动地获得的;权威与服从无关,倒与知识有关;权威的知识不可避免地包含着偏见,却不是不可避免的错误。伽达默尔甚至说:"一个人的偏见不只是他的判断,而构成了他的真实存在。"1

再次,应该肯定现代哲学术语来自西方。不独哲学术语如此,现代汉语中绝大多数的自然科学和社会科学的术语,都是经过日文翻译的西方概念。现在有一种主张,认为不要使用西方的哲学概念和范畴,才能写出"原汁原味"的中国哲学史。如果真要以这种意义的"原汁原味"为标准,恐怕连"哲学"这个词也不能用了,何谈"中国哲学史"呢? 如果要用现代汉语来写作,就不可避免地要使用来源于西方的那些现代哲学术语。这些现代哲学术语并没有阻碍近现代的西方哲学家建构以前的哲学史,为什么就必定会"歪曲"中国哲学史的"原意"呢? 再说,哪里有离开了现代人的思维和语言的文本"原意"呢? 自胡适之后,没有用现代汉语写中国哲学的大概只有熊十力一人。他的《新唯识论》不但关键术语是"心""境""意""识""体""用"等佛教用语,而且对它们的解释也是古文。即使如此,对熊十力思想的解释必定要借助现代哲学术语,否则他的思想是难以被人们所理解的,也不会有较大的影响。

问题的关键并不在于是否使用来源于西方的概念,而在于如何使用这些概念。概念只是思想的元素,概念组成的命题才是思想的基本单元。使用源于西方的概念表达中国思想不是"西化",使用源于中国的概念表达西方思想也不是"化西",这只是中西语言的"双向格义"而已,而不是哲学史的建构。哲学史的建构是

---

1 Cadamer, *Truth and Method*, New York, Continuum, 1975, pp. 248, 245.

解释和再解释，而概念本身不是解释，只有在概念的定义和命题判断、推理等更高的语言层次，才能进入解释的层面，才能进行哲学理论的建构。

3
关于中西哲学史同异的几个问题

我强调哲学史是现代人的理论建构，离不开来源于西方的现代哲学术语，这并不是要抹杀中国哲学史与西方哲学史的差别，也不是要完全按照用建构西方哲学史的解释模式来建构中国哲学史。以下要强调的观点是，中西哲学史的差别是解释模式的差别；通过对不同的解释模式之间对应性和趋同性的阐发，可以发现中西哲学史在整体上的相似性和一致性。即使在人们普遍认为是与西方哲学相对立的地方，我们也可以从对立和差异之中"建构"出一致和相似。以下试举几例说明之。

首先，中西哲学史的差异明显地表现在形而上学领域。与西方的形而上学相比，中国传统哲学的形而上学并没有一个中心的概念。中国哲学的形而上学范畴是多元的，"道""天""心""性""理""气"等可以并立。但形而上学不满足于多元并立，而是要确定一个最高的原则、原因或"本体"。中国形而上学与西方的形而上学传统在这一点上是相同的。所不同的是，以中国哲学众多基本范畴中的任何一个为核心，都可以把另外的范畴串起来，比如，可以把中国的形而上学解释为"道学""天人"之论，也可以解释为"心性之学"，还可以解释为"理学"和"气论"，等等。这些解释都有根据，因为中国哲学基本范畴的多元性决定了中国形而上学的多元形态。但西方的形而上学形态却是万变不离其宗，这个"宗"就是 Being。

有人认为，中西形而上学的差异反映了中国人和西方人的思维方式根本不同，两者有不同的"本质"。如果我们承认现代人的理论建构对于哲学史的重要性，那么，中西形而上学之间表面上的差异可被理解为多元论与一元论这两种不同的解释模式。但这不意味着西方形而上学只适用于一元论的解释，中国形而上学只适用于多元论的解释。相反的解释总是可能的。

西方形而上学的中心概念 Being 虽然是单一的,但 Being 的意义却是多样的,亚里士多德把 Being(to on)的"中心意义"归之为"实体",但他在厘清"实体"意义时,仍然不得不用不同的词和词组来表达,它们分别相当于后来所说的"是者""存在""本质"。以后的哲学史中大量讨论的问题实际上还是:Being 的各种意义有什么样的内在联系? 是把"有"和"是者"的意义维系于"存在",还是把"存在"和"是者"的意义都维系于"有",或者是把"存在"和"有"的意义都维系于"是者"? 这三种主张都各有各的道理。从哲学史上看,存在主义者持第一种主张,本质主义者持第二种主张,而以希腊文的原初意义为依据的人持第三种主张。哲学史上的某一派别关于 Being 的意义的解释都企图把其他解释统一起来,但统一的结果总是产生进一步的分化,没有一种解释能够把其他解释真正统一起来。在这种情况下,用多元论的解释模式能够揭示被单一概念所掩盖的多样性的理论形态。

同样,中国形而上学的基本范畴虽然是多样的,但并非没有单一的线索。孔子的语录似乎没有什么内在联系,但孔子自称"吾道一以贯之",这为系统地解释孔子的学说提供了依据。在形而上学领域,英国汉学家葛拉汉(A. C. Graham)认为,中国古代哲学虽然没有与 Being 相对应的范畴,但古汉语中不乏印欧语系中系词的连接功能。虽然"古汉语在主词和形容词的谓词之间不用系词,并且没有一个系词的共同符号",却可以用各种单词和词组替代系词的连接作用。他又说:"古汉语的句法接近于符号逻辑,它有一个存在量词'有',这避免把'存在'误读为谓词,并和系词(包括表示等同、关系的特殊系词)区别开来。"[1] 葛拉汉的阐释可以导致两个结论:第一,是否使用"是"作为系词,与是否具有逻辑思维并无必然联系;第二,中国哲学的对象与系词"是"无关,并不能说明中国哲学中没有形而上学的成分,也不能因此断定中西形而上学性质不同、研究对象不同,两者没有可比性。

其次,中西哲学史在表达方式上也有明显差异。冯友兰把中国哲学的表达方式称为"名言隽语、比喻例证",但他又说:"有些哲学著作,像孟子的和荀子的,还是有系统的推理和论证。"他并且用诺斯罗普(Filmer Northrop)关于直觉和假设

---

1 A. C. Graham, *Disputers of the Tao*, La Salle: Open Court, 1989, p. 412.

的区分说明中西哲学史的不同概念类型,用"审美连续体"(aesthetic continuum)的概念解释中国哲学"直接领悟"的思维方式。[1]

在我看来,中西哲学史所表现出的直觉与推理、审美与逻辑、领悟与论证的两种不同的思维和表达方式的差异,是两种解释模式的差异。西方哲学史以问题为中心,围绕问题展开论证和辩论,论证需要推理,辩论需要逻辑。中国哲学史以基本命题为中心,如"外圣内王""天人合一""知行合一""有生于无"等命题,被认为是中国哲学的根本。这些命题文约义丰,需要结合人生经验加以体验,才能领悟其精神,并在自己内心中产生崇高感和美感。

以问题为中心和以基本命题为中心这两种解释模式是可以互补的。在西方这一边,现代哲学的激进派说,西方哲学史中的问题是一些伪问题,后现代主义者解构了逻辑与修辞、论证与隐喻之间的区别。这些批判未免偏激,但也揭露了以问题为中心的解释模式的缺陷。

在中国这一边,我们对以基本命题为中心的解释模式似乎没有多少深刻的批判性反思。相反,西方人对概念分析和逻辑论证的西方哲学史传统的自我批判,倒被我们用来加强中国哲学史中隐喻和体悟式解释模式的合理性、合法性,其结果只能是把中国哲学史的基本命题写成不加分析和论证的独断语式,把中国哲学变成需要个人"体证"的模糊话语。实际上,在我们现在读到的几个港台新儒家大师的一些著作中,这种风格被表现得淋漓尽致。这可以成为他们的个人风格,但不能成为我们今天建构中国哲学史时应该模仿的模式。

应该承认,中国哲学史中不乏以问题为中心的解释模式,比如,以"物质与精神的关系"的"哲学基本问题"为中心,曾经是哲学史的唯一解释模式,其后果是大家知道的。冯友兰的《中国哲学史新编》蕴含着"共相与殊相关系"这一中心命题,但未能成为中国哲学史的唯一线索。以问题为中心的解释模式在中国哲学史中的不成功尝试,促使一些人相信,只能采取以基本命题为中心的解释模式,并把对命题的理解发展到断语体证的极端。矫枉过正的做法在哲学中是不可取的。过去运用以问题为中心的解释模式的失误在于把哲学史的问题归约为一个"基本问

---

1 冯友兰:《中国哲学简史》,北京,北京大学出版社 1996 年版,第 11、22 页。

题"或"中心问题"。我在《西方哲学简史》的前言中说,作为西方哲学史中的哲学问题是众多的,"这些问题的提出、转变和持续,围绕这些而展开的争论和所达到的结论,就是我们这本哲学史的线索"[1]。我相信这一道理也适用于中国哲学史。

中国古代哲学家提出的问题也是人类心灵思考的永恒问题,他们提出了一个又一个答案,但一个接着一个被推翻、被修改、被重写。虽然没有一种直到现在还被普遍认可的哲学真理,但是哲学家们为解决哲学问题而提出的论辩证明至今仍给人以启发,成为人类精神的宝贵财富。从哲学史的观点看问题,问题的提出比答案更有意义,解决问题的过程比达到的结论更有价值。虽然中国哲学史与西方哲学史中的问题不尽相同,但我相信,以经过精心选择的众多问题为中心,通过理论上的建构,中国哲学家的思想在概念的清晰性、分析的细致性和论证的严谨性等方面,绝不输于西方哲学家。

最后,一般认为,中西哲学似乎分别是特殊性和普遍性的学问。这从中西哲学史著作的标题上即可看出这样的差别。西方哲学史的著作大多自称为"哲学史",很少特意标明为"西方哲学史",因为在作者的心目中,西方哲学是普遍性的理论,西方哲学即哲学一般。而中国哲学史家有着比较强烈的特殊性意识,绝无把"中国哲学"当作"哲学"的"奢望"。在我看来,西方哲学的"野心"未免太大,中国哲学的"胆子"未免太小,两者是可以互补的。

我们批评把西方哲学等同于哲学的做法,但也不要把哲学史建构的普遍性理论的正当目标的"婴儿"当成"洗澡水"泼掉。西方哲学史中的理论、观点和方法当然是在一定的特殊条件下产生的,很多成分也确实是只适合一定时代和地域文化的特殊说法。但同样不可否认的是,有些成分则有表现共同人性和人类认识的普遍适用性。比如,希腊哲学的逻辑方法、近代哲学的世界观和认识方法论、关于自我意识的分析、黑格尔的辩证法等等,无不包含着人类意识和认识的普遍性。如果没有西方哲学史中的这些普遍适用的理论作为科学的基础,我们现在可能还没有全人类都认可的数学和自然科学,将来也不会有普遍伦理和世界哲学的可能性。

---

1 赵敦华:《西方哲学简史》,北京,北京大学出版社 2001 年版,第 2—3 页。

　　我们在看到中国哲学史的特殊性的同时,应当充分评价其普世意义;不能把特殊性的理论作为追求目标,甘愿放弃理论的普遍适用性。现在有一种流行观念,中国文化传统是特殊的,语言和思维方式是特殊的,哲学也是特殊的。不理解中国文化精义的外国人说这样的话不足为奇,可诧异的是,我们的一些学者以此为荣,以特殊性为世界性的标志。据说,中国人的特殊性历史漫长,从几十万年前的"北京人",甚至上百万年的"蓝田人""元谋人"起,就有了特殊的中国人种和文化。如一首搞笑的歌唱的那样:"你来自蓝田,我来自元谋,牵着我们毛茸茸的手,一起走向夏商周。"这一"中国特殊性"的现代性是"中国特色"。"有中国特色的社会主义"是一条政治路线,不能把它庸俗化。"有中国特色的马克思主义"是中国共产党人在改革开放的历史环境中的独特创造,如果学术界动辄以"有中国特色的××理论"相标榜,那就是东施效颦了。中国学者都以"中国特色的理论"为研究方向和追求目标,那就等于放弃了理论的普遍标准和普世应用的范围。

　　不要以为"越是民族的,也就越是世界的"这句话是普遍真理。对于这句话可以有两种理解:一是认为一个民族独一无二的特质具有世界性的意义,二是认为一个民族能够贡献出世界性的普遍理论。前一种情况在文学、艺术等非理论研究的领域有一定的市场,可以满足西方民族对其他民族风俗人情的猎奇心理。后一种情况更符合科学和哲学等理论性学科的发展要求。这种理解的一个范例是犹太思想。犹太人有着极强的民族认同感和文化传统,在近 2000 年失去祖国的历史中,他们流落在异国他乡而没有失去自己的宗教和文化传统。但民族传统并没有成为创立普遍理论的障碍。身为犹太人的思想家从不以"犹太人特色"为理论目标,而是世世代代追求放之四海而皆准的普遍真理,这样,人类才有了马克思主义,有了爱因斯坦的相对论,有了弗洛伊德的精神分析学说。相对于这一弱小民族,我们中华民族自古以"世界中央"自居,如果因为近现代的落后,现在连要在普世理论的精神世界中占据一席之地的信心都没有,这岂不是从骄傲走到了自卑感的另一个极端?外国人还会把中国哲学史当作具有普遍价值的理论加以认真对待吗?那不正是迎合了"中国古代没有真正意义上的哲学"的无知偏见吗?

　　由于中国人的哲学研究成果未能走向世界,中外哲学和思想的交流实际是单向的。自改革开放以来,西方哲学不断传入中国,中国哲学界和思想界多次出现

"西方哲学热"，甚至西方汉学研究也在成为显学。西方哲学的输入对活跃我国的哲学研究有着积极作用，但从长远来看，西方哲学的单向输入对中国当代哲学的发展是不利的。随着我国经济的快速发展，中国不但要成为经济大国、政治大国，也要成为文化大国、思想大国。中外文化和哲学的双向交流是时代发展的需要，是中国和平崛起的需要。当然，能否实现文化强国的目标，还有待于我们的努力。首先需要改变心态，会通中国传统哲学、西方哲学和马克思主义哲学，变传统的中国哲学（Chinese Philosophy）为"中国的哲学"（China's Philosophy），并促进中国的哲学走向世界，参与国际上的哲学对话，最终建构具有普遍适用性的哲学理论。

中西形而上学的"同源分流"

　　中国古代究竟有没有哲学？这是一个现在大家都关心的问题。中国古代有发达的道德和政治哲学，这不成问题，问题的关键是有没有形而上学。中国学者最近的讨论涉及问题的核心：形而上学的研究对象是什么，中国古代有没有与西方形而上学的不同的研究对象？有人认为，形而上学或本体论是关于 Being 的学问，而汉语中没有一个可以与 Being 相对应的哲学术语，因此，中国古代没有形而上学。为中国形而上学进行辩护的人认为，中西形而上学从根本上有着不同的研究对象，西方的形而上学以 Being 为对象，而中国则不是这样。牟宗三说："中文说一物之存在不以动词'是'字来表示，而是以'生'字来表示。"他还说，从"是"字入手是静态的，从"生"字入手却是动态的。[1] 唐君毅说："中国人心目中之宇宙只为一种流行，一种动态；一切宇宙中之事物均只为一种过程，此过程以外别无固定之体以为其支持者（Substratum）。"另一方面，"西洋思想始于欲在现象外求本体，将一切现象均视作物之附性非真正之实在，故恒欲撇开现象以探索支持宇宙之固定不变真实本体。"[2] 张东荪把"生""流行""过程"等理解为西方人所说的 Becoming，以此与 Being 相区别。他说，中国人的心思根本就是"非亚里士多德的"，"《周易》也罢，《老子》也罢，都是注重于讲 Becoming，而不注重于 Being"[3]。

　　那些否定或质疑的理由显然是站不住脚的。不能根据西文"本体论"的字面意义和亚里士多德的《形而上学》的内容，就把一切类型的形而上学思想都归结为对 Being 的研究；更不能以此为标准，否定中国古代有形而上学。辩护者认为中

1　牟宗三：《圆善论》，台北，学生书局 1985 年版，第 337—338 页。
2　唐君毅：《中西哲学思想之比较论文集》，台北，学生书局 1988 年版，第 9、10 页。
3　张东荪：《知识与文化》，台北，北溟出版社 1976 年版，第 64、58 页。

西形而上学有着不同的研究对象,分别以动态的"生"(或 Becoming)和静态的"是"为对象,这是很有见地的看法。但是,不能以此为理由,就断定中西形而上学毫无共同之处。

我要说明的观点是:第一,中西形而上学的分歧既不是亘古不变的事实,也不是由于中西思维方式有什么"本质上"的不同。中西形而上学都起源于某种动态的宇宙观,两者有着共同的思考对象和思想特征。第二,在以后的发展过程中,中西形而上学关注不同的问题,围绕这些不同的问题分别形成了不同的思想传统,犹如康德所说的"道德形而上学"与"自然形而上学"的分野。我把这些观点概括为中西形而上学的"同源分流"。下面主要以《老子》和《周易》的材料和希腊的前苏格拉底的典籍为根据,证明中西形而上学的同源性。

1 ——

中西宇宙发生学的共同特点

张东荪认为中国人关心 Becoming 而西方人关心 Being,他之所以能用这两个西文概念表现中西形而上学的差异,那是因为两者在西方哲学中已经被当作对立的概念来使用。在黑格尔的《逻辑学》中,Werden(Becoming)被译为"变易",这是仅次于 Sein("有")和 Nichts("无")的第三个纯范畴。与 Becoming 相对应的希腊词汇是 genensis。柏拉图对这个词的解释是:"我们平常所说的'是'什么的东西,都在'变易'(genesthai)之中,是运动、变化和组合的结果。"他接着说:

> 在这一点上,我们看到的事实是,以前一切有智慧的人,除了巴门尼德外,都持相同的立场。持这一立场的有普罗泰哥拉斯、赫拉克利特和恩培多克勒,再加上两个诗人,喜剧作家埃庇卡摩斯和悲剧作家荷马。比如,荷马说:"海洋是众神所生,他们的母亲是忒提斯",他的意思是说,一切事物都生于流动和运动。[1]

————————————————————

1 柏拉图:《泰阿泰德篇》,152e。

柏拉图指出了这样一个事实：关于 Becoming 的思想先于对 Being 的思考。早在希腊哲学之前，荷马史诗和赫西俄德《神谱》中包含着万物生成变化的宇宙图画。最早的一批希腊哲学家都是自然哲学家，他们继承了早期神话中的宇宙发生学，差别只是在于，世界的本原是自然，而不是神，推动万物生成变化的是水、气、火等自然力量，而不是神的意欲。

古代中国也是如此。我们现在把 Becoming 翻译为"变易""变化""生成"。我们之所以能如此翻译，那是因为古汉语中的"变化"或"变""化""易""生"和"成"等概念都是相通的，都表示宇宙的变化状态、过程和产物。中西早期的宇宙生成观具有以下一些显著的共同特征：

第一，宇宙生成变化是自然力量的运动造成的。最早的希腊哲学家把这种自然力量描述为"水"（泰勒斯），"气"（阿那克西米尼）和"火"（赫拉克利特）等。中国也有以气或水为生成变化的动力的思想。如西周的伯阳父即有"天地之气"（《国语·周语》）的说法，庄子说："通天下一气耳"（《知北游》）。《管子·水地》以水为万物的根本特征，其中说："水，具材也""万物莫不以生""万物之本原也"。郭店竹简里有一篇论宇宙发生的文章，其中说："太一生水，水反辅太一，是以成天。……是故太一藏于水，行于时。周而又（始，以为）万物母。"[1] 这些论述可与西方第一个哲学家泰勒斯的观点相媲美。

第二，在很多民族的神话中，都有世界起源于混沌的说法。中西早期哲学继承了这一思想传统。需要注意的是，最早的哲学家所说的"气""水""火"等本原不能被等同为元素，它们分别指不同的混沌状态。如阿那克西米尼说："气的形状是这样的：当它处于最平稳状态时，不为视力所见，但却呈现于热、冷、潮湿和运动中。"[2] 这样的气是一团旋涡，热则浓聚，冷则稀疏，从中生成出各种元素和万物。汉语的"太一"有"混沌"之意，但"混沌"一词最早见《庄子·应帝王》："中央之帝为混沌"，"南海之帝倏"和"北海之帝忽"为报答与混沌相遇之恩，为混沌开七窍："日凿一窍七日而混沌死。"这一寓言生动地说明，空间和时间（倏忽）包含在混沌之中

---

1 转引自《道家文化研究》第 17 辑，北京，生活·读书·新知三联书店 1999 年版，第 301—302 页。
2 转引自《古希腊哲学》，北京，中国人民大学出版社 1989 年版，第 31 页。

("儵与忽时相与遇于混沌之地"),具体事物起源于浑沌。汉代的《论衡·谈天》把宇宙原初状态说成"元气为分,混沌为一"。在此之前已有类似的思想。如《老子》说:"有物混成,先天地生"(第二十五章),又说:"道之为物,惟恍惟惚。"(第二十一章)这些都是对原初的混沌的描述。《周易》中说:"天地氤氲,万物化醇",这也是说从天地未开的混沌状态到万物的分化。

第三,由于混沌没有具体的形状和性质,因此也被称作"无"。中西都有"有生于无"的宇宙生成观。阿那克西曼德把万物的本原称作"无定"(apeiron/indefinite),因为它没有任何规定性,既无边界,也无性质。或者更确切地说,在原初状态中,各种事物与性质共生共处,相反的东西相互抵消、中和,因而必然呈现出无差别、无规定的状态;具体事物只有在脱离出这一整体的情况下才会表现出特定的性质和形状。《老子》说:"天下万物生于有,有生于无"(第四十章),又说:"无名,天地之始。"(第一章)"道"之所以无名,一是因为它是无固定形象的"有物混成",二是因为它是无具体性质的法则。

第四,宇宙处在永恒的循环变化的过程中,万物起源于原初状态,又回归于原初状态。如阿那克西米尼说:"气是万物的本原,万物生成于它又归复于它。"赫拉克利特说:"万物都等换为火,火又等换为万物。"循环运动如圆周,"在圆周上,终点就是起点"[1]老子不但说道生成万物,而且说万物复归于道:"夫物芸芸,各复归其根。"(第十六章)《易经》指出了宇宙运动的原则是"原始反终"(《系辞上》),并对变化循环过程作具体描述:"日往则月来,月往则日来","寒往则暑来,暑往则寒来","往者屈也,来者信(伸)也"(《系辞下》)。

2

中西形而上学的原初形态

张岱年在《中国哲学大纲》中,把中国形而上学区分为大化论和本根论。他

---

[1] 转引自《古希腊哲学》,第 24、34、37 页。

说："西方传统的形而上学（Metaphysics）分为 Ontology 与 Cosmology。中国古代哲学中，本根论相当于西方的 Ontology，大化论相当于西方的 Cosmology。"[1] 严格地说，大化论相当于现在所说的宇宙发生学（Cosmology）。"本根"指"宇宙中之最究竟者"[2]。亚里士多德同样把形而上学分为两个部分，首先是关于 Being 自身的研究，其次是研究 Being 因其本性而具有的必然属性。亚里士多德把 Being 的意义归结为"本体"，把 Being 的必然属性归结为本体的"本原和最初的原因"[3]。亚里士多德把"本原和最初的原因"当作 Being 的应有之意，而张岱年则认为，宇宙的根本是生成变化（Becoming）的原因。两者的差别毋宁说是中西形而上学的差异，不如说是西方形而上学的成熟形态与中西形而上学原初形态的差异。历史的事实是，无论是中国古代哲学，还是早期希腊的自然哲学，都是关于宇宙变易过程及其原因的研究。如果摆脱了亚里士多德关于形而上学定义的束缚，我们应该承认，最早一批中西哲学家关于宇宙发生过程及其原因的思考是形而上学的原初形态。因此，我们应采用张岱年的区分，把中西原初形而上学分为两个部分：一是宇宙发生学，二是探索宇宙生成变化原因的本原论或本根论。我们在前面已经看到，中西宇宙发生学有着基本相同的特征。中西原初形而上学的本根论是否也有基本相同的特征呢？我的回答是肯定的。

首先，不论是"本根"，还是"本原"，都有两层意思：一是指万物的原初状态，二是指万物生成变化的原因，这两层意思的关联在于，古人认为，在原初状态中起作用的那些力量和性质，始终贯穿于宇宙变化的全过程，控制着万物的发生和演化。张岱年说："老子是第一个提起本根问题的人。"[4] 在《老子》中，道是宇宙的原初状态，是"天地之始"（第二十六章），"万物之宗"（第四章），"玄牝之门，是谓天地根"（第五章）。另一方面，老子又说，道"为天下式"（第二十八章），即天下万物的变化法则。道"独立而不改，周行而不殆"，因此又被称为"一"："是以圣人抱一为天下式。"（第二十二章）作为原初状态的道和作为变化法则的道是什么关系呢？老子

---

1 《张岱年全集》第 2 卷，石家庄，河北人民出版社 1996 年版，第 124 页。
2 同上书，第 39 页。
3 亚里士多德：《形而上学》，1037。
4 《张岱年全集》第 2 卷，第 50 页。

既说"道生一"(第四十二章),又说"道法自然"(第二十五章);既说"有无相生"(第二章),又说"有生于无"。不要以为老子在道以上又设定了更高的"自然",在道以下设定了"一"和"有"。他只不过是在说,万物的变化法则("一""有")来自原初的变化状态("自然""无");原初状态(道)生成出天地万物之后,道并没有随之消失,原始状态的力量(道)始终贯穿于万物变化之中;因此,"万物得一以生"(第三十九章),"无之以为用"(第十一章),"道冲而用之或不盈"(第四章)。

赫拉克利特所说的 logos 也有"原初状态"和"法则"两层意思。他说:"世界秩序(一切皆相同的东西)不是任何神或人所创造的,它过去、现在、未来永远是永恒的活火,在一定分寸上燃烧,在一定分寸上熄灭。"[1] "世界秩序"即 logos,它既是火的活动状态(活火),也是决定着火的燃烧分寸的不变的原则。他又说:"自然喜欢隐藏自己。"这里的"自然"作"本性"解,指在事物内部支配事物运动的 logos。就是说,logos 与火是同一本原的内、外两个方面。

其次,本原或本根作为万物生成变化的终极原因,与现代意义上的"原因"或"因果性"的概念不同,终极原因是互为因果的作用或相反事物的循环。比如,阿那克西曼德认为,在"无定"分化为万物、万物归复于"无定"的循环运动中,分化是生成,复归是消亡,不同事物的生死是此长彼消的关系,一些事物的生成必然伴随着另一些事物的消亡。他于是提出"补偿原则":从"无定"中分离出事物的生成过程是对"无定"的损害,因而要使一些事物回归"无定"作为补偿。这是"时间的安排"和"报应","根据必然性而发生"[2]。在古希腊语里,"原因"和"有罪责"是同一个词 aitia。阿那克西曼德用损害与补偿的比喻第一次表达了古希腊人循环往复的因果观。赫拉克利特认为火与万物相互转化,转化的原因是一事物的不足和另一事物的多余。他说:"世界的构成是不足,焚烧则是多余";"火在升腾中判决和处罚万物"[3]。"判决和处罚"也是在用比喻说明万物消亡的原因。

老子说:"反者道之动"(第四十章),事物之所以变化,是因为它们总要向相反方向运动。老子用"天道"表达了类似于"补偿原则"的思想:"有余者损之,不足者

1 北京大学西方哲学史教研室编:《西方哲学原著选读》上,第21页。
2 《古希腊哲学》,第24页。
3 同上书,第37页。

补之。天之道损有余而补不足"(第七十七章),"功成身退,天之道"(第九章)。

再次是语言表达方式上的相似性。既然一切事物都处在生成变化之中,它们没有自身的规定性,而与将要生成或复归的东西相等同,因此,老子和赫拉克利特都用所谓的"辩证法"的语言表达他们的思想。赫拉克利特说话的一般形式是"既是又不是",如,"我们踏入又不踏入同一条河流,我们存在又不存在""不朽的有朽,有朽的不朽""智慧既愿意又不愿意被人称为宙斯"等。此外,残篇中另有一些话,说明相反的东西是相同的,如,"神是昼也是夜,是死也是不死,是战也是和,是饱也是饥""在我们身上的生和死,醒和梦,少和老始终是同一的""善与恶是一回事""上坡路和下坡路是同一条路"等。

由于古汉语中没有用"是"作系词,因此《老子》中没有"既是又不是"的句式。老子采用"正言若反"(第七十八章)的方式,表达方式有三:一是物极必反,如"曲则全,枉则直,洼则盈,敝则新"(第二十二章);二是相反相成,如"难易相成,高下相盈"等(第二章);三是正反相通,如"大直若屈,大巧若拙"等(第四十五章)。这些说话方式的意思与赫拉克利特的相似,都是在说明,万事万物都处在生成变化之中,没有固定的性质和状态,一切事物都向它们的反面转化。

3
中西两种不同的形而上学传统的形成

我们现在看到的中西形而上学之间的差异,其实是中西形而上学从原初形态向成熟形态发展的结果。在此过程中,中西形而上学面临着不同的问题,采取不同的应对,由此造成了中西形而上学后来的不同发展方向。康德区分了"自然形而上学"和"道德形而上学"。可以说,中西原初的形而上学后来分别朝向这两个不同的方向发展。

康德所说的"自然形而上学"以知识论为基础,它的中心问题是:人能够确定地知道什么?这一问题最初的形式是:如何避免语言和思想中的矛盾?这个问题是赫拉克利特的 logos 给希腊哲学家带来的困惑。logos 的本意是理性的话语。

但赫拉克利特的说话方式至少在形式上是不符合理性的。他想要表达的意思是，任何事物都有两种相反的性质，处在相反的状态；为此，他使用了"A 既是 B，又不是 B"这一在形式上自相矛盾的表达方式。希腊语与印欧语系其他语种一样，判断句中必须有系词"是"。使用系词的一个后果是，不能同时使用"是"和"不是"，否则就要造成明显的自相矛盾。赫拉克利特要"生成"的思想，但希腊文中的"生成"与"是"动词没有词源和词义上的联系，因此，他不得不使用"既是又不是"的判断，来表达"相反相成"的生成原则。

巴门尼德首先发现了赫拉克利特话语的矛盾。他区分了两条认识路线：真理之路和意见之路。真理之路是确定的，以"是者"或"实是"为对象；意见之路是不确定的，以"既是又不是"的东西为对象。从这一区分开始，巴门尼德和以后的柏拉图、亚里士多德，用逻辑的思维方式思考哲学的对象，最终建立了以"实是"为中心的、与形式逻辑结合在一起的形而上学体系。从此之后，西方形而上学在 2000 多年的时间里形成了稳定的传统。我们现在所说的西方形而上学主要指这一传统，而几乎忘记了在它之前，西方还有一个以"生成"为中心的原初形而上学思想。关于这一过程，我在"逻辑和形而上学的起源"一章中已有阐述，兹不赘述。

中国形而上学始终面临的问题是，宇宙生成之道如何影响人的行为准则？这是关于"天道"与"人道"的关系问题。老子所说的道是自然之道，自然之道可以、而且应该支配人类的行为。如果人不遵守自然之道，另外制定出特别的社会准则，那是违反自然的人道。老子明确地把天道和人道对立起来："天之道损有余而补不足，人之道则不然，损不足以奉有余。"（第七十七章）人道是天道的退化堕落，"失道而后德，失德而后仁，失仁而后义，失义而后礼"，是一系列的堕落过程，堕落的最后阶段是礼："夫礼者，忠信之薄而乱之首"（第三十八章），老子的"人道"观，是向周礼提出的明显挑战。

老子在中国哲学史上的地位在于他首先提出了一个中心问题，先秦时期的其他中国思想家为解决他的问题而提出各家的见解。在此意义上，把老子当作中国第一个哲学家是合适的。现在有老子与孔子谁为先后的争论，也许我们永远不会有确定两者先后的考古学证据，但我们可以用"知识考古学"的方法，比较以他们名字命名的著作中思想的先后。《论语》和《墨子》中正面阐发的"仁义"和"天人合一"的思想,是对《老子》中"天人对立"和抛弃"仁义"的观点的回应,它们应该出现在老子的思想之后。

总的来说,先秦思想家沿着三个方向回答"天道"与"人道"的关系。一是以从天到人的"自然"之道取代人己关系的处世之道,这是庄子之路。另外两个方向是以人道为出发点和中心,但沿着两条路走。一条路以内在化的人性贯通人道和天道,这是思孟学派的心路历程。另一条把人道固定在社会制度之中,沿着这一方向,墨家、荀子和法家陌路相逢。

在先秦诸子百家争鸣的过程中,儒家开创了道德形而上学的传统。关于从孔子到思孟学派建立道德形而上学的过程,我们将在下面详细论述。我们在这里要指出的一个思想发展线索是,思孟学派的形而上学并没有立即成为显学,墨家、庄子、名家和荀子、法家也提出了与之竞争的思想。但就理论趋向而言,先秦的形而上学只有两派:一是以老庄为代表的以自然为本根的形而上学,一是思孟学派以道德为基础的形而上学。这两派的关系不是一派替代另一派,而是两者的综合。《易传》是最初的综合产物。通过儒道两家"天道观"的相互补充,中国形而上学的成熟形态是儒、道和阴阳家等各家思想的合流,它在汉武帝"独尊儒术"时,因董仲舒的"天人感应"的学说而成为显学,后来成为宋明"理学"和"心学"的道德形而上学体系的主要思想来源。

4————————————————————————————

关于同源分流原因的进化论解释

以上揭示了中西形而上学同源而分流的思想历程。思想史如同其他历史事实一样,只是现象,我们还需要进一步解释同源分流的原因:中西形而上学为什么有共同的来源? 造成两者分流的原因是什么?

形而上学的起因和发展原因归根到底在于人适应环境的方式。我们的解释需要从进化论这个最坚实的根底开始。现代达尔文主义认为,现存的人类属于同一人种,即现代智人,这一人种的特征是在"自然选择"的压力下形成的适应环境的独特方式,包括人类繁殖、抚养后代、利用自然资源和社会交往等方面的行为模式,以及与这些行为模式相对应的心理机制。新近诞生的进化心理学认为,与近1万年文明的变迁相比,人类在几百万年的进化过程中形成的心理机制是相对稳定的,是现代智人的共同特征。那种认为中国人与西方人有着完全不同的"思维模式"的看法,实际上是把人类分为不同"种族"的过时观念的残余。

形而上学起源的原因深藏在人类心理机制的基本特征之中。形而上学的普遍性在于它反映了人类心理机制的某些特征;人类如不具有这些特征,早就被"自然选择"所淘汰。比如,人类的知觉的一个基本特征是对运动着的事物的结果的判断,这是从猿猴传承给人类的一个进化特征。正如进化生物学家辛普森(G. G. Simpson)所说,对自己即将跳过去的树枝缺乏合乎实际的知觉的猿,眨眼间就会变成一只死猿,因而不再是我们的祖先。[1] 人类的脑容量比猿类大,知觉内容的复杂性也随之增大,他们所知觉(包括表象、记忆和想象)到的事物充满着无限的复杂性。只有把知觉到的复杂性降低到能够使人能够作出适当反应的程度,人才能适应环境。"自然选择"只是保留既有无限的感觉能力、又能够降低复杂性的大脑,而不是一味偏爱容量大的大脑。尼安德特人的脑容量比现代智人的还要大,但他们却灭绝了。现代智人在进化的后期,在其大脑中最终形成了降低复杂性的机制,因此存活下来。

尼格拉·卢曼在《宗教的功能》一书中,用"降低复杂性"的心理机制来解释"神"的观念的起源。[2] 形而上学的思想和神话世界观一样,也来自人类降低复杂性的心理机制。普遍存在于各民族的"创始神话"都有降低复杂性的功能,它们用不同故事叙说了相同的世界观:存在着一个共同的生命本源,从中分化出对立的两种力量和万物,万物始终分享着生命本源的力量和性质。原初形而上学用更加有效的途径降低复杂多变的现象,或是发现知觉对象之间的联系和因果关系,或是把它们分成对立的两部分,或是把它们组织在一个等级体系中。这些途径所导致的结果,就是宇宙发生论和对宇宙生成变化终结原因的解释。

---

1 转引自舒远招《从进化的观点看认识》,长沙,湖南教育出版社 2001 年版,第 95 页。
2 N. Luhmann, *Funktion der Religion*, Frankfurt, 1977.

很多民族都有神话世界观,但只有少数民族发展出形而上学思想。这是因为不是每一个民族都能满足从神话到形而上学转变所需要的条件。所有民族的语言一开始都只有表达个别事物和感性特征的词语,从语言到文字,再使用文字表达思想(而不只是记事),再把思想固定在可以传授和批评的经典之中,这些是语言的不同发展阶段。并不是每一个民族的语言都经历了所有这些阶段,即使经历了这些阶段的民族,也不必然具备需要发展形而上学的社会历史条件。只有那些既经历了所有这些语言发展阶段,又迫切需要使用一系列抽象的概念来解释纷纭复杂的自然和社会现象的民族,才能最终发展出形而上学的思想。古代希腊和中国恰好满足了这些条件。最早的中西哲学家们用"本原或本根""一""道或 logos"等最普遍的概念概括运动变化的原因,用两两对立的概念描述一切现象的性质和方向。如果说神话世界观应对的是史前时期和文明初期的人类所遭遇的复杂环境,那么原初形而上学的概念系统使人能够面对文明成熟时期的更加复杂的环境,采取适时适度的应对措施。

黑格尔说:如果一个有文化的民族没有形而上学,那"就像一座庙,其他方面都装饰得富丽堂皇,却没有至圣的神"[1]。中国和希腊等文化传统之所以具有不朽的生命力,得益于形而上学这尊"至圣之神"的庇护;反过来,另外一些文化传统虽然留下了富丽堂皇神殿的遗迹,但由于没有这尊神,不可避免地消失在历史的长河之中。正反两方面的事实证明,形而上学是在文明高度发展的条件下,人类的心理机制表现出的一种思想方式。

形而上学的功能和特征不仅决定于人类心理机制的普遍性和必然性,而且决定于概念的语言载体和社会作用等具体的历史条件。后者是造成中西形而上学分流的主要原因。希腊原初形而上学关于"变易"原则的判断与希腊文中判断系词的确定意义在形式上有矛盾,由此产生的困惑是:如何能够确定地知道变易的现象?欧几里得几何学的创立,为希腊人树立了知识的样板。希腊哲学家按照这一样板,通过对系词意义与知识对象关系的论证,以演绎方法为标准,以逻辑判断系统为结构,建立了以自然为对象的形而上学传统。在中国这一方面,汉语中没

---

1 [德]黑格尔:《逻辑学》上,北京,商务印书馆 1974 年版,第 2 页。

有单独的系词,中国哲学家没有遭遇到希腊人的困惑,但他们有自己的问题。汉语的抽象概念仍保持着表示个别事物和感性性质的意义,通过比喻和想象的手法,形而上学概念的意义与日常生活中的熟悉现象相互对应,密切关联。反过来说,当社会生活发生难以想象的变动时,人们对社会准则和自然法则的关系发生怀疑,不知道究竟是自然法则发生了紊乱,还是社会准则失去了效力。道家的效法自然和儒家的宇宙道德化的立场最后达到了一个平衡点,建立了以道德为基础的天人相通的形而上学传统。

需要说明的是,当我们使用"道德形而上学"和"自然形而上学"分别表示中西形而上学的成熟形态时,这一区分并不意味着西方不研究道德问题,或中国没有自然学问。在西方形而上学传统中,人的精神(灵魂)和社会、政治、道德也是自然生成的事物,可以用研究自然物的方法和知识体系,获得关于人的精神和社会的确定知识。在中国形而上学传统中,自然界具有人和社会的伦理属性,"格物"(研究自然物)和"格心"(净化心灵),同属道德修养过程。这两种不同的形而上学传统归根到底还是人类心理"降低复杂性"机制的两种倾向,或者先把人自身的属性归约为单纯的本质,然后通过它来"过滤"复杂的外部现象;或者是先把外部世界归约为简明的原则和结构,然后用它来约束人的复杂的内心世界。中西形而上学的分流的普遍意义在于,两者以系统化、理论化的形式表明了人类心理机制的这两种倾向。

《孟子》的道德形而上学的体系

我们在前面讨论中西形而上学的分流时说，儒家的道德形而上学是思孟学派开创的。传统的观点认为，孔子之后，儒分为八，其中一派的谱系是从曾参到孔子的孙子子思，再从子思传到孟子。传统和现在所确定的思孟学派的代表作是《孟子》。韩愈的"道统"说把孟子说成是孔子的正统嫡传，儒家学说成为"孔孟之道"。撇开"正统"观念不说，孟子直接地继承了孔子思想是有章可循的，这个"章"就是思想的发展线索。孔孟思想的一脉相传表现在，孟子不但忠实地继承了孔子的价值体系，而且以孔子遗留的问题为中心，发孔子之未所发，建立了一个完备的道德形而上学体系。

1

孔子没有谈及的主题

为了理解孟子的贡献，我们首先要理解什么是孔子之"未发"。子贡说："夫子之言性与天道，不可得而闻也。"（《公冶长》，第十二章）如果说孔子很少谈人性和天道，还可以说得过去；因为《论语》中孔子确实很少谈人性，谈"天"之处虽不算少，"天道"的意义却不明确。但"子罕言利与命与仁"（《子罕》，第一章）一句，就很难理解了。"利""命""仁"三者都是孔子常谈的话题，尤其是说"仁"之处比比皆是，"仁"是《论语》中出现频率最多的词语，怎能说"罕言"呢？为了消除这一疑难，我们有一个简明而合理的解释，那就是，那两个句式中的"与"是关系连词，而不是并列连词。第一句是说，子贡没有听到孔子说过人性与天道之间有什么关系；第二句是说,孔子很少谈利、命、仁三者之间的关系,这样就说通了。还可以举一个反证:"子不语:怪、力、乱、神"(《述而》,第二十章),这句也是说孔子所不谈的主题,但怪、力、乱、神四者是并列的,因而不用"与"。

"利"与"仁"的关系并不必然是非此即彼的选择关系。在一些情况下,"仁"可以带来"利",在另一些情况下,"仁"没有,也不能带来任何"利"。在什么情况下,"仁"能够或不能够带来"利",孔子认为这不是人自己可以决定的,而是由天命决定的,因此说"生死由命,富贵在天"。君子关心的事只是不管在什么情况下,都尽力地选择"仁",践履"仁"。因此,孔子大谈"仁",而很少或不谈"利"和"仁"与"命"之间的关系。

至于孔子为什么很少或不谈"性"与"天道"的关系,那是因为《论语》中的价值体系的主题是人际关系问题,而不是人与一个超越实在的问题。芬格莱特说:"孔子(及其同时代的人们)……并不格外重视这些道德的实在,而对于他们同时代的古希腊人和近东的阿拉伯人来说,这些实在却极为重要。"[1] 如果这句话只是在谈孔子与同时代的西方人的区别,那无疑是正确的。但我们必须小心地看待这句话的主语"孔子及其同时代的人们",如果这是指相当于"轴心时代"的先秦时期的人们,那么这句话大有问题。虽然孔子不否认超越人和社会的冥冥实在,但他不愿谈他们对人际关系的影响,因此"敬鬼神而远之";孔子"畏天命",也只是赞叹"天何言哉"而已。《论语》的主题始终是"仁"。"仁"用现代话语来说,是不受外力支配的个人的、自由的领域;这一领域不是命定的,既不由利己的欲望或外在的物质利益("利")所决定,也不由人类社会之外的神鬼或"天"所决定。由是,孔子不谈人性与天道关系的原因,便是可以理解的了。

但是,孔子把"仁"与"利"、"命"和"天道"分成两个领域,却提出了一个孔子不能回答的问题:人为什么要追求"仁",为什么要遵守"忠恕之道",为什么要择善弃恶?一句话,人类道德的基础是什么?孔子否认人以外的实在是道德的基础,但他也没有在人心之内,在人性中寻找道德的基础。不能说孔子没有人性论,只是他的人性论不明显、不系统,尤其没有解释人性的来源和禀性。《论语》中孔子谈

---

1 [美]芬格莱特:《孔子:即凡而圣》,南京,江苏人民出版社2002年版,第18页。

人性不只"性相近，习相远"一句，按照我的解释，"人之生也直"也是在谈人性。但"直"是非道德的利害交换原则，不能成为道德的基础，而"性相近，习相远"的重点是"习相远"，强调的是后天实践对人的塑造，而不是人性对道德有何影响。

古代人的思维模式是高度统一的一元论。在这种模式里，如果道德与人性和外部实在分成两截，道德就失去了根基。因此，轴心时代的伟大宗教家和哲学家都思考道德的基础问题。希伯来的宗教传统把道德的基础归结为上帝，希腊人的哲学把道德的基础或归结为超越的实在（如柏拉图的"善"），或归结为人生的内在目的（如亚里士多德的"幸福"）。在中国，孟子代表了一条新的道路，他把人性和天道彻底伦理化，建立了心性与天道合一的道德形而上学体系。

我们说《孟子》中的思想是一个体系，这样说有两个依据。第一，《孟子》的问题和观点是相互联系、彼此贯通的，是有层次、有结构的整体。这一整体的特点是把以前和以后的人认为是无关的或对立的隔阂都打通了，把道德与自然、内与外、我与物、天与人、私与公等领域贯通一气。第二，《孟子》用理性的、逻辑的论辩论证自己的观点。《孟子》中充满着辩论，孟子自称"好辩"只是为"辟杨墨"而采取的"不得已"的手段。但令人困惑的是，《孟子》中的辩论绝大部分与杨朱与墨家无关。实际上，《孟子》中的大多数论辩的目的是证明孟子的观点。任何一个哲学体系都要有融会贯通的结构和理性的证明，《孟子》具备了哲学体系所必需的这些特征，我们还能说中国古代没有系统的哲学思想，不关心理性的论辩吗？当然，《孟子》不是按照体系化的方式书写的，以《孟子》的文本和后人的诠释为根据，解释出孟子的道德形而上学体系，是我们按照现代诠释学的原则所要做的工作。

2

贯通道德和自然的人性

孟子与告子的辩论似乎给人以这样的印象：告子因人性是自然属性而说性无善恶，或有善有恶；而孟子的"性善论"的主要依据是人性不是自然属性。分析性的解读可以显示，孟子与告子的分歧不在于人性是不是自然属性，而在于人的自然属性是否赋有道德禀性。《告子上》中的四场辩论,三场都围绕这一问题展开。

第一场辩论中,告子把人性比作柳木那样的自然材质,把善恶比作自然材质加工做成的人工器皿,以突出人性的自然性质与善恶之人之间的反差。孟子同意把仁义比作后成的器皿,但把加工柳木的自然纹理比作人性的自然倾向,然后反问告子,你是否要依循柳木的自然纹理加工器皿呢? 如果是,则仁义符合人性的自然倾向;如果否,仁义是违反自然倾向的人为产物。答案只能是前者,因为后者的答案把"仁义"说成是违反人的自然本性的东西("将戕贼人以为仁义"),人就会视之为祸害而逃避之,这等于是"率天下之人而祸仁义"(《告子上》,第一章)。孟子的结论因此是人性的自然倾向符合"仁义"的道德规则。

告子说,即使说人性有一定的自然倾向,但自然倾向不一定总向善。于是在第二场辩论中,告子把人性比作水流,可向东或向西,以此说明人性的自然倾向可善可不善。孟子接过这一比喻,分清了两种情况:一是水在没有外力作用的情况下总是往低处流,二是水因外力的作用而向一个方向流。

孟子讨论了第一种情况,说正如往低处流是水势一样,人之为善是人性,"人无有不善,水无有不下";正如水往高处流总是外力作用的结果,人的不善总是在外部环境的影响下的结果;正如水往高处流不是"水之性","人之可使为不善"也违反了人性。(《告子上》,第二章)

孟子喜欢用水作比喻。有人问他,孔子好几次赞叹"水哉,水哉!""何取于水也?""取"就是比喻。孟子回答说:"有本者如是,是之取尔。"(《离娄下》,第十八章)那么,什么是"本"呢? 他在稍后一点的地方说:"天下之言性也,则故而已矣。故者以利为本。"朱熹注:"利,犹言顺也,语其自然之势也。"孟子接着说道,顺着自然之势了解人性,犹如大禹顺着水势治水,"行其所无事也"。如果言行逆自然之势,那就过于穿凿了。穿凿是小智,顺势是大智。(《离娄下》,第二十六章)按照这一标准,告子的要害是逆自然之势,即"将忧戕杞贼柳而后以为梧桮","将戕贼人以为仁义"。同样,以后的荀子以人性为恶,认为道德的起源是"化性起伪",是一个"起于变故,成乎修为"的过程(《荀子·性恶》),即是对已有本性的逆反。按照孟子的观点,这也是穿凿,是小智。有意思的是,老子也以水势比喻善:"上善若水,水善利万物而不争。"(《道德经》,第八章)老子、告子和孟子三人对水的自然之势的理解不同,对善的理解也不同。

在另一个地方,孟子考察了自然环境对人性的影响,反驳告子关于"性可以为善,可以为不善"的论点。他说,年轻人在丰收之年多行善,在歉收之年多作恶;麦种发育与土地之肥瘦、雨露之多少和人事之勤懒有关;丰茂的牛山之木被砍伐殆尽;这些事例说明了人的善性会因外部环境和条件的阻碍而无法实现。但这只是说明了保存善性的必要("苟得其养,无物不长;苟失其养,无物不消");而不能说明人性不善("虽存乎人者,岂无仁义之心哉?");更不能说明一部分人有善性,另一部分人则没有("凡同类者,举相似也,何独至于人而疑之?")(《告子上》,第七、八章)。

告子也同意说人有共同的自然属性。在第三场辩论中,他提出了对人性的自然主义解释,一曰"生之谓性"(《告子上》,第三章),二曰"食、色,性也"(《告子上》,第四章)。"食、色,性也"一句被置于下一场辩论的开头,疑为错简。因为此句与本场辩论开头一句"生之谓性"有逻辑关联,而与告子在下一场辩论的论点"仁内而义外",没有逻辑关联。这两种说法把"性"的语义等同于动物性。告子的论点是,"性"与"生"同,人性是与生俱有的本能,这就是食欲和性欲。

孟子首先对"性"的语义作了逻辑分析。用现在的逻辑话语来解释,"性"是名词,不是形容词,两者的逻辑功能不同。形容词,如"白"是谓词,一个谓词在陈述不同主词时语义不变,"白羽之白也,犹白雪之白;白雪之白,犹白玉之白"。与此不同,名词的意义是指称,一个普遍名词在指称不同种类时意义有属差上的分别,不能说"犬之性犹牛之性,牛之性犹人之性"。

孟子关于人与禽兽的区分也是以种和属的逻辑区分为根据的。他说:"人之所以异于禽兽者几希。"(《离娄下》,第十九章)用现在的逻辑话语来解释,"几希"者就是人区别于动物的属差,人类天生的食欲和性欲是人和动物共同具有的种性,但人性不是动物性,而是人的属差。人的属差是善性,而不是动物的自然本能。

可以把孟子与亚里士多德作一个比较。亚里士多德根据"种＋属差"的定义,给"人"下了一个经典的定义:"人是有理性的动物。"他认为,理性是人之为人的特质;理性包括智慧和德性,"没有德性的人是最邪恶,最野蛮,最淫荡,最贪婪的动物"[1]。亚里士多德把人性看作人的自然属性,包括动物性,但不能归结为动物性。亚里士多德对人的灵魂中的"动物灵魂"成分有细致的分析。

虽然没有亚里士多德那样细致的阐述,孟子也承认人性中的动物本能成分。他说:"形色,天性也。惟圣人然后可以践形。"(《尽心上》,第三十八章)"形色",肉体和生理的本能,相当于告子所说的"食色"之性;"然",肯定之;"践形",利用或实现肉体的本能。为什么说圣人"可以践形"呢?用孟子的一段话来回答:"口之于味也,耳之于声也,鼻之于臭也,四肢之于安佚也,性也,有命焉,君子不谓性也。仁之于父子也,义之于君臣也,礼之于宾主也,知之于贤者也,圣人之于天道也,命也,有性焉,君子不谓性也。"(《尽心下》,第二十四章)这是一段意蕴深远的论述,可作这样的理解:"命"和"性"都是人的天赋;"命"是人所无法抗拒的,但人对"性"有所作为。君子虽可在感官享受上有所为之("性也"),但不努力作为("有命焉"),只是不企图改变感性天赋而已("言命不言性");另一方面,君子不可避免地赋有道德禀性("命也"),但不满足之("有性焉"),而要努力践履道德天赋("言性不言命")。

孟子反驳告子的主要论点以及相关论述说明,人性的倾向、存在和属性既是自然的,也是善的。对人性有影响的环境和动物性也是自然的,它们本身虽然不是善的,但不与人性相对立,而被人所利用,用来保存和发挥人的善性。总之,孟子的"人性论"贯通了自然和道德两个领域。

3
———

贯通内外的仁义

发生在孟子与告子之间的第四场辩论的问题是,仁义是否有内外之别?告子主张"仁内而义外",如何区分内外呢?告子的标准是,如果对他人的态度发自内心,就是"内",比如,我爱我的弟弟是发自内心的仁爱,是"仁内";但如果我的态度

---

1 亚里士多德:《政治学》,1253a 35—37。

是由外界的人或物所决定的,那就是"外",比如,我认识到马是白的,那是马的白色所决定的;我尊重老者,那是老者的年龄所决定的,所以说尊重老人是"义外"。"仁内义外"说是告子用来论证"性可以为善,可以为不善"的一个论据:发自内心的"仁"固然是善性,但表现于外的"义"却不是,因此不能把仁义笼统地视作善性。

孟子首先纠正了把马的白色混同为老者年龄的"自然主义悖谬"[1]。他指出,对颜色的态度与对年龄的态度也许没有什么不同,但对马的态度与对老人的态度是不同的。认识到马或人之白,或认识到马之老,皆出自中性的观察;但对老人的态度出自尊老之心。正因为如此,人们才把尊老称为义举,而对老马却无尊重之心。

告子辩解说,对人的态度也有内外之别,仁爱是发自内心的,所以"吾弟则爱之,秦人之弟则不爱也"。尊老是由老人的年龄决定的,所以"长楚人之长,亦长吾之长"。孟子反驳说,即使对待相同对象的相同态度,也不能证明态度是由外在对象所决定的;我喜好秦人的烤肉和爱吃自己的烤肉一样,都是出自自己的味觉。尊长之心和味觉一样,在内而不在外。(《告子上》,第四章)

但是,尊重别家的老者与尊重自家的长者果真没有区别吗?这个问题在墨家的孟季子与孟子的弟子公都子的辩论中被提了出来。孟季子设想了这样一种情形:"乡人长于伯兄一岁,则谁敬?"曰:"敬兄。""酌则谁先?"曰:"先酌乡人。"孟季子说,从内心里尊重自家的长者,但在外表上却要对别家的长者先表示尊重,这不是有内外之别吗?"公都子不能答。"孟子为公都子设想了另外一个思想实验:在叔父和弟弟之间,应该尊敬叔叔,但在敬祖仪式中,弟弟扮演"尸主"的角色,则应该尊重弟弟,这是尊重弟弟所处的位置,而不是弟弟这个人;同样,尊重乡人中的老者是尊重他在乡里的地位,而不是他这个人。孟季子听到这个回答,反驳说,叔父与弟弟所处的地位不同,但不都是外在对象吗?公都子回答说,冬天和夏天饮用的东西不同,但能够说饮水的欲望在外部吗?(《告子上》,第五章)前一场辩论的结论是:不能因为尊敬相同的外在对象而否认尊敬之心的内在;这里的结论是:

---

[1] "自然主义悖谬"是当代英国哲学家穆尔(George Moore)提出的概念,指把道德属性混同于自然属性,如把"善"当作与"红"一样的属性。参见他的 *Principia Ethica* 一书。

不能因为尊敬的外在对象之不同而否认尊敬之心的内在。仁义之心都是发自内心的对人态度,态度会因人的地位而变,但其发自内心的根源却是不变的。

孟子反对"仁内义外"说的论辩,对于他的人性论有重要意义。论辩的结论说明,人性是合乎道德的待人态度,包括主观情感(态度)和客观对象(人)两个方面。从主观方面说,人性是恻隐之心、羞恶之心、恭敬之心和是非之心。从客观方面来说,人性所意向的对象是父子、君臣、夫妻、兄弟和朋友五种人际关系,"父子有亲,君臣有义,夫妻有别,长幼有序,朋友有信"(《滕文公上》,第四章),是谓"五伦"。合乎"五伦"的待人态度被概括为仁、义、礼、智。由是,孟子建立了四种情感与四种德性之间的对应关系,作为人性的具体规定性。

孟子在两处阐述了这些对应关系。《公孙丑上》中说:"恻隐之心,仁之端也;羞恶之心,义之端也;恭敬之心,礼之端也;是非之心,智之端也。"(第六章)《告子上》中说:"恻隐之心,仁也;羞恶之心,义也;恭敬之心,礼也;是非之心,智也。"(第六章)第一种说法以人性为德性的"四端",后一种说法把人性与四种德性等同。两者似乎有矛盾:前者似乎强调人性只是道德的开始,而后者似乎强调人性已经是道德的完成。如果后一种说法是这一意思,孟子似乎没有必要坚持道德修养的必要。[1] 其实,孟子并无人性的"未成"与"已成"之分。他明确地说,人性是"不学而能""不虑而知"的良能良知(《尽心上》,第十五章)。那么,如何解释这两种说法的不同呢?

孟子所说的人性应被理解为合乎道德的待人态度。"四端"的说法强调的是内心的态度,内心态度当然有所意向,但所意向的对象尚未出现时,这些态度是"端"。"端"一般作"端倪""开端"解;但把"端"理解为"一端"也未尝不可,"四端"即是四种合乎道德人际关系的内在之端。当其另一端,即他人出现时,以内在之"四端"对待他们,于是就有合乎道德的人际关系,即"仁义礼智"的德性。《告子上》中的说法强调的是合乎道德的人际关系的内外两端,而《公孙丑上》中的说法强调这些人际关系本于内心,发自内心。两种说法中一种较为全面,另一种突出

---

1 杨泽波在比较了两者的不同之后说:"《公孙丑上》第六章即四端的说法和孟子的一贯思想一致,比较准确地反映了孟子的思想,而《告子上》第六章行文有省略,即'恻隐之心,仁也'只是'恻隐之心,仁之端也'的省略。"(参见《孟子性善论研究》,北京,中国社会科学出版社1995年版,第46页。)

重点,两者和而不同。

虽然合乎道德的人际关系有内外两方面,但孟子强调的重点在"内",如他所说:"君子所性,仁义礼智根于心。"(《离娄上》,第二十一章)在强调人己间的内在关系方面,孟子的人性论继承了孔子的"推己及人"的"忠恕之心"。但孟子把"忠恕之心"普遍化,使之成为每一个人都有的本性。另外,孟子对"推己及人"的范围和结果也作了更加明确的界定,把人性所意向的对象范围界定为"五伦",把合乎道德的人际关系界定为"四主德",建立了人性与德性的对应关系。虽有这些重要的发展,孟子始终没有离开孔子开创的以内在的人己关系为出发点和中心的大方向,但沿着这一方向走得更远,更彻底。

4 ————————————————————————————

贯通物我的志气

西方人常把孟子的人性论与基督教的"原罪"说相对照,认为两者表现了"乐感文化"与"罪感文化"的对立。"恶"的问题的确是西方思想的一个中心问题,但孟子也没有回避这一问题。如果人人都有善性,如何解释随处可见的"恶"呢?孟子的解释与西方的"道德动力"(moral motivation)说相似:有善性而无足够的道德动力,致使善性不能活动,而使人的行动偏离善性,恶由此而生。《孟子》中有两个概念与西文"道德动力"相对,一是"才",一是"志气"。

"才"是天生的材质,我们知道,那就是天赋的善性。善性如水流,顺其自然则能为善。孟子把善性的自然力量当作情感,于是有这样的说法:"乃若其情,则可以为善矣,乃所谓善也。若夫为不善,非才之罪也。"(《告子上》,第六章)孟子喜欢用"今人乍见孺子将入于井,皆有怵惕恻隐之心"为例,来说明善性是自然情感的萌动,但同时也说明自然情感力量之微弱("几希"),不足以推动道德行为。乍见孺子将入于井,人人皆有所感动,但不是人人都能够采取行动。不能顺着自然情感而行动,"不能尽其才",是产生"不善"或"恶"的原因。

自然材质或情感要用"心"培养,才能有足够的性善的动力。"心之官则思,思则得之，不思则不得也。此天之所与我者。"（《告子上》，第十五章）孟子所说的"思"也是天赋的能力，"思则得之"，这个"之"指的是对善的选择，这是在通过各种欲望和利益的权衡考量之后作出的正确选择。《孟子》中包含着西方人极为看重的"意志自由"的观念。与现在"意志"相近的术语是"志气"。"志"与"气"在《孟子》中是两个词，"气"取自外，而"志"立于心。关于"志"与"气"的关系，孟子在《公孙丑上》中有大段的讨论。孟子虽然在讨论"不动心"和"勇"的种种情况，但目的是要区分关于"志"与"气"的三种观点。一是孟贲、北宫黝、孟施舍等人偏重于"守气"，有勇气而无志气；二是告子偏重于内心，听了不入耳的话，不放在心上；遇到不顺心的事，也不动气。[1] 孟子不赞成在外气与内心各执一端，他赞同曾子先立心志，以"志"养气的做法，"自反而缩，虽千万人，吾往矣"（《公孙丑上》，第二章）。"反"，反省；"缩"，"义"；以"志"养气的结果是一往无前的义气和勇气。

孟子说："夫志，气之帅也；气，体之充也。"没有"志"的统帅，即使身体内充满了气，也只是爆满和躁动，只有匹夫之勇。但是，如果没有"气"的促动，心也没有力量立志，心如槁灰。孟子认为，"志"和"气"之间有相互促进的关系，"志壹则动气，气壹则动志"，正确的方法应该是"持其志，无暴其气"。

孟子于"性""情"而言"水"，于"心""志"而言"气"。他用水来比喻性情的自然趋向，却是在实在的意义上谈论气的。"水"和"气"的特点都是"动"，但水因"势"而动，而"气"则自主能动，使他物动。孟子看重"气"，是因为"气"有"反动其心"的使动力量，加强"心"的道德自主的能动力。"心"吸取的"气"越多，则"志"的自主能动力越强。要之，孟子认为人心有善性，善性有自然萌发的情感，但人心的自然情感力量微薄，不足以立志，即缺乏作出正确选择的自主能力和推动道德实践的能动力。"志"的自主选择能力和道德动力需要靠能动的外气来加强。

"立志"是一个内心吸收和外气推动之间的一"缩"一"盈"的动态过程。对于外力如何被吸收到内心而成为道德动力的问题，孟子总是从外力推动（"盈"）和内

---

[1] 告子说："不得于言，勿求于心；不得于心，勿求于气。"孟子不同意第一句，但同意第二句。关于告子的这两句话，历来有不同的解释。这里采取朱熹的解释："告子只是守着内面，更不管外面。""告子既不务知言，亦不务养气，但只硬把定中间个心，要他不动。"（《朱子语类》卷五十二）

心吸收（"缩"）两方面说的。孟子在回答什么是"浩然之气"时，用了两个"其为气也"的句式。第一句说浩然之气"至大至刚，直养而无害，则塞于天地之间"，这是说它的强劲的推动力，可以直接推动事物而不伤害事物。第二句说它"配义与道"，"是集义所生者，非义袭而取之也"。这是说要以长期不懈的义举来培育外气，而不能以侥幸之心，靠偶然的促进，那无异于拔苗助长那样的蠢事。孟子说"存夜气"也是如此。"夜气"是"平旦之气"（《告子上》，第八章）。朱熹注："谓未与物接时清明之气也。"这是指"夜气"的外部形态。"存"是存"夜气"于良心，使"其好恶与人近"。这是夜气被吸收在内心中的形态。

如果一个人不能吸收外力，培育志气，他就无力作出正确的选择，即"弗思""无算"。反复如此，他内心中那点微弱的自然情感也会丧失，即"放其心"；这是产生恶的主要原因。为了从善避恶，孟子提倡"存心""求其放心""养气""存夜气""尚志""寡欲"。所有这些道德修养都旨在增强道德动力，充满着对择善行善的意志力的推崇与弘扬。在历史上，当仁人志士面临着生死抉择时，往往会从《孟子》中吸取杀身成仁、舍生取义的精神力量。文天祥的《正气歌》所表达的不正是孟子的"吾养吾浩然之气"的崇高道德实践吗？

如上所述，"养气"贯通了外气和内心。"外气"是"物"，"内心"是"我"，正是在物我贯通的意义上，孟子宣称："万物皆备于我。"这句话不过是"吾养吾浩然之气"的翻版，意思是说，构成万物的精华之气成为我心中的道德动力。因此，他紧接着说："反身而诚，乐莫大焉。强恕而行，求仁莫近焉。"（《尽心上》，第四章）有了道德动力，自觉自愿地行善；有了道德意识，尽力履行"恕道"，离"仁"也就不远了。这层意思是顺着"万物皆备于我"一气下来的。有人按字词的表面意义把"万物皆备于我"理解为"万物都在我心中"，以为这是典型的主观唯心主义，与贝克莱的"存在就是被感知"的唯心论没有什么两样。但是，认识论或本体论上的西方唯心论与孟子所说的道德自觉有什么联系呢？显然，用"唯心论"来解释上句，断章取义，与整句的道理不合。

在"唯物论"与"唯心论"两军对阵的哲学史解释模式中，"气"被解释为物质，以气为本的学说被解释为唯物主义，中国哲学中的"气一元论"的唯物主义传统于是就这样被发现了。但是，我们看到，"气"在孟子学说中不是物质性的，而是道德性的。冯友兰用它翻译 morale（"士气"），颇为传神。[1] 须知，士气是一种精神力量。孟子之后的哲学家承认"气"的外部存在，承认"气"的能动、使动作用，大多是为了说明道德动力的来源和本性，他们往往不作"气"的物质运动形态与精神的能动力、使动力的分别。如果不理解孟子的"养气"说，不但会把孟子误归于唯心论，而且也会把历史上的一些形式的"气论"误归于唯物论。

5

贯通天人的心

"心"是《孟子》中最常见的概念，据统计，共出现了 121 次。[2] 上面讨论的人性、仁义"四端"、德性、情感、材质、志气等等，或寓于心，或是心的表现。"心"的一般意义是一种对待，其所对待的对象可以是自我、他人，也可以是外物；心不但是待人接物的态度，更重要的是对自身的反思。

在"心"的概念中，孟子最重视"反思"。"反"和"思"在《孟子》中是两个概念。据统计，"反"字出现 56 次，在很多地方指"反思"，如"自反而缩""反求诸己""反身而诚""君子必自反"等；"思"字出现 27 次，其中有 9 次是"反思"的意思，如"仁义礼智……我固有之也，弗思耳矣""思则得之，不思则不得""思诚者，人道也""人人有贵于己者，弗思耳矣"[3]。

反思和待人接物不是两截，以反思来决定待人接物的态度，两截就贯通了。经过一路贯通，孟子最后达到了"天"这一最大的对象。老子和庄子认为，"天"是万物的总汇，又是事物的法则，还是人力不可控制的力量。孟子并不否认他们在"自然"意义上所说的"天"。他说："莫之为而为者，天也；莫之致而至者，命也。"（《万章上》，第六章）"莫之为""莫之致"是说人力所不能。孟子承认人力以外的自然和人力不可改变的法则，但他并不因此认为人只能以无所作为的态度

---

1 冯友兰：《中国哲学简史》，第 68 页。
2 杨泽波：《孟子性善论研究》，第 35 页。
3 同上书，第 111—112 页。

来对待"天"或"自然"。相反,运用"心"的反思,人可以积极有为地对待"天"。孟子把对待"天"的积极有为的态度列为三项:"知天""事天""立命"。以下分述之。

"尽其心者,知其性也;知其性,则知天矣。"(《尽心上》,第一章)从"尽心"到"知性",再到"知天"不是递进关系,而是逻辑蕴含关系,前者是后者的前提。什么是"尽心"? 孟子说:"仁者,人心也。"(《告子上》,第十一章)"仁"是推己及人,"尽心"经历了"亲亲而仁民,仁民而爱物"(《尽心上》,第四十五章)这三层递进关系,把内心的爱推广至极致。孟子的"尽心"超出了孔子的人己关系的范围,并且也超出了一般人际关系的范围,达到了对人以外的物的爱,如齐宣王对牛也有"不忍之心"即是(《梁惠王上》,第七章)。张载后来提出"民胞物与"说,其实是从孟子的"尽心"说生发出去的。"尽心"意味着"知性"。这里的"知"是自觉的意识。我们说,人性既是自然属性,也是道德属性,这是人性的实然状态,即使人没有意识到,也是如此。"知性"却是对人性贯通自然和道德的属性的自觉意识;"知性"使人不只是接受自然的禀赋,而是可以进一步意识到,"天"也是贯通自然和道德的。孟子引用《诗》曰:"天生蒸民,有物有则。民之秉彝,好是懿德"(《告子上》,第六章),表达了对贯通自然和道德之天的歌颂。至此,"知天"的结论被逻辑地推导出来了。

"存其心,养其性,所以事天也。"(《尽心上》,第一章)"存心"和"养性"是并列关系,两者都是"事天"的途径或手段。在实然状态,心性所意向的对象是他人,所活动的范围是"五伦"。"存心"和"养性"把心性提升到自觉状态,心性所意向的对象也随之提升为"天",心性活动随之进入天人关系的领域。换句话说,"天"是人的道德自觉意识的对象,人对"天"负有道德义务。由此可以理解孟子所推崇的"诚":"诚者,天之道也。思诚者,人之道也。"(《离娄上》,第十二章)正如朱伯崑所说:"'诚'作为一种道德范畴,相当于道德义务感。"[1]就字意而言,"诚"训"信",是履行义务的承诺。"天"对万物的存在和运动负有义务,"故有物必有则"(《告子上》,第六章),"天生蒸民,有物有则"。物则就是"天"对包括人类之内的万物所履

---

1 朱伯崑:《先秦伦理学概论》,北京,北京大学出版社 1984 年版,第 141 页。

行的义务,所以说"诚者,天之道也"。在人性的实然状态,人履行对他人负有的道德义务表现为"信"的具体德行。但在道德自觉意识中,人追溯义务的本原直至"天"的物则。"思诚"是对普遍法则的自觉,"事天"就是对普遍法则尽义务,这是人类的最高义务,即"人道"。在孟子的思想体系中,"事天"是遵循物则,仁民爱物,没有敬天、拜天的宗教内容。

以上"知天""事天"两项所说与西方"自然律"的道德思想极为契合。只不过西方的自然律有一个神圣的制定者,由神自上而下地铭刻在人心之中,人依靠对神的义务而履行自然律。孟子则不同,他虽然承认天赋善性,但并不是沿着自上而下的方向,用天生的法则来规定善性的内容。相反,他是在人的内心,依靠道德自觉意识的反思,层层挖掘,步步上升,最终达到对普遍的法则的自觉意识和义务感。现代新儒家说,与西方宗教的"外在超越"相比,儒家的道德形而上学是"内在超越"。这种说法可以在孟子那里得到充足的论据。

最后,关于"立命",孟子说:"妖寿不贰,修身以俟之,所以立命也。""命"或天命是人力不可控制、不可改变的力量,但只要正确对待,人就可以把"命"转化为可资利用的力量。孟子谈了对待"命"的三种正确态度。一是顺受"正命"。不知道如何避祸,如立在危墙之下,犯罪而死,是"非命"。为了道德理想而不顾杀身之祸,尽其道而死,则是"正命"。但那些是极端情况,在一般情况下,"正命"是根据命定的条件,调整道德行为,如,"穷则独善其身,达则兼济天下"(《尽心上》,第二、九章)。二是变逆境为机遇。逆境是不可违之"命",但同时也是"天将降大任"的机会。如能利用这一机会,考验和锻炼自己,"增益其所不能"(《告子下》,第十五章),也就能把"命"的祸害转变为福分了。三是"孔子近以礼,退以义,得之不得曰'有命'"(《万章上》,第八章)的态度。这就是,求之有道,得之有命。求于己而不求于命,求于己者是自己能够做到,一定会有收获的;属于"命"的福分,不能强求,只能听其自然。有了这种觉悟,生死置之度外,做到"妖寿不贰","命"也就不能成为自我道德追求的障碍了。

6 ───

贯通群己关系的"王道"

以上说的是个人之间的人己关系，以及个人与天的关系。接下来的问题是，群己关系能否贯通呢？孟子视野中的"群"是国家这个大集体，是人民全体，与之相对的"己"是君主个人。群己关系就是"民"与"王"之间的政治关系，合乎道德的群己关系即"王道"。

"王道"的原则是"举斯心加诸彼"，孟子称之为"推恩"。孟子对以往的政治作了一个总结："推恩足以保四海，不推恩无以保妻子。古之人所以大过人者无他焉，善推其所为而已矣。"(《梁惠王上》，第七章)

"推恩"与"忠恕"的推己及人有些差别。孔子所说的"忠恕"或孟子所说的"四端"是道德良心，但孟子要君主所推广的，除了"不忍之心"外，大多数是君王的私欲和个人爱好，将之推广及民，使之成为国家之公利。如，他规劝梁惠王、齐宣王不要"独乐"，而要与民同乐。(《梁惠王上》，第二章；《梁惠王下》，第一章)齐宣王以"寡人有疾，寡人好勇""寡人好色"相推托；孟子回答说"好小勇"固然是缺点，但如能以大智大勇安天下之民，"好勇"就不是缺点了；与百姓共享"好色"之心，"内无怨女，外无旷夫"，"好色"也不算是缺点了。(《梁惠王下》，第三、五章)

与"王道"相对立的是"霸道"，"以力假仁者霸"(《公孙丑上》，第三章)。"霸道"就是用武力和暴力获取利益，包括对外的战争和对内的镇压。"霸道"崇尚外力，与"以德行仁"的"王道"是"外"和"内"两种对立的治国原则。从后果上看，"王道"能够获得功利，而"霸道"却不能；两者分歧的角度并不是要不要利益，而是以什么原则谋求利益。"王道"行仁义而利益存，"霸道"靠外力谋利而利益亡。梁惠王问孟子如何"利国"，孟子反问说："何必曰利？"(《梁惠王上》，第一章)孟子的意思并不是说"王道"得不到利益，而是说，实行"王道"是得到利益的前提。实行"王道"所能得到的好处是："斯民亲其上，死其长矣"(同上，第十二章)，"邻国之民仰之若父母……则无敌于天下"(《公孙丑上》，第五章)，"得道多助……多助之至，天下顺之"(《公孙丑下》，第一章)，等等。相反，如果"终去仁义，怀利以相接，然而不亡者,无之有也"(《告子下》,第四章)。

孟子在谈到尧舜与周幽、厉王的对立时说:"孔子曰:'道二,仁与不仁而已矣。'"(《离娄下》,第二章)"王道"与"霸道"可以说是"仁"与"不仁"的对立。在政治领域,内在的"忠恕"和"推恩"并不是唯一的准则。他在谈到君臣关系时,提出了另外一个准则:"君之视臣如手足,则臣视君如心腹;君之视臣如犬马,则臣视君如国人;君之视臣如土芥,则臣视君如寇雠。"(《离娄下》,第三章)不难看出,君臣之间应遵守的准则即孔子所说的"直":"以德报德,以怨报怨。"在君主和臣民之间,君主是负主要责任的一方,需要首先向臣民表示善意,行仁政以换取"以德报德"的回报。反过来说,如果君主不行"仁政",臣民"以怨报怨",也是完全正当的。此时的君主已经失去了"王"的合法性,只是"残贼之人,谓之一夫",诛"一夫"不能算作弑君。(《梁惠王下》,第八章)

孟子提倡"民本"思想,认同推翻暴君的正当性,这些思想具有超前的进步性。在我看来,这一具有现代民主思想萌芽的观念与他的道德体系并无直接联系。他的道德形而上学体系靠心性的内推,打通了自然与道德、人与己、物与我、天与人之间的隔阂。但是,心性的内推却不能打通君主与臣民之间的隔阂。其之所以如此,原因在君而不在民,在于君主不能推广"不忍之心",甚至连自己的爱好也不能推广及民,与民共享。在政治领域,让君主认识到实行"王道"所带来的"以德报德"的功效,以及实行"霸道"所造成的"以怨报怨"的恶果。或者可以说,在政治领域,"直"的原则比"忠恕之道"更有效。如果把利害回报的"直"当作政治领域思想的首要原则,那么,孟子的"民本"思想可以发展出把人民的权利和利益当作政治合法性的基础的民主理论,如同近代西方的"社会契约论"所做的那样。但是,古代的人没有这样的认识。以后的儒家把"仁"当作道德和政治的共同原则,"民本"只是"仁政"的附庸。比如,荀子把君王与人民的关系比作"舟"和"水",以"水能载舟,亦能覆舟"的道理,劝说君王行"仁政"。

7

公德和私德的区分与合一

孟子的"民本"思想在他的道德形而上学的体系内,难以发展出独立的政治理论,一个重要的原因是:君王的生活没有公私之分。"直"和"仁"区分于应用范围,"仁"适用的人际关系被孟子概括为"五伦",其中的父子、兄弟、夫妻和朋友是私人关系,君臣则是政治关系。按照我们的解释,孔子认为"直"不适用于父子关系,这是因为"直"只适用于非道德的公共领域。孟子也是如此。在政治领域,他要求臣属"格君心之非。君仁,莫不仁。君义,莫不义"(《离娄上》,第五章)。这就是,不要以"仁义"为唯一标准来判断君王的是非。但是,在家庭的范围里,孟子反对父子相互"责善":"父子之间不责善,责善则离,离则不详莫大焉"(《离娄上》,第十八章);"父子责善,贼恩之大者"(《离娄下》,第三十章)。"责善"可被理解为要求更好、更公正,这是按照"直"的标准所提的要求,不适用于家庭内部。我们在孔子和孟子那里所看到的"仁"和"直"的区别对待,实际上提出了现代伦理学的"私德"与"公德"的区分。这一区分是随着现代"公民社会"中的"公共领域"和"私人领域"的区分而提出的。孔孟在前现代时期能够提出类似的区分,这是一种超前的意识。

孟子所说的"仁义",不独是道德的标准,而且也是公正的标准。他的理想人格不独是"君子",而且是"大人""大丈夫"。他说的大丈夫不拘礼节,"居天下之广居,立天下之正位,行天下之大道。得志,与民与之;不得志,独行其道"(《滕文公下》,第二章)。又说:"大人者,言不必行,行不必果,惟义所在。"(《离娄下》,第十一章)这里所说的"道"和"义"不仅是按良心行善的"私德",而且是按照公正的准则和意识办事的"公德"。

我们用三个例子来说明孟子对公共领域的公正原则的看法。公正即"直"。如果以牺牲公正为代价来获得利益,那就是"枉尺以直寻"。他举例说,王良驾车,嬖奚打猎。嬖奚强迫王良用"诡遇"方法驾车,一朝而获十禽,但王良不愿再这样做,而愿意规规矩矩地驾车,哪怕"终日不获一"。孟子赞扬王良的"直",而谴责嬖奚"枉己"。显然,这里判断"直"和"枉"的标准是公认的规矩。(《滕文公下》,第一章)

　　孟子还认为，公正原则不是"礼"。因为"礼"是不可更改的规矩。他说："执中无权，犹执一也。"（《尽心上》，第二十六章）"中"是不偏不倚的规矩，"权"的对利害关系的权衡。规矩是否公正，要取决于利益关系。比如，"男女授受不亲"是"礼"，在嫂子落水的情况下，必须"援之以手"，否则就是"豺狼"了。（《离娄上》，第十七章）再比如，"告而后娶"是"礼"，但舜的父母不仁，如"告而后娶"则不得娶，不得娶则无后，为了生育后代的利益，所以，舜"娶而后告"。（《万章上》，第二章）

　　在以上这三个例子中，第一个反对根据执行规矩的有利结果来改变规矩，后两个例子则要求根据有利结果来改变规矩，这是否相矛盾呢？我以为没有矛盾。第一个是公共事务的例子，孟子反对根据个人利益（获得猎物的多少）来改变公共规则（驾车的规矩）。后两个例子传统上被当作"经权"的范例，我以为，它们的意义落实在私人关系范围。在私人事务范围内，孟子不但考虑到个人的利益，而且赞成用个人利益的大小来衡量关于私人关系（如这两个例子中的嫂叔关系和父子关系）的规矩是否正当。这三个例子正好说明，孟子用不同的标准，区别对待公共关系和私人关系及其不同的规矩。

　　但是，在君王的生活中，公和私的区别消失了，君王的家事同时也是国事，"仁"与"直"这两个原则相混淆，就不可避免地产生矛盾。《孟子》以关于舜的两件事说明这一矛盾。舜的父亲瞽瞍和弟弟象是不仁之人，多次蓄意谋害舜。有一次，万章问孟子，舜在位时流放共工和驩兜，杀三苗和鲧，却赐给象封地；同样是不仁之人，"在他人则诛之，在弟则封之"，怎么能这样做呢？孟子回答说："亲爱之而已矣。"（《万章上》，第三章）另有一次，桃应问孟子，如果瞽瞍杀人，舜应该如何处置呢？孟子设想了一个"两全之策"：首先依法把瞽瞍关起来，然后把他劫出监狱，背着他逃到遥远的海滨，与他生活在一起，天子也不当了，"乐而忘天下"（《尽心上》，第三十五章）。孟子的回答不免给人留下"失语"的感觉。他的弟子的问题是，为什么会有亲情与公务的矛盾？当亲情与公务发生矛盾时，应如何处置？按孟子所提倡的做法，舜可以慰藉自己的孝悌之心，却无法向公众交代。孟子的解释旨在表彰舜的"亲亲"，但从另一个角度理解，也可说明舜是如何不善于处理一般性的、公共的人际关系。孟子所设想的舜的私自退位，是一个象征，表明了孟子的道德原则压倒、化解了公正原则，政治与道德合为一体。

　　在我看来,政治和道德的合一,并不是儒家的优点。孟子的道德形而上学贯通了不同的领域,值得我们称道,唯独最后把"公德"和"私德"混为一谈,是我要批评的一个要点。这是一个理论上的缺点,因为相对于孔子关于"仁"与"直"的区别,以及孟子关于公德与私德的区别,这是一个倒退。公共领域中"公德"和"私德"的合一,又是一个实践上的缺点,因为它既是中国古代"国"与"家"不分的政治传统所造成的无奈结果,又反过来从思想上巩固了这一专制制度。

《墨子》的功利主义体系

　　现在的解释者都同意把墨家思想称为"功利主义"。"功利主义"的概念起源于西方，19 世纪之后成为西方世界，特别是英语世界伦理学的主流。在思想多元化的现代社会中，功利主义包括各种不同的主张，这些主张相互争论，同时又都受到其他的西方伦理学派别的批评和挑战，以至于现在给"功利主义"下一个普遍适用的定义都很困难。克里斯普（Roger Crisp）和查佩尔（Tim Chappell）说："给功利主义下定义是一件困难的事，一部分原因是它的种类的多样性和复杂性，同时也是因为功利主义传统把自己当作一个大教会。"[1]

　　我们今天要把中国古代的一个学派当作这个"大教会"的成员，更需要回答这样一些问题：墨家学说在什么意义上属于功利主义？是哪一种功利主义？西方功利主义所遭遇到的责难是否也适用于墨家？有人也许担心，带着这些问题来读《墨子》，会把一些西方的思想强加于古人，墨家不需要、也不可能回答现代学者所能提出的问题。必须承认，把墨家思想归结为功利主义是一种现代诠释，确有不少牵强附会之处。但是，这并不意味着对《墨子》的内容与西方功利主义的论证和所遭遇的问题完全无涉。如果真的是这样的话，《墨子》中的功利主义与西方的功利主义只是名称上的相同而已，并无实质上的相似；我们就不能说，两者是同一种伦理学说。事实上，墨家不仅达到了功利主义的结论，而且为功利主义的合理性和有效性提出了论证。如果我们关注墨家的这些论证，不但可以按照现代功利主义的精神来理解墨家，而且可以发现他们与西方功利主义的不同特点。

　　通常认为，西方哲学（包括道德哲学）重视分析和逻辑论证，而中国哲学和伦

---

1 *Routledge Encyclopedia of Philosophy*，London and New York，1998，"Utilitarianism".

理重视直观、想象和类比,思维方式上的这种差异,使得中西伦理学的比较难以关注于双方的论证(argument)。但是,墨家比先秦的其他任何学派都更容易克服这一障碍。与同时期的其他学派相比,《墨子》以逻辑著称。《墨子》中的逻辑分析和论证集中在《经上》《经下》《经说上》《经说下》《大取》《小取》等六篇。杨宽认为,这六篇《墨经》是全书的要旨,其中的《经上》当是墨子本人亲作;《墨经》是包含着墨家主张的精深学理,是他们理论的依据,其他各篇只是为了把《墨经》的学理普及化、通俗化而作。他说:《墨经》"完据理据,无浅陋迷信之言,惟学理既深,难以语俗,乃不得不借助社会迷信,以图发展其说,又不得不以理论改至通畅,以应世俗,此或《尚贤》、《尚同》十论之所以作也"[1]。本文的目标是要按照这种读法,即以学理为中心,以逻辑论证为中心来解读《墨子》。读出墨家思想中一些能够与西方功利主义相参照的几个特征,即:第一,消极功利主义;第二,集体功利主义;第三,规则功利主义。

1

墨家的消极功利主义

墨家的总目标是"兴天下之利,除天下之害"。"兴利"是积极的目标,"除害"是消极的目标。"功利主义"按其字面意义来说,是积极追求功利的主张;西方功利主义的目标只是"兴天下之利","除害"不是目标,相反,祸害被认为是为了实现最大的功利而不得不付出的代价,是"必然的恶"(necessary evil)。墨家则不同,他们提出的"兴利"和"除害"这两个目标,但两者不是平行,而是相关联的,不是两者并重,而是以"除害"为主。墨家所追求的社会功利只能通过消除社会祸害才能获得,"恶"是不能容忍,必须消除的;或者说,墨家所能认可的,不是"恶"的必然性,而是"除恶"的必然性。

为了显示墨家与西方功利主义的不同特点,我们把墨家的"兴利除害"的主张

---

1 杨宽:《墨经哲学》,转引自杨俊光《墨子新论》,南京,江苏教育出版社1992年版,第45页。

称作消极功利主义。"消极"指目标,而不是指行为。"消极功利主义"不是消极无为的功利主义,而是积极有为地实现"消极"的功利目标——"除害";并以此为达到"积极"的功利目标,或"求利"的唯一途径。

在孔孟书中,与"义"对举的"利"一般被译为 profit,而《墨子》中与"义"等同的"利"应被译作 utility。profit 和 utility 虽然都指"利益",但两者的意义有所不同:profit 指通过合法的或非法的手段赚取的利益,即中文的"利润";但 utility 不是赚取的,而是应得的,因此总是合法的,其合法性正如"功利"的"功"所示。《墨子》中说:"功,利民也。"(《经上》)同样,西文 utility 这种利益总是有功于集体,而不只是个人之收益,译为"功利"极为准确。

《墨子》中的"利"虽然指"天下之利",但并没有在两者之间直接画等号,而是通过分析性的论证,说明了"利"为什么是"天下之利",而不是孔孟所说的个人私利的道理。我们说《墨子》关于"利"的意义的说明是分析性的,是因为这是一个递归式的论证。

《墨子·经上》为关键术语下定义。据定义,"义"首先被归结为"利":"义,利也";"利"再被归结为快乐:"利,所得而喜也。"同时,与"利"相对立的"害"也被归结为痛苦:"害,所得而恶也。"注意:这里的"喜"和"恶"都是指人的感情,用现在的话来说,就是快乐和痛苦。

《经上》还明确地指出,"利"是欲望的对象,而不是认识的对象:"为,穷知而县于欲也。"毕沅训"县"为"悬",把这句话解释为"知之所到而欲为"。张惠言训"县"为"系",他的解释是:"为必由知,而为之则系于欲。"孙诒让正确地指出,这两说都没有看到这句话的意思是否定"知"的作用,而肯定"欲"的作用。孙诒让说:"此言为否决于知,而人为欲所县系,则知有时而穷。"[1]注意:这里所定义的"为"特指求利的行为,它被欲望所驱动("县于欲"),而不是知识所能控制的("知有时而穷")。总之,根据《经上》中的定义,"利"是人的欲望所追求的目标,这就是寻求快乐和避免痛苦。

《墨子》关于"利"的定义完全符合 2000 多年后兴起的功利主义的原则。功利

---

1 孙诒让:《墨子闲诂》卷十,《经上》第四十。

主义的创始人边沁说:"自然把人类置于两个强有力的主人的控制之下:痛苦和快乐。只是它们才能向我们指出应当做什么,并决定了会做什么。"[1]功利主义把趋利避害作为个人欲望的目标,判断一种行为是否符合道德,是否符合社会正义,只要看一看这种行为的后果是否能够增加人们的快乐,或减少人们的痛苦。边沁说:"功利原则是这样一个原则,它根据增加或减少当事人的幸福的倾向来认可或拒绝一种行为,我指的是任何一种行为,不仅包括任何私人行为,也包括政府的任何措施。"[2]

但是,驱动私人行为的苦乐感觉与衡量政府措施的社会功利是不同的。快乐和痛苦只是个人的感受,它们是主观的,因人因事而异,不同人的苦乐感情常常还会发生冲突;而社会道德和政治的原则却必须是普遍的,这样就发生了一个问题:在社会成员不一致、甚至相冲突的快乐和痛苦的情感中,什么样的快乐才是功利的标准?这一问题是功利主义的核心,功利主义者为之殚思竭虑,提出了各种不同的标准。边沁认为这一标准是快乐和痛苦总量,按照他所设计的"快乐计算法"来衡量,如果快乐总量大于痛苦总量,便是善、正义,反之就是邪恶和不正义。穆勒(John Stuart Mill)认为不应单纯从量的方面来衡量功利,从质的方面区分,快乐有精神的和肉体的两种,精神快乐高于肉体快乐。[3] 西季威克(Henry Sidgwick)主张以义务和利益相统一的合理原则为功利的标准,每一个人应按提高普遍幸福的原则去行动。所谓"普遍幸福"指最大多数人的最大幸福,按照最大幸福的原则,牺牲个人利益的利他主义既是个人的道德责任,也有政治上的合法性。[4]

同样,《墨子》中关于"利"的定义与求利避害的标准是不一致的:前者是自然的感觉,包含着相互矛盾的个人主观性;后者却是合理的选择,有着适用于社会整体的普遍性。利害的合理选择在《墨子》中被称作"权":"于所体之中,而权轻重之谓权。权非为是也,亦非为非也。权,正也。"(《大取》)"体"是部分,在利的部分与害的部分作选择叫"权";选择局部的害处叫"权非为是";选择局部的害处,是为了

---

1 Jeremy Bentham, *Introduction to the Principle of Morals and Legislation*, London,1923,p. 24.

2 Jeremy Bentham, *Utilitarians and Other Essays*, Penguin,1987, pp. 17 – 18.

3 [英]穆勒:《功用主义》,第 10—11 页。

4 [英]西季威克:《伦理学方法》,第四篇第五章,北京,中国社会科学出版社 1993 年版。

避免更大的害处,所以说"亦非为非"[1]。"利之中取大,害之中取小"是合理的选择("权"),它可以成为求利避害的标准("正")。按照"权"的标准,应该为了社会的利益而牺牲个人,如"杀一人以存天下",或"杀己以利天下";或是为了全局的利益而牺牲局部的利益,如"遇盗人,而断指以免身,利也"。

从"义"到"利",再到"喜"和"恶"的自然感情,最后到合理选择的利害,即"利之中取大,害之中取小",这是一个递归的过程,其结果是"利民"之"功",或"功利"。《墨子》中所出现的"利",如果没有特殊的说明,都是"功利"的意思。

以上我们谈到《墨子》与西方功利主义相契合的方面,现在要谈谈两者的不同方面。我们用"积极的"和"消极的"功利主义分别指示西方功利主义和《墨子》学说。两者的区别在于,"积极的"功利主义以"最大幸福"为追求的目标,而"消极的"功利主义的目标却是要避免"最大祸害";"积极的"功利主义认为功利的价值主要是正面的,在于"求利",而"消极的"功利主义则认为功利的价值主要是负面的,在于"避害"。只是在此意义上,我们区分了"积极的"和"消极的"功利主义。除此而外,不能在其他意义上,把"积极的"或"消极的"理解为对社会"有作为"或"无所作为"。注意:"消极的"功利主义并非不积极参与社会活动,墨子和他的门徒以社会改革实践和献身精神而彰明昭著;反之,"积极的"功利主义对于社会事业未必积极,如西方信奉功利主义的一些自由主义者所持的"不干预主义"就是消极的社会政策。

《墨子》中关于消极的功利主义的论证主要表现于《大取》第二章。该章由于文字脱落、词句颠乱而造成内容不连贯,致使《墨子》中消极的功利主义不显于世。现据孙诒让的考订本,理解此处提出的论证。

《大取》首先得到"权,正也"的结论,这在上面已有交代。接下来的意思是说,"权"有"权利"与"权害"之分。《经上》中已有"欲正权利,且恶正权害"的说法,这是在说好恶是选择利害的标准;《大取》进一步说明,"权利"是"利之中取大","权害"是"害之中取小"。《大取》接着又提出了一个问题:"权利"与"权害"孰为轻重?"于事为之中,权轻重之谓求。"疑开头应是"于事为之之谓中"。如是,全句的意思

---

1 原文为"非非为非",按孙诒让说,改作"亦非为非"。

便是：做事的标准叫作"中"，选择利害的权重叫作"求"。"求"又叫"择"，这两个字要在上下文作狭义的理解，"求"是要在"权利"和"权害"之间求一个权重，"择"是要在"求利"与"避害"之间作选择。

从《大取》第二章所举的例子来判断，权重在于避害，避害是比求利更大的利益。本章共有四个例子。第一个说在遇到盗人的情况下，断指以保全生命。第二个例子比较了"利于天下相若"和"杀一人以利天下"两种情况，前者是指在人们没有利害冲突的情况下，对一人有利就是对天下有利，不需要在个人利益和全体利益之间作选择，所以说"无择也"。在相反的情况下，如果牺牲一个人（包括自己）的生命可以保存天下，那就要在个人的生死和天下存亡之间作选择，所以说"非无择也"[1]。这个例子说明"择"是"害之中取小"。

第三和第四个例子语句多讹错，虽经孙诒让考订，"上下文仍难通"。从全章主题来猜测，这些文字的意思应该是在说明"害之中取小，求为义，非为义"的道理。从这四个例子得到的结论是："利之中取大也，非不得已也；害之中取小，不得已也。所未有而取焉，是利之中取大也；于所既有而弃焉，是害之中取小也。"这里虽然没有明确地说明"利之中取大"和"害之中取小"之间的权重，但前面的例子已经说明，牺牲一个人或一个集体的局部利益（"取小害"）的必要性（"不得已"），只是在于让自己或集体避免更大的祸害，而不是为了让另外的人或集体获得更大的利益。简单地说，功利的价值主要在于避害，而不在于求利。这是一种消极的功利观。

西方的功利主义者一般没有区分"避害"和"求利"这两种功利，他们以为"求利"也可通过从小利到大利的积累过程获得，而不需要通过"避害"的过程。但是，以"求利"为主要价值取向的功利主义在 20 世纪受到了西方思想家的挑战。

波普尔认为，"避害"不是"求利"的手段，而是比"求利"更重要、更迫切的目标。从心理学上说，"痛苦"和"快乐"并不是同一体验的正反两面，而是独立的、一个不能补偿另一个的身心状态。事实上，快乐不能补偿痛苦，也不能被归结为缺乏痛苦的状态。从伦理学的角度看问题，排除人们的痛苦是比增加他们的幸福更

---

1 原文为"一无择也"，按孙诒让说，改作"非无择也"。

为直接和迫切的道德要求。因此,波普尔的结论是:"我的主题是:消除人民的苦难才是公共政策的最迫切的问题,而幸福并不属于这类问题,幸福获得有待于个人自己的努力。"[1] 批评功利主义的西方思想家还说,把"求利"看得比"避害"更重要,就会为了多数人的更大利益而牺牲少数人的利益,这是不公正的。罗尔斯在其《正义论》一书开始义正词严地宣称:

> 每一个人都具有以正义为基础的,即使是社会福利整体也不能践踏的不可侵犯性。因此,正义否认了为了一些人的更大利益而损害另一些人自由的正当性。正义不能允许为了大多数人的更大利益而牺牲少数。在一个正义的社会中,公民的平等的自由权利是不容置疑的;正义所保证的权利不能屈从于政治交易或对社会利益的算计。[2]

西方思想家批评功利主义的上述两项理由都不适用于《墨子》中的功利主义。首先,《墨子》没有把"利"作为唯一的、独立的价值来追求,"利"总是与"害"相对而言的,"兴天下之利,除天下之害"不是两个独立的、平行的目标,而应被理解为通过"除天下之害"来"兴天下之利"。"尚贤""尚同""兼爱""非攻""非乐""节用""节葬"等主张,都是为了"避害"而能获得的"利",而不是单纯地通过利益的积累而获得的"利"。

其次,我们以上对《大取》的解析也表明,"取小害"的正当性不是为了"求利",而是为了"避害"。《大取》中明确地说:"害之中取小也,非取害也,取利也。""取害"就是牺牲利益。如果为了自己更大的利益而牺牲自己较小的利益,这是自私的算计,而不是道德的原则;如果为了谋求自己的利益而牺牲其他人的利益,这不符合公正的原则;但如果为了"避大害"而"取小利",那就既是道德的,也是公正的了。

---

1 K. Popper, *Conjectures and Refutations*, London, Routlege, 1969, p. 361.
2 Rawls, *A Theory of Justice*, Oxford University Press, 1973, pp. 3 - 4.

2 ———————————————————————————————————

"兼爱"：统治者和强者的首要义务

"兼爱"是《墨子》中最为显眼的篇章。从字面上理解，"兼"："全"；"天下人兼相爱"（《兼爱上》）的意思是一切人对一切人的爱。但是，《墨子》中对"兼爱"的具体规定却是："兼者，处大国不攻小国，处大家不乱小家；强不劫弱，众不暴寡，诈不谋愚，贵不傲贱。"（《天志中》）这段话里的"兼"的意思不再是"全"，相反倒有"偏"的意思。这段话清楚地表明，在"大"与"小"、"强"与"弱"、"众"与"寡"、"诈"与"愚"、"贵"与"贱"等强势群体和个体与弱势群体和个体相对立的情况下，"兼爱"偏向于弱者，并不是不加区别地要求一切人爱一切人，而是要求强者首先爱护弱者。

为什么要如此呢？这还得从《墨子》的消极功利主义的"避害"目标谈起。我们已经看到，《墨子》中的政治主张都是为了通过"除天下之害"来"兴天下之利"。"兼爱"的伦理主张也是如此，其主要目的也是"除天下之害"。《兼爱上》开宗明义地说："圣人以治天下为事者也，必知乱之所自起，焉能治之；不知乱之所自起，则不能治。"接下来说明，天下之乱的根源在于"不相爱"。"不相爱"表现何在？《墨子》中明确地说："天下之人皆不相爱，强必执弱，贵必傲贱，诈必欺愚。"（《兼爱中》）墨家并不反对社会的等级差别，他们主张"兼爱"的目的，并不是为了取消社会成员之间的贵贱、贫富、强弱和智愚等差别，而是要求阻止社会的强势个体和群体（贵者、强者、富人和多数人）对弱势个体和群体（贱者、弱者、穷人和少数人）的伤害。至此，《墨子》逻辑地得到了一个结论："兼爱"首先是强者、统治者对弱者、被统治者的爱。《兼爱》中的具体论述和例证大多是劝说统治者实行"兼爱"。比如，《兼爱上》中说，"大夫之相乱家，诸侯之相攻国"，才使得一些人盗窃他人，才使得家庭中的亲人不慈不孝；《兼爱中》以上行下效的例证，说明"君说之，故臣能之"的道理，劝说统治者首先爱人、利人，然后天下百姓才能"兼相爱"；《兼爱下》则以"文王之兼爱天下之博大"为榜样，向统治者说明"必吾先从事乎爱利人之亲，然后人报我以爱利吾亲也"的治国良方。

"兼爱"是普遍的伦理主张，其适用范围当然也适用于被统治者和弱者。只要统治者、强者首先推行"兼爱",被统治者和弱者的一方自然也会跟从统治者和强者的一方实行"兼爱"。《大取》如此描述统治者与被统治者之间互惠互利:"大人之爱小人也,薄于小人之爱大人也;其利小人也,薄于小人之利大人也。"这里的"大人"和"小人"分别指统治者和被统治者;"爱"是主观的动机,"利"是客观的效果。动机在效果之先,统治者先有爱护被统治者的自觉意识,而后从被统治者那里获得更多的实际利益。

墨家在这里谈动机与效果的先后关系,其重点并不在"后"(即,并不是强调"利"是对"爱"的回报),而在"先"(即,强调"兼爱"应是统治者、强者的优先义务)。"兼爱"学说的一个隐含的前提是,"兼爱"要靠统治者来推行,这一前提来自墨家的消极功利主义的"避害"的目标。"避害"的关键在统治者、强者一方,而不在被统治者、弱者一方;天下之所以充满着灾难和祸害,是因为统治者和强者没有先满足"爱人利人"的条件。墨家认为,当务之急是要有一个"上说者"让统治者和强者认识到他们应承担的义务;只要统治者和强者首先履行他们的义务,"兼爱"主张自然会推行于天下,"人之于就兼相爱、交相利也,譬之犹火之就上,水之就下也,不可防止于天下"(《兼爱下》)。《墨子》以"上说者"为己任,花了大量笔墨,劝说统治者实行"兼爱",不但统治者要首先爱护被统治者,统治者之间也要"兼相爱"。

如果"兼爱"不能推行,则有两种逻辑可能性:第一,统治者首先不愿实行"兼爱";第二,统治者首先实行了"兼爱",但被统治者仍不能"兼相爱"。针对第一种可能性,《非攻下》肯定诛伐暴君的正义性,根据"恶人者,人必从而恶之"的道理,说明了拒不实行"兼爱"的统治者终归要被人民所推翻的道理。针对被统治者拒不实行"兼爱"的可能性,《墨子》提出,以刑罚为罗网,"连收天下之百姓不尚同其上者"(《尚同上》)。《墨子》的"尚同"不是无条件、无原则的,"尚同"的原则是爱人利人。如果统治者遵循"兼爱"的原则,也就满足了"尚同"的条件,被统治者没有理由不"尚同"。《尚同上》之所以提倡对不"尚同"的百姓实行惩罚,应该联系"恶人者,人必从而恶之"的道理来理解。考虑到阻碍"兼爱"的两种可能性,"恶人者",不管是统治者,还是被统治者,都要"恶之",而不能"爱之"。"杀之"是"恶之"的极端情况。对此,人们诘难说,墨家主张爱一切人,同时也主张某些人可杀,岂不是自相矛盾？诘难者在理解上犯了双重错误：第一没有认识到墨家提倡"兼爱"是有限度、有条件的；第二没有理解墨家以"杀人"说事，正是为了说明"兼爱"的限度和条件。

韩愈把墨子的"兼爱"誉为"博爱"，与孔子的"泛爱亲仁"相为用。现代有人把"兼爱"与耶稣基督的"爱"的诫命相媲美，要爱包括仇人和敌人在内的一切人。确实，从字面上理解，人们一般很自然地把"兼爱"理解为对一切人的爱，即英文中的universal love，或者 all-embracing love。但是，这种"自然而然"的理解没有认识到，墨家把"暴君"和"贼人"排除在"兼爱"的范围之外，认为这是推行"兼爱"的必要条件。

墨家在反驳巫马子时指出，"不能兼爱"者之被杀，那是因为他们自取灭亡。巫马子说："我爱邹人于越人，爱鲁人于邹人，爱我乡人于鲁人，爱我家人于乡人，爱我亲于我家人，爱我身于吾亲。"在此六层递进关系中，前五层可被归结为告子所说的"吾弟则爱之，秦人之弟则不爱也"的意思，最后一层把"吾身"置于一切人的利益之上，类似于杨朱"拔一毛利天下而不为"的说法。有些人把巫马子说成是儒家的代表，其实把他当作杨朱的极端利己主义的代表，倒是更恰当。墨家反问巫马子说，你是否要别人相信你说的道理呢？如果别人相信你，就会成为极端利己之人，"欲杀子以利己"；如果大家都不相信你，"欲杀子，以子为施不祥言者也"。"说（悦）子亦欲杀子，不说子亦欲杀子。"（《耕柱》）

很明显，墨家的这一论辩不是针对儒家的，而是针对极端利己主义者的。墨家把巫马子的道理归结为"利己不利人"，这一极端利己主义非但不能普遍化，连鼓吹它的人都不能存在。如同康德所说，不道德的规则是不能被普遍化的，如"要撒谎"不能成为普遍的规则，如果大家都撒谎，人人都不相信别人说的话，到了谎言没有人信的地步，也就没有人再愿意撒谎了。同理，如果人人都按照"要自杀"的规则行事，到了所有人都灭亡的地步，也就没有自杀了。墨家与康德的论辩在逻辑上是类似的。墨家想象中的极端利己主义者被杀的必然性，象征着极端利己原则的自我毁灭。

3

墨家的集体功利主义

　　西方功利主义不是一种彻底的学说,它包含着一些内在的矛盾。功利主义的目标可被表达为最大多数人的最大幸福,简称为"最大幸福原则"。这一原则蕴含着两个原理:第一,"自我利益相关"(self-interest relevance)原理,这是说,幸福的自我感受是功利的最终标准,每一个人都是利益相关者,全社会的幸福是所有社会成员的个人利益的总和;第二,"整体利益中立"(overall impartiality)原理,这是说,每个人都只是一个人,不比其他任何个人更能代表全社会(everyone is a one, not more than one),全社会的最大幸福是超越任何个人利益的、不偏不倚的整体利益和长远利益。这两个原理是不一致的。用西季威克的话来说,"每一个人都追求他自身幸福的心理的快乐主义"和"每一个人都应追求普遍幸福的伦理的快乐主义"是不一致的,前者是利己主义(egoism),而后者要求利他主义(altruism)。[1]

　　个人主义(individualism)不同于利己主义。个人主义的功利主义以所有社会成员的个人利益为全社会的功利,而不像利己主义那样把一己私利作为功利的标准。站在个人主义的立场,社会利益只是一种抽象,不能为了抽象而牺牲具体,如果个人利益都被牺牲了,也就没有什么社会利益了。只有这一种情况下,要求牺牲一个人的利益才是合法的,那就是,事后这个人得到更大利益的回报。不难看出,个人主义以所有社会成员的人均幸福最大化作为"最大幸福"。利他主义则以全社会幸福总量的最大化作为"最大幸福",要求为了社会利益的最大增长而牺牲个人利益,或为了社会整体的、长远的利益而牺牲社会局部的、眼前的利益。比如,与边沁同时的另一个功利主义者葛德文(William Godwin),按照利他主义的方向来发展功利主义。他说,每一个人行为的动机都应该是无私的仁爱,不受家庭和社会关系的影响,行为的效果是社会整体功利的最大化。[2]

　　为了与西方伦理学的个人主义传统相契合,穆勒要求个人主义同时也是利他

---

1 [英]西季威克:《伦理学方法》,第12—20页。
2 参见[英]葛德文《政治正义论》第2章。

主义。他说：

> 功利主义认为行为上的是非标准的幸福并不是行为者的一己私利，而是一切与此行为有关的人的幸福（这是攻击功利主义的人很少能公正地承认的）。例如，功利主义者需要行为者对自己的和他人的幸福严格地同等看待，像一个超然而又仁慈的旁观者一样。从拿撒勒的耶稣的金律中，我们看到功利主义伦理学的全部精神。像你希望别人待你那样待人，像爱你那样爱你的邻居。做到这两条，功利主义道德达到了理论的完备。[1]

西季威克要求把利他主义和利己主义结合起来。他说："合理的利己主义者……可以既接受康德的原则，同时又仍然是一个利己主义者"；"自我关心的合理性如同自我牺牲的合理性一样不可抗拒"[2]。

但是，彻底的个人主义的伦理学家会反驳说，不管是穆勒所要求的"超然的旁观者"，还是西季威克所说的"无利害关系的合理性"（disinterested rationality），忽视了道德判断的内在性，即任何道德判断都来自道德主体的道德感（sentiment），不管道德感是道德理性还是良心，都在道德主体的内心；每一个主体都是一个相关的行为者，其道德理性不可能无利害关系；道德主体的良心也不可能做"超然的旁观"。他们还会说，把道德判断的权威从个人内心移到外部，无论对个人还是对社会，都会产生不利于道德的结果。

以上我们看到了西方现代功利主义所遭遇的三个困难：第一，"功利"指每一人的人均幸福的最大化，还是社会幸福总量的最大化？第二，追求功利的动机和效果是利己，还是利他？第三，道德判断的标准是与道德主体相关的内在标准，还是与道德主体无关的外在标准？

受西方伦理学的范畴的影响，现代人对"兼爱"的评价不可避免地面临一个两难选择："兼爱"是利他主义之爱，还是利己主义之爱？墨家倡导的"兼爱"学说，墨子"摩顶放踵利天下而为之"的实践，以及墨子门徒们自我牺牲、义勇救世的行为，使墨家被很多人视为中国历史上利他主义的典范。但是，也有人分析说，"兼爱"

---

[1] ［英］穆勒：《功用主义》，第18页。
[2] ［英］西季威克：《伦理学方法》，第15、16页。

的基本要求是"为彼犹为己"(《兼爱下》),而不是"舍己为人",因此不能冠以利他主义。对于"兼爱"学说的非利他主义性质,又有两种说法。

第一种看法认为,墨家的"为彼犹为己"与儒家的"推己及人"并无本质区别,但墨家标榜"兼爱"反不如儒家的"爱有差等"诚实、可行。贺麟引用美国哲学家培里(R. B. Perry)的话说:"当你说一般人都是你的兄弟时,你大概不是先把一般人当作亲兄弟看待,而是先把你自己的亲兄弟当作一般人看待。"他认为"这话把空口谈兼爱之不近人情和自欺处,说得最清楚没有了"[1]。

另一种意见更为苛厉,认为"为彼犹为己"是以"爱人"为名,实质"为己"。比如,陈柱说:墨家"欲人之爱我,故我不得不爱人",是"利己主义";儒家"言爱人而已,不言欲人爱己",是"无利己主义"[2]。

以上质疑"兼爱"学说是否利己主义的提问方式已经预设了"爱人"与"爱己"的二元对立,但这一预设对于"兼爱"学说是不适用的,因为"兼爱"的基础并不是区别"爱人"与"爱己",而恰恰是取消两者的区别。大家都知道"兼以易别"是墨家的基本主张,这一主张的实质正是要以"兼爱"代替"爱人"与"爱己"的区别。"兼爱"的"兼"是相对于"别"而言的;区别"爱人"与"爱己"是"别",不分"爱人"与"爱己"是"兼"。"兼"和"别"又是关于人己关系的两种对立态度;"兼"是视人如己,待人如己("视人之身若视其身");"别"是人己之别("独知爱其身,不爱人之身"),其结果必然是损人为己("是以不惮举其身以贼人之身")(《兼爱中》)。

《大取》中为取消"爱人"与"爱己"的区分提出了逻辑论证。"义可厚,厚之;可薄,薄之,(之)谓伦列。德行、君上、老长、亲戚,此皆所厚也。为长厚,不为幼薄。亲厚,厚;亲薄,薄。亲至,薄不至。义厚亲,不称行而顾行……爱人不外己,己在所爱之中。己在所爱,爱加于己。伦列之爱己,爱人也。""臧之爱己,非为爱己之人也。厚不外己。爱无厚薄,举己,非贤也。"[3]

这一论证的结论是"爱人不外己":把别人作为爱的对象,自己也会成为别人

---

[1] 贺麟:《五伦观念之新检讨》,参见《释中国》第 2 卷,第 1210 页。

[2] 转引自杨俊光《墨子新论》,第 108 页。此处还引用了吴熙、蔡尚思、伍非百等人对墨家"利己主义"的批评,见该书第 107—108 页。

[3] 这两段分别在《大取》第三、五两章,但据孙诒让说,这两章应是连接在一起的,第五章应为第四章。

的爱的对象，人己都是爱的受体，"己在所爱之中"。如何打通人与己的隔阂，使两者成为爱的共同对象呢？关键是如何理解"伦列之爱己"。"伦列"按字面来说指等级差序，它涉及一个集体的秩序，以及集体之间的秩序。在古代社会，秩序就是等级，等级秩序体现为不同的人受到不同程度的尊重或不尊重；所以说，"义可厚，厚之；可薄，薄之，（之）谓伦列"。受尊重的对象有四："德行、君上、长老、亲戚"，他们分别代表了四个由大到小的集体的秩序：德行代表天下的秩序，君上代表一国的秩序，长老代表乡里的秩序，亲戚代表家庭的秩序。

为什么一个集体所尊重的对象能够代表这个集体秩序呢？回答是："义，厚亲不称行而类行。"[1]"称"，称赞，"称行"，称赞一个人的行为；"类"，效仿，"类行"，以这个人的行为为普遍规范。一个集体尊重一个人，不只是因为喜爱他，而是因为把他当作行为的标准。比如，尊重禹并不是因为喜好禹这个人，而是为了把禹的德行推广到天下。反过来说，一个集体惩罚某一个人是为了以儆效尤；惩罚盗不是因为痛恨这个人，而是为了让天下都鄙弃盗的恶行。不难看出，《大取》这里关于盗的说法与《小取》中关于"杀盗非杀人"的理由是一致的。"厚亲类行"的说法把一个人的行为当作共同规范，尊重这个人也就是尊重共同的行为规范（"义"）。

"厚亲"的对象是"德行、君上、长老、亲戚"，相应的"类行"也有四种：尊重有德行的人是对德行标准的尊重，尊重君主和上级是对"尚同"的社会秩序的尊重，爱护长辈是对长幼秩序的爱护，爱亲戚是对家庭人伦道德的维护。就集体与集体的"伦列"而言，爱德行甚于爱君上，爱君上甚于爱长老，爱长老甚于爱亲戚。

"伦列之爱己，爱人也"的意思是，在有序的集体之中或之间，爱己也就是爱人。或者说，按照"义"的标准或"类行"的榜样，爱集体所尊重的人物是"爱人"，效仿集体所尊重的人物是"爱己"，"爱己"和"爱人"没有区别，因此说"厚不外己"。要之，这里所说的"爱己"指按照"类行"的规范自爱、自尊，如一个君主要按照社会对君主的要求来自爱、自尊；一个长者要按照长者应有的风范自爱、自尊；每一个社会成员都应该按照德行的规范来自爱、自尊。自爱、自尊意义上的"爱己"同时

---

[1] 原文为"厚亲不称行而顾行"，据孙诒让本改。

也是爱人。另一方面,如果别人遵守社会规范比自己做得更好,那么他就应该受到更多的爱护和尊重;"见贤思齐"意义上的"爱人"同时也是爱己。

墨家所谓的"伦列之爱"是按照集体的秩序,对集体的爱,爱集体就是爱自身,爱自己就是爱集体,如同一句我们熟悉的口号:"我爱人人,人人爱我。"正如"我爱人人"不是为了使"人人爱我"的手段,我们现在也不能把墨家提倡"爱人利人"说成是"爱己利己"的手段。正确的说法应该是,"爱人"和"爱己"没有分别,"利人"和"利己"也没有分别。"爱人"亦"爱己"的"兼爱"超越了个人的情感,是"集体主义之爱";"利己"亦"利人"的"义"也超越了个人利益,是集体的功利。如果我们能够亲身体验那种把个人融会在集体之中的集体主义之爱,就可以立即理解墨家所说的"爱人"也是"爱己"的道理,也就不需要借助更多的辩论和证明了。

墨家以"爱"为"仁",以"利"为"义",他们的"仁义"观更多地表达为对"爱"与"利"的阐述。《墨子》中有很多"爱"和"利"并举的提法,如"兼相爱,交相利""爱利天下""爱利万民""爱利吾亲""爱利人之亲""爱利不相为内外",等等。有人以为,前期墨家强调"爱"和"利"一致,而后期墨家强调"爱"和"利"的区分。[1] 我以为,"爱"和"利"一致或不一致的问题,与其说是一个思想前后分期问题,不如说是由于层次不同而产生的问题。言行一致是墨家的基本要求,在行为者实践的层次,墨家不区分"爱人"的情感与"利人"的行为,强调"利人"是与道德主体相关的行为。另一方面,墨家的集体功利主义十分重视集体所公认的道德准则,在道德标准的层次上,墨家强调社会功利是检验道德行为的标准,"利"不能被"爱"所代替。我们需要在不同的两个层次上理解《墨子》中几处关于"利""爱"关系的不同说法。

《大取》首先从以下三方面区别了"爱人"和"利人"。

第一,从"施爱"和"施利"的主体方面看,有的侧重于"爱人",有的侧重于"利人"。主体被分成两组加以比较。一是"圣人"和"天"之比较:"天之爱人也,薄于圣人之爱人也;其利人也,厚于圣人之利人也。"圣人的"爱人"情感比天的更为明

---

1 如冯友兰说:"墨翟和前期墨家认为,爱人和利人就是一件事。墨经把爱和利分开。"(《中国哲学史新编》第2册,北京,人民出版社1983年版,第282页。)

显；天的"利人"的效果比圣人的更明显。第二组是"大人"和"小人"之比较："大人之爱小人也，薄于小人之爱大人也；其利小人也，薄于小人之利大人也。"这里的"大人"和"小人"分别指统治者和被统治者；这是说，统治者应更多、更自觉地"爱"被统治者，而他们从被统治者那里能够获得更多的"利"。

第二，从"爱"与"利"的受体方面看，"被爱"不等于"受利"。墨家设计了这样一个"思想实验"：一个人以父爱对待"臧"，他爱"臧"的情感就是爱父亲的情感；但他给予"臧"的"利"不等于给予他的父亲的"利"。这就说明，"施爱"和"被爱"的对象是一致的，但"施利"和"受利"的对象却可以是不一致的。

第三，"爱"是普遍的，而"利"是特殊的、具体的。"爱人"是一种普遍的情感，不因被爱对象的不同而不同，"爱臧之爱人也，乃爱获之爱人也"。"利人"是根据各人的特殊需要，满足人们的特殊利益，"利人"方式因受利对象的不同而不同，"虑获之利，非虑臧之利也"。

顺便说，"臧"和"获"不必是个人专名，他们可以是"奴"和"婢"的通名，属于被统治者"小人"的范畴。《墨子》中经常以"小人""臧""获"为"爱"和"利"的对象，这不是随意的举例，从中流露出的信息是，墨家的"爱人""利人"主张的重点始终是下层民众，《墨辨》的逻辑始终都有伦理的背景。

《大取》虽然分析了"爱人"与"利人"的区别，但立论重点仍然是强调"爱"的主观情感与"利"的实际效果的一致性。在这里，墨家一方面反对"圣人有爱无利"的"客之言"（正确的说法应该是：圣人厚于天之爱人，而薄于天之利人）；另一方面又反对"去其爱而天下利"的说法（因为"利人"总是特殊的，而"爱人"是普遍的；道德的目标是普遍的"天下利"，表现为普遍的"爱"，所以爱"弗能去也"）。《大取》是在道德实践的层次上辨析"爱"与"利"的关系的。

在另外一个更高的层次上，墨家遇到的问题不是言与行、动机与效果的关系，而是判断言与行、动机与效果是否道德的标准是什么。对于这个问题，他们不能仅仅满足于"爱"和"利"既有区别又相一致的关系，而需要在"爱"与"利"之间进一步决定孰为根本、孰为终结的道德标准。墨家的回答是，"利"比"爱"更为根本，是道德的根本标准。《贵义》正是在道德标准的层次上，论述了"万事莫贵于义"的道理，"贵义"即是"贵利"，即是以"利"为道德标准。《贵义》把喜、怒、乐、悲、爱、恶称作"六辟"[1],提出"必去六辟"(包括"去爱")。注意:这里的"爱"指脱离了思想和行动规范的偏颇之情,而不是"仁爱""兼爱"之爱;"去六辟"与"用仁义"并行而不悖。关于"仁"与"义"的关系,《贵义》中提出,"义"是最后标准:"手足口鼻耳,从事于义,必为圣人。"为什么呢? 一个重要原因是:与"义"相比,"仁"不是一个可检验的行为标准。譬如,瞎子可以辨别"黑"和"白"名称的不同,却不能把混在一起的黑子和白子分开。同样,"今天下之君子之名仁也,虽禹汤无以易之。兼仁与不仁,而使天下之君子取焉,不能知也。故我曰天下之君子不知仁者,非以其名也,亦以其取也。""仁"是主观的情感,表达为语言,但"不仁"之人也可以说"仁"的语言,因此"仁"的语言("名")在行动中不能区别"仁"与"不仁",不能使人趋利避害。如果把这种"不足以迁行"的言论当作规范("常"),那就是"荡口",空谈大话而已。墨家认为,只有趋利避害的选择("取"),才能在实际中区分"仁"与"不仁";"取"既能指导趋利避害的行为,又能被除害兴利的效果所检验。

《贵义》中"天下之君子不知仁者,非以其名也,亦以其取也"一句,大概是针对儒家说的。注意:墨家对儒家的批评是"不知仁";不是不知道"仁"的意义,而是不知道如何区别"仁"与"不仁"。墨家并不反对孔子称"仁"。墨子说,孔子所说的话"亦当而不可易者"(《公孟》)。墨家承认孔子称"仁"符合圣人之言,但批评说,儒家大谈其仁,既不谈"取",也不谈"利",在不知道利益权衡的情况下,无论把"仁"理解为"爱",或理解为"言",或理解为"礼",都不足以使人们取"仁"而舍"不仁",也无法在行动中区分"仁"与"不仁"。

站在儒家的立场上看,"仁"是发自内心的道德情感,它是自在、自足的道德标准,根本不需要树立另外一个标准来判断"仁"或"不仁"。墨家的"贵义"是要用利益的权衡("取")这样一个外在标准来区分"仁"与"不仁"。这在儒家看来,更是匪夷所思。孔孟要求"杀身成仁""舍生取义",就是说,仁义道德的义务根本不能用利益来权衡,出于"仁义"的义务即使会造成不利后果,也要义无反顾地履行到底。

---

1 原文只有喜、怒、乐、悲、爱,"恶"据孙诒让本加。

4 ——

墨家的规则功利主义

功利主义在西方经历了从行为功利主义到规则功利主义的发展。早期的功利主义者要求道德和政治行为具有"最大幸福"的效果。很多人觉得这是脱离实际的过高要求,日常的道德行为并不都有增进社会最大幸福的效果。即使人们有增进社会最大幸福的主观愿望,也不可能有一个"超然的中立裁判者",告诉人们什么是社会的最大幸福,通过什么途径增进社会最大幸福的结果。为了克服行为功利主义的局限,西季威克首先在《伦理学方法》一书中把"最大幸福"由行为的效果转变为行为的规则。按照规则功利主义,道德行为不依赖于当事人对最大幸福的理解,却必须遵循能够增进社会最大幸福的规则。比如,"不撒谎"或"舍己救人"的行为不一定能够立即增进社会福利;在有些情况下,"撒谎"也许是能够更大地增进社会利益的方式,袖手旁观他人的危难也许对社会利益也没有什么损害。但是,"不撒谎"和"舍己救人"符合社会生存和发展的长远利益,它们在长期的社会发展的历史中被凝固为社会成员的行为准则。道德准则是一个成功的文明、发达社会所必需的,它们超越了行为当事人的理解和利益,对于社会的整体利益和长远利益,起到"中立裁判者"的作用。即使人们不知道什么是社会的最大幸福,只要遵守社会的道德规则,就是最大限度地增进了社会利益。

西方功利主义的发展背景是个人主义的伦理传统。行为功利主义要求人们以"利他"的动机追求社会的最大幸福。规则功利主义调和了"利他主义"与"利己主义",认为个人出于道德直觉而遵守道德规则,其动机是超越"利他"和"利己"考虑的"无利害关系的合理性",其效果是既"利他"又"利己"的社会利益最大化。

墨家的功利主义没有个人主义的背景,却有行为功利主义和规则功利主义的双重特征。墨家的行为功利主义表现在集体主义精神和利他主义的道德要求。同时,墨家以普遍的规则超越行为当事人对利益的狭隘理解,为社会利益最大化提供了客观的、可信的标准,这又表现了规则功利主义的特征。

《墨子》中的"利"有狭义和广义之分:狭义的"利"不但指"自利",而且指"利人",指人的实际利益;广义的"利"不但指"人之利",而且指"天之利""鬼之利",是包括上("天")中("鬼")和下("人")三个层次的利益全体。墨家广义的"利"的全称句式是"上中天之利,而中中鬼之利,而下中人之利"。这一"上、中、下"排比句还有另外一个句式:"中实将欲为仁义,求为士,上欲中圣王之道,下欲中国家百姓之利。"(《尚贤下》《天志下》)这两个句式是否表达了两个不同的标准呢? 第一个句式所表达的,全都是"利"的标准,第二个句式似乎不是这样,除了"国家百姓之利"的标准之外,还有"仁义"和"圣王之道"这样两个似乎不同于"利"的标准。《天志下》中的一段话,可以说明这两个句式之间的联系:"若事上利天,中利鬼,下利人,三利而无所不利,是谓天德。故凡从事此者,圣知也,仁义也,忠惠也,慈孝也,是故聚敛天下之善名而加之。"如此看来,第二句式里的"仁义"和"圣王之道"不过是加诸第一句式里的"三利"的"善名"。或者说,"仁义"和"圣王之道"是"利"的标准的另一些说法。

这样的理解不难在《墨子》中找到佐证。关于"仁义"与"利"的相似性,有这样一些相似的句子:"中实(或情、诚)将欲为仁义","中实欲天下之富,而恶其贫;欲天下之治而恶其乱"(《兼爱中》),"中实将欲尊道利民,本察仁义之本,天意不可不慎也"(《天志中》)。这些相似的句子说明"欲为仁义"与"欲利民"的意思是一致的。

关于"圣王之道"与"利"的联系,有这样一些相似的句子:"中实将欲求兴天下之利,除天下之害,当若鬼神之有也,将不可不尊明也,圣王之道也。"(《明鬼下》)"圣王之道,天下之大利也。"(《节用上》)

以上这些例句说明,第一,"欲为仁义"和"欲中圣王之道"的意思都是"欲求兴天下之利,除天下之害",并不是不同于"利"的另外的标准。第二,"欲求仁义"与尊明鬼神之间有对应关系;这些也可看作是"仁义"与"利鬼"的对应。关于"欲中圣王之道"与"利天"之间的对应,《法仪》中说:"天之行广而无私……故圣王法之。""圣王法天"意味着,"圣王之道"就是"天必欲人之相爱相利,而不欲人之相恶相贼"的"天意"。

以上分析是为了说明,《墨子》中所说的"利"的标准是一个完全的标准,明确地表达为"利天""利鬼""利人"三个层次;其他表达只是"三利"这一完全标准的不同说法,而没有另立其他标准。

我们已知,墨家的功利主义不是以个人情感或利益为基础,而是以天下的整体利益和长远利益为原则的集体功利主义。任何一种集体主义都维系于对集体规范的认可,墨家的集体功利主义也不例外。墨家内部已经在实践上解决了集体公认的标准问题,因而成为一个有着严密纪律和规范的团体。但是,墨家要把"天下"都变成一个大集体,他们最注重的问题是如何建立一个天下人都公认的标准。墨子把建立天下人公认标准的依据叫作"法仪":"天下从事者,不可以无法仪;无法仪而其事能成者,无有。"(《法仪》)

"法仪"不是功利的标准。功利标准是"义"或"利",而"法仪"是决定功利标准的标准。墨家以木匠做活为例,说明"法仪"好比是决定行为规范的工具:"百工为方以矩,为圆以规,直以绳,正以县(悬)。"(《法仪》)方、圆、直、正,这些是木工活的规范,而尺、规、绳、悬锤,分别是衡量这些规范的工具,工具决定了行为的规范。同样,"法仪"是国家和天下的行为规范的依据所在,"法仪"回答了如何建立规范、建立什么样的规范或规范是从哪里来的等问题。

《非命上》在引用墨子"必立仪"的话之后,接着提出:"必有三表。""三表"在《非命中》和《非命下》又称"三法"。可以断定,《非命》中提出"三表"或"三法",把《法仪》中提出的"法仪"概念具体化。现在有些学者把"三表"解释为认识论的一般方法,未免把问题的范围扩大了许多。"三表"所要解决的问题不是如何认识事物或一切社会现象,而是如何认识道德规则。《非命上》中说:"是非利害之辨不可得而明知也,故言必有三表。"就是说,辨别是非利害的道理不是明显的,不能靠直接的知识,谈这种道理一定需要"三表";或者说,辨别是非利害的规则需要"三表"才能建立。这是从认识道德规则的角度来说"三表"的必要性的。

如果说"三表"有什么认识论意义的话,那就是论证了道德规则的根据、来源和内容。西方功利主义者往往直接诉诸情感和直觉来建立道德的功利标准。早期的功利主义者大多持快乐主义,他们认为,求乐避苦的情感是自明的,自明情感是道德的无可怀疑的基础。西季威克不满足于心理的快乐主义,而诉诸理性的权威,但他认为道德理性是自明的直觉,功利主义的规则是自明的真理。不论快乐主义,还是直觉主义,都没有从认识论的高度论证功利主义的合理性和正当性。墨家的功利主义则不同。他们要通过"是非利害之辨"来论证功利规则,因为道德的基础不是直接的、自明的,"不可得而明知";用现在的话来说,就是,不能根据自明的情感或直觉。《墨辨》始终以逻辑和认识论来论证自己的道德主张,《非命》中提出"三表"说,更是以更高、更普遍的观点,从认识论的高度论证道德的基础。

5————————————————————————————————

功利规则与道德常识

从现代人的观点看,墨家提出的"利天""利鬼""利人"三层道德标准似乎背离了功利主义。功利主义所关心的只是"利人",其标准的典型表达是"最大多数人的最大利益"。墨家的标准却在"利人"之上又有"利天""利鬼"两条,这是否在谋求人民利益之外和之上的宗教特权呢? 墨家把道德的基础建立在"天志"和"明鬼"的基础之上,把"尊天""事鬼神"作为道德规则,这是否混淆了道德与宗教的界限呢? 这些是值得继续讨论的问题。

规则功利主义者的一个特点是尊重常识。他们认为,道德规则是对人们日常道德经验的概括,道德常识是社会长期发展的产物,必定具有符合这个社会的整体利益和长远利益的合理性;因此,尊重常识与尊重社会利益最大化的原则是一致的,功利主义的规则表现为社会的道德常识。西季威克说,功利主义者不能从头开始建构道德的基础,"他必须从现存社会秩序和作为这个秩序的一部分的现实道德出发";"他只在极小的程度上偏离那个现实的社会、它的现有道德规则体系,以及它对于德性与恶的习惯判断"[1]。

宗教是西方社会秩序的一部分,《圣经》包含的宗教戒律,如摩西"十诫"和耶稣的"登上宝训"等已成为日常生活的道德准则。最早的功利主义认为信仰上帝是遵守功利原则的根据。比如,18世纪的英国道德神学家帕莱提出了"德性"的三重定义,即,"做对人类的利益的事,服从上帝的意志,为了永恒的幸福"[2]。西

---

1 [英]西季威克:《伦理学方法》,第482、483页。
2 William Paley, *The Principle of Moral and Political Philosophy*, Dublin, 1785, p. 47.

季威克在《伦理学方法》中对神学与伦理学的关系有所怀疑,但到晚年时,他承认:

> 当我在写这本伦理学的书时,倾向于同意康德的立场,认为我们必须设定灵魂的继续存在,以利于德福和谐;对于我来说,这是理性的道德生活所不可缺少的。[1]

与西方的道德神学相比较,墨家所说的"天志"相对于西方人所说的"上帝的意志","鬼神"相对于"不朽的灵魂"。不能认为墨家把宗教对象引入道德规则是古代宗教迷信的残余,西方近现代极为理性的道德家如康德、西季威克等,尚且把"上帝的意志"和"不朽的灵魂"作为道德公设,我们现在有什么理由说古代的墨家肯定"天志"和"鬼神"的存在是宗教迷信呢?宗教不等于迷信,判断宗教是否迷信应该看相信宗教有无理由,是否符合社会道德。这一标准对于中国和西方同样适用。

墨家提出的"三利"的道德标准与帕莱提出的德性的"三重定义"极为相近:"利人"接近于"做对人类的利益的事";"利天"接近于"服从上帝的意志";"利鬼"接近于"为了永恒的幸福"。但是,墨家不同于西方道德神学家之处在于,墨子不是宗教家,而是彻底的世俗道德家。提倡"利天""利鬼"归根到底是为了"利人",提倡"天志""明鬼"的理由是为了保障人的整体利益和长远利益。

墨家深知,人们往往只看到眼前的、局部的利益,而忽视长远的、全体的利益。墨子说:"今天下之士君子,知小而不知大。"比如,一个人偷窃桃李,大家都知道他是贼,官府还要惩罚他;但现在有人为了窃取别国主权,杀人无数,损失了无数的生命财产,却没有人谴责他、阻止他。为了克服人类"知小而不知大"的局限,墨家以"天志"代替了人对自己利益的衡量,如墨子所说:"我有天志,譬若轮人之有规,匠人之有矩。"(《天志上》)

照顾人类整体利益和长远利益的"天志",表现在两个方面。第一,"天之行广而无私,施厚而不德"(《法仪》)。"德"与"得"通,指天施厚爱利人,而不期待任何回报。第二,天乐意人类相利,厌恶人类相害,"天必欲人之相爱相利,而不欲人之

---

1 E. M. Sidgwick and A. Sidgwick, *Henry Sidgwick*: *A Memoir*, Macmillan, 1906, p. 467.

相恶相贼也"(《法仪》)。如果有人提出"奚以知"的问题,如何知道"天志"对人如此仁慈呢?墨家会回答说,看看大家熟知的常识吧。日月星辰、春秋冬夏、雪霜雨露、山川溪谷、金木鸟兽等,以及生长出的五谷麻丝,给人以"衣食之财";从这些自然现象,"知天之爱民之厚者有矣",如同像父亲照顾自己的长子一样。至于"天志"的第二个方面,可以从历史现象得知。"天"为了利民而使人建立了"尚同"的社会政治制度,"为王公诸伯,使之尚赏贤而罚暴"(《天志中》)。历史表明,"爱人利人,顺天之意,得天之赏者有矣;憎人贼人,反天之意,得天之罚者有矣。"前者的例证是"三代圣王尧、舜、禹、汤、文、武"的事业成功,后者的例证是"三代暴王桀、纣、幽、厉"的失败下场。(《天志中》)

如果说"天志"保障了人类的全体利益和长远利益,那么"明鬼"则是为了保障行善避恶的功利效果的兑现。人们只算计个人眼前利益的"知小不知大"的局限还表现在,如果他们看不到善恶有赏罚回报,他们往往不会主动地、自觉地行善避恶。墨子说,现在天下失义大乱,就是因为人们不相信鬼神能够赏善罚恶,"今若使天下之人,借若信鬼神之能赏贤而暴罚也,则夫天下岂乱哉!"我们知道,西方人用"灵魂不朽"的观念来保证德福一致;而墨家则是用"鬼神"的存在来保证善福淫祸。

古代"鬼"和"神"可通用,都是指灵魂,"阳魂为神,阴魄为鬼"(《正字通·示部》)。由此把"鬼"或"神"翻译为 spirit 是正确的,而将古文中的"神"译为 god,或将"鬼"译为 ghost,则是错误的,它会使外国人误以为中国古代崇拜的鬼神就是西方人崇拜的 god 或惧怕的 ghost。另外,把神鬼翻译为 spirit,也要与西方人所说的 soul 相区分。两者最大的不同是鬼神有形而灵魂无形,神鬼有形而能被人当作灵验物来崇拜。

墨家利用当时流行的鬼神崇拜,宣传善福淫祸的道理。春秋时代的鬼神崇拜的对象被分为人鬼、天神、地祇。墨子把鬼分为三类:"有天鬼,亦有山水鬼神者,亦有人死为鬼者。"鬼神可以说无所不在,他们时刻注视着人们的行为,"是以吏治官府不洁廉,男女之为无别者,鬼神见之;民之为淫暴寇乱盗贼,以兵刃毒药水火退无罪人乎道路,夺人车马衣裘以自利者,有鬼神见之"。认为如果人们相信这些道理,就不敢作恶,不敢不行善了。

墨家相信"天志"，但不相信"天命"，这两种不同的态度似乎有矛盾。墨家关于"天"的观念源于《周书》中的命正论。命正论的中心思想是"以德配天"，既有强调"天德"的一面，也有强调"人德"的一面。强调"天德"者说，如果任何人的恶行都不能阻止天护佑百姓人民的意志，那么人应该无条件地服从天意；另一方面，强调"人德"者说，如果"民之所欲，天必从之"，顺从民意和顺从天意没有区别，那么只顺从民意就是了，再要求顺从天意岂非多此一举？墨家的"天志说"继承了传统命正论中"天德"的一面，而"非命说"继承了"人德"的一面。但是，墨家却克服了传统命正论中潜在的矛盾，因为他们把这两个方面置于不同的层次。

墨家在道德之本的层次谈"天志"。他们还在道德标准的层次上谈"天德"："上利乎天，中利乎鬼，下利乎人。三利，无所不利，是谓天德。""天德"是全面的功利规则，"天志"是功利规则的根据和保障。强调无条件地服从"天志"，遵守"天德"，反映了墨家的规则功利主义的主张，即要求人们服从能够谋求和维护社会整体利益和长远利益的规则。

总之，墨家的功利主义没有现代功利主义包含的那些矛盾，因此也没有明显的"规则功利主义"与"行为功利主义"之分。在行为者实践的层次，墨家要求尽心尽力为百姓谋福利，认为道德努力是功利效果的直接原因。传统的"命定论"或当时的"命运论"用"天命"否定或贬低道德人为努力对于功利效果的决定性作用。墨家的"非命"所反对的"执有命者"，即反对非道德的命定论和命运论。

通过规则功利主义与道德常识之间的密切联系，我们可以理解，墨家倡天志、明鬼神的实质是诉诸常识，建构功利规则，论证道德基础；而他们的"非命"更显示了反宗教迷信的道德自觉，有行为功利主义积极奉献之真谛。墨家出于功利主义的立场，对于传统和流行的宗教观念既有吸收，又有舍弃。道德是对待宗教的理由和标准，应该把墨子视为道德家，而不是宗教家。

中国古代价值律的重构

价值律是价值体系的核心,系统地把握了价值律,也就把握了价值系统的整体。系统首先是分类。在价值律中,有些是道德律,有些则可以是非道德,甚至是反道德的。比如,利己主义者的格言"人不为己,天诛地灭",拜金主义者的格言"人为财死,鸟为食亡",就是非道德的价值律。按照价值论的标准,道德律的价值高于非道德的价值律,而非道德的价值律高于反道德的价值律;在道德律中,也有价值高低之分,伦理学中的"金律"是最普遍的道德律,这也是价值最高的道德律。我们可以把比"金律"次一等的道德律称作"银律"。最近,国外有人把"铜律"与"金律"和"铁律"作比较。[1] 如果用金属的价值来类比,我们可以把价值律由高到低地排列成"金律""银律""铜律""铁律"。这四种价值律,在中国古代典籍中都有所论述。本文将根据先秦诸子的思想,对中国古代的价值律加以诠释。

1

金律和银律

为了方便起见,我们先从"银律"谈起。人们常以孔子所说的"己所不欲,勿施于人"作为"金律"的标准版本。其实,把孔子的这句话作为"银律"倒更恰当一些。"金律"与"银律"的区别在《论语》中相当于"忠"和"恕"的区别。关于这一区别,黄

---

1 Carl Sagan,"The rules of the game", in Billions and Billions, *Thoughts on Life and Death in the Brink of the Millennium*, New York, Random House, 1997, pp. 180 - 191.

子通对"仁"与"忠恕"的关系作了新的诠释。他认为"恕"从消极方面讲"爱人",即"己所不欲,勿施于人",意思是"我所不要的不要给别人";"忠"是从积极的方面讲"爱人",即"爱人如己",意思是"我所要的都给别人"。"忠"比"恕"要求更高,"恕"是初步的"忠","忠"是完成的"恕"。[1] 冯友兰在《中国哲学简史》中也持此说:"忠恕之道"的肯定方面"是"己之所欲,必施于人","否定方面"是"己所不欲,勿施于人"。[2] 这是一个很有见地的看法,我们从此出发来理解《论语》。

人们通常把孔子所说的"己所不欲,勿施于人"称为伦理学的"金律"。但如果只是把"己所不欲,勿施于人"理解为"仁"的否定方面,还有比它更高的肯定方面,那么,"己所不欲,勿施于人"就不能被称为"金律"了。理雅格正是这样提出问题的,他区别了金律和银律。"己所不欲,勿施于人"是"银律",而耶稣基督所说的"你要别人怎样对待你,你就怎样对待别人"才是金律,它是比"银律"更高的伦理规则。[3] 黄子通和冯友兰都说,"仁"的意义也有肯定性表达,那就是"己欲立而立人,己欲达而达人"。

但是,认为肯定性表达是比否定性表达更高的道德准则的解释,引起了另外一个反驳。这个反驳的大意是:人们对于"不欲"的事物有着普遍的共识,比如,疾病、死亡、灾祸、战争,都是人们所不喜欢的、要极力避免的东西。所以"己所不欲,勿施于人"是完全符合道德的;然而,人们对"所欲"的事物却没有普遍的共识,不同境遇的人有着不同的需要和生活目标,比如,病人最需要的是健康,而身体健康的穷人最需要的是财富;因此,"己之所欲,必施于人"是强加于人的做法,是不道德的,甚至会引起灾难性的后果,比如,如果政治家把自己对"自由"的理解当作所有人的普遍要求,产生了"自由,自由!多少罪恶借汝名而行"的悲剧。

我以为,以上的驳论所依据的前提是对道德准则的误解,这个错误的前提是:"所欲"或"不欲"的对象指事物。实际上,道德准则的适用范围是人与人的关系,而不是人与物的关系。虽然现在也有规定人与物关系的环境伦理、动物伦理的准则,但那毕竟是现代的产物,而且是为了处理更大范围的人际关系,或按照人际关

1 《北京大学百年国学文粹·哲学卷》,北京,北京大学出版社 1998 年版,第 130 页。
2 冯友兰:《中国哲学简史》,第 38—39 页。
3 J. Legge, *The Chinese Classics*, vol. 1, Oxford, Clarendon, 1893, p. 177.

系的类比,而提出的伦理主张。在一般的情况下,尤其是在古代,道德准则或者是人们要避免的不好的人际关系,或者是要追求的良好的人际关系。"己所不欲,勿施于人"的意思就是:我不愿意别人这样对待我,我也不要这样对待别人。同理,"己之所欲,必施于人"的意思是:我愿意别人这样对待我,我也要这样对待别人。如果把"不欲"和"所欲"分别理解为不喜欢或喜欢的物品,那么,那两句话便成了这样的意思:我不喜欢的物品,也不要送给别人;我喜欢的物品,也一定与人分享。如果说,第二句话是强加于人,那么第一句话岂不也是违反了互赠有无的人际关系(这通常是一种良好的或者是道德的人际关系)。我喜欢吃肉,也要求别人吃肉,或强行送给别人肉食,这固然是强加于人;但我不喜欢吃肉,于是也要求别人也不吃肉,这不同样是强加于人吗? 自己不需要的肉食,宁可丢掉,也不送给别人,这岂不是浪费吗? 我用这样的例子说明,如果把"忠恕之道"理解为处理人与物的关系的准则,企图否定"己之所欲,必施于人"是道德准则的人,最后也不得不否定"己之所欲,必施于人"是道德准则。他们从这个错误的前提出发,最终要否定自己原来要维护的结论。

在《论语》中,"己所不欲,勿施于人"只是"恕"的含义的简称,"恕"的含义的全称是:"我不欲人之加诸我也,吾亦欲无加诸人。"或如《中庸》所说,"施诸己而不愿,亦勿施于人"(第十三章)。后面两个说法比"己所不欲,勿施于人"更清楚,它们指明的意义是,我不要别人这样对待我,我也不要这样对待别人。

按理说,"忠"的确切表达应该是,"欲人施诸己,亦施于人",而不是"己之所欲,必施于人"。但是,"欲人施诸己,亦施于人"不见于《论语》和其他儒家经典。孔子说:"己欲立而立人,己欲达而达人。"这句话被认为是"忠"的唯一表述。这样的理解是可以成立的。但应该注意,"立"和"达"不是指社会地位,而是指人己关系。如果这里所说的"立"指"立功"或"立业",那么,"己欲立而立人"对长沮、桀溺耦、杖荷蓧丈人这些隐者来说,就不适用了。"达"也不是指"官运亨通"或"财运发达"之类的意思,否则,"己欲达而达人"对伯夷、叔齐等"逸民"来说,就不适用了。但孔子或赞扬("吾非斯人之徒而谁与"),或尊重("我则异于是,无可无不可")这些隐者和逸民的价值观。这充分表明,"立"和"达"都不是表示社会地位和身份等外在价值的"身外之物",而是良好的人际关系。在《论语》中,"立"有"尊重人"的意思，如，"民无信不立"，是说不讲信用就得不到尊重；"臧文仲其窃位乎？知柳下惠之贤，而不与立也。"这不是说臧文仲没有给柳下惠官职，而是说柳下惠是鲁国大夫，臧文仲没有尊重他，这就等于窃取了他的位置。"达"也不是外在的价值。子张把"达"理解为有名声："在邦必闻，在家必闻。"孔子不同意，他说："是闻也，非达也。夫达也者，质直而好义，察言而观色，虑以下人。"孔子把"达"与"闻"对举，"闻"是徒有虚名，"达"则是给人实在的帮助。参考这些段落中"立"和"达"的意义，"己欲立而立人"的意思是：如果你想得到别人的尊重，你就要尊重别人；"己欲达而达人"的意思是：如果你想得到别人的帮助，你就要帮助别人。这不正是"欲人施诸己，亦施于人"的意思吗？

按照现代的解释，"忠"是金律，"恕"是银律。金律是比银律更高的道德要求，"忠"也是比"恕"更高的要求。"不欲人施诸己，亦无施于人"要求人们不加害于人，不做坏事；"欲人施诸己，亦施于人"进一步要求人们尽己为人，只做好事。"不做坏事"与"只做好事"，"避恶"与"行善"不是同一行为的两个方面，而是两个层次上的对应行为。"不做坏事"是消极的，被动的；"做好事"是积极的，主动的。"不损人"相对容易，"利人"则比较难，"无私利人"最难。因此，孔子对"博施于民而能济众"的评价是："何事于仁，必也圣乎！尧、舜其犹病诸！"专门利人岂止是仁，那已经达到了圣人的境界了，连尧、舜离这样的境界还有一段距离呢。那么，孔子是否自称自己能够实行"金律"呢？《中庸》有一段话："忠恕违道不远，施诸己而不愿，亦勿施于人。君子之道四，丘未能一焉：所求乎子，以事父，未能也；所求乎臣，以事君，未能也；所求乎弟，以事兄，未能也；所求乎朋友，先施之，未能也。"一般认为，《中庸》是儒家思孟学派的作品。思孟学派对孔子推崇之至，如孟子所说："自生民以来，未有盛于孔子也。"他又引用孔子弟子宰我的话说，孔子"贤于尧、舜远矣"（《孟子·公孙丑上》）。但《中庸》中的那一段话也足以表明，在思孟学派看来，即使圣人如孔子者，也未能施行用肯定句式表达的那四条道德规则。请注意：这四条都是在说，你要别人怎样对待你，你就要这样对待别人。孔子说他做不到这四条，与他说尧舜还不能完全做到博施济众是一个意思，即，强调"金律"是崇高的道德理想，激励人们尽力实现这一理想。"有所不足，不敢不勉，有余不敢尽。"

但是，强调"金律"的崇高理想，只是儒家伦理的一个方面。孔子一方面说"我未见好仁者、恶不仁者"(《论语·里仁》),另一方面又说"我欲仁,斯仁至矣"(《论语·述而》)。《中庸》一方面说"君子之道四,丘未能一焉",另一方面也说"忠恕违道不远"。这两方面不是矛盾的,"推己及人"把两者连接在一起。"推己及人"是道德实践的全过程,从"银律"开始,最后达到"金律"的理想境界。"银律"即"恕道",即"己所不欲,勿施于人",这要求人们讲良心,不做坏事,不加害于人,遵守道德的基本规范,如"不要杀人""不要偷盗""不要奸淫""不要撒谎"等。"金律"即"忠道",即"尽己为人",这要求利他主义的行为,为他人的利益而牺牲自己的利益。

从"恕道"到"忠道"是从"仁"的否定方面到肯定方面的过渡,这一过渡表现了"推己及人"的范围由近到远、由少到多的过程,同时也是道德境界不断提高的过程。这也就是说,"金律"和"银律"不只是同一个道德律的肯定和否定两个方面,而且是这一道德要求的高低两个层次,以及这一道德实践过程的高级和初级两个阶段。

2

铜律

简单地说,"人施于己,反施于人",别人怎样对待你,你就这样对待别人,这就是"铜律"。与"金律"相比,"铜律"的表述式少了"欲"或"你要……"的内容。这是因为,"铜律"不是"推己及人"的论断,而是对他人行径的反应,它要求人们根据他人对自己的行为来决定对待他人的行为。一些行动准则,如"以德报德,以怨报怨""以牙还牙,以眼还眼""以血还血,以命抵命"等等,都是"铜律"的具体主张。

"铜律"的依据是人我行为对等原则,而不是公正的原则。"公正"不等于"平等"和"对等",公正的原则承认差等,要求区别对待。柏拉图把"公正"定义为"各人做适合于自己做的事情",亚里士多德对"公正"的定义是"把一个人应该得到的东西归诸他"[1]。这里的"适合"和"应该"是因人而异的。行为对等原则拉平了个

---

[1] 柏拉图:《理想国》,434a;亚里士多德:《尼各马可伦理学》,1131a。

人与个人、阶级与阶级、人群与人群之间的差别,要求用对等的行为对付自己所遭遇的行为,以对等的行为效果偿还所受到的效果。一个富人付给一个穷人的也许只是他的财富的九牛一毛,但这个穷人要偿还给富人的也许是他毕生的劳动;这是不公平的,却符合"铜律"。强者动一动小指头就可以伤害一个弱者,而这个弱者也许会用生命为代价来还击,目的是为了使对方遭受同等效果的伤害。

铜律相当于朱熹所说的"即以其人之道,还治其人之身"(《中庸集注》,第十三章)和《论语》中的"以直报怨,以德报德"。《论语·宪问》"以直报怨"与"以怨报怨"其实没有实质性区别,都肯定了对等的报复。但"怨"在《论语》中是贬义词,"以怨报怨"是出于私怨的报复,而"以直报怨"是按照原则的报复。因此,儒家的另一部经典《礼记·表记》中干脆用"以怨报怨"代替了"以直报怨":"以德抱德,则民有所劝;以怨报怨,则民有所惩。"简而言之,利害对等的原则即"铜律"。

"铜律"不要求对人性的善恶作出先验的预设,但要求对他人行为的好坏作出经验判断;并且,还要对自己对他人所作出的反应所引起的后果作出进一步的判断,如同下棋一样,每走一步,要考虑到以后几步甚至十几步的连锁反应。"铜律"不像"金律"和"银律",其意义不是一句话所能概括的。"铜律"是关于利益和价值的博弈规则,而不是关于道德行为的规则。"铜律"本身并没有对行为的善恶提出具体要求,但要求按照对等原则,对人我之间的相互行为进行博弈。不通过博弈的过程,你既不知道别人会如何对待你,也不知道应该如何对待别人。

按照"铜律"进行博弈的一个典型案例是罗尔斯引用的"囚徒的两难推理"[1]。设想两个人共同犯了其他人都不知道的罪行,他们被警察当作嫌疑犯隔离拘留,一方不知道对方是否会供认。如果双方都不供认,每人将被判一年徒刑;如果双方都供认了这桩罪行,各判五年;如果一人供认,另一人不供认,供认的人将立功受奖,立即开释,不供认的人将被从严处理,被判十年。经过一番博弈,这两个人都供认了罪行,因为这是符合他们利益的合理选择。供认的最好结果是被立即释放,最坏的结果是被判五年;而不供认的最好结果是被判一年,最坏结果是被判十年;在这两种情况下,供认的结果都要好于不供认。罗尔斯说:"霍布斯的自然状

---

[1] John Rawls, *A Theory of Justice*, Oxford University Press, 1972, p. 269.

态是囚徒的两难推理这一一般案例的典型范例。"[1] 他使用这一案例说明了博弈的合理性和追求自己最大利益的性质。正是按照这样的利益博弈，人类走出了"人对人是狼"的"自然状态"，进入了服从"社会契约"的社会状态。

中国古代政治哲学里也有类似的博弈思想。墨子提倡"兼爱"，其理由出自利益的博弈，即"兼相爱，交相利"。"兼"就是既考虑自己，又考虑别人；相反，"别"就是只考虑自己，不考虑别人。如果你既爱护自己，又爱护别人，那么除了自我关爱之外，你还会得到别人的爱护，这就最大限度地实现了自己的利益。如果大家都是这样的话，那么就是"交相利"了。反之，如果你只爱护自己，不爱护甚至伤害别人，那么别人就会反过来伤害你，到头来你自己也保护不了自己。如果大家都是这样的话，那么就是"交相恶"了。

从"别爱"到"兼爱"，从"交相恶"到"交相利"既是一个博弈的过程，也是一个历史的过程。墨子说，人类初期，"一人一义，十人十义，百人百义，千人千义，逮至人之众不可胜计也，则其所谓义者亦不可胜计"（《尚同下》）。这里的"义"指的是自爱的原则，每一个人都以爱护自己的利益为"义"，结果是"人是其义，而非人之义"，为了自己的利益而损害别人的利益，引起争斗，天下大乱，"如禽兽然"（《尚同中》）。在大家利益相互损害、人人不能自保自爱的情况下，大家都想要找到一个顾全大家利益的统一原则，"是故天下之欲同一天下之义"（《尚同下》）。墨子把"同一天下之义"的任务赋予天子，由此解释天子和国家的起源。至于天子是通过什么途径产生的，是民选，还是天命？墨子没有回答。这一问题对他来说并不重要，重要的是，从天下大乱的禽兽状态到推行兼爱的君主国家是一个自然的过程，这种自然过程即墨子所说的"天志"。

今人常把墨子的"兼爱"思想的基础归结为功利主义和鬼神崇拜。但进一步的分析可以表明，墨子"兼爱别害"的功利主义的根据是行为对等原则；他鼓吹鬼神崇拜，则是为了解释人类按照这一原则所形成的趋善避恶的自然倾向。如果从价值规则的角度来区分儒墨，那么可以说，儒家主要以"金律"和"银律"的道德律为一以贯之的原则，而墨家则以非道德的"铜律"为原则，从中合乎自然地引申出

---

1 John Rawls, *A Theory of Justice*, Oxford University Press, 1972, p. 269.

关于社会政治的道德原则。

荀子虽然属于儒家,但其思路更接近于墨家,而与孔孟不同。荀子主张人性恶,他所谓的恶其实不过是人的自爱好利、趋乐避苦等非道德本能。非道德并不等于反道德,相反,通过圣人的"化性起伪",人类被引向礼义社会。"化性起伪"是从非道德的本能走向道德社会的过程,这一过程也就是现在所说的利益博弈过程。

荀子说,圣人和常人的本性并没有什么不同,"君子与小人,其性一也"。这就提出了一个问题:为什么与众人同样"性恶"的圣人能够做出创立礼义的善举呢?荀子回答说,圣人的高明之处在于善于积累人类的经验智慧,"故圣人者,人之所积而致也"。这里所谓的"积"不同于孔孟所说的"推"。孟子说:"圣人者,善推己及人也。""推"是类比,"积"是积累;"推"是道德的延伸,"积"是在经验积累的过程中进行步骤越来越复杂的利益博弈,达到了对人类的长远利益的认识。"积"本身是一种非道德的能力,但其结果却是"圣"。荀子把这一过程刻画为:"伏术为学,专心一志,思索孰察,加日县久,积善而不息,则通于神明,参于天地矣。"从理论上说,每一个人都有成圣的认识能力,"涂之人可以为禹"。但实际上,"圣可积而致,然而皆不可积"。常人对利益的博弈局限于个人的暂时利益,眼光短浅,博弈几招也就罢了,这就是"不可积"。

圣人为什么要"化性起伪",众人又为什么要违背自己的本性接受礼义制度?归根到底,都是出于利害关系的考虑,即荀子所强调的"辨"。他说,人与禽兽的区别在于"有辨","人道莫不有辨"(《非相》)。"辨"的作用是"明分(社会分工)使群(社会组织)"(《富国》)。他反复说明,人类群居合一,定分差等,化于礼义,"故最为天下贵";反之,"群而无分则争,争则乱,乱则离,离则弱,弱则不能胜物"(《王制》)。从分、群、化,到"最为天下贵"是人类利益的正博弈;从"五分""争""乱""离""弱",直至人不如动物的境地,这是人类利益的负博弈。荀子的礼义观正是以人类利益的正反两方面的博弈为基础的,他与墨子一样,荀子把社会和道德的合理性归结为利益的博弈。

中国古代的墨子、荀子和西方近代的霍布斯的社会理论都表明,从非道德的"铜律"到关于社会政治的道德原则,是一个利益博弈的过程。与"铜律"密切联系的利益博弈蕴含着基本预设:一是"利益最大化原则":每一个人都追求自己的最大利益;二是"合理化原则":人的理性可以认识什么是自己的最大利益,并且决定如何实现这一目标的途径。如果这两个预设的原则能够成立,"铜律"就可以导向道德的原则;反之,如果它们不能成立,"铜律"就会导向反道德的"铁律"。

3
铁律

　　简单地说,"铁律"就是"己所不欲,先施于人"。铁律相当于曹操所说的"宁使我负天下人,不使天下人负我"(《三国演义》,第四回),或"宁我负人,毋人负我"(《三国志·武帝记》注引孙盛《杂记》)。我们耳熟能详的一些格言,如,"先下手为强,后下手遭殃","宁可错杀一千,不可放走一人"等等,都表达了"铁律"的意思。

　　"铁律"是与"金律"和"银律"背道而驰的反道德准则,也摆脱了"铜律"的行为对等原则的限制。在行为对等原则的前提下合理地追求自己的最大利益,人们必不敢无端地、贸然地损害别人的利益。"铁律"以"先施于人"的要求,企图摆脱对报复行为的顾虑,而肆无忌惮地逞凶作恶。"先施于人"的"先"不仅指时间上的先,而且指策划在先;策划于对方的报复之先,使对方的报复行为失效。

　　"先施于人"的策划当然也是一种利益的博弈,只不过与"铜律"所要求的理性的博弈不同,这完全是赌徒式的非理性博弈。本来,"博弈"和"赌博"在西文中都是一个词,即 gambling。当这个词表示的是对利益的理性的算计,那就是"博弈"的意思;如果表示的是非理性甚至是疯狂的赌博,那是不折不扣的赌徒心理。赌徒心理的非理性有种种表现。

　　比如,赌徒心理具有冒险性,只看成功后获得的效益,利令智昏,不顾手段和代价。这种冒险心理使那些奉行"铁律"的人具有损害他人的主动性和侵略性。

　　再如,赌徒具有侥幸心理,不考虑成功有无可能性,以及或然性的大小。这种侥幸心理使那些奉行"铁律"的人损害他人时不计后果,总以为可以逃脱受损害方的对等报复和社会的公正惩罚。

　　又如,赌徒具有一次性心理。理性的博弈是可重复的行为,以求逐渐达到最大利益。疯狂的赌徒却是孤注一掷,企图一次成功;即使失败,也在所不惜。抱着这种成王败寇的心理去损害别人,其行为或具有彻底性,以狠毒的手段斩草除根,使对方失去报复能力;或具有隐蔽性,不露痕迹而逃之夭夭,不给对方留下报复的机会。

"铁律"对于任何社会的存在都是威胁。一个以"铁律"为主导的人群,只能是霍布斯所说的"人对人是狼"的"自然状态",或是墨子和荀子所指出争斗离乱、如同禽兽、甚至连禽兽都不如的前社会或非社会的状态。虽然"铁律"从来没有形成正式的、普遍的表达形式,但在人们的日常生活中不乏普遍的影响。比如,我们一开始提到的中国古代流传至今的那些生活格言,不是有很多奉行者吗?中国古代思想家已经认识到"铁律"的作用,并在事实上把"铁律"运用于极权统治。韩非子在这方面表现得尤为突出。

法家与荀子一样,认为人有自私的本性,但是他们更全面地分析了私心所导致的社会后果。荀子只看到个人私利被圣人引向礼义的后果,却没有认识到私利与公义冲突的必然性。法家指出,这种冲突是必然的,因为它产生于比私心更深、更黑暗的心理根源。他们论证说,礼义教化是用来约束人的私心、规范人的私利的,但如果人们不服从礼义教化,那又怎么办呢?唯一的选择就是依靠强力,使用刑法。

法家的政治主张建立在对人的黑暗心理的深刻分析的基础之上。早期法家商鞅分析说,人的私心因时代不同而走向更危险的境地,由此造成了不同社会混乱:上世因"爱私"而"以别险为务",中世因"务胜力争"而"讼而无正","莫得其性",下世则因"相出为道","有分无制而乱"(《商君书·开塞》)。管子也提出"人相憎""人心悍",所以需要法(《枢言》)。韩非子在解释《老子》中"祸难莫大于可欲"一句时说:"祸难生于邪心,邪心诱于可欲。"(《解老》)韩非子所说的"邪心"还不是一般意义上的"私心"。"私心"追求私利("可欲"),"邪心"则是以非分之想,用非常的手段来追求私利;"邪心"是"私心"的恶性膨胀,所以说"邪心诱于可欲"。私心并不可怕,可怕的是邪心,所以说"祸难生于邪心"。

法家不是在荀子的意义上谈论"性恶",也不只是在趋利避恶的意义上肯定人性自私,而是着重揭示人的私心中包含的冒险性("以别险为务""人心悍")和毁灭性("务胜力争""莫得其性""人相憎")倾向。这种冒险的、毁灭的心理倾向导致的社会混乱,用我们现在的话来说,即是"铁律"的横行。法家争辩说,无论是孔墨的"仁义",还是荀子的"礼义",都不能治理这种混乱。韩非子说:"圣人之治国也,固有使人不得不爱我之道,而不恃人之以爱为我也。"(《奸劫弑臣》)他的治国之道的中心意思是,君主只有先使用"铁律",才能制止他的臣民把"铁律"施加于他。在他看来,谁掌握了权力,谁就有了"己所不欲,先施于人"的势力。权力所带来的这种势力叫"势"。韩非子说,权势的得失不靠人心的向背,也不靠个人的德性:"尧为匹夫,不能治三人;而桀为天子,能乱天下。吾以此知势位之足恃而贤智之不足慕也。"(《难势》)他教导君主说,一定要首先使用权势,否则,让臣属掌握了权势,君主就会受制于人。他用了一个比喻,虎比狗有力量,但是,"使虎释其爪牙而使狗用之,则虎反服于狗矣";同样,"今君人者释其刑德而使臣用之,则君反制于臣矣"(《二柄》)。韩非子反复强调的道理,就是"先下手为强,后下手遭殃"的"铁律"。

4

关于价值律的进化论解释

一般意义上的价值律是规范人与人的利害关系的行为准则。其中,金律和银律教导人们,从善良意愿出发,获得共同利益;铜律要人们从实际的利害关系出发,达到人际间利害的对等回报;铁律则要人们从一己私利出发,不择手段地损人利己。铜律是非道德(non-moral)律,它所指导的行为不是出自善良意愿或任何道德动机,而是为了照顾和维护自己的利益。铁律则是反道德(immoral)律,它导致的赤裸裸的损人利己的行为是十足的恶。中国古代的这四种价值律,不但适用于中国古人,而且是适用于古今中外人类的普遍规则。从进化论的角度,我们可以理解价值律与普遍人性的联系。

道金斯的《自私的基因》一书对人类的基本道德准则作了生物学的解释。他认为,人类和其他动物一样,也是基因利己主义者,但是为了实现自己的最大利益,他们的利己主义会采取某种形式的利他主义。他说:

我们的基因是在一个高度竞争的社会里，经过几百万年的时间而被保存下来的。我们有理由认为，一个可能成功的基因的主要性质是赤裸裸的自私性。基因的自私性通常产生出个体行为的自私性。但是，在特殊的环境中，基因能够在个体动物的层次上，通过一种有限形式的利他主义，尽可能地达到自私的目标。这里的"特殊"和"有限"是重要的限制词。我们更愿意相信的其他观念，诸如博爱和全种族的利益，根本没有进化论上的意义。[1]

道金斯所说的"特殊环境"主要指针锋相对的利益博弈，在这样的条件下，一个人的收益是通过他人的回报而获得的，由此，他必须要适当顾及他人的利益，以便得到他人的回报。这种利他主义是"有限"的，因为它只是自私的基因"尽可能地达到自私的目标"的一种手段。

人类各个文明社会都普遍地存在着被称为"金律"的伦理规则："你要别人怎样对待你，你就怎样对待别人。"但道金斯解释说，这一条规则之所以能够成为普遍的行为规则，只是因为人们期待为别人所付出的努力能够得到别人更大的回报。"金律"的根据是对自己可能获得的最大利益的博弈，这是基因的自私性的一种特殊表现。但在社会合作的交往中，它比赤裸裸的自私性有更多的表现机会，由此被人们误解为人类道德本性的流露。按照道金斯的解释，人的本性表现在基因层次上，这是完全自私的，而被基因所决定的个体行为却可以是利他主义的。自私的基因和道德的人是两个不同层次上的现象，不能混淆，也不能用一个去否定另一个。

道金斯把"金律"归结为获得自己最大利益的博弈，这引起一些批评。比如，米切尔·卢斯说："一旦我们知道道德信念仅仅是为了维持人类的繁殖目的而被自然选择所建立的一种适应性，那么，道德只是我们的基因为了繁殖的目的而强加于我们的一种集体幻觉。"[2]

道金斯的失误也许不是把道德与利益博弈相联系，而是把道德"金律"与利益博弈直接挂钩，并且进一步把人的利益归结为基因的繁殖利益。其实，进化博弈

---

1 Richard，Dawkins，*The Selfish Gene*，Oxford University Press，1976，p. 3.

2 Michael Ruse，"On the significance of evolution"，in *Blackwell Companion to Ethics*，1991，p. 506.

论针锋相对的模式有宽广的应用范围,也可以像帕斯卡的"赌博"式证明和"囚徒的两难推理"那样应用于各种社会行为的选择。如果把针锋相对的博弈论模式应用于人际关系的交往,那么,博弈论也许可以成为道德的基础之一。

沿着这一想法,一些博弈论的专家最近已经作了一些有益的尝试。比如,阿斯洛斯(Robert Axelrod)在计算机上做实验,随机地比较几个博弈论模式的优劣,结果证明"针锋相对"(Tit - for - Tat)的模式优于其他模式。"针锋相对"首先采取合作的方式,然后根据上一回合的结果,对进攻者进攻,对退让者退让,经过几个回合的较量,结果获胜。而"进攻者"的模式在前几个回合占上风,但后来被"针锋相对"模式所代替。[1] 这一实验证明了梅纳德-史密斯所设计的"鹰、鸽和回应者"之间的博弈论模式。

如果把"金律"解释为"退让者"("鸽")的行为准则,那么,"回应者"的行为准则就是"铜律";而"进攻者"("鹰")的行为准则是"铁律":"在别人进攻你之前,首先进攻别人。"(do unto others as you like before they do it unto you)从价值论的角度看,"金律"是道德规则,"铜律"是非道德的规则,而"铁律"则是反道德的规则。进化博弈论证明,自我牺牲和一味退让的利他主义固然不符合个体的利益,赤裸裸的利己主义最终也不能达到利己的目标。只有与他人合作,才能尽可能地实现自己的最大利益。合作和利他主义是利益博弈的最佳结果。从这一意义上,可以说,"铜律"本身虽然是非道德的,但按照"铜律"的利益博弈却能够导致社会合作和道德。

在历史上,近代思想家已经不自觉地运用利害博弈的思想,把"铜律"作为社会价值体系的核心。比如,霍布斯和洛克在政治领域,休谟和功利主义者在道德领域,亚当·斯密等人在经济领域,都把合理地追求个人最大利益作为社会合作的基础。进化博弈论提出的"针锋相对"的模式正是对近现代价值观所作的一个合乎科学主义精神的证明。我们也要对中国古代的四种价值律有全面了解,才能分清中国文化传统中的精华和糟粕,才能扬长避短,使传统文化成为现代文化建设的宝贵资源。

---

1 Robert Axelrod & William Hamilton, "The evolution of cooperation", in *Science*, 211(1981), pp.1390 - 1396.

中国古代价值律在政治哲学中的应用

中国古代哲学属于士大夫阶层的精神产物。士作为四民之首,既承担着社会教化的责任,又在不同程度上掌握着政治权力。他们既属于统治阶层,又是联系最高统治者与被统治者的中介。这一独特的社会功能和地位决定了他们的哲学思想离不开这样一个中心问题:统治者如何自觉地运用价值律趋利避害? 这一问题可谓是政治哲学的永恒主题。即使在现代,统治者成为公共利益的管理者和代表者,政治哲学仍然要指导他们如何根据价值律来分配和调节社会权益。因此,从政治哲学的角度来看待中国古代哲学的各家学说,不但可以使我们更加深刻地理解这些学说的价值导向,对现代政治哲学也不乏启迪意义。

1

儒家的德治

众所周知,儒家学说以伦理和政治一体化为特征。孔子说:"为政以德,譬如北辰居其所而众星拱之。"(《论语·为政》)这句话简明地说明了道德与政治的关系:道德是政治的根本和核心,政治是道德的延伸和应用。这一政治主张可被概括为"以德治国"的德治主义。《论语》中的一些主张,如"克己复礼""泛爱众""爱人""政者正也"等等,都是对统治者说的。如果只是把这些主张解释为一般的伦理主张,不加区别地要求统治者和被统治者履行道德责任和社会义务,那实际上是使统治者解脱了道德榜样的责任,使道德沦为约束被统治者的政治手段。

"德治"的力量在于统治者德性的榜样的力量。"德治"的基本要求是,统治者以德性服人，以德性教人。"德治"的反面是以暴力压人，以权力制人。即使对那些被统治者认为是"无道"之人，孔子也不主张使用强权。鲁国的统治者季康问孔子："如杀无道，以就有道，何如？孔子对曰：子为政，焉用杀？子欲善而民善矣。"（《论语·颜渊》）孟子后来更加明确地区分了"王道"和"霸道"，两者是"德治"与"强权"的分别："以力假仁者霸"，"以德行仁者王"（《孟子·公孙丑上》）。

关于儒家的德治主义，有一个普遍的误解，以为儒家的政治思想不讲现实利益而流于空疏。孔子提出的"义利之分"是儒家的一个基本原则。孟子对梁惠王说："王何必言利？亦有仁义而已矣。"（《孟子·梁惠王上》）与"仁义"相对立的"利"实际上是靠政治强权谋取、维持的统治者的单方面的利益，这是"霸道"。与之相反的"王道"维护统治者和被统治者双方的利益。孔子有一句名言："不患寡而患不均，不患贫而患不安。"在社会等级制度森严的条件下，儒家当然不可能主张统治者和被统治者的利益均等。"均"是双方利益的相对平衡，"安"是利益的差别符合社会所能容忍的限度。"盖均无贫，和无寡，安无倾。"（《论语·季氏》）相反，如果以强凌弱，必然会造成"贫""寡""倾"的后果。在公共领域，"义"和"利"的对立实际上是"均利"和"独利"的对立，也是"王道"和"霸道"、"德治"和"强权"的对立。

儒家之所以主张"均利""施仁政"，其根据是利害对等原则。孔子处理人际关系有两个标准，一个是"忠恕"，另一个是"直"。应该看到，这两个标准很不一样。"忠恕"是用我希望别人对待我的方式来对待别人，"近能取譬"，"推己及人"；"直"是用别人实际对待我的方式去对待别人，包括"以德报德"和"以怨报怨"两个方面。

如果说，"忠""恕"分别是金律和银律，那么，"直"可被称为铜律。金律和银律适用于道德关系，其应用范围是孔子所说的"仁"。铜律的一般意义是利益的对等回报，这是处理一般人际关系的标准，其范围包括"仁"与"不仁"两个方面：在"仁"的范围里，"以德报德"；在"不仁"的范围里，"以怨报怨"。在政治领域，人际关系不能被归约为道德关系，"不仁"之人和事大量存在，"铜律"是完全必要的。

事实上，孔子和孟子也绝非只谈仁义、不懂现实利害关系的迂腐之人。有关利害的权衡和对等回报的论述，在《论语》和《孟子》中比比皆是。比如，鲁哀公在饥年要把原来的一成岁赋提高到二成，孔子不赞成，他的理由是："百姓足，君孰与不足？百姓不足，君孰与足？"（《论语·颜渊》）这是在说利益回报的道理：如果百姓富足,自会回报国君;如果百姓不足,没有回报,国君也不会富足。孔子还提出:"惠则足以使人。"(《论语·阳货》)统治者要给予被统治者以"惠",才能得到被统治者回报的效力。孟子向统治者进谏说:"推恩足以保四海,不推恩无以保妻子。"(《孟子·梁惠王上》)这是因为,统治者的"推恩"与被统治者的"报恩"有着双向交流的关系。用孟子的话来说:"乐民之乐者,民亦乐其乐;忧民之忧者,民亦忧其忧。"(《孟子·梁惠王下》)孟子认为,君臣关系也要符合利益对等回报的原则:"君之视臣如手足,则臣视君如心腹;君之视臣如犬马,则臣视君如国人;君之视臣如土芥,则臣视君如寇雠。"(《孟子·离娄下》)"以德报德,以怨报怨"也适用于君民关系。君主需要以"仁政"换取"以德报德"的回报。反过来说,如果君主不行"仁政",臣民完全有理由"以怨报怨",有诛杀暴君的权利。他说,"残贼之人,谓之一夫",诛"一夫"不能算作弑君(《孟子·梁惠王下》)。

综上所述,孔孟提倡的德治主义以两类价值律为指导:一是以"忠恕"为名义的道德律(金律和银律),一是以"直"为名义的铜律。前者要求统治者承担更多、更严格的道德义务;后者要求实行统治者与被统治者利害的对等回报。这些主张达到了当时的历史条件所能容纳的君臣平等观念和民本思想,极为难能可贵。这些政治主张要求,通过维护统治者和被统治者的共同利益,达到国家的和谐和政权的稳定,也能最大限度地维护统治者的根本利益。但是,在不改变等级制度和权力结构的条件下,统治者不愿意主动地接受道德和实际利益上的双重约束,因此不可能把孔孟的深谋远虑的政治蓝图付诸实践。

2

墨家的功利政治

墨家和儒家都以"仁义"为道德和政治的纲领,但两者对"仁义"的理解却大相径庭。概括地说,儒家的仁义观是德治主义,而墨家的仁义观是功利主义。根据《墨子·经上》的定义,"义,利也";"功,利民也"。因此,把墨家的"义"译为"功利"极为准确。墨家和儒家一样,把"仁"理解为"爱人",但儒家的"爱人"是由己及人的"忠恕",而墨家的"爱人"却是无差别的"兼爱"。墨家提倡"兼爱"的理由可被归结为以下这样一个论证：

前提一："爱人者，人必从而爱之；利人者，人必从而利之。恶人者，人必从而恶之；害人者，人必从而害之。"（《墨子·兼爱中》）

前提二："天下之害"出乎"自爱""别爱"，即，"独知爱其身，不爱人之身，是以不惮举其身以贼人之身。"（《墨子·兼爱中》）

前提三："兴天下之利，除天下之害。"（《《墨子·兼爱中》）

结论："兼以易别"（《墨子·兼爱上》），"兼相爱，交相恶"（《墨子·兼爱下》）。

前提一是利害对等原则。用我们的话来说，是一个普遍适用的价值律，即铜律。《墨子》还引用《大雅》的话："无言而不仇，无德而不报。投我以桃，报之以李。"墨子解释说："此言爱人者必见爱也，而恶人者必见恶也。"这些话与儒家的"以德报德，以怨报怨"是同一意思。

前提二是对当时现实的真实描述。墨子认为，造成社会动乱的原因是，父子不相爱、兄弟不相爱、君臣不相爱、天下之人皆不相爱。前提三是治理国家要达到的目的。墨子认为，如果不能达到这一目的，统治者也不能自保。为了达到趋利避害的目的，根据前提一表述的规律和前提二所描述的现实，唯一的选择只能是实行"兼爱"。这一主张的必然性"譬之犹火之就上，水之就下也，不可防止于天下"（《墨子·兼爱下》）。

墨家的政治哲学的前提是关于利害对等回报的原则，而得到的结论却是符合道德律的"兼爱"。从铜律出发，推导出金律和银律，墨家是这样，西方功利主义也是这样。比如，穆勒把趋利避害作为价值判断的标准，同时又指出："从拿撒勒的耶稣的金律中，我们看到功利主义伦理学的全部精神。像你希望别人待你那样待人，像爱你那样爱你的邻居。"[1]

与先秦的其他学派相比，《墨子》以重视逻辑著称。即使现在看来，墨家政治哲学的逻辑并不错。但是，利益博弈不等于逻辑推理。统治者和被统治者的利害关系是在不平等的社会条件下的利益博弈，而得出"兼爱"结论的逻辑推理却以利

---

1 ［英］穆勒：《功用主义》，第 18 页。

害交换的平等为前提,这在现实中是行不通的。墨家要求统治者首先推行"兼相爱,交相恶",这无异于要求他们放弃既得利益,与被统治者平均分享权利和利益。这是统治者所不能接受的。墨子正确地看到,"兼爱"之所以不能推行的原因是,"特上弗以为政,士不以为行故也"(《墨子·兼爱中》)。墨家于是苦口婆心地劝谏统治者推行"兼爱"。《墨子》的其他政治主张也是对统治者说的。在劝谏的同时,他们还借助"天志""明鬼"的宗教信仰,恐吓和警告统治者。这些办法都不能奏效。针对被统治者,《墨子》又提出"尚同"的主张,要以刑罚为罗网,"连收天下之百姓不尚同其上者"(《墨子·尚同上》)。这无异于要求被统治者放弃自身已经少得可怜的权益。既然统治者和被统治者都不能接受"兼爱"的政治主张,墨家在先秦以后消失在中国历史的舞台上,也就是顺理成章的了。

3

韩非子的极权政治

法家是一个复杂的群体,被称为法家的个人有不同思想,本文仅以《韩非子》一书为素材概括法家的价值取向。韩非子从他的老师荀子那里学到了"性恶"的思想,但为了使帝王能够依人性治国,韩非子对荀子的思想作了两点重要的修改。第一,荀子认为自私自利是恶的本性,韩非子却认为,"自为""好利"既然是人的本性,无所谓善恶。帝王的任务不是改变人的本性,"化性起伪",而是顺应人性,趋利避害。此即"凡治天下,必因人情"(《韩非子·八经》)之理。第二,韩非子从人皆自利的前提,得出了君臣不能互利的结论。他说,君臣的根本利益犹如"冰炭不同器,寒暑不兼时"(《韩非子·人主》)。认识到这一点,对帝王来说具有性命攸关的重要性:"知臣主之异利者王,以为同者劫,与共事者杀。"(《韩非子·八经》)

既然君臣的根本利益"势不两立",那么帝王必须先发制人,才能压倒臣仆,树立帝王的绝对统治,这就是帝王之势。韩非子用一个比喻来形象地解释"势":"明主之牧臣也,说在畜鸟","驯鸟者断其下翎,必恃人而食,焉得不驯"(《韩非子·外储说右上》)。先断绝臣仆们的独立能力,使之完全依附于帝王。这不正是"己所不欲,先施于人"的铁律的具体应用吗?

韩非子的政治哲学有"势、法、术"三说,但"势"最为重要。"势"被等同于国家的权柄,帝王有了势才有国("凡明主之治国也,任其势。"《韩非子·难三》);失去势也就失掉了国("主失势而臣得国。"《韩非子·孤愤》)。如果把"势"解释为铁律能够说得通,那么,我们的结论是,韩非子的政治哲学以铁律为前提和出发点。

韩非子的政治哲学之所以能够以反道德的铁律为前提,这是因为他的哲学以帝王的一己私利为最高利益。人们常把韩非子比作马基雅维利。确实,两者都论述君主的绝对权力和统治术,但有一个明显的差别。马基雅维利维护君主的权力,是因为他真诚地相信君主能够保护人民的权利和利益。正如他所说:"如果一个人由于人民的赞助而成为君主的话,他应该同人民保持友好关系,因为他们所要求的只是免于压迫,君主是能够轻而易举地做到这一点的。但是一个人如果同人民对立而依靠贵族的赞助而成为君主的话,他头一件应该做的事就是想方设法争取人民。"他还断言:"君主必须同人民保持友谊。"[1]韩非子与马基雅维利的最大不同在于,他不相信帝王与人民的利益是一致的,帝王与被统治者之间不可能有友谊,甚至与自己的妻子儿女也无友善可言。国家的利益只是君主一人的利益,曰"公",其余人的利益都是"私"。"背私谓之公,公私相背也"(《韩非子·八说》),就是说,帝王一人的利益与人民的利益不但是对立的,而且是"公"与"私"的对立。这不但与现代民主政治正相违背,而且马基雅维利恐怕也不能认可这种集权主义。韩非子的集权主义是高度集权主义的极端形式,充分反映了黑格尔所说的"只承认一个人的权利"的东方极权主义的特点。

"势"是运用"法"和"术"的前提,"法"和"术"是"势"的体现和手段。"术"是为了达到维护权势的目的,帝王可以使用的任何手段,"术"既不受道德约束,又不受规则的约束。"法"虽然也是手段,却要受规则的约束。"术"深藏于帝王之心,变幻莫测,无踪可循;而"法"却是公开的,有明确的适用范围。"法"的范围是赏和

---

1 [意]马基雅维利:《君主论》,北京,商务印书馆1997年版,第45页。

罚。韩非子把赏和罚当作制服臣仆的"二柄","二柄者,刑、德也"(《韩非子·二柄》)。韩非子要求"循天顺人而明赏罚"(《韩非子·用人》)。"循天顺人"即顺应人的天性。韩非子认为,人与人之间只有赤裸裸的利害关系,没有任何亲情可言。他说,父母子女之间"犹用计算之心以相待"(《韩非子·六反》),君臣之间是市场买卖关系,"计数之所出也"(《韩非子·难一》)。就是说,赏罚的规则必须符合利害回报的原则,"法"的根据是铜律。

当我们肯定"法"具有铜律的特点,更应注意,"法"是在铁律的前提条件下应用铜律的。韩非子的"法"要求的"利害对等"是说有功必赏、有过必罚,而不是说君臣的利害关系是平等的。臣仆为帝王付出的是终生的尽心尽责的服务,乃至牺牲生命("有难则用其死,安平则用其力。"《韩非子·六反》)。臣仆从帝王那里得到的奖赏要比他们为帝王谋取的利益小得多,而帝王对他们的惩罚则比他们给帝王造成的损害大得多。但这不是说,帝王可以任意赏罚臣仆。韩非子要求帝王抛弃个人的好恶,"议多少,论薄厚"(《韩非子·五蠹》),要按照规则和功过的大小进行赏罚。这是在绝对不平等条件下的相对公平的利害回报。

为了实现韩非子所设计的政治方案,帝王必须满足三个条件:第一,他只相信自己;第二,他只是算计利益;第三,他只用强力追逐利益。后世的帝王不能满足这些条件,这并不是因为他们不够无耻,不够精明,不够残酷,而是因为社会制度不允许他们这样做。中国古代社会的基本制度是宗法制度和家族制度,"孝道"是这种制度的意识形态,帝王也不能不遵守这种制度和这种意识形态。韩非子要帝王格外防范主母、后姬、子姑、弟兄、大臣、显贵。但是,帝王作为皇族的成员,要"以孝治国",不能不遵循祖宗之制,不能不生活在亲属关系之中。如果帝王不与亲属分享利益,就要倚赖大臣、宦官。这就是历史上的帝王往往大权旁落的原因。其次,韩非子要求摒弃道德和非牟利的精神生活,"以法教心","以吏为师"。这种赤裸裸的文化思想专制过于强硬,不如温情脉脉的"软刀子"。因为这些原因,秦代以后的帝王没有(至少没有在口头上)采纳韩非子的政治思想。

4 ——

中国古代政治哲学的特点

以上考察的儒家、墨家和法家的政治哲学以不同的价值律为指导,但他们对价值律的运用又不限于主导的价值律。儒家的德治主义以金律和银律为指导,辅之以铜律;墨家的功利主义以铜律为指导,辅之以金律和银律;韩非子的极权主义以铁律为指导,辅之以铜律。由于价值律的这些运用是混合的,因此,各家的思想有交叉之处。铜律在各家的政治哲学中都有运用,这说明,铜律本身是非道德的,可以为合乎道德的政治或反道德的政治服务。铜律是儒家的辅助规则,以德治主义为前提。铜律是墨家的首要原则,导致"兼爱"的道德主张。在这两种情况下,铜律为合乎道德的政治服务。在韩非子的思想中,我们看到了铜律为反道德的政治服务的例证。

以上在评述各家学说之后,对它们在实践上的局限性分别作了一些分析。这些分析旨在表明,秦以后的中国古代政治没有简单地采用一家学说,而是糅合了以孔孟为代表的儒家学说与以韩非子为代表的法家学说。这已是众所周知的道理,但对儒法两家的关系有不同的说法:一曰儒法互补[1],一曰外儒内法或阳儒阴法[2],最近又有内儒外法或阴儒阳法之说[3]。

如果我们不只是总结历史,而是要关注历史上的这些学说有何现代价值的问题,那么我们应该考虑墨家的地位。墨家要求在平等条件下运用铜律,在古代社会不合时宜,但在现代社会是可行的。儒家和墨家关于铜律和道德律相结合的思想具有现代意义,至于结合的方式,可以不限于儒家或墨家的构想,而应根据现代社会特点进行新的建构。至于韩非子以铁律为主导的政治思想,应作为反面教材来看,其意义在于教育人们,既要警惕以"大公无私"名义推行的极权主义,又要认清强权政治与损人利己的反道德行为之间的必然联系。只有剔除了铁律和极权主义的理论前提,法家关于铜律的思想才能有积极的意义。

——

1 汉宣帝刘洵说:"汉家自有制度,本以霸王道杂之。"(《汉书》)这是关于儒法互补的最早的证据。
2 参见张纯、王晓波对"阳儒阴法"的分析,《韩非子思想的历史研究》,北京,中华书局1986年版,第249页。
3 参见周炽成《法:公平与务实》,广州,广东人民出版社2000年版,第270页。

走向"黄铜时代"

　　中国古代价值观现在还有没有意义？对这个问题，肯定者言之凿凿，否定者
嗤之以鼻。如果说这不是一个简单地肯定或否定的问题，那么问题的关键在于中
国古代价值观有什么样的现代意义。对待这个关键问题，肯定者抽象地肯定，否
定者具体地否定。对待中国古代价值观这两种截然不同的态度提醒人们，像中国
古代伦理这样源远流长的传统，是不能简单地被否定的，但也不能被抽象地肯定。
任何传统都只有经过价值重估和重建，才能在现代保持活力。中国古代伦理的现
代意义不是与生俱有的，也不是自然流传的，而要经过价值论的解释才能建构
起来。

　　对于中国古代价值观的理论重建，当今学者已有大量论述。这些论述有两
个焦点：一是儒家伦理，即把中国古代伦理传统归结为儒家价值观；二是道德重
建，即把儒家伦理的现代价值归结为传统德目（如"五常""四维""八德"等）和
"己所不欲，勿施于人"的"金律"（实际上是"银律"）。儒家伦理的道德重建的结
果有三：在哲学上被上升为"道德形而上学"；在实践上被应用于"儒商""官德"
等行业规范；在理论和实践结合的层面被转换为"亚洲价值"以及"全球伦理"的
组成部分。

　　笔者认为，现在有必要对中国古代伦理进行更全面、更系统的价值重建。价
值重建不是要抽象地继承传统德目和道德律，而要从理论上揭示那些一直在支配
着人们价值观的律令。中国古代伦理传统内容极为丰富，既有提倡"金律"和"银
律"的一面，又有利用"铜律"的一面，还有防范"铁律"的一面。丰富的伦理传统是
现代的道德建设的丰富资源。这些不同方面的思想产生于诸子百家争鸣的时代，
带有相互攻击的不相容性。通过对它们的现代解释，我们可以并且能够把"金

律"、"银律"和"铜律"结合起来,以共同抵御防范"铁律"。我们把在借鉴传统的基础上建设现代道德的这一方向比喻为走向"黄铜时代"。

1

价值律在西方的转换历程

"黄铜时代"来自希腊神话把人类的历史分为黄金时代、白银时代、青铜时代和黑铁时代的比喻。借用这一比喻,我们可以把古代社会比作黄金和白银的时代,把近代社会比作青铜时代。这一比喻的意义是,古代社会的道德原则是"金律"和"银律",近现代社会的社会道德基础依赖于"铜律"。

从黄金和白银的时代到"青铜时代",是随着社会历史条件的变化而发生的价值观转换,由此造成主导价值规则的变化。在黄金和白银时代,"金律""银律"的作用依赖于宗教信仰和与之相应的形而上的世界观。古希腊哲学、基督教信仰,以及中国儒家的心性论都是维持"金律""银律"的精神支柱。"青铜时代"是近代西方理性主义和个人主义的时代,是以个人利益和权利为本位的资本主义社会。霍布斯和洛克在政治领域,休谟和功利主义者在道德领域,亚当·斯密等人在经济领域,论证了社会的基本原则是"合理的个人主义"。正是依靠这种"合理的个人主义","铜律"所需要的"利益最大化原则"和"合理性原则"才能成立,"铜律"才能在社会实践中发挥积极的、主导的作用,成为现代价值体系的核心。

经过几百年的发展历程,从西方肇始的现代化逐渐暴露出"现代性"的弊端,同时又积极地发展为"全球化"趋势。正是由于现代化在现实中有正反两方面的表现,人们对于现代价值体系才有反对和维护两种立场。

现在广泛流行的后现代主义代表着批判和否定现代价值体系的思潮。后现代主义接过尼采的"重估一切价值"的口号,要推翻一切传统,否定一切价值规则。但他们首先要推翻现代主义的传统,否定在现代起主导作用的价值规则——"铜律"。虽然后现代主义的流派和观点斑驳陆离、不一而足,但它们都有一个共同的指向,那就是,反对个人主义、人道主义、人本主义;现代个人主义以"主体性"和

"理性"为核心,后现代主义于是也反主体性,采取非理性主义或反理性主义的立场;现代理性是谋求利益的工具,后现代主义于是在反对"工具理性"和"科学主义"的同时,否认人有共同的、一致的利益。

后现代主义的批判确实击中了现代性的弊端,确实有可取之处,但现在的问题是,如果"合理的个人主义""合理化原则""利益最大化原则"都被否定、被抛弃,那么"铜律"也就在理论上失去了依靠,在实践上失去了规范作用。没有"铜律"的约束,"铁律"必然会大行其道,近代以降的"青铜时代"岂不要让位于"黑铁时代"了吗?

这样的后果恰恰是一些极端的后现代主义者所欢迎的。比如,法国解构主义的代表人物德勒兹把"人"消解为"欲望—机器","社会"被解释为"欲望的生产"和"欲望的潜抑"的矛盾,他反对一切社会准则,赞扬社会的完全"解则"(decode)和无潜抑的欲望、欲望的无休止膨胀。德勒兹说,这样的状态只有精神分裂的谵妄者才能体验到;在他看来,谵妄者不是病人,而是疯狂社会中的正常人。他津津乐道的"欲望的生产"其实是"黑铁时代"的写照,他并没有完全"解则",他所消解的只是"金律""银律""铜律",但这一"解构"的同时也就助长了"铁律"的建构。实际上,德勒兹所赞扬的谵妄者不过是肆无忌惮的疯狂赌徒,或者用他的话来说,是"无产者、复仇者,资本主义的掘墓人"[1]。"资本主义的掘墓人"其实应该读作"社会的掘墓人",因为"铁律"的奉行者反对的不只是资本主义,而是一切形式的社会。

"铁律"不但是反道德的,同时也是反社会的,"铁律"不可能成为任何社会的基础,所谓的后现代性只是一种话语,而不是一种社会存在,后现代社会是不可能的,因为不可能有超越现代社会的"黑铁时代"。但是,现代社会能不能返回到黄金和白银的时代呢?能不能继续维持在青铜时代呢?这是需要继续考察的问题。

---

1 转引自赵敦华《现代西方哲学新编》,第 277 页。

2 ——————————————————————————————————————

"铜律"在现代遭遇的危机

"铜律"的维护者的主要工作是维护现代价值体系的核心和理论基础。尤其值得注意的是,他们中的罗尔斯和高塞尔(D. F. Gauthier)直接继承了近代"社会契约论",以此来博弈全社会的公共利益,论证社会的道德基础。罗尔斯把社会的合法性归结为正义原则。他对正义原则的论证在"原初状态"的理论模型中进行。"原初状态"有三个特征,都是为了保证"铜律"的实施而设计的。第一,"无知的帷幕"取消了人们对自己个性和私利的认识,从而保证了"铜律"的行为对等原则;第二,"各不关心理性"保证了"铜律"要求的利益博弈能够遵循"合理化的原则";第三,"最大的最小原则"保证了"铜律"要求的博弈能够遵循"利益最大化"原则。依靠这三个原则,罗尔斯从非道德的"铜律"出发,论证了具有道德属性的正义原则,最后再延伸为完全意义的社会道德原则。

罗尔斯的正义理论与古典社会契约论一样,以"合理的个人主义"为基本预设。他们都假定,每一个人的权利都是平等的,都会合理地追求自己的最大利益。他们从一开始就把非理性的、不顾自身利益(或更准确地说,不顾大家都认为是"自身利益"的那种利益)的人排除在"社会契约"之外,好像社会不是为这种人建立的,他们也无权在社会中生活一样。由此,有人批评说,罗尔斯的"原初状况"的假设已经包含着自由主义和个人主义的正义观念,可以导致其他观念的条件全都被笼罩在"无知的帷幕"之中。在这样的条件下,人们除了选择罗尔斯心目中的正义原则之外别无选择,因为选择的条件本身已经包含了选择的结果。

但是,"合理的个人主义"在当代已经不是唯一的选择。非理性主义和后现代主义对现代性的攻击表现了人们对现代价值观的普遍怀疑,弗洛伊德的学说表现的也是人们对现代生活的体验。"铁律"揭示的人的私心的冒险性和毁灭性,不是偶然的、个别的。现代心理学认为,人的非理性与理性具有同样的地位和作用。这对"铜律"所预设的"合理化原则"构成了严重的挑战。如果按照赌徒式的冒险的、侥幸的、一次性的非理性行为来追求个人的最大利益,那么,人们所遵循的行为准则将是"铁律",而不是要求利害对等原则的"铜律",更不是任何社会道德原则。

更有甚者，弗洛伊德的精神分析学说还向"铜律"所预设的"利益最大化原则"提出了挑战。如果把个人利益归结为追求快乐，避免痛苦，那么，按照弗洛伊德的学说，人并非只有追求自己的利益的欲望；人既有爱欲，又有死欲；既服从"快乐原则"，又服从"毁灭原则"。根据他的精神病理学，人有自虐和施虐两种倾向，人并不总是以追求自己的更大利益而快乐，他也可以因为自己利益的毁灭而快乐；人也不总是为了自己的利益而损害他人的利益，他也可以为了毁灭的目的而损害自己的和他人的利益。

弗洛伊德的精神分析学说以及现代其他形式的非理性主义思想的科学性和真实性是大可商榷的。但是在我们的讨论中，它们至少有一个用处，那就是可以解释"铁律"为何具有普遍性。人的善良本性和道德本质可以解释"金律"和"银律"的普遍性，人的自利本性和理性本质可以解释"铜律"所导致的社会公正制度。但它们都解释不了"铁律"的普遍性，而"铁律"的普遍性恰恰是历史和现实的事实。面对着这一不可回避的事实，思想家们殚精竭虑地解释"恶"的起源和性质问题。传统上的解释在中国是性恶论，在西方是原罪说。但是，传统意义上的"性恶"或"原罪"不过表现为人的自利行为和趋乐避苦的本能，按照"铜律"的解释，自私自利的本能与社会公德并不矛盾，它们在"利益最大化原则"和"合理化原则"的指导下，可以成为社会公德的基础。关于人的欲望和其他非理性因素的心理学研究说明了人类历史和日常生活中屡见不鲜的另一种现象："铜律"非但没有导向社会伦理规则，反而让位给"铁律"。关于"铁律"普遍性的这种心理学解释，在传统的"性善"和"性恶"的解释之外，指出了人性的另外一面：非理性化和非利益化的倾向。这种心理分析为人们防范"铁律"指出了一条新的途径。

以弗洛伊德心理分析为代表的学说所反映的是一种普遍现象，不但是因为它们所描述的那种人为数众多，而且大多数人或多或少都有那种情绪和心理体验。我们已经说明，这种情绪和心理倾向所导致的是"铁律"，与以"铜律"为基础的现代社会制度和道德规范是格格不入的。"铜律"与"铁律"的这种矛盾，从价值观的角度分析，是现代社会中人与人的矛盾、人与集体、人与社会的矛盾，乃至国家之间的矛盾的一个重要根源。这些方面矛盾的大量出现，表现为现代社会的"失范"。面对着"铁律"对"铜律"的严重挑战而带来的现代社会的"失范"危机,现代价值体系不能再停留在以"铜律"为主导的"青铜时代"。

3

返回前现代道德的不现实性

现代价值体系能不能回到以"金律"和"银律"为主导的"黄金—白银时代"呢?一些对未来持积极态度的后现代主义者是这样期盼的,他们认为,批判现代性的结果不完全是消极的、破坏性的,也是建设性的。如果仔细地分析一下,他们认为是"超越现代性"的建设性的道德规范,都诉诸现代之前的传统资源;"后现代"与"前现代"以各种奇怪的方式被联系在一起。还有一些宗教思想家认为,古老的宗教传统反映了人类道德的共同要求,如爱护他人、关爱生命,等等;充分利用和开发世界各大宗教的传统资源,就能够以"金律"为核心,建立解决全球危机的"全球伦理"。

果真如此吗?只要不带偏见地比较古代和现代生活,我们都不会得出古代人比现代人更有道德的结论。古代社会之所以崇尚"金律"和"银律",并不是因为古代社会是道德社会,而是因为它是封闭社会、极权社会。封闭而能固定交往对象,而能温情脉脉,而能相互监督;极权而能形成等级,而能以一摄多,而能为公义而弃私利。所有这一切,虽然为"金律"和"银律"的实施提供了必要条件,但并不能保证"金律"和"银律"的实施必然产生道德效果。相反,古代社会关系对内表现出的阶级和等级压迫,对外表现出的集团(家族、民族、国家、宗教)间的战争,是与道德的封闭性有关联的;而假公济私、口是心非、言行不一等道德缺陷,也可视为极权主义的一个必然结果。

现代社会的产生以资本主义的兴起为标志。资本主义揭开了传统社会温情脉脉的面纱,打破了等级制度,这无疑是历史的进步。当然,历史的进步不一定是道德的进步;但反过来说资本主义道德就一定不如古代传统道德,也是不能成立的。应该说,资本主义道德与古代传统道德各有长短。我们在这里不想比较孰优孰劣,而要说明,从现代社会返回到传统的"黄金时代"的想法,既是不必要的(因为这不是任何意义上的社会进步),也是不可能的。

现代社会不等于资本主义社会。在现代化的进程中出现的社会主义属于现代社会的范畴,现代资本主义也要吸收某些社会主义的因素。撇开现代社会中社会主义与资本主义的差异不谈,我们可以注意到现代社会的几个一般特征,即它的多样性、开放性、流动性和匿名性。尤其是现代社会的利益多元化和思想的开放,使得人们关注的焦点是利益的分配和调节,而不是利益的牺牲和服从;现代社会的另一个特征是人们的交往对象多而不固定,产生出家庭纽带松散、友谊分散、人情淡漠等结果。在这样的社会存在中,"何必言利"(《孟子·梁惠王》),已经成为不合时宜的态度,"推己及人""尽己为人"很难成为约束人们行为的普遍要求。人的社会存在决定人的社会意识,现代社会已经不能为"金律"和"银律"的普遍实施提供必要的条件,这是为什么不能返回到"黄金时代"的主要原因。

4

"铜律"与道德律之间的良性互动

人类社会不能返回到"黄金时代",又不能维持在"青铜时代",更不能堕落到"黑铁时代",唯一的出路就是走向一个道德上的新时代。我们把它叫作"黄铜时代",是因为它仍然属于现代社会,而"铜律"仍然在支持着现代社会的基础。新时代的道德不是要破旧立新,而是要扩大和巩固这一基础。

我们谈到,"铜律"所依赖的两个预设没有考虑到人的行为非理性和破坏性的一面,不足以防御"铁律"所造成的失范。这在法律和管理的层面上表现为只注意"规范",而忽视"防范"。现代法律和管理体系主要是"规范"的机制,即把"合理地实现最大利益"作为普遍标准,违反这一标准即是反常的少数特例。但是,如果一个规范机制所要防范的反常行为不是少数特例,而是普遍现象,不是偶然的失误,而是带有必然性的倾向,那么,"防范"就不只是从属于"规范"机制的一个功能了,而应该成为与"规范"同等重要的机制。

　　为了保障"铜律"的主导地位,首先仍然需要加强法律和各项社会管理制度。法律和管理制度应有"规范"和"防范"两种机制,"规范"机制的主要功能是最大限度地保障理性的利益博弈的实施,而"防范"机制的主要功能是让赌徒式的非理性的破坏行为失效,防止任何人用暴力、恐怖、欺诈、偷盗等反道德的手段谋求自身利益或损害他人利益。如果没有能够有效阻止人们用这种手段达到他们的利益,他们中的很多人可能就不会按照"铜律"的要求,合理地追求自身的利益。这两个机制相辅相成,才能够把人们对自身利益的认识和追求引向"规范"机制,从而保障"铜律"的主导作用。如果说,人的欲望好像是洪水,那么,"规范"和"防范"所起的作用分别是"疏"和"堵":"防范"的堤坝把欲望之流与"铁律"隔断,迫使它流向"铜律";"规范"机制则是欲望之流的唯一出口,把它纳入河道,使之平稳、伏贴地流淌。

　　"黄铜时代"和"青铜时代"都以"铜律"为主导,都主张道德不是自然生成的,也不来自形而上的原则或宗教信仰,而是对人的利益加以导向所产生的结果。"青铜时代"相信利益的博弈可以把人的行为导向公共利益和道德;"黄铜时代"则进一步看到,首先必须把人的行为导向对自身利益的正确认识和合理追求,然后才能有利益博弈的过程和结果。这样,道德导向就不止是利益的博弈和规范,而首先应该是对反社会、反道德行为的防范。现代社会很多失范现象的原因,可能主要还不是缺乏规范,而是没有足够的防范。

　　如何加强对反道德行为的防范呢? 有人也许会主张用道德的力量防范反道德行为。他们的理由是:只有首先知道什么是道德的,才能确定所要防范的目标。但是,"道德"与"反道德"并不只是逻辑上的正反对立面,"反道德"并不依靠"道德"而存在,也不因"道德"而被认识。这个道理正如前面所说到的"幸福"与"痛苦"的关系一样。人们在生活中所感受到的直接的、贴己的痛苦并不是幸福的陪衬,很多人在没有感受幸福之前已经感受到太多的痛苦。同理,人们对反道德行为危害的切身体验可以说是最好的道德启蒙教育。因此,人们无须等到有了一个成熟的道德体系之后,才能对反道德的行为加以防范。

　　对反道德行为的防范首先要有机制,要依靠法律和管理。防范机制和规范机制一样归根到底是利益博弈的机制,但是防范机制所依据的利益博弈还要考虑人行为的非理性、破坏性等变数,博弈的步骤更多、更复杂,防范性的法律和管理措施更细致、更全面,运行成本就会更高,甚至对个人自由也会有更多限制。比如,为了防范市场经济中的欺诈行为,现在政府建立了企业"黑名单",屡教不改的企业在被撤销之后,法人代表也会被列入"黑名单",使之不能再次注册成立新的企业,继续进行欺诈活动。"黑名单"对市场准入的限制对于防范企业欺诈行为,特别是一次性的欺诈,是非常必要的,对于规范市场秩序,也是必要的。

我们说,现代社会规范和防范的机制主要依靠法律和社会管理,依靠"铜律"的主导作用。同时也应肯定,道德在现代社会仍有重要作用,"金律"和"银律"的道德律没有失去崇高地位。这是因为,不管多么严密完备的法律和管理,都是有漏洞的。"千里之堤,溃于蚁穴",要做到防患于未然,规范和防范机制仅仅依靠"铜律"的主导作用还是不够的,它们需要道德支持。

孔子曾指出有两条治国之道:"道之以政,齐之以刑,民免而无耻;道之以德,齐之以礼,有耻且格。"(《论语·为政》)"政"和"刑"指行政管理和法律的手段,它们能够使民众免于犯罪,却不能使他们自觉地遵守社会规范。孔子的治国理念是德礼兼备。这不是单纯的德治,"礼"不只是一种德性,而且更重要的是指规范和防范的社会制度。"道之以德,齐之以礼",是要用道德原则来指导规范和防范措施的实施。孔子的这一思想即使在现代也是有启发意义的。

现代法律和管理措施的贯彻实施,有赖于良好的社会氛围,包括守法和执法所需要的最低限度的善意,需要执法者和守法者之间的相互理解和配合。如果双方怀有敌意,人们抱着被迫的态度守法,执法者把管辖对象都看作是敌人,那么法律和管理措施就根本不能有效地防止犯罪和不法行为。我们不是生活在充满善意的道德环境里,社会上总是存在着带有敌意的矛盾对立面。我们可以尽可能地减少人际关系的敌意,尽可能地增加人们相互理解的善意。"金律"和"银律"的核心就是对他人的善意,应该成为现代社会的道德理想。理想超越现实而又影响现实。虽然人们不太可能在一切行动中完全践履"金律"和"银律",但根据"取法其上,得乎其中"的道理,把"金律"和"银律"作为全社会的理想,有利于增强人们之间的善意,有利于改善社会环境,为健全的社会规范和防范机制提供必要的道德支持。

　　人的心理层面存在着道德与反道德的张力。"惩恶扬善"这一古老的戒律在现代意味着克服反道德的心理因素,发展人的道德素质。社会规范和防范机制固然可以提供惩恶扬善的奖惩手段,但也要注意在人心内部培育健康的心理素质,抵制不健康的心理因素,用健全的德性战胜反道德的痼疾。

　　德性的培养是人的心理成长的过程。可以说,人心内部有某种对反道德心理的"免疫力",这就是羞耻之心。孟子所说的道德"四端","羞恶之心"("羞耻之心")只是其中之一,却是最明显、最牢靠的一种。至于其余三种:"恻隐之心"起于亲情而容易泯灭,"恭敬之心""是非之心"难免受世俗影响而容易差错。唯有"羞耻之心",才是良心的长久见证,是对恶行的最为普遍的惩罚。古代把"耻"作为一个德目,"耻"不但是恶行者对公众惩罚或谴责的感受,而且是他内心的自责,并由于"羞耻之心"而杜绝恶行。一个人的恶行可以不被人发现而逃脱公众的惩罚或谴责,但他却很难逃脱自己羞耻心的责备。一个没有任何自责心的人是名副其实的无耻之徒,"无耻"是一种严厉的道德谴责,它宣判了被谴责者在道德上是不可救药的。相反,因为"羞耻之心"的提防而杜绝恶行,那就获得了德性。

　　严格地说,"羞耻之心"本身还不是一种德性,而是一系列德性的心理基础。由于羞耻心而发展出来的德性首先是"诚"和"信"。诚信使人重责任,重承诺,重荣誉,使人为了履行责任和维护荣誉而大无畏,这就是"勇"。道德勇气上升到道德命令,就成为"义"。"义"和"仁"一样,不仅只是一个具体的德目,而且是德目之纲,有着更普遍、更抽象的意义。正是在此意义上,冯友兰把孔子所说的"义"解释为康德意义上的"绝对命令"(categorical imperative),是"必须为做而做"的"应该",是"形式的观念"。[1] "仁"则是道德应有之义的总目,具体的德目,如"廉""耻""诚""信""勇""智""忠""孝"等,都可被归结为"忠恕之道",也就是"仁"。

　　儒家的德性论以人的道德心理("性善")为基础,以"金律"和"银律"("仁义")为道德原则,要求人们发挥道德潜能,限制和克服反道德的心理因素。这种德性论的一个现代意义是能够提供抵御非理性、破坏性的心理因素的主观动力,能够与"铜律"指导下的各种客观措施相配合,维护现代社会的道德、政治基础。

---

[1] 冯友兰:《中国哲学简史》,第37—38页。

一般说来,道德的风尚习俗是随着时代的改变而改变的。这样就出现了一个问题:随着古代社会向现代社会的改变,传统道德能否在现代社会中起作用呢?不回答这一问题,我们对传统道德的需要仅仅只是一厢情愿而已。

我们说,传统道德能够在现代社会得以发扬和实现,因为现代社会比古代社会在某些方面提供了更为优越的条件。说明:限制词"某些方面"特指"抵御反道德的心理因素"方面,比较词"更为优越的条件"特指"更为自觉的主体意识"。

上述从"羞耻之心"到"义"的德性成长过程实际上是个人的道德主体意识不断增强的过程。一个人只有意识到他的行为的独立自主性,他才会为他的行为感到羞耻。在日常的经验中,我们也会为他人而感到羞耻,那只是因为我与他人有同一性(identity),比如,同属一个家庭,一个社会组织。这种同一性是以对自身身份的自觉认同为前提的,因此,为他人而羞耻不过是为自己而羞耻的放大。同样,诚信所需要的责任感,大无畏的道德勇气,道德自律所需要的义务感,都是这一道德主体意识不同程度的表现。

中国古代的集权社会是一个缺少独立人格的社会,这样的社会环境决定了人们普遍缺乏道德主体意识。虽然孟子和后来的心学大力提倡儒家德性论所需要的道德主体意识,但社会道德规范的维持主要依靠大一统的意识形态和政治的权力。即使社会精英士大夫阶层也普遍缺乏德性的实践,这并不是因为他们比其他时代的人更虚伪,而是因为他们所处的时代缺乏实践他们所相信的学说的社会条件。

现在大家都承认,现代社会的一个特征是主体性,但在以认识论为中心的西方近现代哲学中,主体性被解释为认知的"自我",甚至是"先验自我"。泰勒在最近出版的《自我的源泉》一书中指出,西方近代以来的"自我"观念既不是先验的,其来源主要不是认知活动,而是伴随着个人的道德主体意识的觉醒而呈现出来的,这就是他所谓的"道德空间的自我"(self in moral space)。[1]

认清主体性的来源和实质可以使我们理解现代社会和道德主体意识的关系。现代社会所提倡的,不是惟利是图的"小人",而是有自尊心和独立人格的"君子";

---

1 C. Taylor, *Sources of the Self*, Harvard University Press, 1989, p. 25.

不是为所欲为的"自由"，而是为自己行为的后果承担完全责任的自由选择；不是每个人的私利，而是平衡所有人利益的社会正义。总之，"合理的个人主义"与道德主体意识是可以协调的，两者分别构成了现代社会"利益"和"道德"的两个方面。

现代的道德主体意识为中国传统道德的实现提供了社会条件。如果一个人意识到他的道德主体地位，他是不难实现古代提倡的德性的。一个意识到他的自尊心、独立人格的人，必能以"羞耻之心"反省和警戒自身；一个意识到自我道德责任的人，必有诚信之心；一个能够在实践中坚持自由选择的人，必有实现自己自由选择的道德勇气和自律精神。

在一个合理的、健康的现代社会里，传统道德与现代的社会公义标准是协调的，两者与个人利益的最大化也是协调的。从价值观的角度看，个人利益和德性，社会功利和公义之间的协调表现为"铜律"与"金律""银律"之间的良性循环。"铜律"保障了个人利益和社会功利之间的协调，也为继承和发扬"金律"和"银律"的道德传统提供了必要条件；传统道德的实施又反过来维护、促进了"铜律"社会机制的有效性，用"义"和"利"结合的标准，把社会功利提升到公义的高度。

我们把"铜律"与"金律""银律"之间的良性循环比喻为"黄铜"，我们关于传统道德在现代社会中应有作用的设想，因此可以用"走向黄铜时代"的比喻来概括。

第一次中西文化交流得失之考察

1

17 世纪之后中国为什么会开始落后

    2000 年,美国耶鲁大学的汉学家瓦勒瑞·汉森(Valerie Hansen)出版了一部关于中国古代史的专著《开放的帝国:1600 年以前的中国历史》。该书的题目已经表明了作者的两个重要结论:第一,中国在 1600 年之前一直是向外开放的,中国的文化和经济居世界先进水平;第二,17 至 18 世纪之间,中国的经济总量虽然维持在高水平,却关上了对外开放的大门,而西方却向现代化大步迈进,18 世纪后迅速地超过了中国。

    为什么要以 1600 年为界呢? 17 世纪有很多重大历史事件可以分别作为中国和欧洲各国的历史转折点,却很难找到一件同时标志着中国以及西方的历史开始转折的事件。也许有一件算不上重大但在中西文化交流史上却非常重要的事件,可以作为我们所需要的标志,这就是,1601 年利玛窦进京。1601 年利玛窦进京是一个标志着中国与西方文化交流的历史开始转折的事件。这一事件的重要性在于,它标志着中西文化全面接触和交流的一个时代的开始,从 1601 年到 1707 年康熙下令驱逐西方传教士的 100 多年时间里,中西文化第一次展开了大规模的交流(这里的西方指欧洲,中西文化交流不包括中国与西域和印度的交流关系)。

    汉森在她的书的"前言"里写道:"当 16 世纪的耶稣会传教士从意大利来到中国时,他们看到的是一个闭关锁国的帝国。"他们并不知道,中国对外开放的障碍只是最近才设置的,他们把他们所遭遇的障碍当成古已有之的东西,汉森接着写道:"本书的目的是要表明,在利玛窦和他的欧洲同伴到来之前的那些世纪里,中国是一个多么不同、多么开放的国度。"[1] 汉森从一个特别的角度，向人们展示了从商周到明代的漫长历史时期，各个不同民族在种族、语言和文化上相互交流而形成的中国政治、经济、军事和文化的历史。

汉森很注意各民族和各国的经济交流，认为对外贸易和新的农产品的种植推动了中国社会的两次"商业革命"（commercial revolution），一次发生在唐宋时期，一次发生在明朝。商业革命的结果是人口和财富迅速增长，社会繁荣，中国的经济和技术在世界上居领先地位。关于中国在 17 世纪以后的落后状况，汉森也从经济和贸易方面找原因。据她的分析，烟草、玉米和马铃薯等新的农作物品种通过中西贸易从美洲新大陆输入中国，过去不适应种水稻、小麦等传统农作物的荒地被开发，用来种植这些新品种；农作物产量的增加以及其他原因导致人口增加很快，17 世纪中叶，中国人口已经超过 3 亿；农产品和劳动力的同步增长，使得劳动力密集型的农业生产成为中国经济的主要方式。与此同时，欧洲发生了科学革命和工业革命，工业化的大生产代替了传统的农业经济。然而，中国却因为劳动力密集型的农业生产方式，既没有采用机器来提高和改进生产的需要，因而也没有学习西方科学技术的动力，结果在世界经济的竞争中落后，随之而来的是军事上、政治上的落后。[2]

汉森对"中国为什么会在 17 世纪以后落后"这一问题所作的解释，符合我国一些历史学家关于中国古代社会形态的解释。根据唯物史观，随着经济的发展，人类社会经历了从原始社会、奴隶社会、封建社会，到资本主义社会，直至社会主义、共产主义的发展，中国社会也不例外；中国社会的资本主义萌芽发生在明朝中后期（也有说发生在宋朝的），但这棵萌芽一直没有生长起来，甚至还被扼杀了，最后导致了中国在近代落后挨打的命运。如果要追问：为什么中国社会的资本主义萌芽没有生长，甚至被扼杀呢？我们通常被告知，那是因为清朝统治者以奴隶主的落后方式摧残比较先进的生产方式，造成了生产力和社会的大倒退，资本主义萌芽因此被摧残扼杀。

---

1 V. Hansen, *The Open Empire: A History of China since 1600*, New York and London, W. W. Norton & Company, 2000, p. 14.
2 同上书，第 409—414 页。

我们现在知道,上述解释不符合历史事实。中国历史上的外族入侵都没有造成长久的、大规模的社会倒退;相反,汉森在她的历史书里说明,外族入侵的一个副产品是经济和文化的交流加快,外族建立的新王朝,如金朝、元朝和清朝,与汉人建立的王朝一样,也有经济发展、社会繁荣的时期。清朝前期的经济和社会发展水平至少不亚于明朝、宋朝,为什么资本主义萌芽能够在以前的朝代生存发展,而在清朝却不能呢?

汉森仅仅从经济上解释中国为什么会落后于西方的原因也是不能令人满意的。她在书的"前言"里留下一个悬念:中国在 17 世纪之前是开放的,以后变得封闭了,读者想知道为什么会有这样的转变,在"结语"中,汉森似乎想要告诉人们的却是,中国劳动力充足,密集型的农业生产不需要机器,因此不需要西方的科学技术,因此不再有对外开放和交流的内在动力。汉森的答案有下面两个漏洞:

第一,劳动力的充足与是否采用机器生产并无必然联系。英国发生工业革命的原因并不是劳动力不足,相反,而是农村劳动力过剩,这些劳动力流入城市,为大工业生产提供了充足的劳动力;而工业革命的一个直接后果是工人失业,以致出现了"机器吃人"的现象。如果满足于农业和工业上的充足劳动力,欧洲似乎也没有采用机器大生产的需要。反过来说,如果欧洲在劳动力并不缺乏的情况下发生并推广了工业革命,中国在同样的情况下为什么不能接受工业革命的成果呢?

再说,即使当时的中国人没有意识到机器生产的优越性,他们也并不因此一定要对西方文化的其他部分,如科学、哲学、艺术和宗教等,统统都抱着没有兴趣或根本排斥的态度。这就暴露出汉森解释的第二个漏洞,即经济的利益与文化交流的动力之间并无必然联系。中国历史上频繁的文化交流并不是出自经济上的动机,如佛教的传播并不是为了获得经济上的利益,入主中原的外族统治者主动接受中国文化往往也是出于政治上的考虑,经济上的考虑不能说完全没有,但那是次要的。如果说中国在 17 世纪以前一直向异己的文化开放,那么,此后为什么不能向西方文明开放呢?

中国为什么会在 17 世纪以后落后? 迄今为止的经济学和政治经济学的解释是不能令人满意的。这些解释的一个程式是:归根结底,经济的原因是决定性的。但是,对历史的解释却常常不能把经济的原因作为终结性、决定性的,我们总可以进一步追问那些被当作决定性原因的经济现象的原因。比如,我们可以问,为什么中国制造业不发达? 亚当·斯密的解释是,"近代中国人极度轻视国外贸易"[1];为什么中国的科学进步迟缓? 休谟的回答是,中国的传统太强大,"没有人敢于抵制流行看法的洪流"[2]。这些解释虽然不是终结的,但它们对经济和科学现象的解释,已经涉及意识形态、文化传统和生活习俗等方面的问题。特别是当我们把中国与西方作比较,追问中国为什么会落后,而西方为什么会走上现代化道路的问题,经济的解释更为薄弱。我们知道,17 世纪的时候,中国和欧洲各国的经济发展水平大致相当,为什么双方此后经济、政治和社会的发展方向和水平如此不同? 我们必须从文化传统和意识形态方面的差异去找原因。

2

中国是否失去了一次历史机遇

中国对 17 世纪传入的西方文化的漠视和排拒是否与中国的落后有关系? 中国是否因此而失去了一次走上现代化的历史机遇? 对于这些问题,有肯定和否定两种截然相反的意见。肯定者认为,西方传教士不但传教,而且带来中国所缺乏的科学技术,"礼仪之争"使得中西文化交流中止,中国失去了与西方文化接触的历史机遇;在欧洲,"十八、十九世纪的科学、哲学、神学,乃至一切门类的文化、艺术、工艺技术,是人类历史上发展最快的两百年。中国的知识分子,被隔离在这个过程之外。中国的社会,又一次落到北方人手里,满族的严厉统治,搞得没有些许活力,这都是不断为中外历史学家所感叹的"[3]。

另一方面,有人否定中国在 17 世纪之后的落后原因与排拒传教士带来的西方文化之间有任何联系。否定者的意见又可分两种。一种意见认为,传教士的目的是传播基督教义,他们输入的是精神的鸦片,而不是现代的思想;即使为了传教

---

1 [英]亚当·斯密:《国民财富的性质和原因的研究》下,北京,商务印书馆 1983 年版,第 246、67 页。
2 《人性的高贵与卑劣:休谟散文集》,上海三联书店 1988 年版,第 47 页。
3 李天纲:《中国礼仪之争》,上海,上海古籍出版社 1998 年版,第 325 页。

的目的而介绍了一些科学技术知识，也是过时的、与近代自然科学格格不入的落后知识，如果接受了他们的思想，其结果无疑是中国的"基督教化"（christinization），而不是现代化（modernization）。[1] 第二种意见认为，中西文化传统性质根本不同，根本不能会通，传教士来华传教必然引起冲突，本身就是一个历史的错误。[2] 按照这种说法，中国向西方学习的条件根本不存在，也就无所谓"失去历史机遇"的问题。

上述种种意见都是研究 17 世纪来华传教史的结论。虽然有种种结论的不同，但学者都同意说，第一批来华的欧洲文化使者是传教士，传教引起的"礼仪之争"是中西文化的激烈冲突。现在问题的关键是，当时传入的西方文化对于中国有无正面价值？然而，文化价值并不是摆在人们面前的现成事实，价值判断有赖于人们的发现、欣赏和利用。因此，我们可以用更准确的方式发问：中国知识分子是否发现和运用了传教士带来的西方文化的正面价值？围绕这一问题，我们对中国在此次中西文化交流的得失及其原因，重新加以审视和解读。

西方传教士来华的目的当然是为了传教，为了把中国"基督教化"。但是，他们中的大多数人知道，中国有着悠久、深厚的文化传统，中国文化完全可以与西方文化相匹配，甚至在很多方面超过西方文化的水平，已经拥有先进文明的中国人只可能信服一个更先进的文明。因此，传教士首先面临的一个任务是对中国文化优缺点作出基本判断，以决定他们传教的内容和策略。

利玛窦通过中西文化的全面比较，得到这样的结论："在学理方面，他们对伦理学了解最深，但因他们没有任何辩证法则，所以无论是讲或写的时候，都不按科学方法，而是想直觉能力之所及，毫无条理可言，提出一些格言和论述。"[3] 这就是中西交通史上的"利玛窦判断"。虽然"利玛窦判断"把中国文化的优势归于伦理学，但也没有否认中国拥有先进的科学。事实上，利玛窦对中国的科学怀有一种钦佩的心情。他说：

1 参见侯外庐主编《中国思想通史》第 4 卷下，北京，人民出版社 1960 年版，第 1240 页。

2 参见谢和耐《中国文化与基督教的冲撞》，北京，中华书局 1995 年版。

3《利玛窦全集》第 1 册，台北，光启出版社 1986 年版，第 23 页。

他们也用它（指中国的文字）做各种学问，例如医药、一般物理学、数学和天文学等，真是聪明博学。他们计算出的日月食非常清楚而准确，所用的方法却与我们不同。还有在算学上，以及一切艺术和机械学上，真令人惊奇。这些人从没和欧洲交往过，却全由自己的经验而获得如此的成就，和我们与世界交往所有的成绩不相上下。[1]

这些话摘自利玛窦到中国不久后写给朋友的信，注意文中"所用的方法却与我们不同"和"全由自己的经验"两句，利玛窦已经敏锐地察觉到，中国人的伦理学说和科学技术依靠直觉和经验，缺乏逻辑推理，各种学说和工艺技术没有构成一个科学体系。随着时间的推移，利玛窦愈发感到中国文化整体在科学方法上的缺陷，得出了"不按科学方法"和"毫无条理可言"的否定性判断。

为了显示西方文化整体的优越性，利玛窦传教的内容是重点介绍西方的科学文化。现在需要注意的是，利玛窦所传授的科学不但与我们现在所理解的科学不同，而且也不是利玛窦所处的时代新兴的科学，它基本上是中世纪后期形成的"大全"式的知识体系。这一体系是在西方教育的历史过程中形成的。9 世纪卡罗林王朝文化复兴时建立的教会学校以罗马学校教育的科目为内容，确立了以"七艺"为主的中世纪知识体系，包括逻辑、语法和修辞等"三科"和算术、几何、音乐、天文等"四艺"。13 世纪亚里士多德哲学传入西方，此时的教会学校发展为大学，除"七艺"外，神学、哲学和法学、医学加入大学的学科体系。在 1545 年召开的特兰托大公会上，托马斯主义被认定为正统，托马斯的神学和亚里士多德的哲学成为天主教控制的学校传授的知识主干，同时又吸收了中世纪晚期经院哲学的经验研究和文艺复兴时期的自然哲学和文学艺术的成果，比如，"三科"中增添了文艺复兴时期伦理、历史和文艺的内容，"四艺"增添了自然哲学（即物理学）、机械工艺、地理测量、建筑和绘画技巧等新内容。所有这些知识构成了 16 世纪西方科学的体系。关于这一体系的全貌和分科，李之藻和耶稣会士傅泛际在《名理探》中有明

---

1 《利玛窦全集》第 3 册，台北，光启出版社 1986 年版，第 52 页。

确的勾勒,南怀仁后来进呈给康熙的《穷理学》又作了类似的综述。[1] 在第一次中西文化交流的一百多年时间里,翻译介绍的西学著作和引进的西方器物工艺,基本没有超出这一体系的范围。

　　中世纪后期的科学虽然内容庞杂,却仍然保持了这一体系在最初建立时的结构。13世纪托马斯吸收了古代亚里士多德学说而建立起来的知识大全,已经构造了这一体系结构的雏形,经过后来的完善、充实,最终形成了这一科学体系的方法论、基础理论和实际应用三个组成部分。它们有以下特点:

　　第一,从方法论上说,这一体系通常被称为"证明科学",因为它崇尚逻辑演绎的方法,把亚里士多德的逻辑学作为唯一的科学方法,从定义和公理出发,按照三段论规则,进行推理和证明。

　　第二,"证明科学"的基本理论是按照逻辑演绎方法,从前提推理而来的结论。这些理论不但包括神学,还包括自然哲学(物理学),关于人的心理的灵魂学说和关于人体的医学,以及伦理学和法学等学科。除了神学的教理部分的大前提是理性不可证明的启示和信仰之外,其余学科,如自然神学、灵魂学说、托勒密的天文学和盖伦的医学等学科的前提,都可以从亚里士多德学说所认可的前提,通过演绎的方法得到证明。

　　第三,"证明科学"不排斥经验,不但科学体系的前提必须符合经验观察,从前提推导出的结论也要被应用于经验。"证明科学"的经验内容十分庞杂,包括从古希腊,经过漫长的中世纪,直到文艺复兴时期欧洲和阿拉伯人在自然哲学、机械、医学、艺术、建筑等领域的发明。这些来源于经验的发明虽然不依赖于逻辑证明,但只要不与"证明科学"的前提和结论有明显的矛盾,也被当作"证明科学"的效用而容纳其中。有的发明即使与体系整体有矛盾,只要不是不可调和的矛盾,在体系中也有一席之地。如16世纪天文学采用的第谷体系把托勒密的日心说和哥白尼的地心说调和在一起,又因它的观察结果比托勒密体系更精确,因此被正统学

1　参见李之藻:《名理探》,北京,生活・读书・新知三联书店1959年版,第11—12页;关于南怀仁《穷理学》的整理,参见 A. Dudink and N. Standaeert, "Ferdinand verbiest's qionglixue", in *The Christian Mission in China in the Verbiest Era*, Leuven University Press, 1999, pp. 11-31。

说所容忍；甚至"新科学"的代表人物伽利略的机械力学原理也被容纳进来。

理解中世纪后期"证明科学"的内容和特点是理解耶稣会来华传教内容和策略的关键所在。利玛窦等人在耶稣会的学校中接受了"大全"式的全面训练。无论是他们的知识背景，还是他们传教的需要，都要求把他们所熟知的知识体系全盘搬到中国。以上介绍的"证明科学"的方法论、基本理论和科学应用三部分，徐光启把它们分别说成是："大者修身事天，小者格物穷理，物理之一端别为象数。"[1]"修身事天"之学相当于科学基础，"格物穷理"之学相当于科学效用，"象数"之学相当于科学方法。这三类学问在中国的传播情况各不相同。

徐光启所谓的象数之学不仅指数学，而且是以几何学、逻辑学为代表的科学方法论。利玛窦首先介绍的西学著作是他和徐光启合作翻译的《几何原本》。这一选择不是任意的，徐光启在《几何原本》序里说，几何学是"众用之基，真可谓万象之形囿，百家之学海"。他们是把几何学作为能够为科学提供基础、标准和典范的方法来对待的。出于同样的动机，李之藻和傅泛际后来翻译了介绍亚里士多德逻辑学的《名理探》。

几何学和逻辑学在古代不是两门学科。在亚里士多德创立逻辑学体系之前，人们把欧几里得几何作为推理论证的典范，因而柏拉图的学园的门楣上才有"不懂几何者莫入此门"的铭文。亚里士多德也以几何学为"证明科学"的样板，他的逻辑学是对欧氏几何的规则和特点的概括总结。逻辑学与几何学在"证明科学"体系里是"隐"和"显"的关系，两者都是科学体系赖以建构的方法论。几何学是有形的逻辑学，是科学方法论的典范；而逻辑学则是抽象的几何学，是科学方法论的规则。

徐光启把几何学作为演绎推理的科学方法。他在《译几何原本引》中说，科学的方法是"因既明推其未明"，《几何原本》的方法是"先之所徵，必后之所恃"，在先的是定义、公理，它们是"初言实理，至易至明"，从定义、公理出发，"以前提为据，层层印证，重重开发"[2]。徐光启的《几何原本》和李之藻的《名理探》犹如为建造

---

1 《徐光启集》，上海，上海古籍出版社 1984 年版，第 75 页。
2 《徐光启著译集》第 5 册，《译几何原本引》，上海，上海古籍出版社 1983 年版。

一座大厦打地基。但人们只知道《几何原本》在天文历算方面的用途,而没有人认识到它的科学方法论的意义。

所谓修身事大之学指基督教神学、伦理学和亚里士多德的形而上学、物理学。这些学说与中国固有的思想既有可比性,又有强烈的反差。对于两者同与异的不同看法决定了中国人,尤其是士大夫们对待基督教的不同立场。一些中国人被两者相同性所吸引而皈依基督教,但中国人的大多数还是着眼于差异,对基督教义以及与之相关的神哲学采取排斥态度。《破邪集》和《僻邪集》中的一些文章从学理上对基督教进行反驳。与此针锋相对的是,以龙华民为代表的传教士对中国文化的学理基础加以激烈的否定。利玛窦的传教策略是"易佛补儒",重点突出基督教与"古儒"学说的相似性,同时反驳"今儒"和佛道"二氏"的学说。基督教与中国文化在学理上的差异是意识形态的差异,而意识形态的差异是不可调和的,往往会引起冲突。利玛窦传教策略的"补儒"部分是调和的企图,但终未能阻止这场意识形态冲突的总爆发,即互不相让的"礼仪之争"。

徐光启所谓的格物穷理之学指科学技术知识,包括西方的天文、地理、测量、机械、火器、医药、建筑、绘画,等等。清朝皇帝首先从西方文化中获得了物质利益,中国人对西方技巧器物感到新奇羡慕。利玛窦在总结他为什么受到欢迎时说,因为他懂记忆术,身为外国人而能背诵儒家经典;因为他是数学家;而且因为他带来的三棱镜、地球仪、世界地图等器物;最后才是他所讲的教义。不过他说,为了最后一个原因造访他的人最少。[1] 为了吸引中国人的兴趣,耶稣会采取了"科学先导"的传教策略。

但是,传教士的主观目的并不能决定中西文化交流的客观效果。令他们始料未及的是,被他们当作权宜之计的科学技术成为中国人所接受的西学的主体,以自然科学为主要内容的"格物穷理之学"在中国蔚然成风。据尚智丛统计,1582至1687年间,这方面的相关著作887部,参与人数138人。[2] 连传教士在这样的风气中也改变了传教的内容,1688年之后来华的法国耶稣会士与此前的意大利、

---

1 《利玛窦全集》第 3 册,第 209—210 页。
2 尚智丛:《明末清初(1582—1687)的格物穷理之学》,北京大学博士论文,第 97—98 页。

葡萄牙、西班牙等国的耶稣会士不同,"他们带给中国的是 17 世纪科学革命之后的新科学",专事文学、历史、绘画、音乐、建筑、数学、天文历法、大地测量、机械制造等方面的工作。[1] 科学文化的传播从传教的手段最终变成了目的本身。

虽然传教士试图把包括基督教在内的西方文化作为一个体系全盘搬到中国,但中国大多数知识分子采取了分别对待的态度,他们对西方形而上学和基督教神学的学说基本持排斥立场,而对科学技术的实用知识抱着欢迎态度。这种分别对待的做法不但符合西方文化的发展趋势,而且符合中国文化发展的需要。

在西方,17 世纪的学术发展大势以自然科学与中世纪的神学和形而上学相分离为特征。自然科学开始于哥白尼的"地心说",因与托勒密的"日心说"相抵触而遭到天主教会的压制,而天主教的正统学说核心内容是经院神学和亚里士多德哲学,它们正是中世纪晚期科学体系的主干。因此,近代自然科学与天主教正统学说的冲突表现为新旧两大科学体系的斗争,这也是为什么伽利略把他的代表性著作命名为《两大体系的对话》的原因所在。

自然科学在脱离了旧的科学体系之后,需要新的形而上学作为世界观的理论框架,也需要新的知识论作为他的方法论的基础,因此 17 世纪出现了与新兴的自然科学的方向和特征相适应的新哲学,包括英国经验论和欧陆唯理论。经验论和唯理论都对经院哲学持批评立场,但并非与中世纪和古代的学说完全决裂。唯理论与经院哲学的历史连续性尤为明显,比如唯理论推崇的数学方法与经院哲学重演绎、重分析的"证明科学"方法,唯理论的实体理论与亚里士多德的实体观有着明显的历史承袭关系。广义地说,自然科学的观念也不是无源之水,它是亚里士多德的"证明科学"(apodeiktike episteme)和中世纪罗吉尔·培根提出的"实验科学"(scientia experimentalis)两种观念的一种新综合。这也是为什么牛顿把他的代表性著作命名为《自然哲学的数学原理》的原因所在。但不管新科学对旧科学的继承,还是新哲学对旧哲学的利用,都是局部性的,都是以旧体系瓦解为前提的。只有在旧体系分崩离析之后,新体系才能在其支离破碎的内容中挑选"为我所用"的部分。

---

1 尚智丛:《明末清初(1582—1687)的格物穷理之学》,北京大学博士论文,第 11—12、61 页。

16 世纪末和 17 世纪初来华的耶稣会士处在新旧科学交替的时代,他们的教育背景不可能使他们了解尚处于萌芽状态的新科学和新哲学,他们带来的只能是旧的科学体系。但旧科学体系在西方已经面临着濒于瓦解的危机,它又怎么能够被原封不动地搬到中国来呢? 1688 年以后来华的法国耶稣会士白晋等人,不再坚持知识的统一性和系统性,而是传播那些与新科学相适应的实用知识,这是顺应新科学代替旧科学的历史潮流的做法。

在中国,晚明时期也是一个学术上新旧交替的时期,总的趋向表现为反虚归实,由内转外,变静为动,弃心性之学而倡格物之学。心性之学是宋学和王学的传统,是旧学;格物之学则是新起的实学。宋明时期的心性之学到明末时期,流于空谈心性、空疏玄虚的弊病。为了克服这一流弊,一些正视社会危机的、有社会责任心的知识分子提倡实学。实学提倡"格物","物"被理解为心外之物,这一点与朱熹的解释雷同,而与王阳明的"格心"主张不同;但实学的"格"不是形而上的思辨或道德直观,而是经验式的探索、批判和反思,这与朱熹的"存天理"和王阳明的"致良知"有根本区别。就是说,新的研究对象和新的研究方法态度把实学与宋学、王学区别开来。

实学的兴起与其时传入的西学有某种直接的或间接的联系,但这种联系没有保证实学的先进性。所谓先进性,不是针对中国传统的学说,而是针对同时期的西学而言的,相对而言,实学远没有达到同时期的西方自然科学和启蒙思想的水平。我们把明清的实学分为三支,逐一与西学(不但是传入中国的西学旧体系,而且包括启蒙时代的西学)作比较。

第一支是明末清初的启蒙学者。如梁启超所说:"他们不是为学问而做学问,是为政治而做学问。"[1] 在他们看来,"物"是政治、政务,"格"是批判、反思。"格物"的结果是对皇权专制的深刻批判。启蒙学者的代表人物黄宗羲反对专制和主张民主的言论可与 18 世纪法国启蒙学者的思想相媲美。虽然有人认为黄宗羲受西学影响,但就他的启蒙思想而言,那是在西方启蒙思想尚未传入中国的情况下,通过对本国历史的深刻反思而独立地得出结论。不幸的是,由于清王朝的极端专

---

1 梁启超:《中国近三百年学术史》,上海,复旦大学出版社 1983 年版,第 106 页。

制和"文字狱"的残暴压制,反专制的政治实学没有成长起来便夭折了。而在同时期的西方,启蒙主义却成为时代的主流,为西方各国走上现代化道路扫清了政治思想上的障碍。

第二支是历算派,他们继承了"格物穷理"的"利(玛窦)徐(光启)之学"。"物"被他们理解为自然物,"格"是测算,"格物"的结果是对天象运行和器物模型的数学描绘。清初历算学是显学,不但宫廷重视天文历法,民间也有潜心研究天文和数学的学派。历算学消化了西学,而对西学有所批判。此时的科学研究的代表人物都是以中学来消化、改造西方科学的,如王锡阐企图会通中西天文图式,梅文鼎以传统算术会通中西历算学,方以智以为西学"详于质测而拙于言通几",他建立了易学和算学相结合的"质测通几"之学。这些学说虽然不能说落后于传教士带来的西方天文学和数学,却远远落后于与他们同时代的西方自然科学的发展水平。

实学最后也是最大的成果是乾嘉学派的考据学。考据学者把"物"理解为文本文字,"格"是比较、辨析,"格物"的结果是对传统文本的批判性解读。考据学派自认为属于"汉学",而与"宋学"相对。但清代的汉学不等于汉代的学问,因为它有更多的学术资源可利用,不免受西学的影响,但西学的影响毕竟是间接的、无意识的。考据注重细致辨析,在比较异同的基础上进行推理、归纳的做法,与西学的科学方法有类似之处,但这不足以说明考据学家自觉地运用了西方的科学方法论。

在西方科学家和启蒙学者致力于探索自然和改造社会的同时,清代的一些学者却拘泥于字句考据。当西学300年后重新传入之际,中国人才痛心疾首地发现,中学的泥古与西学的创新简直不可同日而语。从晚明始,中国知识分子在国家和民族的灾难面前,认识到王学末流的空疏玄虚而转入实学;到了晚清,他们看到的却是,考据学的烦琐实务于事无补,中国面临着同样的灾难。从晚明到晚清的300年,中国的学术似乎转了一个圈子,在认识自然和改造社会方面鲜有进展。究其原因,我们现在一不能说中国社会没有实际需要,因为实学的兴起恰恰出于认识自然和社会的需要;二不能完全归咎于清王朝的落后和专制,因为清王朝并不压制研究自然的科学和实用知识。造成中国学术落后的原因是复杂的,但不能不提到中国学术在中西文化交流的失败表现。

西学对实学的发展并非完全没有影响,但影响或是局部性的,或是间接的,或是不自觉的,但全是短暂的。所谓局部的影响,指西学的实用科学与实学的科学研究之间的会通;所谓间接的影响,指西学的科学方法通过曲折的方式影响了实学的发展;所谓不自觉的影响,指西学为一些启蒙学者和考据学者提供了模糊的理论背景;总的来看,西学对实学的影响是暂时的,清朝中叶以后的实学已与西学脱离干系。

总结以上的讨论,我们在深究中国学术在第一次中西文化交流中失败的原因时,应注意以下几点:

第一,不能以中西文化之间的冲突为根本原因。因为中西文化的根本冲突发生在不同的意识形态之间,意识形态的冲突并不影响中西文化其他部分的会通。

第二,不能完全归咎于"礼仪之争"的后果。因为"礼仪之争"导致禁教,却没有禁西学,尤其没有禁西方科学,传教士仍可以在宫廷传授科学知识;它导致了中西文化交流的中止,却没有阻止人们学习已经传入的西学著作,被翻译的科学方面的著作还被编入《四库全书》。

第三,不能以传入西学体系的过时落后为充足理由。因为过时的旧体系包含着与新科学一脉相传的因素,这些因素在中国也有积极的表现。

第四,也不能把注重实用科学知识而排斥神学、形而上学当作失误的原因,因为分别对待旧体系的不同部分符合中西学术发展的趋势。

中国学术在中西文化交流中失败的原因是复杂的,即使把上述原因合成在一起,还是不充足的。我们还需要从中国学术的内部寻找更深层次的原因,可以提出这样的问题:当中国社会已经有了发展科学的实际需要,当中国知识分子已经认识到西方实用科学的正面价值,并且有能力、有条件消化吸收西方实用科学,他们为什么未能深入、持久地学习西方科学,进而发展能与西学相匹配、相会通的中国学说?现在向17和18世纪的中国知识分子提出这样的目标,似乎在苛求古人,但其实不然,因为当时的徐光启已经提出了同样的目标,却没有受到人们的重视。

3 ───

"徐光启计划"

徐光启是认识到西学正面价值的第一人。他对西学的三部分都有积极的评价,但对西方的科学方法论最为推崇。更难能可贵的是,他试图把西方科学的数学方法应用于研究自然和人事。他于1629年(崇祯二年)上疏,呈明"度数旁通十事"。"度数"即数学,"十事"指天文气象、水利、音律、军事、理财、建筑、机械、地理测量、医药、钟表制造。[1] "度数旁通十事"不仅是说数学可以运用于这十个领域,而且是说数学方法可以融会贯通所有这些领域。徐光启站在时代的前列,提出了全面建设一个科学系统的目标。这一历史记载值得大书特书,而不应被遗忘,故特命名为"徐光启计划"。

"徐光启计划"所提"十事"不仅涵盖国计民生的大事,而且涉及数、理、天、地、生、化等现代自然科学的类别。这是按照现代科学的应用范围,对知识体系所进行的分类。西方近代科学的奠基人培根明确地提出,科学的目的是在认识自然的基础上改造自然,"达到人生的福利和效用"。在此意义上,他提出了"知识就是力量"的口号。[2] "徐光启计划"完全符合现代科学的经济致用的目的。孙尚杨说:"他在中国科学技术史中的地位和影响实类似于培根在西方思想史、科学史中的地位和影响。"[3]

与培根相比,徐光启的精彩之处在于他认识到了数学方法对经验研究和实用技术的普遍作用。"徐光启计划"的要点是"旁通",这就是数学和经验的结合。而这两者的结合,正是近代自然科学的方法论特点。近代的西方哲学家对科学方法论有两种不同主张,唯理论重视数学方法而轻视经验归纳,经验论重视经验方法而轻视演绎推理。这两种主张有不同的理论背景,唯理论的数学方法偏重于对古代"证明科学"观念的继承,而经验论则偏重对"证明科学"的弊病的批评。徐光启主张数学与经验"旁通",他强调的是两者的会通,而不是孰重孰轻的两难。何兆

───

1 《徐光启集》,第337—338页。
2 北京大学外国哲学史教研室编:《西方哲学原著选读》上,第345页。
3 孙尚杨:《基督教与明末儒学》,北京,东方出版社1994年版,第184页。

武评价说：

> 徐光启的巨大的哲学贡献，或者说他思想中的近代因素，并不在于他的世界构图，而在于他的思想方法论，在于他在长期系统观察和实验的基础上，能把数学置于首要地位，从而独立地在中国摸索到近代科学的边缘。[1]

"徐光启计划"是中西文化会通的产物。利玛窦带来的虽是西方科学的旧体系，徐光启却在其中看到了"证明科学"方法对于中国的重大意义。据"利玛窦判断"，中国拥有丰富的经验积累和成熟的工艺技术，但缺乏逻辑推理和演绎方法。徐光启把《几何原本》作为科学方法的典范而大力推崇，他为介绍几何学的科学精神和方法论而不遗余力。《刻几何原本序》说，几何学是"众用之基"，"万象之形囿，百家之学海"，这是说几何方法在科学中的基础地位；《几何原本杂议》说，"能精此书者，无一事不可精；好学此书者，无一事不可学"[2]，这是说几何方法应用的普遍性；《译几何原本引》说，"剖散心疑，能强人不得不是之，不复有理以疵之，其所致之知且深且固，则无有若几何家矣"，这是说几何方法的严密和推理的必然。

在徐光启看来，中国学术研究最缺乏的是"丝分理解""分擘解析"的数学方法。正是出自对中国学术的自我批评，他才说利玛窦带来的"数学精妙，比于汉唐之世，十百倍之"[3]。也许，中国的传统算学不一定与西方数学有如此大的差距，但西方数学方法的优点与中国传统学说的缺点差距之大，用"十百倍之"来形容，也不为大过。诚如张学智所说：

> 中国在汉代之后……重文辞轻逻辑，重新奇轻拙重，重形式的华美轻理性的正确……美学理论上的重气韵生动，轻实物摹写，思想方法上的重体验、轻思维等倾向的推波助澜，使中国人整体上具有诗的、艺术的气质。精密的分析，精确的摹画，对整体各部分之间数量关系的考求的缺乏，都使中国人容易陷于笼统、虚浮等思维弊病。……徐光启、李之藻等人的卓越之处在于他

---

1 何兆武：《略论徐光启在中国思想史上的地位》，载《哲学研究》1983(7)。
2 《徐光启集》，第 76 页。
3 同上书，第 80 页。

们发现了艺术的、诗意的思维倾向对发展科学和实证性学术不利。[1]

从积极的方面说,中国已经积累了国计民生方面的丰富经验,几何方法和中国已有的经验学问相结合,就会有极大的进展,极大的功效。"徐光启计划"所设想的是西学的优点("度数")和中学的优点("十事")的结合("旁通")。他没有全盘照搬西学,而是从中选择了中国人最需要的"求精责实"的科学方法论:徐光启不迷信西学,他坦诚心迹:"臣等愚心以为欲求超胜,必须会通。"[2]要超过西学,首先必须会通;而会通的第一步是必须虚心学习西学,"令彼三千年增修渐进之业,我岁间拱受其成"[3]。

孙尚杨高度评价了"徐光启等人设计的会通以求超胜,在与西方的竞争中超胜西方"的宏大理想,并感慨地说,中国失去了实现"这一理想的机会"[4]。中国失去的是一次宝贵的历史机遇,一次能够使中国成为世界先进国家的历史机遇。我们今天在总结历史教训时,强调种种外在原因,如封建专制、"礼仪之争"等等,我们在上面已指出,这些原因都是不充分的。从中国学术内部找原因,我们首先应该对"徐光启计划"为同时代人所漠视、被后世所遗忘而感到痛心。我们不指望最先读到上疏的皇帝会重视这份计划,无论是"亡国之君"崇祯,还是被吹捧为"明君圣主"的康熙(南怀仁给他的关于"穷理学"的书奏类似于"徐光启计划"),都没有、也不可能有虚怀若谷的心态和博采众长的宽阔胸襟,更谈不上会通中西的宏图大志。

令我们特别感到遗憾的是,中国知识分子,包括不满于学术现状而转向实学的先进分子,也漠视和遗忘了"徐光启计划"。这些知识分子中的一些人,从西学中看到数学的应用价值,但偏偏没有认识到徐光启大力推崇的科学方法论的价值;他们从西学中看到实用科学的价值,但偏偏没有认识到把几何方法与经验科学结合起来的价值。

在 17 和 18 世纪,虽然徐光启等少数人认识到西方文化的正面价值,但中国

---

1 张学智:《明代哲学史》,北京,北京大学出版社 2000 年版,第 723、724 页。
2 《徐光启集》,第 374 页。
3 转引自孙尚杨《基督教与明末儒学》,第 184 页。
4 同上书,第 252 页。

知识分子的群体却没有这样的认识，"徐光启计划"因此而被束之高阁，西方文化的正面价值没有得到真正的开发利用。这是造成"中国为什么会失去一次历史机遇""中国学术为什么会落后""中国为什么会落后"等一系列相关问题的一个重要原因。

冯友兰发表过一篇题为"为什么中国没有科学"的文章。我们可以用他在文中提出的观点，对上述"中国知识分子没有真正认识和利用西方文化的正面价值"的论题，提出进一步的解释。

冯友兰在题解中说："'科学'一词，我是指关于自然现象及其关系的系统知识。"[1]西方古代的"证明科学"和近代以来的自然科学都属于这一"科学"范畴，但中国古代为什么没有这样的科学呢？冯友兰从中国文化传统的开端讲起，他区别了以道家和孟子为代表的"自然"路线与以墨子和荀子为代表的"人为"路线。"自然"路线要求人认识自己内心中自然赋予的道或天理，"人为"路线看到的是人能够从自然获取的利益和人征服自然的力量。自秦朝以后，中国思想的"人为"路线几乎绝迹，汉代始传入的佛教"也是属于极端'自然'型哲学"。冯友兰说，中国思想的主流儒释道三家的"自然"路线阻碍了科学的发生。与此相反，欧洲从古代、中世纪和现代都一以贯之地遵循"人为"路线，欧洲科学"只有历史的继续，而没有中世纪与现代欧洲之间的明显界限"。但中国不是没有产生科学的可能，如果中国人遵循墨荀的"人为路线"，"那就很可能早就产生了科学"[2]。

值得注意的是，冯友兰把这两种路线的实质视为"善"的两种观念。"自然"路线要在人心之内寻找幸福和永久的和平；"人为"路线要在天上或人间寻求幸福，并为此而力求认识外在世界，对它熟悉了以后就力求征服它。这两种观念是对立的。按照内在的观念，如果善永恒地存在于自我，又何必向外在世界寻求幸福；物质财富如果不能带来心灵的安宁，科学还有什么用？按照外在的观点，人性本身不完善，人是愚弱无助的，需要人为地加上一些东西，包括：知识和力量、国家、法律等，还要有一个人格化的上帝。[3]

1 冯友兰：《三松堂全集》第11卷，郑州，河南人民出版社2001年版，第31页。
2 同上书，第48、53、52页。
3 同上书，第50—53页。

"善"的两种观念造成了两种思维方式。外在的善从物出发，"正是从物的科学，欧洲才养成精确、严密、苦求证明"的习惯；而内在的善从各人自己的心出发，"爱的是知觉的确实，不是概念的确实"。中国哲人没有清楚的思想，这是因为他们不需要清楚的思想；他们没有科学的思辨，因为科学对他们的人生价值没有用处。"譬如我饿了，我难道还有必要用迂回的、抽象的科学方法向我证明我想吃饭吗?"冯友兰为中国没有科学作了这样的辩护："与西方相比，中国虽然缺少清楚的思想，然而得到的补偿，却是有较多的理性的幸福。"[1] 这样的辩护不能说是成功的，中国人是否真的比西方人有较多的理性的幸福，这是十分可疑的；特别是在西方自然科学获得巨大成功的近现代，这一判断恐怕更难成立。

《中国为什么没有科学》是冯友兰在哥伦比亚大学读书时的习作，其中难免有简单化或不成熟的观点。但我们不得不承认，他对中西文化传统差异的认识包含着不少真知灼见，他把中国人缺乏科学思维的原因归结为中国传统思想的"善"的观念，就是一个很有见地的认识。按照这一认识，"徐光启计划"之被漠视，不只是历史的偶然；当时中国知识分子群体之所以没有真正认识西方文化的正面价值，与中国固有的伦理传统的影响有关。

明清时期，理学依然是官方的意识形态，儒释道的文化传统根深蒂固。虽然理学传统在明末清初之际遭到猛烈批判，但传统的伦理观念仍然长期支配着人们的思想行为。即使转向实学的知识分子，他们的学术观念仍然没有摆脱传统的伦理观念。实学的学者对于冯友兰所说的"从物出发"还是"从心出发"的问题，还没有明确的意识。他们要求由"格心"转向"格物"，"物"是外物，但与心中的道德原则有千丝万缕的联系。我们谈到，在实学的发展中，"物"一变为政务，二变为天象，三变为文本。在此过程中，"物"与传统道德原则的距离越来越近，"格物"与"格心"的差别越来越小。与此相应，实学中的科学成分越来越少，最终回归传统伦理，考据学成为道德学说的一部分。

正如冯友兰所言，中国传统的伦理思想没有也不需要精确的概念、严密的分析和合逻辑的证明。出于重视伦理日用的思维习惯，人们看到的数学用途只是天

---

1 冯友兰：《三松堂全集》第 11 卷，郑州，河南人民出版社 2001 年版，第 51、52 页。

文历算;天文历算是传统"天人之学"的一部分,与伦理原则和历代政治有密切联系。在"天人之学"的理论框架中,数学没有为智慧而求智慧的自身价值,也没有体现科学精神的思辨性和体现思想形式的普遍性。西方数学在中国道德体系中的这种狭隘应用,使它失去了科学方法论的价值。在这样的大环境里,徐光启推荐几何方法的大声疾呼,如同空谷足音;"徐光启计划"之被漠视,实为势所必然。

中国传统文化的大环境和伦理大势不是终结的原因。因为文化传统并不是一成不变的,如黑格尔所说,传统"并不是一尊石像",而是"生命洋溢的"一道洪流。[1] 一个文化传统的大势在遇到外来文化的强势冲击时常常会发生扭转。17世纪时,欧洲和中国文化都是世界上的强势文化。欧洲的启蒙学者借助中国文化冲击西方的传统文化,结果改变了西方文化的进程和面貌,而中国的启蒙学者借助西方文化冲击中国的传统文化,却未能动摇中国文化的传统。

徐光启和黄宗羲在学识和勇气上绝不输于英国的培根和洛克,以及法国的伏尔泰和卢梭,但他们的启蒙思想在中国无声无息地夭折了;而后者的思想在欧洲却大行其道,用现代主义代替了传统思想。这一鲜明的对比说明了中西文化传统和知识分子之间的不同关系。知识分子是承担文化传统的主体,文化传统造就了知识分子,知识分子又改变了文化传统。这一循环不是恶性的思想怪圈,而是引导人们理解自己历史的"解释学循环"。我们需要在知识分子和文化传统的互动中,认识中西文化的过去、现在和未来。

另一值得比较的现象是,严重阻碍科学启蒙精神发展的中国传统伦理,在西方却极大地促进了启蒙思想。同一个伦理思想在中国和西方为什么有如此不同的作用? 我深信,对这一问题的深入思考能够为我们理解中国伦理传统的特质提供一个线索。也许,中国伦理在中国和西方不同遭遇的全过程,将教会我们如何看待和运用中国的传统伦理。

---

1 [德]黑格尔:《哲学史讲演录》第 1 卷,北京,商务印书馆 1981 年版,第 8 页。

中国文化对西方现代性形成的作用

我们通常把耶稣会在中国传播基督教和西方文化的这段历史简单地理解为天主教来华传教史,其实,耶稣会同时也把儒家学说和中国文化介绍到西方,欧洲人在向中国输出他们的文化的同时,也大量接受了中国文化。这是"西学东渐"和"中学西被"双向交流的历史。

中西文化第一次大规模交流在中国和西方所产生的历史后果却截然不同。这一次基督教传教活动以失败告终,随着基督教一起进来的西方文化只在中国少数知识分子的心灵里激起涟漪,留下淡漠的历史痕迹。与此形成鲜明对照的是,耶稣会教士输入的中国文化在欧洲引起波涛汹涌的"中国热"浪潮,激发了启蒙运动重要思想家的理想、精神和理论创作。在中西文化的此次交流中,西方人的获益远比中国人大得多。以儒家为代表的中国哲学思想对 18 世纪欧洲启蒙运动所产生的重大影响,这已是学术界不争的事实。如利奇温所说:18 世纪的欧洲把"中国—孔子—政治道德三事"合而为一,孔子被称为"道德及政治哲学上的最博学的大师和先知","孔子成了十八世纪启明时代的保护神"[1]。

中国思想对欧洲 18 世纪启蒙运动的影响在西方现代化进程中有何历史意义呢?从 20 世纪下半叶开始,西方学术界对西方现代文化进行了比较全面的反思,从中得到的一个共识是,现代化作为一种生活方式和思想方式,既不是从始于 16 世纪的科学革命开始的,也不是从始于 17 世纪的工业革命开始的,而是开始于 18 世纪的启蒙运动;启蒙思想集中表现了现代文化的特征,因此,启蒙主义就是现代主义(modernism),"启蒙纲领"就是"现代性"(modernity)。

---

1 [德]利奇温:《十八世纪中国与欧洲文化的接触》,北京,商务印书馆 1962 年版,第 17、68 页。

现在学术界有两个公认的命题:第一,"中国古代思想对欧洲启蒙思想发生过重要影响";第二,"启蒙思想是西方现代化的必要条件"。把这两个命题联系起来,我们能够得到这样的结论:西方的现代化进程受到中国古代思想的推动和影响。西方的现代化进程固然主要是因自身内部原因而发生发展的,但 18 世纪从中国输入的思想,也是造就西方现代性的一个重要因素。这是 17 世纪中西文化交流带给西方人的最大收益。

不同的时代有不同的风尚,西方人对待中国的心态随着时代的变化而改变。如果说 17 世纪的传教士大多抱着平等的心态与中国文化交流,18 世纪的启蒙学者大多抱着褒扬的心态学习中国文化,那么,到了 19 世纪,德国思想家大多用贬低的态度批评中国。从褒扬到贬低的 180 度大转弯是如何发生的呢? 流行的解释是,传教士为了"以耶补儒"的传教政策,而能平等地与儒家对话;一些启蒙学者为了反对欧洲的宗教蒙昧,而把中国美化为文明的榜样;后来的西方殖民者为了侵略的目的而贬低中国,而具有"德意志民族至上"的思想家反映了这种需要。依我之见,这些看法过分看重主观动机在文化风俗中的作用,不符合文化结构的"下意识"特征。再者,这些解释也有颠倒因果之嫌。"利用""美化"也好,"侵略"也好,都是在对中国文化的价值作出了肯定的或否定的判断之后所产生的结果,而不是价值判断的原因。

本文拟提出这样的解释:17 至 19 世纪,是西方人的价值观发生新旧交替的时期,其结果形成了价值判断的现代模式。在此过程中,中国文化被当作西方文化的参照系,它既参与了这一新的价值判断模式的形成,又成为这一模式的一个主要判断对象。这是跨文化的互动过程,它既可以比较全面地解释西方价值判断模式转换的原因,也可以解释中国文化在西方所遭遇的变化的原因。

1

"有神论与无神论"二元对立模式的动摇

西方社会向来是按照宗教信仰来划分人群的。按照是否有宗教信仰,人被分为有神论和无神论两个阵营。早在基督教取得统治地位之前,希腊人就已经实施了这一区分标准,即使开明的希腊哲学家也摆脱不了这一标准的禁锢。有的哲学家因此受到迫害,如阿那克萨戈拉、普罗泰戈拉斯等被控"不信神"而被驱逐出雅典,苏格拉底被同样的罪名处死,德谟克利特、伊壁鸠鲁的学说因为背上"无神论"的骂名而世世代代遭攻击。有的哲学家则主动迎合这一标准,著名者如柏拉图要求用法律惩罚无神论者。他说,至少要判无神论者五年监禁,如不悔改,则要终身监禁,没收财产,死后不准埋葬。[1]

在基督教的中世纪,基督教以外的其他宗教或学说都是无神论,希腊的哲学、罗马的宗教、阿拉伯人的宗教等等,都是无神论。因为这些异教崇拜的是偶像,而不是真神,异教不是真正的宗教,而是"错误的宗教"(false religion)或"渎神的宗教"(profane religion)。有神论和无神论的区分是善和恶的区分,异教与无神论同属恶的阵营,甚至比无神论还要坏。

16 世纪有两次大事件,一是宗教改革,二是地理大发现。在第一次事件中,基督教各派带着这样的观念彼此恶战。在第二次事件中,基督教传教士带着这样的观念走遍全世界。传教士们把世界各地的本土宗教都视为偶像崇拜或无神论,要这些"异教徒"或"无神论者"加入基督教,这是为了拯救他们,把他们从坏人改造成好人。

17 世纪发生了根本的思想转变。基督教各教派之间的宗教战争的惨重后果,使有识之士认识到宗教宽容的可贵;耶稣会士发现的中国人的道德,使有识之士认识到无神论的价值。耶稣会士首先发现,长期统治他们思想的"有神论与无神论"的二元对立模式不适用于孔子的学说,孔子的思想是道德和政治学说,是全民族的伦理,它既不是宗教,也不是偶像崇拜(idolataeorum)或无神论。

耶稣会士对孔子学说的态度可以从他们的用语上流露出来。他们虽然创造了 Confucius 这个词称呼孔子,却没有把这个词变成形容词 confucian,更没有创造以 confucian 为前缀的 Confucianism 一词。confucian、Confucianism 是 1837 年之后才出现的。据钟鸣旦考证,耶稣会士用音译的 ru 字作为儒家思想和组织的统

---

1 参见赵敦华《西方哲学通史》第 1 卷,北京,北京大学出版社 1996 年版,第 162 页。

称。当他们谈及儒家的学说时，多用意大利文 la legge de' letterti，legge 就是拉丁文的 lex，意思是"教导"，那句意大利文词组的意思是"士人的教导"。耶稣会士除了把儒家阶层称为"士"（letterti），还称他们的组织为 secta（拉丁文），或 setta（意大利文），意思是"团体"，而无现代西文 sect 所指的"宗教派别"的含义。[1] 耶稣会士之所以有意识地避免使用 Confucianism 一词，是为了避免西方人把儒家理解为宗教。当时占统治地位的依然是"宗教"（基督教）和"异教"，或"有神论"和"无神论"的二元对立思维模式，Confucianism 一词很容易使人把儒家理解为一种教义和教派，并且是与基督教相对立的异教派别和无神论的学说。

当然，耶稣会不是铁板一块。龙华民等保守派坚持把儒家视作异教和无神论；而利玛窦则明确地说："儒不是一个正式的宗教，只是一种学派，是为了齐家治国而设立的。"[2] 以利玛窦为代表的耶稣会士对儒家的这种独特理解，决定了他们"以耶补儒"的传教策略。他们以为，儒家属于伦理道德范畴，儒家拜天、拜孔子、拜祖宗是他们的道德准则和日常行为的一部分，属于道德活动；儒家的崇拜仪式与异教的偶像崇拜不同，与基督教的宗教仪式也不相矛盾，可以互补。但罗马教皇却采取了龙华民的理解，把儒家仪式当作偶像崇拜。"礼仪之争"虽然发生在教皇和中国皇帝之间，其思想根源却是教廷的传统思维模式与耶稣会对儒家解释的新模式之间的冲突。

2

"理性与非理性"二元对立的启蒙模式的建立

耶稣会的传教士在把西方文化传入中国的同时，也把中国文化传进中国。据统计，17 和 18 世纪来华耶稣会士介绍中国的作品 723 部，占同时期同类作品总数

1 N. Standaert，"The Jesuits did not manufacture confucianism"，in *East Asian Science*，*Technology*，*and Medicine*，16(1999)，pp. 115 – 132.
2 《利玛窦全集》第 1 册，第 86 页。

(7510 部)的 9%。[1] 其中李明的《中国现状》、杜赫德的《中华帝国全志》和《耶稣会士书简集》等书成为雅俗共赏的流行读物。18 世纪的法国启蒙学者伏尔泰、孟德斯鸠、卢梭、狄德罗、孔多塞、霍尔巴赫、魁奈和杜阁等,以及德国哲学家莱布尼茨、沃尔夫等,都读过耶稣会士解释中国情况的著作。不论他们对中国持何种态度,耶稣会介绍的中国古代思想构成了他们启蒙思想的理论背景中不可忽视的因素。

被耶稣会士引进欧洲的儒家是宗教和无神论以外的道德政治学派,这在"有神论与无神论"的模式中,增加了一个没有归属的异数,更严重的是,它扰乱了善恶的阵营。信奉儒家伦理的中国人不是基督徒,却有道德,不能不归于好人的阵营。为了维护传统的"有神论与无神论"二元对立的判断模式,罗马教会坚持把儒家谴责为无神论。1700 年,索尔邦的巴黎神学院代表罗马教廷审判了李明(Le Comte)的《中国现状》和郭弼恩(Le Gobien)的《中国皇帝颁诏恩准基督教传播史》,列举六条罪状加以谴责。[2] 李明的《中国现状》还被判销毁。[3]

1700 年的审判否定了耶稣会的观点,却不能抹杀他们在中国经历的事实:孔子学说指导下的中国是一个秩序良好、人民生活幸福的社会。有识之士会很自然地得出这样的结论:无神论者也可能过着有道德的幸福生活。比埃尔·培尔(Pierre Bayle)首先公开地说出了这样的结论:无神论者可以行善,正如有神论者也可作恶一样。这就是思想史上著名的"培尔命题"。"培尔命题"在当今已是一个常识,但在 17 至 18 世纪之交,提出这一命题需要极大的勇气和见识。"培尔命题"并没有改变"有神论与无神论"二元对立的模式,他只是指出了这一模式与"好人与坏人"阵营的不对称:有神论者和无神论者都可以是好人,也可以是坏人。但是,如果"有神论与无神论"的模式不能成为判断善恶、区分好人和坏人的标准,它的价值也就丧失了。人们需要判断善恶、区分好坏的新模式。

---

1 转引自张国刚《明清传教士与欧洲汉学》,北京,中国社会科学出版社 2001 年版,第 97 页。

2 孟华:《1740 年前的法国对儒家思想的接受》,参见《学人》第 4 辑,南京,江苏文艺出版社 1993 年版,第 332 页。

3 参见 L. A. Maverick, *China: A Model for Europe*, Paul Anderson, Texas, San Antonio, 1946, p. 19。

　　"理神论"的兴起促进了新的价值判断模式的诞生。"理神论"(deism)来自拉丁文的"神"(deus)，而"有神论"(theism)来自希腊文的"神"(thos)。Deism 一般被译为"自然神论"。《牛津英语辞典》给 deist 所下的定义是，"根据理性的证据而相信上帝存在而反对天启宗教的人"(one who acknowledges the existence of a God upon the testimony of reason, but rejects revealed religion)。我以为，这一定义突出了理性对于信仰上帝的中心意义。为了突出"理性"的中心意义，现把 deism 译为"理神论"。

　　英国早期的理神论者把基督教等同为理神论，如托兰德的《基督教并不神秘》一书把基督教的实质解释为理神论。但 18 世纪的启蒙学者认识到，基督教不能作为理神论的例证，因为基督教的历史是分裂的，其初期的理想和实质符合理神论，它在历史和现实中表现出的宗教蒙昧、狂热和迷信，则应被归于无理性宗教的范畴。在人们寻找理神论的例证时，耶稣会介绍的儒家思想再次派上了用场。启蒙学者不无惊喜地发现，具有 4000 多年历史的中国古代宗教似乎是天造地设的理神论的样板。休谟说，"孔子的门徒是天地间最纯真的理神论的信徒"，这表达了 18 世纪理神论者的共同思想。[1]

　　莱布尼茨是熟悉中国文化的 18 世纪启蒙学者中哲学素养最高者，他的《论中国人的自然神学》一书反驳了龙华民指责儒家为无神论的观点，为把儒家解释为理神论奠定了哲学基础。莱布尼茨称道中国宗教为最典型的理性宗教，早在基督教之前，甚至在希腊哲学之前，中国人就已经凭借自然理性认识了上帝。书的最后讨论伏羲八卦，似乎与争论的主题无关，但莱布尼茨的用意是要证明中国理性之高明："古代中国人极大地胜过现代人，不仅在虔诚的表现上(这是最完善的道德的基础)如此，在科学上也是如此。"[2] 所谓科学，指阴阳卦象符号系统。莱布尼茨相信这是最早的二进制代数体系，是包括西方近代自然科学之内的所有科学的"普遍文字"。

　　不论是耶稣会士翻译儒家经典，还是他们介绍的中国历史和现实，或是莱布

---

1 转引自张国刚《明清传教士与欧洲汉学》，第 127 页。

2 Leibniz, *Writings on China*, trans. by D. J. Cook and H. Rosmont, Open Court, Chicago, 1994, p. 134.

尼茨对中国宗教的哲学说明,都符合启蒙学者心目中的理性宗教的理想。有了中国宗教的思想和历史为典范和参照,启蒙学者运用理性标准,建构新的价值判断模式。旧有的"有神论"被分成有理性的宗教和无理性的宗教,前者是理神论,后者是宗教蒙昧、狂热和迷信。同样,旧有的"无神论"范畴也被分为理性的无神论(如伊壁鸠鲁主义、唯物主义)和无理性的无神论(如毫无信仰的低级文化、唯我主义)。按照新的判断模式,理神论者和有理性的无神论者,尤其是唯物主义者组成了好人阵营;蒙昧的、反理性的宗教徒,专制独裁者,自私自利的伪君子,道德低劣的小人组成了坏人阵营。区分善恶的唯一标准是理性,理性的标准打破了宗教信仰、民族、国家、阶级和性别的区别。善的阵营中包括儒家君子那样的有道德的人、法国第三等级那样被压迫的人,以及唯物主义者那样的哲学家;反之,政治暴君、专横的教会及其教士、堕落的贵族等等,属于坏人阵营。

按照我的看法,在 18 世纪的法国启蒙运动中,根本的改变是价值判断模式的转化,善恶阵营的重组则是关键的一步。启蒙学者用新的判断模式改变了旧的善恶阵营,才能用理性的名义,对属于恶人阵营的那些宗教、政治和思想进行全面地、猛烈的攻击;才能按照理性的理想,建设新的宗教、政治和思想。这样,启蒙运动以其对旧传统的彻底批判,开创了一个新传统——现代主义的传统。

3

"进步与落后"二元对立的现代模式的确定

启蒙运动不是铁板一块,启蒙学者对中国有两种不同态度:伏尔泰、莱布尼茨、魁奈等人是热情的"中国之友"(sinophilia),而孟德斯鸠、卢梭等人的立场是对中国持批评态度的"中国之敌"(sinophobia);"百科全书"派处在两者之间,各有褒贬的偏倚,爱尔维修、狄德罗和霍尔巴赫偏向于赞扬中国,而孔多塞偏向于批评中国。批评中国一派的一个有代表性的意见是"中国文明停滞不前"论。孔多塞在《人类知识起源论》一书中,批评汉语单词音节变化少,比拼音文字落后。德国启蒙学者赫尔德则进一步说,中国的落后文字是落后思想的表现,中国文字表现了一个几千年停滞不前的文化，"专制帝国中产生不出第二个孔子"，"犹如冬眠的动物一般"，又好像是"一具木乃伊"[1]。但在 18 世纪的判断模式中，中国历史停滞不前的事实并不完全是缺点。莱布尼茨认为中国古代理性是人类理性的样板；哥尔德斯密斯在《世界公民》一书中说，中国"经漫长的一系列时代而保持不变"，是一个美德。[2] 伏尔泰虽然承认，中国在 4000 年间"进步微乎其微"是一个缺点，但他似乎认为瑕不掩瑜，这一缺点既与崇尚传统的优点有关，也与中国文字的艰难有关。[3] 然而，19 世纪以后的西方学者却普遍认为，这一缺点是中国文化的根本缺陷，造成这一缺陷的原因是全面的、深刻的，包括思想、语言、道德、政治、宗教等各方面。通过对这些方面的大量阐述，中国文化被当作落后文化的样板。

更深层次的分析可以表明，中国文化在西方的兴衰与西方价值判断模式的转变有关。我们已经表明，儒家伦理之所以被当作"理性宗教"的榜样和标准，与西方"有神论与无神论"的判断模式的转变以及由此引起的"善与恶"阵营的重组有关。那么，19 世纪以来的"中国文化落后"论是否也与另一个判断模式有关呢？我的答案是肯定的，这就是在 19 世纪兴起的"先进与落后"的判断模式。

18 世纪启蒙运动用"理性与非理性"的新模式代替了"有神论与无神论"的旧模式，但是，启蒙学者没有否认传统的"善与恶"二元对立的两大阵营的合理性，他们只是按照理性的标准重组了这两个阵营。只是在康德那里，"善与恶"的二元对立区分与"理性与非理性"的模式的联系才被割断。康德指出，运用理性能力一定要付出舍善而取恶的代价。他借用《圣经·创世记》中人类始祖亚当和夏娃偷吃善恶果而被逐出伊甸园的故事，说明了一个深刻的道理："自然的历史是从善开始的，因为它是上帝的作品；自由的历史是从恶开始的，因为它是人的作品。"为什么人的自由开始于恶呢？康德分析说，人的自然禀赋是彼此结合的社会性，人类会依照这一本性进入社会。但是，最初的社会状态使人产生依赖感，不愿意使用，或觉得没有必要使用自然赋予的理性能力。"在一种田园牧歌式的生活中，尽管充满了完全和睦一致、心满意足和相互友爱，然而，一切才能终将永远藏匿在胚芽状

---

1 夏瑞春编：《德国思想家论中国》，南京，江苏人民出版社 1997 年版，第 91、89 页。
2 转引自［英］道森《中国变色龙》，北京，时事出版社 1999 年版，第 94 页。
3 ［法］伏尔泰：《风俗论》上，北京，商务印书馆 1997 年版，第 215—216 页。

态中。"人为了发挥自己所特有的理性能力,就必须把自己个体化。个体化是与社会性对立的一种倾向,如果说人因社会性而相互结合,那么,人因个体化的倾向而彼此对抗,表现为妒忌、相互竞争的虚荣心、自私的情欲、不满足的占有欲和统治欲,等等。康德说,这些恶的倾向和表现唤醒了人的理性潜能,克服了人的依赖惰性,"没有这些东西,人类一切优秀的自然禀赋将会永远沉睡,发展不出来"[1]。没有自私的情欲,就没有竞争;没有竞争,就没有理性的发展;没有理性的发展,就没有社会的进步。因此,归根到底,自私的情欲是社会进步的动力。

康德的历史进步观的贡献是用"进步与落后"的对立代替了"善与恶"的对立,使之成为与"理性与非理性"的新的评价模式相适应的、区别一切文化社会现象的两个对立阵营。凡是符合理性标准的文化社会现象不再属于善的阵营,而属于进步阵营;反之,非理性的文化社会现象属于落后阵营,但不再被视为罪恶。只是到了康德那里,新的价值判断模式才找到了与之适应的文化社会现象,现代主义的文化才进入了成熟的阶段。在此意义上,应该把康德称为现代主义的奠基者。但康德的思想只是现代主义的开始,"进步与落后"二元对立阵营的最终确立,是由黑格尔完成的。

黑格尔的辩证法是论证历史进步观的哲学体系。黑格尔的逻辑学谈论的是纯范畴的辩证发展,这是一个从最空洞、最抽象、最贫乏的范畴,到最普遍、最具体、最丰富的范畴的进步过程,或用黑格尔的术语说,是"螺旋式上升"的过程。按照"逻辑与历史一致"的原则,黑格尔哲学体系的其他部分实际上只不过是用历史的内容来充实那个无所不包的辩证逻辑的模型。自然哲学阐述了从最低级的物理现象到最高级的生命现象的自然历史。精神现象学阐述了人的认识从最简单感性开始,直至最丰富的"绝对观念"的发生过程。"绝对观念"外化为客观精神,表现为社会意识的历史,其中有从道德意识到家庭关系,再到市民社会的社会发展史,有从东方国家到希腊、罗马国家,再到日耳曼国家的"世界历史"。最后,在"绝对精神"阶段,有从东方古代艺术到希腊古典艺术,直至德国浪漫主义的艺术发展史,有从东方的自然宗教到犹太教和希腊、罗马宗教,直至基督教的宗教发展

---

1 转引自李秋零《德国哲人视野中的历史》,北京,中国人民大学出版社 1994 年版,第 114、116 页。

史,最后是哲学史,从古希腊开始,经过中世纪和近代阶段,直至黑格尔的哲学。这样,从自然界到个人思想,再到社会思想的发展,无不表现为从低级到高级、从简单到复杂的历史的进步。

黑格尔的历史进步观是回溯性的判断,就是说,他站在进步所达到的终点,用他所处时代的立场、观点去回顾过去。一般说来,辩证法的一对反思范畴之间存在着结合和统一性,但是在历史的起点和终点之间却只有对立,而没有结合和统一;终点的先进是判断起点落后的标准,而起点的落后又反衬出终点的先进。黑格尔所处的立场是普鲁士国家、现代主义的文化和他的绝对唯心论哲学,他需要一个起点作为对立面,才能最终建立起"进步与落后"两大阵营的对立。

黑格尔选择的反思对象是中国,因为他接受了启蒙学者关于人类历史起源于中国的历史观。他承认,中国所处的东方是人类历史的开端。但是,"开端"对于黑格尔来说没有任何优越性,相反,它象征着思想的贫乏和蒙昧。他用于比喻说:"历史是有一个决定的'东方',就是亚细亚。那个外界的物质的太阳便在这里升起,而在西方沉没,那个自觉的太阳也是在这里升起,散播一种更为高贵的光明。"[1]"东方与西方"在这里象征着"物质与精神""外在与内在""黯淡与光明"。

"中国"在黑格尔哲学体系中起着反衬西方文明的作用,没有中国的落后,也就显现不出黑格尔所处的西方文明的先进;反过来说,没有黑格尔所代表的西方文明的立场和观点,中国也不至于那样落后不堪。黑格尔按照他的评判模式,在他所了解的关于中国的材料中,解读出他所要看到的一切低级、落后和愚昧的东西。如此解读是系统的,全方位的,举凡哲学、思维方式、语言、道德、政治、宗教等等方面,凡是他认为人类精神有进步的领域,都有"中国"阴影的反衬。他对中国伦理的评价是:

> 凡是属于"精神"的一切——在实际上和理论上,绝对没有束缚的伦常、道德、情绪,内在的"宗教"、"科学"和真正的"艺术",一概都离他们很远。[2]

黑格尔的体系有不少牵强附会、削足适履、生搬硬凑,甚至荒谬错乱之处,现在很

---

1 [德]黑格尔:《历史哲学》,北京,生活·读书·新知三联书店 1956 年版,第 148—149 页。
2 同上书,第 181 页。

少有人相信黑格尔的体系。但无论赞成他,还是反对他,人们都不能忽视黑格尔的辩证法。人们之所以不得不重视他的辩证法,其原因是多方面的。其中一个很重要的原因是,辩证法是用来论证历史进步观的,与"进步与落后"的二元对立密不可分。西方人看待文化历史现象,只要摆脱不了"进步与落后"两大阵营的对立,就无法摆脱论证历史进步观的辩证法。黑格尔在不了解中国文化的情况下,武断地大肆批评中国,错误百出,现在的严肃学者不会在意他的这些观点。黑格尔对中国的批评意见虽然没有学术价值,却有不可忽视的潜在影响。因为黑格尔的"中国落后论"和"历史进步论"是同一理论的反面和正面,"中国"是构成"先进与落后"对立阵营的一极。西方人看待中国的文化历史,只要摆脱不了"进步与落后"两大阵营的对立,就无法摆脱黑格尔的"中国落后论"的阴影。

西方汉学研究的"韦伯话语"

　　"先进与落后"两大阵营的对立在黑格尔哲学中的实际意义是"西方与中国"，其目的是论证历史进步论。韦伯紧跟其后，应用"先进与落后"的对立，进一步把"西方与中国"刻画为"清教与儒家"的对立。"儒教与清教"是韦伯《儒教与道教》一书的结论部分的标题，但清教始终是他看待儒教的参照系，儒教伦理的缺点只有参照清教伦理的优点才能被发现。因此，《儒教与道教》与《新教伦理与资本主义精神》两本书相互参照，才能看得明白。韦伯在两本书中的各种观点盘根错节，为使两者的对比更加醒目，我们从六个方面梳理韦伯对儒教与清教伦理的比较。

1

"清教伦理与儒教伦理"的二元对立

　　韦伯的问题是，为什么资本主义出现在西方，而不是在世界其他地方？韦伯承认，追求财富是人类普遍的欲望，世界各地从古到今都有这种倾向，并且还有把积累财富用作资本的普遍做法；可以说，各地的经济中都有资本主义的因素，但为什么只有西方进入了资本主义社会。韦伯回答说，资本主义经济因素发展成资本主义社会的过程，不能只用经济的原因来解释，西方的某种"精神气质"(ethos)起到关键性的作用，这种精神气质就是清教的伦理。他的《新教伦理与资本主义精神》一书论证了清教伦理对西方资本主义发展的推动作用。但是，正面的论证需要反面论证的补充，韦伯还需要论证：为什么世界其他地方没有进入资本主义社会？他依次考察了中国宗教、印度宗教和古代犹太教，论证这些宗教对资本主义发展的阻碍作用。

与其他东方宗教相比，中国宗教对资本主义发展的阻碍作用最明显。这是因为，"同西方相比，中国有大量十分有利于资本主义产生的条件"[1]。比如，中国人有异乎寻常的强烈的营利欲，有无与伦比的勤奋与劳动能力，有世界其他国家所没有的强大的商业行会组织，18 世纪之后巨大的人口增长，金银储量增加，这些都是"资本主义发展的绝好机会"[2]。但是，中国终究没有进入资本主义社会，韦伯认为中国宗教的阻碍作用是关键性原因。中国宗教的阻碍作用为他的论证提供了一个典型的反例。在中国宗教中，韦伯考察了儒教和道家，他把道教作为儒教的补充，儒教才是中国宗教的典型。韦伯的正反两方面的论证主要是通过清教与儒教之间的鲜明对比，才获得了最大限度的说服力。虽然韦伯的主观动机可能是通过世界各主要宗教的比较，作宗教社会学或宗教与经济关系的研究，但实际上，他的论证所造成的一个结果却是"清教与儒教"两种伦理的对立。

韦伯把儒家归于"宗教"范畴，但他是在十分宽泛的意义上使用"儒教"这个词的。他明确地说，儒教"仅仅是伦理"，并且"仅仅是人间的俗人伦理"。韦伯看到，儒教缺乏一个超越的、人格化的神作为崇拜对象，他承认古代中国人崇拜的"天"有超越的人格神的形象，但这种形象越来越淡漠，最后在"12 世纪的唯物主义者和无神论者朱夫子"（朱熹）的影响下，人格神的形象彻底绝迹了。[3] 韦伯的说法显然受到龙华民解释的影响。

为了便于比较，韦伯把清教理解为一种宗教伦理。他说："'清纯之教'最初的本意实际上主要指：为了上帝的荣誉而清洗了道德堕落的成员的基督圣餐共同体。"从伦理的角度来比较，清教和儒教都属于理性主义，但是两者对世界与人的关系的理解完全不同："儒教理性主义意味着理性地适应世界，清教理性主义意味着理性地把握世界。"清教伦理的基础是"对'世界'的强烈的、庄严的紧张关系"，而儒教则是"把对现世的紧张关系……减少到最低程度的理性伦理"[4]。

---

1 ［德］韦伯：《儒教与道教》，北京，商务印书馆 1999 年版，第 300 页。
2 同上书，第 115 页。
3 同上书，第 203、196、67 页。
4 同上书，第 290、299、280 页。

韦伯是如此描述儒教对现世的态度的:

> 现世是一个可能的世界中最好的世界,人性本善,人与人之间在一切事情上只有程度的差别,原则上则都是平等的,无论如何都能遵循道德规则,而且有能力做到尽善尽美。……正确的救世之路是适应世界的永恒的超神的秩序:道,也就是适应由宇宙和谐中产生的共同生活的社会要求,只要:虔诚地服从世俗权力的固定秩序。对于具体的个人来说,与此相应的理想就是把自己改造成为一种各方面和谐平衡的人,改造成大宇宙的缩影。儒教理想人——君子的"优雅与尊严"表现为履行传统的责任义务。

清教对现世的态度与儒教形成鲜明的对照:"在上帝面前,被造物的堕落并无区别可言,所以,人本身都是邪恶的,在道德上绝对有缺陷,世界就是盛罪恶的容器。适应它那些毫无价值的习惯就是堕落的标志,儒教所谓的独善其身是亵渎神明、神化被造物的思想。"[1]

可以清楚地看出,两者的差别归结到一点,就是:有没有一个超越世界的神?儒教认为没有这样的神,世界本身是完善的,人性和社会符合世界秩序,因此也是善的;人的任务是适应这个世界,按照和谐平衡的秩序,完善社会和自身。清教根据基督教的"原罪"教义,在人性与神性、世界与上帝之间划了一道不可逾越的鸿沟。按照新教的教义,人的任何努力都无法跨越这道鸿沟,只能"因信称义",即因获得上帝的恩典而从人和世界的堕落状态中被拯救。

需要注意的是,无论是儒教对世界的适应,还是清教对世界的排斥,都不意味对世界无所作为的态度。两者的理性主义都是积极的入世主义。儒教对世界持"万物有灵"论的看法,每当出现自然灾变、政治危机和世风颓落之际,儒教相信这是邪气压倒了正气,他们在注意反省自身错误的同时,也乞灵于神灵和祖宗的护佑,不排除用巫术驱邪扶正;在巫术方面,道教对儒教起到辅助作用。另一方面,清教不像基督教早期的隐修教派,因为世界的罪恶而采取出世主义,而是"把'世界'看成可以按照规范从伦理的角度塑造的物质"[2]。清教对世界进行了彻底的

1 [德]韦伯:《儒教与道教》,第 280、290 页。
2 同上书,第 287 页。

"祛魔",清教徒否认世界中有任何精灵和超自然的力量,他们抨击一切乞灵护佑的宗教仪式和巫术,以及迷信和偶像崇拜,他们要按照虔诚的信仰来改变这个世界。

2

两种营利欲的对立

韦伯把中国称为"典型的营利之国",因为"物质福利在任何时候、任何文明国度都没有受到如此强调,并被当成终结目标"。但是营利欲这一人类最古老的、也是最普遍的欲望并不能自发地发展出资本主义精神。营利欲驱动下的经济可分"需求型"和"获利型"两种,只有后者才可能发展成为资本主义经济,而中国经济属于前者。儒教指导的经济政策以国计民生为目的,以量入为出的平衡为理财手段;对于士人等级来说,财富是保持体面生活的手段,他们享受国家俸禄,鄙视经营牟利的商人;商人和生产者的经济活动以生活需求为目标,表现为"中国小商贩的行为特征":"把'精打细算'和寡欲提到闻所未闻的程度,为了每一文钱都要讨价还价,算来算去。"[1] 所有这些都与资本主义精神格格不入。

韦伯说,资本主义的一条首要原则是,"在经济上获利不再从属于人满足自己物质需要的手段"[2]。这也是获利型经济的特征。获利型经济的动机可以是非理性的或理性的。清教从"因信称义"和"预定论"的教义中,发展出"把获利作为人生的最终目的"的合理动机。"因信称义"的意思是,一个人只能通过信仰而被拯救,但信仰不可能来自人的努力,而是上帝无偿的恩宠。"预定论"进一步宣称,只有一部分人是获得上帝的恩宠的"选民",其余则是上帝的"弃民";"选民"和"弃民"是上帝以绝对自由的意志作出的选择,是人所无法理解的,也是人的思想和行为所不能改变的。这些教义使清教徒对自己信仰的可靠性,对自己是否选民的确

---

1 [德]韦伯:《儒教与道教》,第 287、296、294 页。
2 [德]韦伯:《新教伦理与资本主义精神》,北京,生活·读书·新知三联书店 1987 年版,第 37 页。

定性发生疑惑,为自己永恒的祸福而感到焦虑不安。韦伯说:"只有世俗活动能驱散宗教里的疑虑,给人带来恩宠的确定性。"[1]加尔文教伦理学也有功利主义的特点,这就是,要用现世的成功来证实自己在天国的位置。在经济活动中,清教徒认为,"如果财富是从事一项职业而获得的劳动果实,那么财富的获得便又是上帝祝福的标志了"[2]。这样一来,无限制地追求财富的获利冲动,因宗教上的理由而被合理化。从事经济活动的清教徒得以按照获利的目的,理性地安排他们的全部生活。

3

神圣"天职"与传统"文人"的对立

在清教的获利动机被合理化的同时,其世俗的职业也被神圣化。职业被看作"天职"(calling),即上帝安排的任务。韦伯说:"一个人对天职负有责任,乃是资产阶级文化的根本基础。"清教伦理的特殊之处是,它认为"上帝的神意已毫无例外地替每一个人安排了一个职业",不论穷人还是富人,都要从事一项正规的职业,这就是,"在一项世俗的职业中要殚精竭虑、持之不懈、有条不紊地劳动"。这种专业的劳动精神培养"理想型"的资产者和合格工人。具有清教伦理气质的资产者不以世袭地位和官职谋求经济利益,对名誉不感兴趣,与教会没有密切关系,他们完全"合乎理性地使用资本和按照资本主义方式合乎理性地组织劳动"。具有清教气质的工人忠于职守,工作专心,效率高,接受职业教育而具备高技能。"天职"的观念使得工人接受低工资和高强度劳动的条件,他们把现世的财富分配不均当作上帝的神意。韦伯说,这样一支工人队伍是资本主义的强大同盟军,没有他们,"资本主义或许也不能前进半步"[3]。

在韦伯看来,儒教缺乏专业化的劳动精神和教育制度。士人等级是恪守传统

---

1 [德]韦伯:《新教伦理与资本主义精神》,第85页。
2 [德]韦伯:《儒教与道教》,第135页。
3 [德]韦伯:《新教伦理与资本主义精神》,第38、125、135、41、44页。

经典的文人集团,为俸禄利益服务,他们世代传授的知识"完全是非军事化的纯粹文学化教育,舞文弄墨的文字性极强"。他们信奉"君子不器",韦伯说:"儒教伦理的这个核心命题反对专业化,反对近代的专业科层和专业训练,尤其反对为营利而进行的经济训练。"在"君子不器"的思想指导下,"学校既不教数学,也不教自然科学、地理和语言理论。……中国哲学没有讲授专门的逻辑学"。培养出来的读书人"是活灵活现的书呆子,他们既无军事的与经济的理化活动的活力,又不像希腊人那样看重演讲,擅长演讲"[1]。

4 ——————————————————————————————————

家族主义与个人主义的对立

韦伯看到,"孝"的观念是中国社会生活方式的最强大的力量,儒教伦理以家族为本位,"倾向于把个人始终同宗族同胞及与他有类似宗族关系的同胞绑在一起"。他称之为"人事关系至上论",其特点是,道德义务的对象是家族及其有关系的人,而不是事务性的任务或事业。政治和经济组织完全维系于人际关系,官场上任人唯亲,企业被亲戚关系所包围,职业行会靠拜把子兄弟关系。[2]

清教个人主义也要承担道德义务,但与儒教相反,义务的对象是事业,而不是人。清教徒由于不能从任何人和社会团体(包括教会)那里获得被拯救的信心,而产生深沉的孤独感。他们接受的教导是,"切勿相信任何人,切勿对任何人让步。唯有上帝可以信赖"[3],"信赖人,尤其是信赖自然属性同自己最近的人,会危及灵魂"[4]。清教个人主义的宗教基础是相信人类有罪,人生活在堕落状态之中,因此不能把人际关系神圣化,只有人神关系才是神圣的。但另一方面,为了荣耀上帝而劳动又把个人和社会利益结合在一起。清教徒不是通过对具体的人的关爱,而

—————————————

1 [德]韦伯:《儒教与道教》,第 175—176、298、178、298 页。

2 同上书,第 294 页。

3 [德]韦伯:《新教伦理与资本主义精神》,第 189 页。

4 [德]韦伯:《儒教与道教》,第 293 页。

是通过自己事业的成功所带来的社会利益,实现了基督教关于"爱人如己"的命令。韦伯说,这是"基督教胞爱在加尔文式信仰所导致的个人内心孤独重压下所采取的特殊形式";"当一个人为数以万计的人提供了就业机会,并且在人口增长和贸易规模方面为自己家乡的经济发展尽了一份力量的时候,他显然会感到十分的喜悦和自豪。所有这些对近代商人来说,显然是生活中的一种特殊的并且无疑是理想主义的满足"[1]。

5

他律与自律的对立

与儒教的家族主义相适应的一个特点是没有个人责任的意识。一个人对家族的义务是自然的,是因为血缘关系而形成的,而不是自由选择的结果,"就连'自由'这个词,对于中国语言来说也是陌生的"。由于没有自由选择,人也就不需要为自己所不能决定的事务承担责任。由于感觉不到神圣与世俗、自由意志与道德责任、自然法与成文法之间的张力,履行义务不是发自内心的自觉,克制自己是为了保持外表仪态举止的尊严,符合礼仪是为了不失面子。结果是,"礼"成为束缚人的"他律","数不胜数的礼仪枷锁卡着中国人从胎儿到死祭的生活。琐碎之极,尤其是一切细节都得信守不渝"[2]。由于缺乏发自内心的诚意,中国人相互不信任。生意人尤其不能信赖,他们往往为了赚钱而不讲道德。韦伯说,这种做法的盛行,是在中国这样的落后国家发展资本主义的主要障碍之一。[3]

韦伯说,中国人之间互不信任"同清教诸教派对教徒的诚实品质的信赖成为鲜明的对照"[4]。因为,"资本主义无法利用那些信奉无纪律的自由自在的信条的人的劳动,正如它不能利用那些在与他人往来中给人以完全不讲道德的印象的人

1 [德]韦伯:《新教伦理与资本主义精神》,第82、55页。
2 [德]韦伯:《儒教与道教》,第198、285页。
3 [德]韦伯:《新教伦理与资本主义精神》,第40页。
4 [德]韦伯:《儒教与道教》,第284页。

一样"。韦伯对新教徒的"天职"观念和"世俗禁欲主义"的解释都意在说明,清教徒的诚实和其他职业道德来自内心的信仰,他们相信"个人道德活动所能采取的最高形式,应是对其履行世俗事务的义务进行评价"[1]。

6

禁欲主义与和平主义的对立

清教徒的道德自律集中表现为世俗禁欲主义。中世纪的基督教禁欲主义多表现为隐修主义。但是"现在,它走出修道院,将修道院的大门'砰'地关上,大步跨入生活的集市,开始把自己的规矩条理渗透到生活的常规之中,把它塑造成一种尘世的生活"。清教徒的禁欲主义是这样一种生活方式,它"系统地、合乎理性地安排整个道德生活",表现为各个方面。他们对待财富的态度是:"人只是受托管理着上帝恩赐他的财产,他必须像寓言中的仆人那样,对托付给他的每一个便士都有所交代";"人们使自己服从于自己的财产,就像一个顺从的管家,或者说就像一架获利的机器"。对财富的这种态度造成资本迅速积累,大量财富被用于扩大再生产,而不是消费。他们对待劳动的态度是,把劳动当作"用来抵御一切性诱惑的药方","更重要的乃是进一步把劳动本身作为人生的目的"[2]。对劳动的态度使得他们能够全身心地投入紧张工作。他们对待生活的态度是,"反对无节制的享受人生"。奢侈、享受和浪费,包括时间的浪费,被视为有罪。他们拒绝节日庆典、戏剧、社交、闲谈和玄思。他们视时间为金钱、为生命,体育如不能帮助体力恢复,睡眠如超过健康需要,也在反对之列。总之,"他在现世的生活是彻底理性化的,完全受增添上帝的荣耀这个目的服务"[3]。

韦伯称儒教的处世态度为"和平主义",其本质是"一种秩序的理性主义"[4]。

---

1 [德]韦伯:《新教伦理与资本主义精神》,第40、59页。
2 同上书,第119—120、97、133、124页。
3 同上书,第130、80页。
4 [德]韦伯:《儒教与道教》,第221页。

为了适应世界的秩序,它也要求恬淡和节俭的生活,但是它缺乏清教世俗禁欲主义那种强烈的救世激情,以及受其鼓舞的彻底理性化的生活计划,因此,儒教和平主义没有竞争意识,恬淡和节俭没有成为改变社会和世界的理性工具。

7

"韦伯话语"的现代影响

韦伯关于儒教与清教的比较研究与他一贯提倡的社会科学研究方法论有两个矛盾。首先,他一方面要求"价值中立"的学术立场,另一方面却摆脱不了 19 世纪以来的"先进与落后"的价值区分。在他的笔下,清教伦理代表着西方资本主义精神和现代主义,而儒教则代表着东方专制主义和前现代的传统,孰是孰非,泾渭分明。虽然韦伯在大多数情况下还能用"中性"语言来表达对儒家的看法,不似黑格尔那般"凶相毕露",但他贬斥儒教和褒扬清教的立场鲜明。

其次,韦伯的比较研究使用了"理想类型"的方法,清教伦理被当作资本主义精神的"理想类型",而儒教伦理则被当作前资本主义精神的"理想类型"。但是,任何"理想类型"与现实之间总有不一致,甚至矛盾之处。当西方资本主义的优点和中国传统主义的缺点同时被"理想类型"所放大,两者在实质上变得完全对立,只保持着形式上(如"理性主义""功利主义"和"恬淡生活"的名称)的一致。但在现实中,两者各有优缺点,不论是优点,还是缺点,两者都有相似之处。"理想类型"的方法运用在比较研究中,取异而舍同,不能不与现实相矛盾。

不管有这样或那样的不足,韦伯关于儒教与清教的比较研究运用社会科学研究方法,针对性强,富有现代气息,材料也比较充分,论断比较具体,在西方学术界很有影响力。德国汉学家洛兹(Heiner Roetz)在《轴心时代的儒家伦理》一书中说,西方学者研究中国问题基本上都在追随"韦伯话语"(Weberian discourse)。他历数西方学术界"韦伯话语"的种种表现:"(1)所谓的中国人未分化的世界观是一种特殊的思维方式,(2)可追溯到中文的结构,并进一步(3)用社会经济和政治条件,以及(4)宗教加以解释。"沿着这一路线,我们对"韦伯话语"或"黑格尔—韦伯视点"作一概览。[1]

首先,中国古代"天人合一"的命题被人们作为中国人特殊思维方式的经典表达,一些人从中读到深刻的智慧,另一些人则把它视为落后的思维方式。特劳塞泰(Rolf Trauzettel)说,"天人合一"是用魔幻方式看待一个不能控制的世界的思维方式,儒家把人与世界的魔幻关系加以世俗化,造成了整体主义的文化,压抑了个体和自律意识的发生。格郎内(Marcel Granet)用涂尔干的"集体下意识"(collective unconscious)理论来解释"天人合一"的意义,这就是,宇宙的一切都服从规矩,规矩是唯一的自然法;人是小宇宙,宇宙是行为的系统,人与宇宙,心灵行为和物质行为没有什么两样;任何违反规矩的行为都是违法的反叛。

其次是中西语言的差异对文化的影响。洪堡认为语言是人的世界观。虽然他认为每一种语言都是自然赋性的表现,即使最野蛮部落的语言也不应受到指责,但这不妨碍他坚持认为不同类型的语言有高下优劣之分。他认为,汉语缺少曲折形式和语法结构,比印欧语言落后。"在所有已知的语言中,汉语和梵语的对立最为尖锐,因为汉语排斥所有的语法形式,把它们推诿给精神劳动来完成。"[2]英国汉学家陈汉生(Chad Hansen)用英美语言分析哲学解读中国哲学。他的基本观点是,组成中文的要素是"物质名词",没有西文名词的可数和不可数之分;物质名词所指称的是一个整体的部分,而不是一种普遍性的特殊性。整体和部分是外延关系,而普遍与特殊是内涵关系。物质名词的句法意味着,中文缺乏内在的个体化的原则;因此,中国哲学也缺乏个性,其伦理学的后果是整体主义和他律。物质名词句法的另一个特点是句子就是名词性词组,而不需要附加语法结构把语词组织成语句。因此产生的一个后果是,中文的主要功能不是表达真理,因为真理是语句的属性,单纯的名词或词组难以表达真理。中文句子的主要功能是执行行为,中国人的思维习惯是知道如何做(knowing how),而不是刨根问底,追问原因(knowing what)。[3]

---

1 H. Roetz, *Confucian Ehics of the Axial Age*, State University of New York Press, 1993, p. 1,25, 10—22.

2 〔德〕洪堡:《论人类语言结构的差异及其对人类精神发展的影响》,北京,商务印书馆1997年版,第311页。

3 参见陈汉生《中国古代的语言和逻辑》,北京,社会科学文献出版社1998年版。

　　再次,按照"韦伯话语",中国文化传统的持久和坚固是由牢固的政治和经济结构造成的,其社会基础是以家族为本位的社会结构:"传统上,中国人很少认为自己是一个孤立的实在。他是他父亲的儿子,他哥哥的弟弟,等等。一句话,他的家庭的一个组成人员。他活动、生活和存在于家庭的自然小环境里。……每一个家庭都有一个家长,他的妻子、孩子、媳妇、孙子和一切家庭事务都要无条件地服从他。再没有其他法律体系比(中国式家庭)如此细致地强化孝的义务。"[1]维特伏格(Karl August Wittfogel)用"水压社会"(hydraulic society)来形容中国传统社会的高度一体化结构:每一部分都会自动地接受来自另一部分的压力,同时把压力传送到其他部分,家庭内的关系是如此,社会的政治、经济、文化和思想关系也是如此。

　　最后,中国没有超越意识的宗教被认为既是落后文化的反映,也是造成落后文化的重要原因。帕森斯(Talcott Parsons)说:"阿基米德说,给我一个支点,我能举起这个世界。儒家伦理没有推动这个世界,正是因为它拒绝在这个世界以外找到一个支点。"没有超越意识的负面后果是多方面的。在主体与客体关系方面,不能超越这个世界,就不能对它进行彻底的"祛魔化",把它变成单纯的客观对象加以研究和利用;没有自然规律制造者的观念,也不能发展出系统的自然科学。在人际关系方面,没有超越的道德律,也就没有绝对的道德命令,没有能够约束世俗家族和皇权的力量。对主体自身而言,没有个人与一个超越者的心灵直接沟通,个人不能与社会角色相分离,也不能与"小宇宙"的自我形象相分离,因而没有独立的人格。具有人格的个人(person)在中国古代是不存在的。

　　洛兹总结说:"中国哲学是否具有普遍性的功能,这不但对于中国人,对我们自己也是一个重要的问题。"[2]他在西方学术界普遍弥漫着的"中国落后""中国特殊"论的氛围里,肯定了儒家伦理的不受时间和地域限制的普遍价值。我作为一个中国学者,钦佩他的见识和学识,同时觉得他提出的重要问题值得学术界尤其是中国学术界继续深入研究。

---

1 John C. H. Wu, "The status of the individual in the political and legal traditions in old and new China", in *The Chinese Mind*, ed. by C. A. Moore, Honolulu, East-West Center Press, 1967, p. 346.

2 H. Roetz, *Confucian Ehics of the Axial Age*, State University of New York Press, 1993, p. 6.

"大哲学"视野中的现代中国的哲学

　　现在我们所说的"中国哲学",既包括中国传统哲学,也包括在中国或用中文所研究的一切哲学(中国的和外国的哲学)。由于这两种不同的意义,我们有必要对"中国哲学"的概念作狭义和广义的区别。狭义的中国哲学指"传统中国的哲学"(Traditional Chinese Philosophy),广义的中国哲学指"现代中国的哲学"(Modern China's Philosophy)。前者指以中国传统为基础或本位的哲学,后者指在现代中国发生的或用现代汉语写作的一切哲学形态。在西方文明和马克思主义已经全面而又深刻地改变了中国社会的客观条件下,当代已不可能有完全彻底的"传统中国的哲学",有的只是"现代中国的哲学"。现代中国的哲学包括传统中国哲学、马克思主义哲学和西方哲学,这是最近一个多世纪的历史造就的事实。

　　中国现代的哲学的建构是中西哲学交流和融合的产物。中国古代思想是按照"经史子集"划分的部类,文史哲不分家。"五四"之后,中国一批思想大师扬弃了古代文化中不适应时代发展的形式和内容,借鉴传入不久的西学方法,创立了中国哲学的现代形态。如冯友兰、胡适等创立了中国哲学史,宗白华、朱光潜等人开创了中国艺术学和美学的现代研究,汤用彤开创了中国佛教史的现代研究,等等。他们的创造成就奠定了中国传统哲学的世界地位,也开创了中国哲学和宗教学的"学贯中西、融会古今"的现代形态。

　　必须指出,现代中国的哲学的主流思想是马克思主义哲学。马克思主义开始也是西方的学说,马克思主义在中国的传播,不但是马克思主义同中国革命相结合的实践产物,同时也是马克思主义与中国传统哲学和西方哲学相结合的理论产物。这一创造性的工作决定了马克思主义在中国的命运,使得马克思主义这一最初的外来思想,成为中国占统治地位的意识形态,最终融化在中国人民的思想和行为之中。

我们回顾中国现代哲学的发生过程,是为了说明现代中国的哲学的性质。马克思主义与西方的和中国的哲学之间的结合,是现代中国的哲学的历史、现实和发展方向。为了进一步说明马克思主义与西方的和中国的哲学相结合的合理性和必然性,我们需要一个突破狭隘学科界限的"大哲学"的观念。

1

"大哲学"和"纯哲学"的区分

马克思对未来哲学有这样的展望:"必然会出现这样的时代,那时哲学不仅在内部通过自己的内容,而且在外部通过自己的表现,同自己时代的现实世界接触并相互作用。哲学不再是同其他各特定体系相对立的特定体系,而是变成面对世界的一般哲学,变成当代世界的哲学。"[1]在我看来,"同其他各特定体系相对立的特定体系"是"纯哲学"(pure philosophy),而"面对世界的一般哲学",即"大哲学"(general philosophy)。正如马克思所说,这两者有不同的表现时代和世界的方式:一个"在内部通过自己的内容",另一个"在外部通过自己的表现,同自己时代的现实世界接触并相互作用"。从历史的观点看,一种哲学理论不管多么纯粹,不管看起来与现实多么遥远,都有它的联系外部世界的特定方式。古希腊哲学通过希腊神话、宗教、戏剧、艺术、几何学、经验科学、医学和历史学等形式,中世纪哲学通过基督教,近代哲学通过近代自然科学,与自己同时代的现实世界接触并相互作用。"纯哲学"则把自己当作与同时代的文化形态相对立的哲学体系,只是在内部,通过抽象的哲学范畴和命题反映世界,并把它所反映的世界当作是永恒的、不变的,而自身的哲学体系则是绝对的真理。

在哲学史上,"大哲学"与"纯哲学"的发展有盈缩相间的规律,即"纯哲学"的危机实际上是"大哲学"凸显的时期,而走出危机之后的"纯哲学"的发展实际上是"大

---

1 《马克思恩格斯全集》,2 版,第 1 卷,第 220 页。

哲学"淡出的时期。以我们所说的西方哲学的四次危机为例。第一次是希腊自然哲学的危机期,也是智者运动的高潮期;第二次是希腊罗马哲学的衰落期,也是基督教兴起的时期;第三次是经院哲学的危机期,也是文艺复兴时期的"大哲学"的发展时期;至于第四次,则是现代哲学的危机,也只是学院式哲学的危机。应用哲学、分支哲学和跨学科的哲学研究,都属于"大哲学"的范畴,在我们所处的时代,"纯哲学"虽然没有摆脱危机,但"大哲学"的形态之丰富,范围之广阔,更是前所未有。

我们很少把纯哲学以外的"大哲学"的思想资料写进哲学史,为了纠正这一偏见,有必要区别两种哲学传统:"纯哲学"的传统和"大哲学"的传统。西方哲学原来就是无所不包的"大哲学"。19 至 20 世纪初,各门学科从哲学中分离出去,哲学史这门学科也随之专业化,"纯哲学"才从"大哲学"中抽象提炼出来,哲学史也变成纯哲学史。事实上,"大哲学"更适合于西方哲学的历史状况,"纯哲学"从来都是在"大哲学"中发展的。但"纯哲学"的历史成就往往遮掩了"大哲学"的原来面目;只是在"纯哲学"处于危机的情况下,"大哲学"才凸显出来。

需要说明的是,"大哲学"不与"纯哲学"相反对,而是随着"纯哲学"的发展而扩展和深化。比如,现代西方的科学哲学、政治哲学和宗教哲学等跨学科的哲学研究,都属于"大哲学"的范畴,但从另一个角度看,这些又属于分支哲学的范畴,是以"纯哲学"为基础和核心的。跨学科的"大哲学"和"纯哲学"的分支这两个角度是相辅相成的。从发展趋势来看,各门"分支哲学",如政治哲学、经济哲学、社会哲学、法哲学、历史哲学、考古哲学、生物哲学、应用伦理学,以及哲学(Philosophy)、政治学(Politics)和经济学(Economics)的跨学科的 PPE 教学项目,是最有活力、最有发展前景的新的哲学形态,它们构成了从"纯哲学"出发实现"大哲学"的主要形式。

2

现代中国的哲学的方向

前面提出的"大哲学"的观念不但是理解西方哲学的一个关键,对我们现在发展中国的哲学的方向也有重要的作用。现代中国的哲学的发展方向有三个方面:

第一,借鉴西方哲学研究中国传统哲学;第二,打破马克思主义哲学、外国哲学和中国哲学等"二级学科"界限,开展当代中国马克思主义的哲学研究;第三,中国的哲学逐步走向世界。"大哲学"的观念在这三个方面都有重要的意义。

先说第一个方面。从冯友兰、胡适开始,中国哲学史这门学科的发展始终受到西方哲学的方法和理论的影响。我认为这种影响属于中西哲学的良性互动,不能算作"全盘西化",因为中国哲学史作为一门世界性的学科,其建立和发展又反过来为西方哲学提供了一个新的参照系。有没有中国哲学史这一参照系,对中国人研究和理解西方哲学的结果大不一样。同样,西方哲学史这一参照系对中国人研究本国哲学传统也有重要的意义。比如,西方哲学的"大哲学"的观念对于我们重新审视中国传统哲学的性质和范围具有启发意义。从历史上看,中国哲学包括社会生活的方方面面,举凡政治、道德、宗教,乃至科学、医学、道术、民俗,无不有丰富的哲学思想。但长期以来,我们按西方纯哲学的标准选择和整理中国哲学的资料,后来又按"两军对阵"的模式诠释中国哲学的精神,中国哲学的范围被弄得越来越窄。现在人们把中国哲学与传统文化相联系,这可以从更深厚的文化资源中吸取更多、更广阔的哲学思想。在此方面,借鉴西方哲学中"大哲学"的观念是有益的。比如,福柯的知识考古学的模式和方法,对于我们从哲学的角度理解中国古代社会各个文化领域的联系和变化很有些启发意义。

再说第二个方面。由于受"纯哲学"观念和苏联的学科分类法的影响,我国哲学界把马克思主义哲学、中国传统哲学和外国哲学当作独立的学科领域,在中国的哲学中形成了三足鼎立、以邻为壑的状况。这是不正常的,对中国的哲学的发展是不利的。三者的界限应该淡化,隔阂应该打破;哲学史和哲学理论的界限也应该打破。西方哲学研究者和马克思主义哲学研究者联手研究马克思主义,能够发挥各自优势,取长补短,取得突破性进展。比如,马克思主义哲学界开展对经典作家原文原著的研究,对西方马克思主义和苏东马克思主义的研究,在各分支哲学,尤其是政治哲学、经济哲学和应用伦理学领域,进行当代中国的马克思主义的研究,都离不开西方哲学理论研究的积极参与。

最后,我们来看一看"大哲学"的观念对于中国的哲学走向世界有何意义。马克思预言:"各种外部表现证明,哲学正获得这样的意义,哲学正变成文化的活的灵魂,哲学正在世界化,而世界正在哲学化";他还进一步解释说:"哲学思想冲破了令人费解的、正规的体系的外壳,以世界公民的姿态出现在世界上。"[1] 现在,马克思的"世界哲学"的观念被很多自称是"马克思主义者"的人遗忘了。倒是冯友兰在中国倡导这一理想。1948 年,冯友兰先生在英文刊物《哲学评论》(Philosophical Review)上发表了题为"中国哲学与未来世界哲学"的文章。他在这篇文章中说:"在我看来,未来世界哲学一定比中国传统哲学更理性主义一些,比西方传统哲学更神秘主义一些。"[2] 他是在中国哲学与西方哲学的比较和汇合的意义上谈论"世界哲学"的。半个多世纪以后,我们对这一问题看得更清楚了:未来的世界哲学既不是西方哲学,也不是中国哲学,而是世界哲学。

---

1 《马克思恩格斯全集》,2 版,第 1 卷,第 220 页。
2 冯友兰:《三松堂全集》第 11 卷,第 593 页。

后　记

　　本书回到中、西、马哲学的本源。"回到事物本身"是现象学的口号,对现象学而言,"事物本身"即显现于意识的对象,"回到事物本身"意味着在意识之中追寻事物的本质。这本无不当之处,但一些主要的现象学家把"意识"等同于个人的"自我意识";他们没有看到,人的意识是一个思想的世界,对人的意识的研究不能自我封闭在个人意识的领域,而要向人类的思想世界开放。因此,我把现象学口号修改为"回到思想的本源"。

　　我所说的"本源"是一个复合词,包括"根本"和"起源"两层意思。思想世界的根本是它的构成要素——文本。文本既有思想的内涵,又是思想的载体,文本在历史中流传,出现在世世代代的人面前,供人们理解、欣赏和批判。文本既是个人主体的显现,又是历史和公众的客观对象,我们在思想世界首先要面对文本,特别是经典文本。"回到思想的本源",就是要不断地解读经典,讨论经典,传播经典。

　　文本虽然重要,但不是世界的一切,文本的起源在文本之外的现实世界。但现实世界是人的世界,人性和人所生活的环境和他们所创造的文化,是历史中的个人创造文本的永无止境和永不枯竭的源泉。"回到思想的本源",就是要回归到人性的起源和发展的那个进化过程,反思我们现在所处的思想世界的"原点",从那里开始追寻文化传统之根和自我意识之源。

　　本书记录了我最近十几年的研究心得。进入 21 世纪以来,我的研究领域有所改变。我过去专注于西方哲学的历史文本研究,最近转向了达尔文主义的发生学研究,更多地关注西方思想界关于人性、文化和精神、意识的起源问题的讨论。受到这方面讨论的启发,我想把以前哲学家争论不休的宗教、道德和哲学的起源问题,说得更清楚一些,这是我所做的"推本溯源"工作。

这十几年来,受中国哲学界和马克思主义哲学界的朋友们的影响,我对他们的工作很有兴趣,作了一些研究。我试图用达尔文主义的发生学观点,重新解释中国文明的起源;用中西比较哲学的方法,重新理解先秦经典。这方面的工作可谓"返本开新"。

我深感多年来,我们对马克思本人的思想,对马克思主义,有太多太深的误解,现在迫切需要做"正本清源"的工作。"正本"就是要回到马克思的文本,正确理解马克思主义的根本;"清源"就是要在西方哲学史的文本中,追溯马克思哲学的历史来源。我在这方面作了一些尝试,有不当和冒犯之处,敬请方家指正。

现代的中国哲学的命运,可用"分久必合,合久必分"来形容。20世纪初期,西方各种思潮涌入中国,中国本土思想激烈地分化和变革,各派哲学蜂起,纷争不已。20世纪50年代之后,最后都统一于马克思主义哲学了。80年代以来,马克思主义哲学、西方哲学和中国传统哲学的"一体两翼"格局,逐渐转变为"三足鼎立"。哲学如同莎士比亚《李尔王》中的那个老国王,他把王国分给了三个女儿,自己却一无所有。"李尔王"是英国中古的故事,哲学的类似处境却只发生在当代的中国。世界上没有任何地方像中国这样,哲学是有名无实的"一级学科",它的八个"二级学科"是以邻为壑、互不往来的"独立王国"。现在,很多人认识到分崩离析的痛楚,哲学界人心思合,大谈"中西马的对话和融合"。有感于此,我的一个朋友写了一副对联,曰"打通中西马,吹破古今牛"。这是在嘲笑空喊口号而不潜心钻研学问的浮躁学风,而不是说"中西马"根本不应打通,或不能打通。我以为,"中西马"以邻为壑的状况再也不能继续下去了。我把近两年来对马克思哲学的"正本清源"研究和对西方哲学的"推本溯源"研究,以及对中国哲学的"返本开新"研究,放在一起,合集出版,是为了表示要打破"中西马"隔阂的决心。当然,这个"中西哲学与马克思哲学的对话"还只是初步的思想,我还需要做进一步深入和系统化的工作。

赵敦华
2023年2月底于北京大学外国哲学研究所